国家出版基金项目
NATIONAL PUBLICATION FOUNDATION

国 家 出 版 基 金 资 助 项 目
“十二五”国家重点出版物出版规划项目

# 京沪高速铁路建设总结

## 建 设 卷

《京沪高速铁路建设总结》编写组

中 国 铁 道 出 版 社
2 0 1 4 年 · 北 京

## 内容简介

本卷是《京沪高速铁路建设总结》中决策、建设、技术、运营四卷中的第二卷，分工程概况、开工准备、工程建设、建设管理和党群工作五篇。书中主要介绍了京沪高速铁路建设期间的工程特点、施工组织、工程实施及建设管理等工程实践。

**图书在版编目(CIP)数据**

京沪高速铁路建设总结．建设卷/《京沪高速铁路建设总结》编写组编著．—北京:中国铁道出版社,2014.10

ISBN 978-7-113-19814-5

Ⅰ.①京… Ⅱ.①京… Ⅲ.①高速铁路-铁路工程-工程建设-中国 Ⅳ.①F532.3

中国版本图书馆 CIP 数据核字(2014)第 307805 号

**书　　名：京沪高速铁路建设总结　◎建设卷**

**作　　者：**《京沪高速铁路建设总结》编写组

**策　　划：**田京芬　傅希刚　赵　静

**责任编辑：**邱金帅　刘　霞　洪学英

**封面设计：**崔　欣

**责任校对：**龚长江

**责任印制：**陆　宁

**出版发行：**中国铁道出版社(100054，北京市西城区右安门西街 8 号)

**网　　址：**http://www.tdpress.com

**印　　刷：**北京盛通印刷股份有限公司

**版　　次：**2014 年 10 月第 1 版　2014 年 10 月第 1 次印刷

**开　　本：**889 mm×1 194 mm　1/16　印张：19　字数：510 千

**书　　号：**ISBN 978-7-113-19814-5

**定　　价：**120.00 元

# 《京沪高速铁路建设总结》编写组


组　长　蔡庆华

副组长　吴　强　徐海锋

成　员　李兰波　尤忠涛　刘学文　翟建国

　　　　宋国伟　苗肖华　杨启兵　陈建东

专家组　王麟书　宋凤书　鞠家星　李广品

　　　　曹　菁

# 序

建设京沪高速铁路，是进入新世纪后，党中央、国务院着眼我国经济社会发展全局作出的重大战略决策。实施这一宏伟工程，对于推动我国高速铁路发展，加快形成铁路快速客运网，强化铁路在综合交通运输体系中的骨干作用；对于促进东部地区率先发展，推动经济社会持续健康发展，具有十分重要的意义。京沪高速铁路自2008年1月开工建设，于2011年6月30日顺利建成投产，是目前世界上一次建成里程最长、技术标准最高的高速铁路，也是新中国成立以来一次投资规模最大的建设项目，集中展示了我国的经济实力、科技水平和综合国力。

京沪高速铁路建成通车近四年来，实现了安全平稳运营，大大方便了人民群众出行，旅客发送量持续增长，年均增长近30%，2014年超过1亿人，并首次实现盈利，取得了显著的社会效益和经济效益。京沪高速铁路的成功建设和运营，为实现中华民族伟大复兴的中国梦增添了浓墨重彩的一笔。这一重大成就，得益于党中央、国务院的正确决策和坚强领导，得益于国家有关部门、有关省市党委政府的积极配合和鼎力支持，得益于广大科技工作者和十余万建设大军的拼搏奉献和奋勇攻坚。

为全面记载京沪高速铁路的决策和实施历程，展示工程建设成就、技术创新成果，以及投入运营后取得的显著社会效益和经济效益，大力弘扬京沪高速铁路精神，京沪高速铁路股份有限公司组织专家、学者，历时三年多、经过十余次重大修改，编撰完成了《京沪高速铁路建设总结》。该书由《决策卷》、《建设卷》、《技术卷》、《运营卷》组成。《决策卷》主要记述了原铁道部和相关部委为项目决策所做的大量前期工作和党中央、国务院的决策历程，《建设卷》主要记述了京沪高速铁路建设期间的工程实践，《技术卷》主要记述了京沪高速铁路建设取得的重要技术创新成果，

《运营卷》主要记述了京沪高速铁路建成后的运营管理情况和取得的显著成绩。

京沪高速铁路是一项伟大的决策，是一个宏伟的工程，其建设和运营经验弥足珍贵，是一笔宝贵的财富。《京沪高速铁路建设总结》予以全面记载，非常必要，很有意义。我们要充分借鉴和运用这些经验，科学有序推进我国高速铁路建设，为促进经济社会发展作出更大贡献。

中国铁路总公司党组书记、总经理 盛光祖

# 目　　录

## 第四篇 建设管理

# 导　言

京沪高速铁路是目前世界上一次建成线路最长、标准最高的高速铁路，是我国建国以来一次投资规模最大的建设项目，也是我国《中长期铁路网规划》中“四纵四横”客运专线网的主骨架。建设京沪高速铁路，是党中央、国务院做出的重大战略决策，对于缓解京沪通道运力长期严重紧张局面，改善我国东部地区运输结构，完善综合运输交通体系，促进我国经济社会发展，提升我国铁路现代化水平，更好地服务于广大人民群众具有重要意义。

京沪高速铁路具有设计标准高、系统技术新、建设规模大、环保要求严等鲜明特点，建设中涉及土地征用、房屋拆迁、环境保护、路地关系，需要有关部委、地方政府支持，需要设计、施工、监理、咨询及科研院所之间的配合与协调，坚强统一的指挥是工程成败的关键。2007 年 10 月，国务院成立京沪高速铁路建设领导小组，十六个国家部委和北京、天津、河北、山东、安徽、江苏（含南京）、上海七省市为成员单位。京沪高速铁路建设采取项目法人制，创立了京沪高速铁路股份有限公司，实行法人治理，坚持重大决策严格履行程序，保证决策的高效和依法合规。铁道部成立了京沪高速铁路建设总指挥部，与京沪高速铁路股份有限公司实行一个机构两块牌子，以动员全路各部门，开展建设管理工作。

在京沪高速铁路建设领导小组领导下，国家有关部委，沿线各级党委、政府和军队大力支持，铁道部党组统筹部署、精心组织，全体建设者以科学发展观为指导，高标准起步、高质量建设、高效率推进工程建设，用智慧和汗水打造出世界一流铁路。

京沪高速铁路线路位于经济发达、资源相对紧缺的东部地区，沿线城镇密集、厂矿企业众多、道路与河流湖泊密布，征地拆迁与建设协调相对比较困难。同时，沿线软土、岩溶、区域沉降等不良地质与高速铁路无砟轨道结构对沉降和变形控制要求极高的矛盾突出，桥梁特殊结构、重难点工程较多对建设工期的制约严重，建设标准高、专业种类多以及新技术、新材料、新工艺、新设备的大量应用，使得在施工组织、接口协调、材料供应、设备配备、资金分配等诸多方面更趋复杂。京沪高速铁路股份有限公司坚持以指导性施工组织设计为主线，加强统筹安排和过程调控，强化资源配置，优化施工方案，确保工期可控。

京沪高速铁路股份有限公司积极创新合资模式，不仅引入社会资金参与建设，实现投资主体多元化，而且采取由地方实施征地拆迁折价入股模式，充分发挥地方征地拆迁和外部协调优势，将融资与工程建设有机结合，缩短了前期准备工作时间。

建设期间，一大批科研技术人员，严谨求实，自主创新，攻克了一个又一个技术难关；十多万建设大军奋战在京沪高速铁路沿线，瞄准世界一流建设目标，不畏艰难，勇于开拓，谱写了一曲曲催人奋进的战斗凯歌……京沪高速铁路建设的伟大实践，处处彰显着“勇攀高峰，追求一流”的京沪高速铁路精神。这种精神在建设实践过程中逐步孕育凝练而成，融党中央国务院的决心、建设管理者的信心、科研设计人员的精心、全体参建者万众一心于一体，凝结着十多万人的心血与汗水。这种精神产生于京沪高速铁路伟大的建设实践，也推动了这一伟大工程建设朝着又好又快的方向发展。

京沪高速铁路的建成通车，不但缓解了既有京沪通道运力长期严重紧张的局面，而且促进了各种运输方式的竞争与融合，加快了东部地区经济的发展和沿线地区城市化进程，缩短了沿线城市间时空距离，满足了人民群众出行需求，全面提升了我国高速铁路的国际影响力，对实现中华民族伟大复兴的梦想发挥着重要作用。

第一篇

# 工程概况

# 第一章 工程简介

## 第一节 综 述

京沪高速铁路的起讫点北京和上海分别是我国首都和最大经济中心城市，两端连接京津冀和长三角两大经济带，穿越我国经济基础好、发展速度较快的东部沿海地区，全线途经北京、天津、上海三大直辖市和河北、山东、安徽、江苏四省。沿线地区不仅是我国东部地区带动中西部地区经济发展的龙头，也是我国经济对外开放、参与国际经济竞争的前沿阵地，在国民经济和社会发展中具有重要的战略地位。

### 一、地理位置

京沪高速铁路始自北京南站，从其西端引出，沿既有京九线（原称西黄线）南行，在黄村镇跨京沪线（原称京山线），沿南侧经廊坊至天津南站；在天津南站北咽喉外修建联络线引入天津西站，并将天津西站改造为高速始发站；从天津南站继续向南与京沪高速公路大体平行，过沧州、德州，在京沪高速公路黄河桥下游 3 km 处跨越黄河，至济南市西郊新设济南西站；向南与京福高速公路大体平行，经泰安、曲阜、滕州、枣庄，沿京福高速公路东侧南行进入江苏省境内，跨京福高速公路后，在徐州市东郊新设徐州东站；继续南行，进入安徽省境内，过宿州，于津浦线新淮河铁路桥下游 1.2 km 处跨淮河后新设蚌埠南站，经滁州在南京长江三桥上游 1.5 km 处的大胜关越长江后新设南京南站；东行经镇江、丹阳后，沿沪宁高速公路北侧向东，经常州、无锡、苏州、昆山，通过黄渡线路所侧向引入上海站，正向终到上海虹桥站。京沪高速铁路平面示意如图 1.1.1 所示。

### 二、地形地貌

线路主要穿行于冀鲁平原区，鲁中南低山丘陵区，黄淮冲积平原，淮河一、二级阶地，长江及其支流河谷阶地，长江三角洲平原区，局部通过剥蚀低山丘陵区。

北京至廊坊段为冲洪积平原，地势由西北向东南缓倾。廊坊至武清及沧州至济南以北为冲积平原，廊坊至武清地势由西北向东南缓倾；沧州至济南地势由西南向东北缓倾。武清至沧州为近海冲积平原，地势由西向东缓倾，其中天津市区及其以南团泊洼一带地势低洼，沟渠坑塘密布。

济南以南至徐州段属鲁中南低山丘陵区，地形起伏大，尤以济南至泰安地势陡峭，是全线海拔最高的地段。该段受区域构造的影响，以剥蚀为主，冲沟发育，河谷下切明显，丘间谷地发育有小型的冲洪积平原及盆地。

徐州至上海段线路主要通过黄淮冲积平原、长江三角洲平原区，局部通过剥蚀低山丘陵区。黄淮冲积平原和长江及其支流一级阶地平坦开阔，略向南倾；高阶地呈垄岗地貌，波状起伏，“梳状”坳沟发育，阶地面平缓，坳沟深为 4～20 m，地面高程为 10～40 m。低山、剥蚀丘陵集中分布于池河至滁州及南京至镇江段，山顶高程在 50～200 m 之间，地势起伏大，山坡自然坡度为 25°～40°，地表植被发育，基岩多有出露。长江三角洲平原区，地势平坦宽阔，河渠纵横，水塘密布，地面高程为 2～6 m，由西向东微倾。

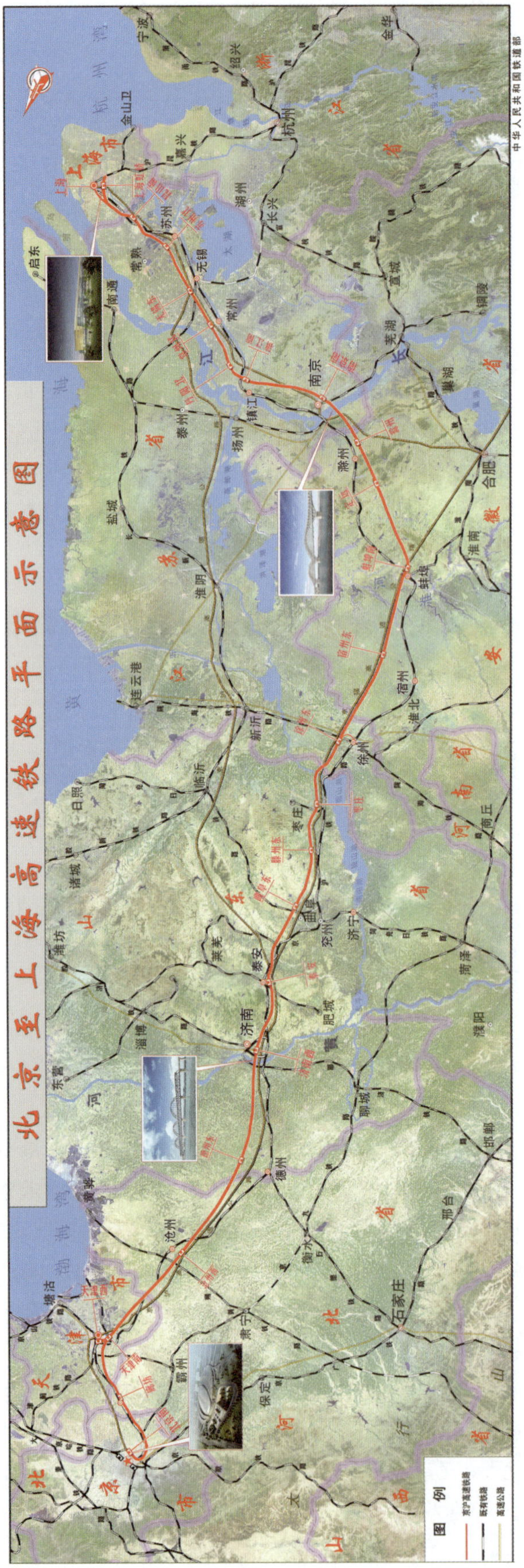


图 1.1.1 京沪高速铁路平面示意

## 三、地质条件

全线地质条件复杂，区域性明显，软土、松软土地基厚，局部地区岩溶发育，大部分地区地下水丰富。

1. 软土、松软土分布广泛，地下水丰富

北京至济南段地层主要为第四系冲积层、冲洪积层、海积层，一般以黏性土、粉土、砂类土为主，普遍分布松软层，松软层底板埋深 6 ~ 18 m；北京至沧州及禹城附近地震动峰值加速度大于等于 0.10$g$，分布有地震可液化层，液化层以饱和的粉、细砂及粉土为主。

济南至徐州段为鲁中南低山丘陵及丘间平原，地表以剥蚀为主，部分地段基岩裸露，主要岩性为新黄土、黏土、粉质黏土、卵石土、碎石土、砂类土等。新黄土具湿陷性；韩庄运河附近冲湖积黏土、粉质黏土具弱膨胀性，局部具中等膨胀性；下第三系始、渐新统，岩性为泥岩、砂岩、含砾砂岩。

徐州至池河段为黄淮冲积平原及淮河一、二级阶地，主要出露上更新统粉土、粉细砂、粉质黏土、黏土（下蜀黏土），含铁锰结核，厚 2 ~ 45 m，局部地段分布软土及松软土；DK682 ~ DK739 段广泛分布松软（液化）土地层。地下水发育，主要为孔隙潜水，水位埋深 1 ~ 4 m。

池河至丹阳段线路通过剥蚀低山丘陵区及长江河谷阶地，沉积岩受强烈的褶皱、断裂影响，节理发育，侵入岩风化层厚度变化大；地下水在储水条件较好的构造带及岩溶发育带水量较丰富。一级阶地及高阶地坳谷区局部分布软土及松软土，一级阶地地下水较发育，主要为孔隙潜水，埋深 1 ~ 3 m。

丹阳至上海段线路通过长江三角洲平原区，均为第四系地层覆盖，系江河、湖泊、海相沉积形成，为黏土、粉质黏土夹粉细砂层，其中丹阳至昆山段零星、断续分布淤泥质土，厚 2 ~ 17 m，昆山至上海段广泛分布淤泥质土，最大厚度达 38 m。软土强度低，压缩性高。地下水上部属孔隙潜水，水位埋深 0.5 ~ 3 m，下部砂层为良好含水层，具有微承压性。

2. 全线沉陷区域多，沉降明显

沿线经过的北京至济南、丹阳至上海段因地下水超采形成漏斗区，存在地面沉降等现象，廊坊、天津、沧州、德州、丹阳至上海等地区，沉降明显，个别地区如苏州有地裂缝出现。

3. 侵蚀环境作用明显

沿线部分河流河水对混凝土结构具硫酸盐侵蚀性，天津至德州段部分沟渠内的地表水对混凝土结构具硫酸盐侵蚀性。北京至济南段大部分地段地下水对混凝土结构具硫酸盐侵蚀性，环境作用等级为 H1、H2，其中，天津至沧州部分地段环境作用等级为 H3；济南至上海部分地段地下水具硫酸盐侵蚀性。

4. 部分区段溶洞发育，存在采空区

济南至徐州段奥陶系、寒武系石灰岩局部岩溶较发育，岩石表面沿裂隙发育有溶沟、溶槽，溶隙和溶洞绝大多数为全充填，济南、枣庄地区石炭系及二叠系中含有多层可采煤层，枣庄地区存在采空区。

## 四、河流水系

京沪高速铁路跨越海河、黄河、淮河、长江四大水系及相关河流 39 次，线路位于以上各水系流域的中下游，地势平坦，河谷交叉，河流密布，水利设施众多。海河流域内主要河流有永定河、海河、子牙河、马颊河、徒骇河、漳卫新河。黄河流域内线路跨越黄河、废黄河、奎河。淮河流域内线路跨越濉河、新汴河、沱河、浍河、怀洪新河、北肥河、淮河、池河。长江流域丹阳以西线路跨越滁河、长江、京杭运河、九乡河、七乡河、东阳河及高资港等，滁河流域内地势复杂，河床坡度平缓，河槽断面狭窄，河道弯曲，历史上水害频繁；丹阳以东地势平坦，为太湖河网地区，河沟纵横交错，互相沟通，形成整个太湖涝区。

### 五、气象条件

北京至徐州段属暖温带亚湿润季风气候区，四季分明。春天干燥多风，夏季炎热多雨，秋季秋高气爽，冬季寒风凛冽。大风多集中在3、4月份，年平均降雨量为560～800 mm，70%的降雨主要集中在7、8月份。年平均温度为11 ℃～16 ℃，极端最高气温为40 ℃，最冷月平均气温为－4 ℃左右，沿线土壤最大冻结深度为0.3～0.7 m。

徐州至南京段属暖温带半湿润季风气候，为我国南北气候的过渡地带，气候温和，四季分明。夏季多热带风暴，年平均降雨量为600～1 400 mm，一般集中在夏季。年平均气温为14 ℃～17 ℃，极端最高气温为40 ℃，极端最低气温为－15 ℃，沿线土壤最大冻结深度为0.5 m。

南京至上海段属亚热带海洋性季风气候，全年寒暑变化明显，温和湿润，四季分明。年平均降雨量为1 440 mm，一般集中在夏季。年平均气温为11 ℃～16 ℃，极端最高气温为40 ℃，最冷月平均气温为1 ℃～5 ℃，沿线土壤最大冻结深度为0.3 m。

### 六、社会环境

京沪高速铁路全线经过北京、天津、上海三个直辖市及河北、山东、安徽、江苏四省，连接环渤海经济圈和长三角经济带，区域人口占全国总人口的26.7%，人口100万以上的城市有11个，经济发达，区域GDP约占全国总GDP的40%，客货运输需求旺盛。

京沪高速铁路穿过东部沿海地区，城镇化发展水平较快，民众文化水平较高，维权意识较强。地少人多，土地资源极其珍贵，工厂林立，基础设施较为完善，高等级道路以及河网密集，电力和通信干线以及地下管线纵横，征地拆迁难度较大。

## 第二节　主要技术标准

### 一、京沪高速铁路正线主要技术标准

国家批复可行性研究报告的主要技术标准如下。

铁路等级：高速铁路；

正线数目：双线；

设计速度：350 km/h，初期运营速度为300 km/h，跨线列车共线运行，跨线列车运营速度为200 km/h及以上；

最小曲线半径：一般地段为7 000 m，困难地段为5 500 m；

最大坡度：20‰；

到发线有效长度*：700 m；

牵引种类：电力；

列车类型：动车组；

列车运行方式：自动控制；

行车指挥方式：综合调度集中；

规划输送能力：单向为8 000万人/年。

＊初步设计批复后，到发线有效长度优化为650 m。

## 二、其他线路主要技术标准

1. 跨线列车联络线

根据所确定的设计速度，按相应速度标准的设计规范或规定执行。

天津枢纽津沪联络线：160 km/h；

京津城际铁路至天津西站联络线：160 km/h；

济南枢纽京济南联络线：160 km/h；

济沪南联络线：济南站至济南南站80～120 km/h，济南南站至崔马庄线路所160 km/h；

徐州枢纽中部联络线：80 km/h；

南京枢纽跨线旅客列车联络线：160 km/h；

上海枢纽黄渡至沪宁城际铁路联络线：160 km/h；

虹桥站北联络线：140 km/h；

虹桥站南联络线：120 km/h。

2. 动车组走行线

根据走行线的长度、所经地区的地形地质条件等，按120 km/h的速度标准设计；纵断面标准根据动车组（空车）的牵引特性确定；其他专业的设计标准按现行铁路有关设计规范执行，并满足一次铺设无缝线路和动车组运行的技术要求。

3. 养护维修列车走行线

养护维修列车走行线的设计标准按100 km/h的速度标准，参照现行铁路有关设计规范执行。

# 第三节　项目主要内容与工程数量

京沪高速铁路项目由京沪高速铁路本线、南京大胜关长江大桥及南京枢纽相关工程、北京南站改扩建工程三部分组成。北京南站改扩建工程2005年配合京津城际铁路提前开工，南京大胜关长江大桥及南京枢纽相关工程作为全线控制工程在2006年7月提前开工建设。

1. 京沪高速铁路本线工程

路基土石方为4 904万$m^3$，桥梁273座计长1 098.9 km，隧道16座计长14.8 km，牵引变电所26座，架设接触网3 854.2条公里，站房建筑面积为61.5万$m^2$，征地59 047亩。

2. 南京大胜关长江大桥及南京枢纽相关工程

路基土石方为646.4万$m^3$，桥梁35座计长69.1 km，隧道5座计长3.1 km，合建变配电所1座，架设接触网244.2条公里，站房建筑面积为28.6万$m^2$，征地5 952亩。

3. 北京南站改扩建工程

路基土石方为118.6万$m^3$，桥梁长0.8 km，站房建筑面积为22.1万$m^2$，征地1 180亩。

# 第二章 工程主要特点

京沪高速铁路是中国第一条规模最大、标准最高的高速铁路,主要具有设计标准高、系统技术新、建设规模大、重难点工程多、质量控制难、安全压力大、环保要求严及征拆任务重等特点。

## 一、设计标准高

1. 速度目标值高

设计速度为350 km/h,初期运营速度为300 km/h;所有构筑物都需要采用高标准的基础沉降控制,严格的路基填筑、桥梁变形和梁体徐变控制标准,以确保线路满足高速运行需要的高平顺性要求。

2. 安全舒适性好

线路设计采用大曲线半径、长缓和曲线等线形变化平缓的线路平纵断面,提供平稳、舒适的高速运行条件;采用适当加大线间距和隧道断面的方法,解决空气动力对高速运行安全性和舒适度的影响;通过提高路基、桥梁刚度,保持线路的高稳定性;在路桥隧之间增加过渡段,保证线路纵向刚度均匀性,保障旅客乘坐的高舒适度。

3. 基础设施寿命长

桥梁设计寿命为100 年,无砟轨道设计寿命为60 年。

4. 与地方设施相协调

路基边坡采用植被保护,沿线及站点统一设计加强绿化,城市地段桥梁及站房设计与城市文化景观相协调。

## 二、系统技术新

京沪高速铁路采用大量新技术、新工艺、新装备,科技含量高,系统接口多。

(1)复杂条件下的高速铁路建造技术,主要包括高速、深水、大跨、六线轨道的南京大胜关长江大桥建造技术,大量特殊结构梁的建造技术,软土地基高刚性桩处理和沉降控制技术,高架桥上无砟轨道无缝道岔铺设技术,大型客运站综合交通体系的设计和施工技术等。

(2)高强高导大张力接触网的生产、架设和检测技术。

(3)350 km/h 高速动车组的引进、消化、吸收、再创新技术。

(4)确保 350 km/h 动车组安全运行的列控技术。

(5)高速铁路防灾安全监控系统建立和管理技术。

(6)适应高速铁路运营管理的新型客运服务系统的建立和管理技术等。

## 三、建设规模大

京沪高速铁路的建设规模大,主要体现在两个方面:一是投资规模大,京沪高速铁路总投资超过2 000亿元;二是工程数量大,新建京沪高速铁路全长1 318 km。本线工程、南京大胜关长江大桥及南京枢纽相关工程、北京南站改扩建工程三个项目,包括引入既有线的联络线等工程在内,主要实物工程量:路基土石方为5 669 万 $m^3$,桥梁总长1 168.8 km,隧道总长17.9 km,无砟轨道总长1 298.6 正线公里,牵引变电所27 座,站房建筑面积为112.2 万 $m^2$,征地66 179 亩。

## 四、重难点工程多

京沪高速铁路全线重难点工程包括线下104 个重点工程或区段(11 个重点工程区段,67 个桥梁或特殊结构梁工点,5 大车站,6 个高架站,4 个路基土方预压车站,6 段路基工程,5 座隧道)、无砟轨道与大号码道岔铺设、四电工程及联调联试。

长大桥梁和部分特殊结构桥梁工点:全线以长桥和桥上无砟轨道为主,设计标准高,质量要求严,施工工期短,跨河、跨路施工难度大,资源投入多,因此长大桥梁和部分特殊结构桥梁是全线的重点工程。

路基:全线预压路基不仅要满足工后沉降标准要求,而且还要与运架梁施工安排相协调,是全线的重点和控制工程。

无砟轨道和无砟道岔:轨道板的生产与铺设、无砟轨道的精调、无砟道岔的铺设调整、关键技术的攻关,是京沪高速铁路建设的又一重点工程。

大型车站工程:北京南站、天津西站、济南西站、南京南站和上海虹桥站是规模宏大的现代交通中枢,与地方工程接口多,工程结构复杂,征地拆迁任务繁重,既有线运输对施工及过渡安全要求高,站后安装调试密集,是全线顺利开通的重点工程。高架站工程与无砟轨道、接触网、其他站后工程工序交叉重叠、相互影响,致使上述各项工程之间协调工作量大、工期紧张、不安全因素多。

## 五、质量控制难

京沪高速铁路建设质量控制难主要表现在:

(1)全线软土、松软土、深厚软土分布范围广,区域沉降、岩溶地质、侵蚀性环境工点多,基础设施变形沉降标准严,观测评估周期长,控制调整难度大;

(2)桥梁梁体徐变控制标准高,桥梁上CRTSⅡ型板式无砟轨道铺设工艺复杂,铺设精度要求高;

(3)车站建筑专业众多,高空作业上下交叉影响,站前、站后工程接口多,质量控制工作难度大。

这些都增加了建设中协调进度、控制质量的工作任务,对施工组织、调度指挥和现场控制提出了更高的要求。

## 六、安全压力大

京沪高速铁路跨越既有铁路、公路、航道215 处。其中,59 处跨既有铁路施工,70 处跨省级以上公路施工,26 处跨七级以上通航河流施工,跨越长江、黄河、淮河等大江大河桥梁施工。建设过程中,51 套运架梁重型装备昼夜作业,143 套模架和支架现浇梁连续施工,尤其是900 t箱梁的架设任务比较集中,大型设备5 万多台套,高峰期日在场人员13 万多人。保证既有线安全、道路交通安全、河道通航安全、施工人员安全、设备安全等是京沪高速铁路安全建设的重大课题。

## 七、环保要求严

京沪高速铁路穿越上海、江苏、天津、北京等经济较发达的地区,城镇化率高,土地资源尤其是耕地显得更加宝贵。

全线跨越海河、黄河、淮河、长江四大水系及相关河流达39次之多，水体与河道防护任务重。施工阶段产生的废水和生活污水如无有效控制，会对邻近或跨越江河地段的水质产生一定污染。特别是黄河济南段、苏州阳澄湖等敏感水体对环保的要求更高。

沿线生态保护目标众多，必须得到有效保护。主要有廊坊市自然公园（城市公园）、黄河济南段、泰安市规划的大河自然风景旅游区、蚌埠龙子湖省级风景名胜区、凤阳明皇陵国家文物保护单位、滁州琅琊山国家级风景名胜区、镇江南山省级风景名胜区、常州寺墩遗址、苏州阳澄湖水源地等生态敏感区，以及沿线的耕地（尤其是基本农田）和植被。

## 八、征拆任务重

京沪高速铁路途经北京、天津、河北、山东、安徽、江苏（含南京）、上海等七省市，全线征地66 179亩，房屋拆迁700万 $m^2$ 以上。沿线电力线密布，多次与高压走廊相交，全线拆迁电力线路约4 635路，其中，低压线路2 239路，10 kV线路1786路，35 kV线路277路，110 kV线路170路，220 kV线路155路，500 kV线路58路。迁改军用光缆涉及单位20多个，迁改通信光电缆70余处。数量大、难度高、协调难，增加了组织、协调全线征地拆迁工作的难度。

# 第二篇

# 开工准备

# 第一章　开 工 条 件

2005 年 12 月铁道部重新组建的京沪铁路客运专线公司筹备组（公司筹备组）紧抓京沪高速铁路前期工作的同时，严格按照《关于铁道部基本建设大中型项目开工条件和办理程序的有关规定》（铁计〔2007〕29 号），依法合规地开展京沪高速铁路项目的各项准备工作。

铁计〔2007〕29 号文件规定的开工条件如下：

（1）按规定和要求完成审批、核准或备案，其中列入核准目录的项目已经核准，实行审批管理的项目已经批复可行性研究报告；

（2）项目法人或项目管理机构已设立，项目规章制度健全，项目负责人和机构成员已到位，具备任职工作条件；

（3）项目初步设计及总概算已批复，项目鉴修概算和施工图投资检算已报部核备；

（4）项目资本金和其他建设资金已落实，资金符合信贷政策和国家有关规定，承诺手续完备；

（5）项目施工组织设计大纲已编制完成，内容符合有关要求；

（6）项目主体工程（或控制性工程）施工单位、监理单位已通过招标选定，并已发中标通知书；

（7）项目法人或项目管理机构与设计单位已签订设计图纸交付协议；

（8）项目环评报告已完成审批，项目建设符合国家有关环保政策和规定；

（9）按规定完成固定资产节能评估（待国家出台相应政策后执行）；

（10）按规定完成建设项目用地预审，依法完成农用地转用和土地征收审批。

以上十项条件，大体上可以归为两类，一类是依法需要办理的审批程序，如第（1）、（3）、（8）、（9）以及（10）项要求；另一类则是建设单位为工程开工建设所做的具体准备工作，如建立法人组织等。本篇第二章将主要描述第一类开工条件的准备情况，剩余章节则是第二类开工条件的准备情况。第（9）项固定资产节能评估由于国家还没有相关政策，故没有实施。

# 第二章　办理开工审批手续

京沪高速铁路建设前期，铁道部根据国务院新开工项目要求和京沪高速铁路建设的实际需要，适时提交项目建议书、可行性研究报告、水土保持方案报告书、环境影响报告书等一系列文件，公司筹备组依法合规地履行京沪高速铁路开工准备相关的报批手续。经国务院相关部委批复，形成一系列具有法律效力的文件，成为开展建设的依据。

1. 京沪高速铁路本线

1997 年 3 月，铁道部向国家计委呈送《关于新建北京至上海高速铁路项目建议书的函》；

2006 年 2 月，国务院第 126 次常务会议批准京沪高速铁路项目建议书；

2006 年 3 月，国家发改委印发《关于新建京沪高速铁路项目建议书的批复》（发改交运〔2006〕374 号）；

2006 年 4 月，铁道部向国家发改委呈送《关于新建京沪高速铁路可行性研究报告》（铁计函〔2006〕247 号）；

2006 年 5 月，中国地震局印发《对京沪高速铁路沿线地震动参数区划报告的批复》（中震安评〔2006〕34 号）；

2006 年 6 月，中国地震局印发《对京沪高速铁路重点工程场地地震安全性评价报告的批复》（中震安评〔2006〕46 号）；

2006 年 7 月，国家环保总局印发《关于新建京沪高速铁路环境影响报告书的批复》（环审〔2006〕355 号）；

2006 年 8 月，水利部印发《关于新建京沪高速铁路水土保持方案的复函》（水保函〔2006〕372 号）；

2006 年 8 月，国土资源部印发《关于新建京沪高速铁路建设用地预审意见的复函》（国土资源预审字〔2006〕193 号）；

2007 年 8 月 29 日，国务院第 190 次常务会议原则上同意了京沪高速铁路项目的可行性研究报告；

2007 年 9 月，国家发改委印发《关于审批新建京沪高速铁路可行性研究报告的请示的通知》（发改交运〔2007〕2328 号）；

2007 年 12 月，铁道部印发《关于京沪高速铁路初步设计的批复》（铁鉴函〔2007〕1265 号）；

2008 年 1 月，国家发改委印发《关于审批新建京沪高速铁路开工报告的请示的通知》（发改交运〔2008〕501 号）；

2008 年 1 月 16 日，国务院第 205 次常务会议同意京沪高速铁路开工建设。

2. 南京枢纽大胜关长江大桥南京南站及相关工程

2004 年 4 月，中国地震局印发《对京沪高速铁路南京大胜关桥位工程地地震安全性评价报告的批复》（中震函〔2004〕65 号）；

2005 年 4 月，铁道部向国家发改委呈送《关于报送新建南京枢纽大胜关长江大桥南京南站及相关工程项目建议书的函》（铁计函〔2005〕255 号）；

2005 年 6 月，交通运输部印发《关于京沪高速铁路南京长江大桥通航净空尺度和技术要求的批复》（交水发〔2005〕257 号）；

2005 年 12 月，国家发改委印发《关于新建南京枢纽大胜关长江大桥及南京南站项目建议书的批复》（发改交运〔2005〕2750 号）；

2006 年 1 月，铁道部向国家发改委呈送《关于报送新建南京枢纽大胜关长江大桥南京南站及相关工程可行性研究报告的函》（铁计函〔2006〕70 号）；

2006 年 4 月，国家环保总局印发《关于新建铁路南京枢纽大胜关长江大桥南京南站及相关工程环境影响报告书的批复》（环审〔2006〕149 号）；

2006 年 4 月，国土资源部下发《关于新建铁路南京枢纽大胜关长江大桥南京南站及相关工程建设用地预审意见的复函》（国土资源审字〔2006〕103 号）；

2006 年 6 月，国家发改委印发《关于新建南京枢纽大胜关长江大桥及南京南站可行性研究报告的批复》（发改交运〔2006〕1074 号）；

2006 年 6 月，铁道部印发《关于南京枢纽大胜关长江大桥初步设计的批复》（铁鉴函〔2006〕472 号）；

2006 年 6 月，南京大胜关长江大桥先期开工；

2007 年 6 月，铁道部印发《关于新建铁路南京枢纽大胜关长江大桥南京南站及相关工程初步设计的批复》（铁鉴函〔2007〕691 号）；

2008 年 5 月，铁道部印发《关于新建铁路南京枢纽大胜关长江大桥南京南站及相关工程补充初步设计的批复》（铁鉴函〔2008〕651 号）。

3. 北京南站改扩建工程

2004 年，铁道部呈送《关于报送北京南站改扩建及新建李营动车段工程项目建议书的函》（铁计函〔2004〕806 号）；

2005 年 5 月，国家发改委印发《关于北京南站改扩建及新建李营动车段工程项目建议书的批复》（发改交运〔2005〕885 号）；

2005 年 12 月，铁道部印发《关于北京南站改扩建工程可行性研究报告的批复》（铁计函〔2005〕958 号）；

2005 年 12 月，铁道部印发《关于开工建设北京南站改扩建工程的通知》（铁计函〔2005〕999 号）；

2006 年 3 月，铁道部印发《关于北京南站改扩建工程初步设计的批复》（铁鉴函〔2006〕152 号）；

2006 年 10 月，铁道部印发《关于北京南站改扩建工程补充初步设计的批复》（铁鉴函〔2006〕821 号）。

2008 年 4 月 18 日，京沪高速铁路在北京大兴京沪高速铁路北京特大桥桥址举行全线开工典礼。时任国务院总理温家宝为京沪高速铁路股份有限公司揭牌，宣布京沪高速铁路全线开工，并为京沪高速铁路奠基。时任国务院副总理张德江出席开工典礼并作重要讲话。

# 第三章　开工准备工作

## 第一节　筹措建设资金

京沪高速铁路建设总投资高达2 000多亿元，为筹措资金，按照铁道部确定的“政府主导、多元化投资、市场化运作”的融资总体思路，公司筹备组配合中国铁路建设投资公司走市场化融资途径，积极与社会资本、企业法人资本和国外投资集团等商谈，力图构建多元投资主体，拓展多种投资渠道。一是与沿线省市商谈签订建设协议，共同组建京沪高速铁路股份有限公司（京沪高铁公司），由地方政府负责其管内的征地拆迁工作，并将所产生的补偿费用作为其出资额；二是与国内外潜在的社会出资者商谈，推介京沪高速铁路，以获得他们的出资。

在积极融资的同时，公司筹备组进行系统的分析和测算，根据国务院国发〔1996〕35号文件“交通运输项目资本金比例为35%及以上”的规定，在京沪高速铁路可行性研究报告财务评价的基础上，以资本金占总投资的35%、40%及50%分别比较项目的盈利能力、损益状况和偿债能力，在铁道部及有关部门指导下，最终选择了资本金占总投资50%比例的方案。

京沪高速铁路的筹资方案主要内容如下：

（1）明确国家控股地位。在公司组建的发起人协议中明确资本金暂定为1 150亿元，由发起人一次性认购，分期缴纳。中国铁路建设投资公司作为铁道部出资代表，出资647.07亿元人民币，持有56.267%的股权，成为最大股东。

（2）地方政府以征地拆迁费用出资。铁道部与地方政府协商下，京沪高速铁路途经的京、津、冀、鲁、皖、苏、沪和南京分别明确由北京市基础设施投资有限公司、天津城市基础设施建设投资集团有限公司、河北交通建设投资有限责任公司、山东省高速公路集团有限公司、安徽省投资集团有限责任公司、江苏交通控股有限公司、上海申铁投资有限公司和南京铁路建设投资有限责任公司作为当地政府出资人代表，将铁路所经各地涉及的征地拆迁费用作为京沪高铁公司的资本金计价入股。

（3）积极引进战略投资者。2006年1月26日铁道部、保监会就保险资金间接投资铁路达成战略合作框架协议；2006年3月16日铁道部、保监会就保险资金间接投资铁路建设项目进行会谈；2006年6月28日铁道部与保监会基本达成合作意向；2006年8月23日铁道部、保监会召开保险资金投资京沪高速铁路项目推进协调会议；2006年9月5日～10月23日铁道部保险资金投资京沪高速铁路项目工作小组与保险资金投资京沪高速铁路项目工作协调小组展开全面会谈。经过一系列谈判，以平安资产管理有限责任公司为代表的保险团队和全国社会保障基金理事会最终分别认购股份160亿元和100亿元。

（4）债务资金的筹措。公司筹备组积极与各大国有银行洽谈，最终在2006年基本落实债务资金的来源。2006年3月2日中国建设银行给予京沪高速铁路项目337亿元的银行贷款承诺书；2006年3月7日中国工商银行给予京沪高速铁路项目1 100亿元的银行贷款承诺函；2006年6月2日中国农业银行给予京沪高速铁路项目300亿元的银行贷款承诺函。另外，公司筹备组还与国家开发银行签署数亿元的技术援助贷款合同。

## 第二节 组建公司

为加强京沪高速铁路的前期工作,2003 年 5 月铁道部下令成立高速铁路公司筹备组,并重组铁道部高速铁路领导小组和高速办,组织了《京沪高速铁路设计暂行规定》的国际咨询,积极开展全线的地质勘探和初步设计工作;2005 年 12 月铁道部整合高速办和高速铁路公司筹备组,组建京沪铁路客运专线公司筹备组;2006 年 3 月 16 日铁道部以铁计〔2006〕28 号文授权中国铁路建设投资公司作为京沪高速铁路项目铁道部的出资者代表。公司筹备组在配合中国铁路建设投资公司积极融资的同时,就京沪高速铁路建设项目法人的组建,协调出资各方做了大量工作。2007 年 12 月 27 日召开京沪高速铁路股份有限公司创立人会议,按照铁道部和沿线七省市人民政府签署的《加快铁路建设会谈纪要》,并授权其出资人中国铁路建设投资公司、北京市基础设施投资有限公司、天津城市基础设施建设投资集团有限公司、河北交通建设投资有限责任公司、山东省高速公路集团有限公司、安徽省投资集团有限责任公司、江苏交通控股有限公司、上海申铁投资有限公司、南京铁路建设投资有限责任公司、平安资产管理有限责任公司、全国社会保障基金理事会派代表参加会议,签订了发起人协议,明确各方出资比例(地方省市暂按征地拆迁预估费列)及权利、义务、责任;审议通过了公司章程草案、公司董事会和监事会的组成方案;同日召开了公司第一届董事会第一次会议,选举了公司董事长、副董事长和监事会主席。2008 年 1 月 9 日京沪高铁公司在国家工商管理总局正式注册。京沪高铁公司第一届董事会由19 名董事组成,其中中国铁路建设投资公司 8 名,平安资产管理有限责任公司 2 名,其余各方各 1 名。在第一届董事会第一次会议和第一届监事会第一次会议上,蔡庆华当选为公司董事长,万放当选为副董事长,李志义当选为副董事长、总经理,刘雅芝当选为监事会主席。

## 第三节 设计供图

公司筹备组始终把设计图纸的供应作为工程开工前的重点工作。根据前期工作情况,一是结合全线施工组织设计的不断优化,明确施工图纸供应计划。依据全线重点工程分布、施工工期安排以及制架梁区段的施工布局,对全线线下工程的施工组织顺序进行认真梳理,提出了全线设计供图计划。同时,把全线包括简支梁桥段、特殊结构桥梁工程、路基工程、站场工程、隧道工程在内的长度累计 238.88 km 的 138 个先期开工工点的设计图纸,作为工程开工前的重点。设计图纸供应计划同时纳入设计合同,进行考核管理。二是建立业主驻院制度,组织协调和推进施工图纸设计工作。从公司筹备组开始,各指挥部安排专人进驻设计单位,负责组织和落实管段内的设计图纸供应问题,特别是积极做好征地拆迁工作、地质补探工作与施工图设计工作的协调与衔接。驻院制度的推行,有效提高了施工图纸设计供应的效率和质量,确保了施工图纸的供应。

## 第四节 编制指导性施工组织设计大纲

公司筹备组十分重视指导性施工组织设计大纲的编制工作。认真贯彻国家发改委和铁道部对京沪高速铁路可行性研究报告及初步设计文件的批复意见，结合现场踏勘调查，反复梳理全线重难点工程，根据实际情况安排施工顺序。在指导性施工组织的编制中坚持以重难点控制工程为重点，科学组织施工，积极协调征地拆迁和图纸供应，合理调整施工资源；以“不断优化、动态管理、留有余地”的原则，重点先行，有序推进，以点带线，全面展开。

初步设定建设总工期60个月。其中，施工工期48个月（含征地拆迁和施工准备），联合调试6个月，试运行6个月。

按照“优质高效、一次建成”的要求，以征地拆迁、制架梁及其通道、无砟轨道、四电、全线联调试运行为建设的关键线路，依据全线桥梁占比80%以上的特点，以20 km左右的桥梁和无砟轨道作为标准施工单元组织建设，总体规划，统筹安排，力求工序紧凑，征拆保证，重点先行，有序展开。

## 第五节　招标甄选主体工程参建单位

京沪高速铁路建设工程是国家重点项目，为规范和加强招标投标管理，公司筹备组根据《中华人民共和国招标投标法》、《中华人民共和国政府采购法》、《工程建设项目施工招标投标办法》、《工程建设项目勘察设计招标投标办法》以及国家、铁道部有关招标投标管理规定，制定了《京沪高速铁路招标投标管理暂行办法》。

公司筹备组在全线设计优化、沿线调查的基础上，对本线土建工程进行标段划分，认真编制招标文件。根据铁道部于2007年12月3日批复的《京沪高速铁路全线土建招标计划》(铁建设函〔2007〕1258号)，公司筹备组全面开展土建招标工作，严格按照《中华人民共和国招标投标法》中规定的程序展开，经历了资格预审、现场考察、投标报价、专家评标等阶段，2008年1月6日完成土建工程招标工作，报请铁道部建设司批准，确定了施工单位和监理单位。表2.3.1、表2.3.2分别为京沪高速铁路土建工程施工单位和监理单位招标结果。

表2.3.1　土建工程施工单位招标结果

| 标段名称 | 主要工程内容 | 中标单位 | 开标时间 |
|---|---|---|---|
| 京沪土建一标 | 里程DK1+750～DK238+470.17的路基、站场、桥涵、铺轨、制架梁、站场其他运营生产设备及建筑物、大型临时设施和过渡工程、改移道路、电力通信线路迁移等站前工程（含里程DK1+750～DK285+903的铺轨工程） | 中铁十七局集团有限公司(中铁十七局) | 2008.1.3 |
| 京沪土建二标 | 里程DK238+470.17～DK412+062的站前工程(不含铺轨工程) | 中铁一局集团有限公司(中铁一局) | 2008.1.3 |
| 京沪土建三标 | 里程DK412+062～DK667+026.73的站前工程(含里程DK285+903～DK534+400的铺轨工程) | 中国水利水电建设集团公司(中水集团) | 2008.1.3 |
| 京沪土建四标 | 里程DK950+039的站前工程(含里程DK534+400～DK846+100的铺轨工程) | 中铁十二局集团有限公司(中铁十二局) | 2008.1.3 |
| 京沪土建五标 | 里程DK950+039～DK1148+522.48的站前工程(含里程DK846+100～DK1148+522的铺轨工程) | 中铁三局集团有限公司(中铁三局) | 2008.1.3 |
| 京沪土建六标 | 里程DK1148+522.48～DK1301+200的站前工程(含里程DK1148+522～DK1302+890的铺轨工程) | 中国交通建设股份有限公司(中交集团) | 2008.1.3 |

表 2.3.2 土建工程监理单位招标结果

| 标段名称 | 主要工程内容 | 中标单位 | 开标时间 |
|---|---|---|---|
| 京沪监理一标 | 里程 DK1 +750 ~ DK238 +470.17 范围内站前、铺架工程 | 甘肃铁一院工程监理有限责任公司、铁四院(湖北)工程监理咨询公司、上海先行建设监理有限公司联合体 | 2008.1.3 |
| 京沪监理二标 | 里程 DK238 +470.17 ~ DK412 +062 范围内站前、铺架工程 | 华铁工程咨询公司、中咨工程建设监理公司联合体 | 2008.1.3 |
| 京沪监理三标 | 里程 DK412 +062 ~ DK667 +026.73 范围内站前、铺架工程 | 北京铁城建设监理有限责任公司、北京铁研建设监理有限责任公司、乌鲁木齐铁建监理咨询有限公司联合体 | 2008.1.3 |
| 京沪监理四标 | 里程 DK665 +100 ~ DK950 +039 范围内站前、铺架工程 | 中铁二院(成都)咨询监理有限责任公司(中铁二院(成都)监理公司)、北京瑞特工程建设监理有限责任公司、山东济铁工程建设监理有限责任公司(山东济铁建设监理公司)联合体 | 2008.1.3 |
| 京沪监理五标 | 里程 DK950 +039 ~ DK1148 +522.48(不含南京南枢纽项目)范围内站前、铺架工程 | 铁科院(北京)工程咨询有限公司(铁科院(北京)咨询公司)、天津新亚太工程建设监理有限公司联合体 | 2008.1.3 |
| 京沪监理六标 | 里程 DK1148 + 522.48 ~ DK1301 +200 范围内站前、铺架工程 | 北京中铁诚业工程建设监理有限公司、中铁武汉大桥工程咨询监理有限公司(中铁武汉大桥监理公司)联合体 | 2008.1.3 |

# 第六节 物资准备

针对京沪高速铁路线路长、物资需求量大、物资品种繁杂、新材料较多、对材料质量要求高、物资需求变数较大等特征,公司筹备组自 2006 年起对全线物资供应开始准备工作。

(1)2006 年对京沪高速铁路物资设备管理方案明确"分类管理、分级负责、专业服务、统筹供应"的原则,建立了系统的物资管理制度。

(2)广泛开展市场调查,掌握物资市场信息。从 2006 年开始,公司筹备组先后对全线工程用主要物资,如钢材、水泥、锚具、支座等组织开展市场调查,并对市场价格波动情况进行跟踪,绘制了物价变动的波形图,为先期开工的南京大胜关长江大桥物资采购招标提供了指导,并为全线概算编制、确定南京大胜关长江大桥物资管理模式提供了依据。同时,公司筹备组还组织开展沿线地材资源调查。以高性能混凝土的地材资源调查为例,经过大量工作,初步掌握全线的资源分布特征;同时走访、调查了沿线的碎石生产商、砂子生产商、粉煤灰和矿渣粉供应,取得了大量、翔实的资料。在基本摸清全线地材资源情况的基础上,提出全线有关地材的组织供应方案。

(3)积极推行供应商准入制度。在认真做好全线物资设备资源状况调查的基础上,公司筹备组制定出台了《合格生产供应商管理办法》,并在南京大胜关长江大桥工程建设过程中先后公布了两批(共 111 家)合格生产(供应)商名录,规定主要物资设备的招投标采购必须在审定合格的生产(供应)商名录范围内进行,以确保公开招标选定的生产(供应)商国内最优、产品质量达到国际标准。根据地材资源调查结果,公司筹备组与条件成熟的23家砂子生产供应商、37家碎石生产供应商、20家粉煤灰生产供应商、12家矿渣粉生产(供应)商签订了《订购意向书》,并在工程招标完成后,组织施工单位与生产(供应)商签订采购供应合同。

(4)完成部分甲供物资的先期招标。公司筹备组根据全线施工组织的安排,在完成土建工程施工招标的同时,对钻孔桩用钢筋、水泥和外加剂等开工初期要用到的甲供物资进行招标,满足了施工单位开工初期的物料需求,缩短了施工单位使用物资的准备时间。

# 第三篇

# 工程建设

# 第一章　建设组织工作

## 第一节　组织领导

党中央和国务院一直高度重视京沪高速铁路建设的进展。2007年8月29日，国务院第190次常务会议通过了该项目的可行性研究报告，国务院主要领导在会上强调要加强组织领导，强化部门之间、部门与地方之间的协调配合。为切实加强京沪高速铁路建设工作的领导，国务院决定成立京沪高速铁路建设领导小组。2007年10月22日，国务院办公厅发布国办发〔2007〕61号文件，成立京沪高速铁路建设领导小组，由时任国务院副总理曾培炎担任组长，国家发改委主任、国务院副秘书长和铁道部部长等三人任副组长，成员包括国家发改委副主任、铁道部副部长、科技部副部长、公安部副部长、财政部副部长、国土资源部副部长、交通部副部长、信息产业部副部长、水利部副部长、海关总署副署长、国家环保总局副局长、工程院副院长、银监会副主席、中国国际工程咨询公司总经理、国家电网公司副总经理、北京市人民政府副市长、天津市人民政府副市长、河北省人民政府副省长、上海市人民政府副市长、江苏省人民政府副省长、安徽省人民政府副省长、山东省人民政府副省长。文件规定，领导小组成员因工作变动等需要调整的，由所在单位向领导小组办公室提出，报领导小组组长审批。

京沪高速铁路建设领导小组的主要职责是统筹指导京沪高速铁路建设工作，协调解决建设中的重大问题，以及铁路沿线征地拆迁等铁道部和京沪高铁公司自身难以解决的问题。

2007年12月10日，京沪高速铁路建设领导小组召开第一次会议，会议听取了铁道部开工准备情况，讨论了建设面临的重大问题。会议要求各有关地区和部门认真贯彻党的十七大精神，深入落实科学发展观，把政府主导和发挥市场机制作用结合起来，征地拆迁由地方政府负责；把发挥各参建单位积极性和科学组织结合起来，把工程建设和推进技术管理创新结合起来，把项目实施和资源节约、环境保护结合起来，高标准、高质量、高效率地建成这一宏伟工程，做到全线开工、一次建成，达到世界一流高速铁路的标准，确保经得起历史的检验。

会议提出五项要求。一要加强组织领导。国务院有关部门和沿线七省市要切实搞好协作，抓紧启动京沪高速铁路建设领导小组办公室工作机制，做好重大事项的协调工作。二要加强项目建设管理。实行项目法人负责制，落实责任主体，注意吸收利用国内外高水平管理资源，加强建设管理创新，科学周密制订施工组织和管理方案，处理好建设进度与质量、效益的关系，最大限度地减少浪费，尽可能节约用地。三要加快推进技术创新。坚持把技术创新贯穿于铁路建设的各方面和全过程，加大科技攻关力度，突破关键技术难题。四要严格控制工程质量。牢固树立“百年大计、质量第一”的思想，始终把工程质量摆在首位，全面落实设计、咨询、施工、建设、监理等单位责任，优化设计方案，细化施工组织方案，制订科学严密的施工组织措施，加强工程质量进度检查。五要搞好生态环境保护。健全生态环境保护的方案和措施，加强环保教育，建立环保监理制度，推进文明施工，最大限度地降低噪声等污染，避免浪费土地和破坏植被，建设环境友好、和谐稳定的高速铁路。

京沪高速铁路建设领导小组设立办公室（京沪办），主要负责高速铁路建设领导小组的日常事务，研究提出需要由领导小组决策的建议方案，督促落实领导小组议定事项，加强与有关部门和地区的沟通协调，收集和掌握建设的有关信息。

京沪办的工作目标是要保持良好的内外建设环境，确保高质量、高效率地建设京沪高速铁路。京沪办确定的指导思想和工作原则是：依法合规、快速有序完成征地拆迁任务，为建设提供全面保障；探索在新经济发展时期征地拆迁难题，创造和谐社会环境；坚持以人为本，解决征地拆迁与确保国家利益、人民群众利益的矛盾，让被拆迁的人民得到实惠；探索创新体制机制，使拆迁处于良性、高效的运作模式。

京沪高速铁路开工后，京沪高速铁路建设领导小组由时任国务院副总理张德江接任组长，又先后召开了四次会议，听取建设情况汇报，对建设中的重大问题作出指示和安排。2009 年 4 月 24 日领导小组第二次会议，会议充分肯定了建设取得的重大进展，要求各有关部门和单位加强组织领导，科学组织，精心施工，高标准、高质量、高效率地推进工程建设。2010 年 3 月 23 日领导小组第三次会议强调京沪高速铁路是举世瞩目的国家重点工程，要坚决做到优质、安全、高效、廉洁，努力把京沪高速铁路建设成为自主创新、精心施工和严格管理的模范工程。会议要求在确保工程质量的前提下，确保工程建设进度；严格落实工程质量责任制，实现对工程建设各阶段、各环节全过程质量控制；着力抓好重点科研攻关，加快技术创新成果转化步伐；认真做好整改工作，完善制度；加大沿线的建设协调力度，又好又快地推进京沪高速铁路建设。2010 年 12 月 14 日领导小组第四次会议肯定了建设取得的重要阶段性成果，并强调要着力确保工程建设质量，确保工程施工安全，确保按照节点工期完成施工任务，深化高速铁路技术创新，加强组织领导和协调配合。2011 年 6 月 23 日领导小组第五次会议研究部署了京沪高速铁路开通运营工作。会议指出京沪高速铁路工程建设任务已全面完成，工程质量达到优良标准，具备开通运营条件，要求各部门、各方面不放松、不懈怠，以高度的责任感做好京沪高速铁路开通的六项工作，即抓紧完成工程收尾工作；扎实做好开通运营工作；切实加强运营环境整治工作；充分发挥京沪高速铁路对沿线地方的带动作用；认真总结京沪高速铁路的成功经验；要加快铁路建设走出去的步伐。

京沪高速铁路建设过程中涉及征地拆迁、技术创新、设备引进、电力、水利等多方面的问题，而这些问题的解决需要国家发改委、科技部、公安部、财政部、银监会、国土资源部、交通部、信息产业部、水利部、海关总署、国家环保总局、工程院、国家电网公司等多个部委的通力配合。协调各部委、沟通各方面信息就成为京沪办的重要任务。在京沪办的组织下，各部委、国电系统都专门成立机构负责收集京沪高速铁路建设的信息以及存在的问题上报给京沪办，形成了一个高效的办事体系，使整个工作扎实有序地推进。在京沪办的协调下，国家各相关部委对京沪高速铁路的建设和发展提供了大力支持。国家发改委及时批复开工报告，提出进一步优化设计的要求。国土资源部批准重点工程先行开工建设用地，研究确定全线建设用地组卷报批工作方案。国家电网公司及时解决高等级电力线路迁改和外部电源供电等问题。环境保护部、水利部等协调相关方面工作。沿线各级地方政府均成立支铁办支持京沪高速铁路的建设，配合设计院完成了全线用地规划的控制、站址选择和主要大站的建筑概念设计等，地方政府与京沪高铁公司签订了征地拆迁实施协议，积极指导征地拆迁、补偿资金到位等前期协调工作。

## 第二节　管理机构

京沪高铁公司实行法人治理机制，负责京沪高速铁路的建设组织和管理工作。京沪高铁公司作为项目法人，坚持重大决策严格履行程序，对资金筹措、工程建设、生产经营、还本付息及资产保值增值全过程负责。

自2007年12月27日创立大会，截至2011年6月30日全线开通运营，建设期间，京沪高铁公司根据《发起人协议》和《公司章程》，组建第一届董事会、监事会和领导班子，共召开五次年度股东大会、七次临时股东大会，以及八次董事会议、四次临时董事会议。第一届董事会第一次会议审议于2007年12月27日召开，选举了京沪高铁公司董事长、副董事长，聘任了公司总经理、副总经理等经营班子及指挥部指挥长等，决定了公司内部管理机构设置。第一届董事会第二次会议于2008年3月19日召开，审议批准了京沪高速铁路勘察设计、概算批复及投资控制措施情况报告，指导性施工组织设计报告，土建工程招标及合同签订情况报告，公司内部基本管理制度等。第一届董事会第三次到第八次会议及四次临时会议分别听取了公司总经理的年度工作报告，审议了全线指导性施工组织调整方案报告、年度投资完成与预算执行情况报告以及下一年度投资计划与资金预算方案报告、征地拆迁费用清理及审计工作进展情况报告、委托运输管理方案意见报告、公司增资扩股及股份转让议案等多项重要议案。自京沪高铁公司创立大会后，2008年3月19日召开了第二次股东大会，听取了关于前期筹备工作中合同签订及履行情况的报告，并予以确认，审议批准了京沪高铁公司股东大会议事规则、董事会议事规则、监事会议事规则，审议批准了京沪高速铁路分年度和2008年投资计划及资本金到位方案、2008年度财务预算。第三次到第五次年度股东大会及七次临时股东大会分别审议批准了京沪高铁公司年度工作报告、董事会年度工作报告和监事会年度工作报告、年度预算执行情况与财务决算报告和下一年度投资计划与财务预算方案报告，以及关于聘请天职国际会计师事务所有限公司（天职国际）作为中介机构对征地拆迁费用等开展审核审计工作的议案、关于修订公司章程、签订股东协议的议案等重要报告和议案。

为发挥铁道部在建设管理中的优势，铁道部成立京沪高速铁路建设总指挥部，由副部长卢春房兼任指挥长，总指挥部与京沪高铁公司一个机构两块牌子，以调动全路各部门的资源，开展建设管理工作。

京沪高铁公司设置综合部、计划财务部、工程管理部、安全质量部和物资设备部，具体负责全线工程建设管理；下设天津、济南、蚌埠、南京、苏州5个指挥部坚持在第一线组织管理建设。天津指挥部负责土建一标范围内的建设组织管理，济南指挥部负责土建二标和三标范围内的建设组织管理，蚌埠指挥部负责土建四标范围内的建设组织管理，苏州指挥部负责土建五标和六标范围内的建设组织管理，南京指挥部负责南京大胜关长江大桥及南京枢纽范围内的建设组织管理。京沪高速铁路建设组织架构如图3.1.1所示。

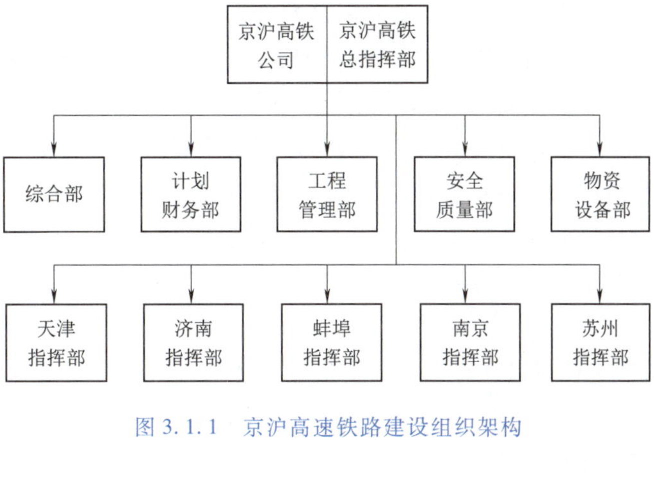


图3.1.1　京沪高速铁路建设组织架构

京沪高铁公司作为项目法人，严格实行工程招投标制度、工程监理制度和合同管理制度三项制度。

1. 工程招投标制度

京沪高速铁路建设的工程咨询、施工、监理、甲供材料供应等均采用招标方式择优选择。根据《中华人民共和国招标投标法》，京沪高铁公司作为招标人，组织了工程咨询、施工和监理及甲供材料的招标工作。在铁道部监察部门和招标办的监督指导下，招标工作依照公平、公开的原则，在铁道工程交易中心按交易规则进行。

2. 工程监理制度

通过招标，择优选择工程监理公司在建设管理过程中代表业主对施工单位的工程质量、工程进度、环境保护、工程造价、施工安全等进行监督，并抽调优秀监理人员参加各指挥部的建设管理工作。

3. 合同管理制度

根据招标结果，完善合同条款，及时签订合同，强化合同管理，规范合同行为。京沪高铁公司制订了《合同管理办法》，成立了合同审查委员会，建立合同台账，日常管理按照《中华人民共和国合同法》规定，严格执行合同，维护合同当事人的合法权益。

## 第三节　工程咨询和物资代理

京沪高速铁路建设项目工程量大、技术标准高。为做好工程实施工作，京沪高铁公司借鉴国内外铁路建设特别是高速铁路建设的成功经验，创新建设组织管理，按照“小业主、大咨询”的框架模式，在保留决策权的前提下，将相关的技术管理、方案优化和现场一线的监督检查等工作分别交给专业技术管理力量强大的咨询和监理机构，从而实现对工程的及时有效管理。

1. 发挥联合咨询机构的作用

京沪高铁公司根据铁道部《关于迁改工程、工程咨询和第三方检测招标投标有关问题的通知》（铁建设函〔2007〕580 号）、《铁路建设项目勘察设计咨询暂行办法》（铁建设〔2001〕21 号）和《铁路建设项目施工图审核暂行办法》（铁建设〔2004〕81 号）的相关规定，并报铁道部批准，形成了联合咨询方案。通过招标谈判选择由中铁二院工程集团有限责任公司（中铁二院）牵头、中铁第一勘察设计院集团有限公司（中铁一院）和德国沃森工程技术有限公司（德国沃森公司）组成的咨询联合体及由中铁二院、中铁一院联合体承担京沪高速铁路的工程咨询任务。中铁一院负责北京至徐州段的咨询工作，中铁二院负责徐州至上海段的咨询工作，德国沃森公司负责外方质量代表工作。咨询联合体在北京设工程咨询项目部，实行项目经理负责制。工程咨询项目部负责站前站后工程施工图审核、站前工程单项关键技术咨询和设计优化工作；在咨询项目部设外方质量代表室，实行首席质量代表负责制，在项目经理领导下，负责对全线站前站后工程监理的监督管理、专项监理业务培训和部分关键工程（序）现场监督或专题质量监理指导，对重要工程和技术问题进行协助咨询。联合咨询取得了较明显的成效。

（1）设计阶段，咨询联合体对设计概念及原则提出了清晰、明确、详尽的意见，着重检查所采用高速铁路技术的适用性、安全性、经济性，检查每个系统的接口是否兼容，重点以国内和国际标准对可靠性、可用性、可维护性、安全性和质量等方面进行评估。

(2)施工期间,根据开挖揭示的实际地质情况和试验成果,及时、主动地对设计方案提出优化。

(3)设计审查和施工方案优化的成果,包括以下几个方面:

①修改 11 段共 51.78 km 的施工图线路纵断面,节省了桥梁墩台和路基填筑工程量。

②分段统一桥墩设计类型,铁道第三勘察设计院集团有限公司(铁三院)设计段采用圆端形实体墩、中铁第四勘察设计院集团有限公司(中铁四院)设计段采用矩形双柱墩,提高了桥墩的安全性、经济性和舒适性,同时,方便了施工,提高了施工效率。

③对桥梁桩基进行优化,减少桩长、桩基圬工、声测管和承台圬工。

④对于不满足工后沉降量要求的 16 段路基工点提出"延长或增加 CFG 桩"措施,对增加工程不大的特殊地段 CFG 桩建议延长,对低填等可引起较大工后沉降量的地段建议增设 CFG 桩,对原设计宿州东站 CFG 桩建议采用混凝土管桩进行地基加固。

⑤修改初步设计中将"梅庄"等下蜀黏土改良后作为路基填料的方案,改用"花山乡"采石场的填料作为路基填料,既保证了工程质量,又缩短了路基填料的运输距离,节约了工程投资。

2. 探索中外咨询监理一体化,延伸监理作用

在南京大胜关长江大桥工程建设中采取了以铁科院(北京)咨询公司为主体,由中铁武汉大桥监理公司、德国 PEC + S 集团公司为成员的中外咨询监理一体化的模式。

(1)与建设单位管理对接,服务建设需要。咨询监理是建设单位建设管理的延伸,担负工程项目的重要管理责任。与南京建设指挥部相关管理部门对接,执行建设单位对工程的决策和管理。

(2)加强一线监理力量,满足现场需要。联合体成立新建南京大胜关长江大桥工程咨询监理项目部,下设施工监理部、国内咨询部、国外咨询部。

施工监理部设南岸监理组、北岸监理组和驻厂监理组。组织机构满足大桥工程咨询、施工监理和驻厂监造的需要。

国内咨询部进行了施工图纸检算、审查及施工方案审核工作,撰写咨询报告 34 份,并及时将各项施工图的审核、检算结果及咨询报告提交建设单位和设计院,将施工方案的检算结果通报施工单位,保证工程顺利实施。在所有咨询报告中,均提出具体结论和明确建议,特别是对涉及施工中的重点技术方案,如钢梁架设方案、钢梁架设大型临时设施方案等进行严密论证,提出建设性意见。咨询意见既验证了设计和施工方案,同时又是施工图和施工方案优化、完善的基础。国内咨询的主要成果包括对所有图纸的审查;对两联钢桁连续梁、六跨连续钢桁拱主桥的整体结构按空间模型进行了恒载、活载、温度、风、制动力等各项静力检算,抗震、车桥耦合振动等动力检算及施工阶段分析计算;对正交异性板桥面结构、关键主桁节点进行了详细的空间分析;对引桥 32 m 直线、曲线简支箱梁,南北引桥预应力混凝土连续梁分别进行了在高速铁路荷载及沪汉蓉一级线路荷载下的全面检算;对全桥钻孔桩基础及桥墩等下部结构进行了各工况检算,特别是对圆端形主墩采用实体有限元模型进行了检算;对钢围堰、临时支墩、墩旁托架、提升站等大型辅助设施进行了安全性检算;对防洪度汛方案、工程变更审查,工程量校核,重点、难点单项技术等进行咨询。

此外,咨询监理联合体深入研究南京大胜关长江大桥工程特点和难点,经过反复讨论制定了国外咨询大纲,细化国外咨询内容,对完成时间提出明确要求,并将国外监理工程师工作重点具体化。

国外咨询工作内容:对整体钢桥面系及拱肋截面压杆、带肋加劲板和拱角节点等特殊构造细节进行审核;对梁端伸缩装置结构进行审核;参加大跨钢桁拱合龙方案、钢桁梁拼装方案的咨询等。

3. 利用物资代理做好管理保供工作

为加强物资管理,提高管理水平,京沪高铁公司引入中国铁路物资总公司作为物资设备采购供应

管理的代理公司，充分运用其丰富的物资管理经验、管理水平和供应网络为工程建设服务。其主要任务是提供招标采购、供应组织、质量监控和驻厂监造等方面服务。

中国铁路物资总公司整合全系统资源，充分发挥资源调配、仓储物流等方面的优势，组建了京沪高速铁路项目工作组。施工初期，及时组织业务骨干，深入现场，及时掌握物资需求、资源分布、现场储备条件等，主动与设计、施工、监理等参建单位建立沟通联系机制。随着工程进度不断推进，针对建设施工工期紧、物资需求量大、品种繁多、质量要求高的特点，通过市场调研，从供应商准入条件、采购时机选择、包件划分方式等方面提出合理化建议，为降低采购成本、控制原材料质量起到了重要作用。通过建立供应周报制度，及时准确掌握供应动态、现场需求和物资储备情况，为保障供应、合理调配资源提供决策依据。通过不断完善质量监控体系，对桥梁支座、隧道防水板等重要物资安排驻厂监造，在原材料进厂、生产过程、出厂检验等环节进行监控，源头把关，避免不合格材料进入施工现场。

京沪高速铁路建设所需主要物资实行甲供管理模式。如对全线钢材的供应中，从 2008 年 6 月开始，全线钢材采用钢厂直供模式，物资代理公司根据现场需求，及时统一组织钢厂发运，在每个钢厂均派驻了专职催发人员，做到了准确掌握每一车钢材发货、在途、到货、验收的实时动态。为确保节点工期目标的实现，物资代理公司结合施工组织安排，对全线 30 余座大跨度钢结构桥梁及全线每座连续梁用支座的计划进场时间进行逐一梳理，深入生产厂家，合理安排生产计划，并就每一部件的交付时间进行对接，对生产厂家不能满足工期交付要求的，进行了最大限度的优化调剂，基本满足了现场需求。针对钢厂单规格、大批量供应与施工现场多品种、小批量需求的矛盾，物资代理公司在及时、准确掌握全线钢材发运及库存动态，个别工点临时性规格短缺的情况下，积极组织项目内资源调剂，必要时利用中国铁路物资总公司系统内钢材资源优势，主动解决应急供应任务。总之，物资代理公司在保证物资管理和供应中发挥了重要作用。

## 第四节　委托代建工程

全线 24 个车站中北京南站、天津西站、济南西站、南京南站、上海虹桥站为始发终到站，徐州东站为预留始发终到站，其余各站均为中间站。5 个始发终到站中除北京南站改扩建工程已由北京铁路局配合京津城际铁路工程提前建设外均为新建大站，新建大站及其相关工程涉及与既有线的交叉，例如老站的改造与过渡、新线的引入等都直接影响到既有线的正常行车指挥调度，施工与行车间的相互干扰较大；同时枢纽位于城区并引入既有站，周边建筑、管线、道路密集，征地拆迁与协调困难，工程建设过程中，与铁路局及相关站段、地方政府等单位的沟通协调工作量大。考虑到铁路局的区位优势，为更好地保证施工及既有线行车安全，有利于工程建设的顺利推进，京沪高铁公司按铁道部要求委托北京铁路局代建天津西站，委托济南铁路局代建济南西站，委托上海铁路局代建南京南站和上海虹桥站。相关铁路局都组建了相应的指挥部。委托代建工程的主要内容见表 3.1.1。

表 3.1.1　车站及相关工程情况

| 序号 | 工程项目 | 代建单位 | 主要工程内容 |
|---|---|---|---|
| 1 | 天津西站及相关工程 | 北京铁路局 | (1)新建天津西站及相关工程：新建天津西站高速车场、普速车场，存车场、货车通过场、站房及其他房屋，改建津浦左右线、西营门走行线、陈塘支线，南仓、西营门、大毕庄站扩能工程<br>(2)新建天津西站至京沪高速正线联络线部分工程(包含上、下行线)：津沪联 DJHK125+000 里程以东工程<br>(3)新建天津西站至京津城际铁路联络线(含上、下行线)工程 |

续上表

| 序号 | 工程项目 | 代建单位 | 主要工程内容 |
|---|---|---|---|
| 2 | 济南西站及相关工程 | 济南铁路局 | (1)济南西站内除正线铺设无砟轨道、道岔、站后通信、信号、接触网外全部工程(含站场、站房、四电集成管沟和接触网基础等)<br>(2)京济南、济沪南联络线部分工程<br>(3)济南、济南南站等既有线改造工程 |
| 3 | 南京南站及相关工程 | 上海铁路局 | (1)南京南站(包含站场、站房及附属建筑物)以及京沪高速铁路、沪汉蓉铁路、宁安城际铁路、动车走行线等各线,自秦淮新河特大桥沪台尾(DK1017 +304.65)至站场设计终点(DK1019 +650)<br>(2)仙西联络线(包含上、下行线)及沪汉蓉铁路至京沪高速铁路上下行联络线工程<br>(3)轨道工程除南京南站正线铺轨、铺岔由京沪高铁公司负责组织铺设外,其余部分各自负责组织铺设管理范围内的线路 |
| 4 | 上海虹桥站及相关工程 | 上海铁路局 | (1)京沪高速铁路正线 DK1301 +200 以南部分,含虹桥站站房,沪杭南联络线,七宝站改造及既有沪杭线改造,既有封浜站改造工程<br>(2)轨道工程除新铺长轨部分由京沪高铁公司负责铺设外,其余部分各自铺设管段内线路 |

天津西站及相关工程由京沪高铁公司委托北京铁路局代建,北京铁路局成立天津西站指挥部负责建设管理工作。天津西站站场及相关工程设计单位是铁三院;站房工程设计单位是铁三院和德国GMP设计公司联合体。济南西站及相关工程由京沪高铁公司委托济南铁路局代建,济南铁路局成立济南西站建设指挥部负责建设管理工作。济南西站及相关工程的设计单位是铁三院。南京南站及相关工程由京沪高铁公司委托上海铁路局代建,上海铁路局成立南京南站建设指挥部负责建设管理工作。南京南站及相关工程的设计单位为中铁四院和北京市建筑设计研究院联合体。上海虹桥站及相关工程由京沪高铁公司委托上海铁路局代建,上海铁路局成立虹桥建设指挥部负责建设管理工作。上海虹桥站站房工程的设计单位为铁三院和上海现代建筑设计(集团)有限公司联合体,站场及相关工程设计单位为中铁四院。四个代建车站及枢纽工程的施工与监理单位通过各指挥部招标确定,见表3.1.2和表3.1.3。

**表3.1.2 代建车站及相关工程施工招标结果**

| 代建车站 | 主要招标工程内容 | 中标单位 | 开标时间 |
|---|---|---|---|
| 天津西站 | 天津西站站场及相关工程 | 中铁六局集团有限公司(中铁六局)和中铁电气化局电化公司专业联合体 | 2008.6.2 |
| | 天津西站站房工程 | 北京建工集团有限责任公司和华鼎建筑装饰工程有限公司联合体 | 2009.11.19 |
| | 天津西站电力供电子系统工程 | 中铁电气化局集团第一工程有限公司 | 2010.7.13 |
| 济南西站 | 济南西站站场工程 | 中铁十二局 | 2008.5 |
| | 京济南和济沪南联络线工程 | 中铁十局集团有限公司(中铁十局) | 2008.5 |
| | 济南西站站房及无站台柱雨棚工程 | 中铁十二局 | 2009.6 |
| 南京南站 | 南京南站站场及相关站前工程 | 中铁四局集团有限公司(中铁四局)和中铁二十四局集团有限公司(中铁二十四局)联合体 | 2008.6.2 |
| | 南京南站站房与地铁结合部应急工程 | 中铁十三局集团有限公司(中铁十三局) | 2008.12.27 |
| 南京南站 | 南京南站站房工程 | 中国建筑股份有限公司和中铁四局集团建筑装饰安装工程有限公司联合体 | 2009.2.25 |
| 上海虹桥站 | 上海虹桥站站房、站场及相关工程 | 上海建工(集团)总公司和中铁二十四局联合体 | 2008.6.2 |
| | 上海虹桥站及相关工程四电工程 | 中铁七局集团电务工程有限公司 | 2009.12.15 |

**表 3.1.3 代建车站及相关工程监理招标结果**

| 代建车站 | 主要工程内容 | 中标单位 | 开标时间 |
|---|---|---|---|
| 天津西站 | 天津西站站场及相关工程 | 北京铁建工程监理有限公司 | 2008.6.2 |
| | 天津西站站房工程 | 北京赛瑞斯国际工程咨询有限公司 | 2009.12.15 |
| | 天津西站电力供电系统工程 | 北京铁建工程监理有限公司 | 2010.7.13 |
| 济南西站 | 济南西站站场，京济南和济沪南联络线工程 | 山东济铁建设监理公司 | 2008.5 |
| | 济南西站站房及无站台柱雨棚 | 山东济铁建设监理公司 | 2009.6 |
| 南京南站 | 南京南站站场及相关站前工程 | 上海华东铁路建设监理有限公司 | 2008.6.2 |
| | 南京南站站房与地铁结合部应急工程 | 铁科院（北京）咨询公司 | 2008.12.27 |
| | 南京南站站房工程 | 上海建科建设监理咨询有限公司 | 2009.2.25 |
| 上海虹桥站 | 上海虹桥站站房、站场及相关工程 | 上海天佑工程咨询有限公司和上海建科建设监理咨询公司联合体 | 2008.6.2 |
| | 上海虹桥站及相关工程四电工程 | 上海天佑工程咨询有限公司 | 2009.12.15 |

# 第二章　施工组织设计

## 第一节　编制指导性施工组织设计

2005 年 12 月公司筹备组成立后就开始着手研究全线指导性施工组织设计大纲，并随着可研的深化和阶段审查，不断地修改完善指导性施工组织。到京沪高铁公司成立，完成了全线指导性施工组织编制工作，同时京沪高铁开工之后继续不断优化施工组织。指导性施工组织一直在动态管理之中，指导着全线的各年度施工计划、重点工程的施工安排以及重大工序的施工衔接。

### 一、编制依据与范围

1. 编制依据

公司筹备组组织各方力量，根据国家计委、建设部建标〔1991〕235 号文发布的《铁路工程建设工期定额》(试行)、铁道部铁建设〔2000〕95 号《铁路工程施工组织调查与设计办法》、铁计函〔2006〕281 号"关于京沪高速铁路可行性研究审查意见"、国家发改委发改交运〔2007〕2328 号"印发国家发展改革委关于审批新建京沪高速铁路可行性研究报告的请示的通知"、铁道部铁鉴函〔2007〕1265 号《关于京沪高速铁路初步设计的批复》、京沪高速铁路修改初步设计文件和图纸、2006 年 ~ 2007 年现场调查资料及与相关部门签订的协议，以及国家关于铁路工程建设的相关标准规范，编制京沪高铁指导性施工组织设计。

2. 编制范围

北京南站至上海虹桥站，含引入北京、天津、济南、徐州、南京、上海枢纽及德州、蚌埠地区相关配套工程和跨越黄河、长江工程。北京南站至上海虹桥站正线长度 1 318 km。其中，天津西站、济南西站、南京南站、上海虹桥站分别委托北京、济南、上海铁路局代建。北京南站、新建南京枢纽及大胜关长江大桥工程已先期开工，并单独编制了相应的指导性施工组织设计。

### 二、编制方法

指导性施工组织设计的编制中，着重通过以下三个方法实现了施工组织的可行性。

(1)进度先计算后确定，科学可行。公司筹备组在可研上报后，组织设计深化和现场调查工作，深入分析工程特点，对控制项目进度的制约因素进行分析，找出全线施工关键线路，在关键线路上确定相关专业的工期，检算个别专业的可调整工期。进度计算时，主要计算长大隧道、长大和特殊桥跨连续梁、箱梁制运架、运梁通道上的预压路基等控制性工程及相关梁场、铺轨基地等大型临时工程的工期。

(2)施工方法通过论证后得出，技术经济可行。公司筹备组在施工组织设计中注重施工方案与设计方案的协调，施工方案的选取遵循"安全可靠、技术领先、切实可行、好中选优"的原则，同时进行生产要素的配置及检算。对于长大隧道、长大和特殊桥跨连续梁、箱梁制运架、运梁通道上的路基等关键控制工程，进行包括技术、质量、安全、工期、费用、环保等各个方面的技术经济比选，综合选择最优施工方案。

(3)资源配置先分析后明确，切实可行。公司筹备组根据施工方案和进度计划安排，划分施工标段、施工工区、作业队、作业单元，对大型临时设施、主要设备、物资材料、劳动力等资源进行科学合理安排，尤其是对全线关键区段的重点控制工程所需的主要设备、物资材料、劳动力，根据实际检算情况提出配置要求。

## 三、编制内容

1. 关键路线、重难点工程和施工基地建设

经过对全线工程特点的分析和多种施工组织方案的比较，认为桥梁制架和无砟轨道是京沪高速铁路的控制工程，征地拆迁是影响工程建设的关键因素。施工关键线路为征地拆迁等施工准备→桥梁下部、路基施工和预压沉降、梁场建设与制梁及运架设备准备→架梁及桥面系施工→无砟道床施工→铺轨施工→四电工程施工→全线联调。

制架梁、部分特殊结构梁、大型枢纽站场、预压路基、无砟轨道、无砟道岔、铺轨、接触网、区间电力以及通信接入系统、列控系统联合调试是控制建设工期的重要工序。

基于经济性和优化工期的综合分析，全线设 48 个制梁场、24 个无砟轨道板预制场、68 个无砟轨道作业段、5 个铺轨基地、9 个铺轨与电气化作业区段；全线重点工程或区段 104 个，先行开工工程 68 个，先行用地 6 535 亩；全线投入 48 台箱梁运架设备，124 套移动模架及支架，57 套无砟轨道设备。

2. 总体进度和节点目标

2008 年 1 月 15 日开工，2013 年 1 月 15 日开通，建设总工期为 48 个月，12 个月的联调联试合试运行。

(1)施工准备

征地拆迁、施工准备计划安排 6 个月，2008 年 1 月 15 日 ~7 月 15 日，完成征地拆迁、队伍设备进场等工作，全线重点工程和先期开工点于 2008 年 6 月 1 日开工。

(2)先行开工安排

考虑取得先行用地的实际，按照总体施工组织安排，本着“实事求是、科学组织，施工组织和质量控制有要求，工点有图纸、地表少拆迁、三通一平易解决、队伍进场即能开工”的原则，选择和确定先期开工工程 68 个(桥梁工程 41 座、区间和站场路基 27 处)，开工正线线路长度 136.60 km。

(3)路基工程

除路基工程本身施工和沉降要求外，考虑运架梁通过和路基预压安排的先后顺序等因素，全线路基施工计划安排 34 个月，2008 年 6 月 1 日 ~2011 年 3 月 31 日。其中，地基处理 4 ~ 6 个月。2008 年 6 月 1 日开始，2008 年 11 月 30 日前基本完成。

路基填筑 6 ~ 12 个月。2008 年 8 月 1 日开始，先架梁方向 2009 年 1 月底前基本完成主体填筑，提供运架梁通道，运架梁结束后安排堆载预压；后架方向先压路基地段加紧完成土方填筑并进行堆载预压，运架梁通过前完成预压土卸载；后架方向后压路基地段可灵活组织施工，在运架梁通过前完成主体填筑，运架梁结束后安排堆载预压；不通过运架梁地段路基填筑工期根据无砟轨道施工计划和预压沉落期要求安排；站场路基填筑原则控制在 12 个月内，2009 年 7 月底前基本完成，2010 年 9 月展开无砟道岔施工。全线路基主体填筑 2009 年 11 月底前完成。

基床表层及相关工程 2011 年 3 月底前基本完成。

(4)桥梁工程

桥梁工程安排32个月,2008年6月1日~2011年1月31日。

先期架梁区段和重点特殊结构梁区段安排2008年5月开工,桥梁下部工程2010年6月全部完成。

梁场建设和箱梁生产是桥梁施工的重点,2008年11月完成取证,12月开始批量制梁,2010年6月基本完成制梁。

箱梁架设安排20个月,2009年2月1日~2010年9月30日。其中,重点区段于2009年1月1日开架,全线先架方向的架设于2009年10月结束,大部分梁场计划2010年8月底完成架梁。

现浇梁以满足架梁通道或无砟轨道连续铺设为目标,合理配置资源和安排施工顺序,2008年11月开始施工,2010年7月完成。

桥面系在每个架梁区段完成架梁后安排3个月施工,2010年9月底基本完成。全线在2011年1月底提供贯通电缆槽。

济南黄河特大桥施工安排31个月,2008年5月开始主体工程施工,2010年8月底完成桥梁主体,2010年11月底达到铺轨条件。

淮河特大桥主桥施工安排26个月,2008年6月开始主体工程施工,2010年7月底连续梁合龙,2011年2月达到铺设无砟轨道条件。

吴淞江桥施工安排22个月,2009年1月开始主体工程施工,高速动车进出线桥梁先行完成,于2010年1月提供铺架通道;2010年3月底高速正线连续梁合龙,2010年10月达到铺设无砟轨道条件。

(5)隧道工程

全线隧道总工期27个月,2008年6月1日开工,2010年8月底基本完成。

龙山、光星村明洞在明洞开挖后提供运架梁通道,待区间运架梁完成后再施作明洞衬砌。其中,龙山明洞2009年1月底前完成明洞仰拱及填充施工,提供架梁通道,2009年8月1日开始施工明洞拱墙衬砌;光星村明洞2010年2月底前完成明洞仰拱及填充施工,提供运架梁通道,2010年10月1日~12月底安排拱墙衬砌及回填施工。

(6)轨道工程

无砟轨道道床施工安排19个月,2010年2月~2011年8月底。2010年9月底完成先架区段的无砟轨道道床施工,全线完成近半,2011年8月底完成全线无砟轨道道床。全线212组大号码无砟道岔施工安排10个月,2010年7月~2011年4月。

全线铺轨基地按永临结合的原则分别设在天津西(双向铺轨)、济南(双向铺轨)、徐州(双向铺轨)、南京南(双向铺轨)、虹桥(单向铺轨),分9个区段进行无缝线路铺设施工。铺轨施工安排6个月,2011年4月开始铺轨;虹桥铺轨区段因有60 km的大段有砟轨道,故提前于2011年2月15日开铺。全线于2011年9月底铺通。

线路于2011年11月底完成锁定并形成跨区间无缝线路。

(7)枢纽站场和站房

五大枢纽施工安排41个月,2008年6月1日~2011年10月31日。其中,天津枢纽于2011年1月底、徐州枢纽于2010年12月底、南京枢纽于2010年11月底、虹桥枢纽于2010年6月底贯通铺轨基地通道,济南西站于2010年8月底完成站场路基级配碎石施工,2010年12月底完成长轨运输通道。天津枢纽既有线改建工程尽早安排开工。站场生产房屋于2011年3月底完成,达到设备安装条件。2011 年底全部完成站房工程。

(8)通信工程

基站建设、光缆铺设和设备安装安排 5 个月,2011 年 2 月 1 日~6 月底完成。7 月底提供全线车站间通道,9 月底传输和接入系统调试完成。

无线通信系统调试 4 个月,2011 年 10 月 1 日开始,2012 年 1 月完成。

(9)信号工程

电缆铺设 5 个月,2011 年 3 月 1 日~7 月底完成。

轨旁设备安装 4 个月,2011 年 6 月 1 日~9 月底完成。

室内设备安装 6 个月,2011 年 4 月 1 日~9 月底完成。

CTCS-2 列控系统、调度集中、车站联锁子系统调试 4 个月,2011 年 10 月 1 日~2012 年 1 月完成,提供综合调试阶段行车条件。

(10)电力工程

电力配电所设备安装及试验安排 5 个月,2011 年 3 月 1 日~7 月 31 日,5 月底具备车站供电条件。

电缆铺设及电气试验安排 6.5 个月,2011 年 5 月 1 日~11 月 15 日。以建成一段供电一段为原则,从 8 月底开始陆续向区间设备提供供电条件。

(11)电气化工程

电气化接触网工程施工安排 8 个月。建筑安装工程 7 个月,2011 年 6 月 1 日~12 月,电力远动、动态检测及调整 1 个月,2012 年 1 月完成;牵引供电工程与接触网工程同步施工,适度超前,保证供电。

(12)联合调试

信息系统调试、GSM-R 网络优化安排 4 个月,从 2012 年 2 月开始,2012 年5 月底结束。

CTCS-3 列控系统调试安排 4 个月,在 GSM-R 系统网络优化进行 1 个月后,逐段开始调试,2012 年6 月底结束。

(13)试运行

试运行安排 6 个月,2012 年 7 月 1 日~12 月 31 日,CTCS-3 列控系统安全认证工作、各子系统(人员操作、基础设施、移动设施、管理系统等)联合运转在试运行阶段完成。

(14)正式开通

2013 年 1 月 15 日正式开通。

全线施工总体进度计划如图 3.2.1 所示。

## 第二节　施工组织设计的动态管理和优化

京沪高铁公司筹备组于 2007 年编制指导性施工组织设计,按照 60 个月工期安排各项工作。京沪高速铁路项目实施过程中,施工准备工作充分,各单项工程开工提前、进展顺利。南京大胜关长江大桥已先期提前开工建设。京沪高铁公司在京沪高速铁路开工建设后,根据京沪高速铁路建设领导小组会议要求,结合工程实施具体情况,对全线指导性施工组织进行了多次优化和调整,最终实现 2011 年 6 月 30 日开通的目标。

| 工程项目 | 开工日期 | 完工日期 | 工程量 | 施工时间(月) |
|---|---|---|---|---|
| 施工准备 | 08-1-15 | 08-7-15 | 1 318 km | 7 |
| 桥梁下部/制梁 | 08-6-1 | 10-6-30 | 1 060.6 km | 25 |
| 架梁/桥面工程 | 09-2-1 | 11-1-31 | 30 731孔 | 24 |
| 隧道工程 | 08-6-1 | 10-8-31 | 16.08 km | 27 |
| 路基工程 | 08-6-1 | 11-3-31 | 241.3 km | 34 |
| 黄河大桥 | 08-5-1 | 10-11-30 | 5.14 km | 31 |
| 无砟轨道 | 10-2-1 | 11-8-31 | 1 196 km | 19 |
| 铺轨/道岔/整道 | 11-3-1 | 12-1-31 | 3 126.9 km | 11 |
| 四电工程 | 11-3-1 | 12-1-31 | 1 318 km | 11 |
| 站场房屋 | 09-2-1 | 11-10-31 | 77.7万$m^2$ | 33 |
| 联合调试 | 12-2-1 | 12-7-31 | 1 318 km | 6 |
| 试运行 | 12-7-1 | 13-1-15 | 1 318 km | 6 |

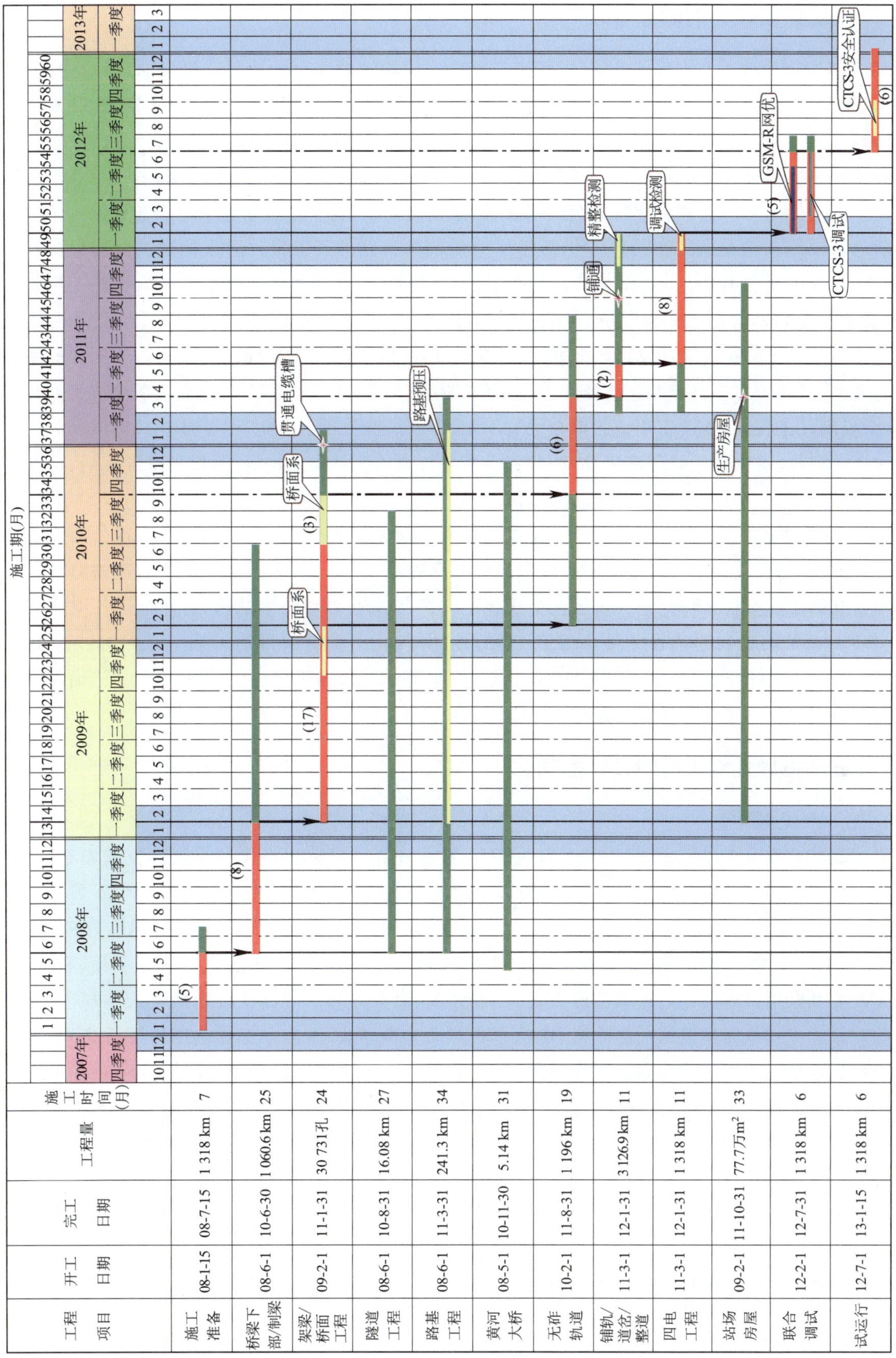


图 3.2.1 施工进度示意

## 一、施工组织设计的动态管理

2007 年国家发改委在上报国务院《关于审批新建京沪高速铁路可行性研究报告的请示》中提出："我们认为，铁道部提出的 4 年半工期安排偏紧，应至少安排 5 年以上。"建议全线总工期按 5～6 年安排。2007 年 8 月 9 日国务院常务会议批准京沪高速铁路可行性研究报告，2007 年 12 月铁道部《关于京沪高速铁路初步设计的批复》(铁鉴函〔2007〕1265 号)中明确"全线施工工期按 60 个月安排(含设备调试及试运行期)"。经国务院常务会议同意，国家发改委以《关于审批新建京沪高速铁路开工报告的请示的通知》(发改交运〔2008〕501 号)批准了京沪高速铁路的开工报告。京沪高铁公司根据铁道部的初步设计批复和国家发改委批准开工的要求，按全线 60 个月的施工工期细化指导性施工组织设计，并要求各投标单位按此编制了实施性施工组织设计。

在国务院京沪高速铁路建设领导小组的领导下，在各部门和地方政府的支持下，由于工程前期准备比较充分，各投资方项目资本金已经落实；国土资源部于 2007 年 12 月 26 日即完成了全线先期开工的 68 个控制性工程共 6 535 亩用地的审查批复工作；京沪高铁公司于 2008 年 1 月 6 日完成京沪高速铁路六个土建标段的施工、监理招标，2008 年春节前各标段施工队伍已进场，所以批准开工后，迅速形成了全线开工、快速推进的局面，工程进展顺利。

2008 年 9 月京沪高速铁路建设领导小组办公室第一次主任办公会，听取了京沪高铁公司关于工程进展情况的汇报，认为京沪高速铁路全线工期有可能提前一年。2009 年 4 月京沪高速铁路建设领导小组召开第二次会议，要求"进一步优化全线施工方案，统筹安排设备和队伍，有序推进各项施工"。2010 年 3 月京沪高速铁路建设领导小组第三次会议明确提出重点项目的工期节点目标。2010 年 12 月京沪高速铁路建设领导小组第四次会议，根据铁道部的汇报和工程进度情况，提出了"确保顺利实现明年 6 月京沪高速铁路开通运营的目标"。

## 二、历次指导性施工组织设计的优化

1. 第一次优化调整

京沪高速铁路开工以后，在国务院亲切关怀下，在京沪高速铁路建设领导小组的正确领导下，在国家有关部委和沿线各级党委政府、广大人民群众的大力支持下，各参建单位坚持以科学发展观为指导，近十万建设大军艰苦奋战，全线全面开工，快速推进，迅速掀起了建设高潮，实现良好的开局。2008 年 9 月 12 日京沪高速铁路建设领导小组办公室召开第一次主任办公会议，办公室主任、副主任、国家发改委和铁道部有关部门与单位的负责人、设计院、京沪办和京沪高铁公司负责人参加了会议。会议除对京沪高速铁路建设的宣传方案、建功立业劳动竞赛办法、京沪办工作制度作了讨论外，重点对全线指导性施工组织的优化方案作了研究，分析了开工以来的形势和工程进展，提出"在优化施工组织设计方案的基础上，京沪高速铁路全线工期有可能提前一年"。

会后京沪高铁公司认真贯彻领导小组办公室主任第一次办公会议精神，组织各指挥部和各施工单位分析本管段特点，梳理工程情况，认为京沪高速铁路具备工期提前的有利条件：

一是全线重点控制性工程南京大胜关长江大桥已于 2006 年经国家发改委批准提前开工建设，对全线铺轨、开通已不构成制约。另外两个重点工程，北京南站已开通运营，上海虹桥站已于 7 月开工建设，进展顺利，不会对全线工期造成影响；二是京津城际轨道交通 2008 年 8 月顺利开通运营，试验速度达到 394.3km/h，为京沪高速铁路建设提供了有益借鉴；三是沿线地方政府积极配合，征地拆迁力度大，基本满足施工要求，社会舆论氛围有利于工程的快速推进；四是由于前期工作准备充分，施工图纸供应、科研项目进展,除特殊结构设计的深化、受拆迁制约的地质勘测外,与施工配合顺利;五是参建队伍热情高涨,把参加京沪高速铁路建设作为一种荣誉,积极兑现投标承诺,精兵强将上京沪,设备配备精良;六是建设资金有保障,除铁道部出资给予倾斜保证外,各货币出资股东资金都能依据工程进展按时到位,满足施工需要。

京沪高铁公司组织各参建单位开展现场调查,优化实施性施工组织。经过对全线132个施工单元的施工组织设计的梳理和排查,征地拆迁是影响工程建设的控制因素,桥梁箱梁的制架和无砟轨道是京沪高速铁路的重点工程,特殊结构桥梁、大型枢纽站场、预压路基、无砟道岔是全线的关键工程。抓住重点,突破关键是优化调整施工组织的重要措施:扩大梁场生产规模、增加制运梁设备、划小无砟轨道作业段和增加无砟轨道施工设备。

在统筹分析比选的基础上,施工组织优化后,全线48个梁场中在25个梁场增加制存梁台座318个,把1 189孔现浇箱梁调整为梁场内预制、运架;为提高运架梁效率,4个梁场调整为双向架梁,两个梁场增加运梁车,全线共增加4台架桥机、6台运梁车。为保证架梁和铺轨的时间节点,全线增加8套移动模架设备,增加8套无砟轨道设备,全线90联连续梁由悬灌改为支架法施工,并对铺轨基地建设作了预案准备。提出的具体进度节点目标:2008年11月开始架梁,2009年10月开始无砟轨道铺设,2010年6月底基本完成箱梁架设,2010年10月开始铺轨,2011年1月底全线铺通,2011年5月底完成四电工程施工,2011年6月底完成全部建筑安装工程,2011年7月1日开始联调联试,2012年1月1日开始试运行,2012年2月底开通。

相比于原方案,优化后的指导性施工组织,前期施工准备和线下工程达到架梁条件都缩短近2个月,桥梁工程工期通过提高速度和优化工序衔接缩短近3个月,试运行缩短4个月,总计缩短了10个半月时间。

为保证优化调整施工组织方案的落实,京沪高铁公司坚持"统筹安排、科学组织、重点先行、有序推进"的原则,在确保质量、安全、环保的前提下,一是对全体参建单位和参建人员进行动员,一方面鼓舞士气,一方面要求进一步细化各标段、各施工单位的实施性施工组织;二是加大协调力度,创造外部良好环境,强力推进北京、天津、河北廊坊、南京地区的征地拆迁工作,为再掀施工高潮创造条件;三是抓紧大型枢纽、车站、特殊结构等重点工程设计方案的确定,尽快交付施工图纸;四是在全线大力开展社会主义劳动竞赛。从2008年9月下旬开始,全线开展了以"六比六创"为内容的百日劳动竞赛活动,通过精神鼓励和物资奖励相结合,充分调动参建人员的积极性。

2. 第二次优化调整

2009年1月下旬,铁道部组织第一次京沪高速铁路建设现场办公会议。铁道部领导与机关各部门负责同志,从北京到上海连续三天进行现场检查,设计院和施工、监理单位的负责人参加。京沪高速铁路全线施工全面展开,并实现当年开工、当年制梁、当年架梁,超额完成了当年生产计划。会议总结时大家一致认为京沪高速铁路工程进展顺利、质量安全有序可控,技术创新成效显著,2008年完成建设投资552亿元,实现了首战必胜、首战全胜的目标。会议同时又对京沪高速铁路建设的重要时间节点提出新的要求:2011年5月1日前所有工程全面完工;2011年8月1日前联调联试全面完成;2011年四季度全线开通运营(因为第一次优化时试运行已由6个月压缩至2个月,要求8月1日前完成联调联试,实际上即是10月1日开通)。会议确定2009年为京沪高速铁路建设攻坚年,确保完成600亿投资,保证上半年完成路基施工,年内完成全部桥梁下部工程、98%制梁工程、90%以上架梁施工,50%的站房建设,贯通全线所有隧道等。

会议还第一次明确把枣庄至蚌埠南站作为先导段抓紧建设,要求尽快开展时速350 km以上固定设施和移动设备可靠性及适用性问题试验；会议还要求对京沪高速铁路与沪宁城际铁路并行段的施工组织作进一步优化，确保2010年7月1日前完成并行段的主要工程，保证沪宁城际铁路开通后的行车安全。对工期调整后的施工组织优化问题要求京沪高铁总指挥部和京沪高铁公司负责，突出桥梁铺架，路基预压，无砟轨道预制及铺设，站房招标等重点环节，确保站前站后同步完成。

按照新的工期目标，京沪高铁公司组织全线参建单位认真贯彻铁道部领导现场办公会议精神，一是根据工程进展系统梳理全线施工重点难点，统筹组织站前站后工程施工；科学划分施工单元，优化增加施工资源配置，增加平行作业和交叉作业组织，实现施工效率的最大化；二是全力抓好重点工作的施工安排，突出架梁施工，攻克影响架梁的施工难点；加快无砟轨道板制造、铺设技术的科研攻关，合理调整组织轨道板生产，为全线全面展开无砟轨道施工奠定基础；三是抓好施工衔接，加快站房及相关配套工程的设计施工，深化四电集成方案研究，做好铺轨基地建设；四是对枣庄至蚌埠南先导段和京沪高速铁路与沪宁并行段制订单独的施工组织方案，优化实施性施工组织，相关现场指挥部派专人盯住，确保节点目标的实现。调整优化后的施工组织按照2011年10月初开通。

2009年4月，京沪高速铁路建设领导小组第二次会议上，铁道部汇报了工程建设进展情况和优化调整的施工组织意见。会议同意铁道部的意见，要求统筹安排各项工程建设，进一步优化全线施工方案，有序推进各项施工。

京沪高铁公司和各参建单位认真落实第二次优化调整方案和京沪高速铁路建设领导小组第二次会议精神，进一步协调施工资源配置，调整劳动组织，细化施工组织，按工期目标，严格管理，精心施工，在确保质量安全前提下，突出关键和重点工程组织，确保工期目标实现。2009年工程建设加快推进，完成投资640.7亿元，重点工程南京大胜关长江大桥如期合龙、济南黄河特大桥钢梁主桁拼装完成、淮河特大桥主桥连续梁合龙、与沪宁城际铁路并行段和枣庄至蚌埠南先导段进展顺利；工程质量得到保证；新一代高速动车组列车全面完成总体设计，进入制造阶段。

2010年2月初铁道部第二次建设现场办公会和3月下旬的京沪高速铁路建设领导小组第三次会议均对2009年工作给予充分肯定。同时又强调，2010年是京沪高速铁路建设的整体推进年，要求年内桥梁、隧道、路基工程要全部完成，轨道工程要全线铺通，沪宁城际铁路并行段7月1日前建成，枣庄至蚌埠南先导段12月开始联调联试。

在各方的共同努力下，各项工程进展顺利，2010年6月20日完成全线架梁，6月29日完成隧道施工，6月底完成与沪宁城际铁路并行段无砟轨道和电气化工程施工，7月19日全线开始铺轨，10月21日完成路基及附属工程施工，11月10日完成无砟道床施工。2010年11月15日全线铺通，11月20日枣庄至蚌埠南先导段开始综合试验，12月3日国产和谐号CRH380A新一代高速列车创造了时速486.1 km的世界铁路运营试验最高速度。

3. 第三次优化调整

2010年12月中旬，京沪高速铁路建设领导小组成员乘车检查了全线工程。12月14日在上海召开第四次领导小组会议，铁道部领导汇报中提出2011年6月开通的安排。

领导小组会议肯定了第三次会议以来工程取得的成绩，强调2011年是京沪高速铁路建设的决战决胜年，要真正把京沪高速铁路建设为世界一流的高速铁路和经得起历史考验的优质工程，以优异成绩迎接建党九十周年，要求在保证质量和安全的前提下，抓紧推进后续工程建设，切实抓好铁路通信、信号、供电、电力牵引等四电设备安装和子系统调试、联调联试、试运行等重要节点工程，确保顺利实现2011年6月京沪高速铁路开通运营目标。

这是京沪高速铁路施工组织方案的第三次调整。会后，有关部门和单位迅速对会议精神进行传达和组织落实工作。铁道部党组召开会议，就确保2011年6月中旬开通运营进行了研究部署；铁道部副部长兼总指挥长卢春房主持会议，对确保京沪高速铁路总体建设目标和全线联调联试相关工作进行了详细梳理和安排，进一步明确工作分工、应具备的工程条件、重点工作及主要保证措施。国务院有关部门积极配合，国土资源部落实了四电用地并全部交付；水利部与铁道部就河道防洪、水保工程进行商讨，明确完成时间；工信部与铁道部就加快京沪高速铁路沿线公用通信设施建设进行协商，确定了铁路专用通信网络（频段）建设方式、施工组织、费用清算，确保与工程同步开通使用；环保部与京沪办、京沪高铁公司就沿线环保工程验收、噪声治理及时进行了沟通。沿线七省市都对各自辖区的配合工作进行了研究和部署。

京沪高速铁路工程虽然站前工程进展顺利、基本完成，但站后工程刚刚展开，四电工程8月才上道作业，工期非常紧张。京沪高铁公司进一步梳理工程量，明确到工点，细化到每个工作日的工作量，落实到具体负责人，以四电工程和站房工程为重点，要求各施工单位、科学配置施工资源，优化作业组织，各车站首先为四电安装创造条件；联调联试分段进行，交叉作业，实现施工效率最大化。

为落实领导小组第四次会议精神，确保2011年6月建成通车，2011年3月下旬，领导小组办公室在徐州组织召开建设保障工作座谈会，对做好京沪高速铁路工程收尾和三项验收工作提出要求：5月初完成分段联调联试，5月10日前完成全线联调联试和全线拉通试验，6月10日完成运行试验，6月下旬开通运营。环保验收4月起步，1~2个月完成评估，10月底前完成验收；4月底前全面完成防洪工程建设和验收，水保验收4月启动，力争6月底完成。并要求各地加快沿线车站站区配套工程建设，6月20日前完成站前道路、交通水电等配套工程，具备旅客乘降的基本条件，满足和适应开通运营的需要，年底完成全部配套工程建设。

在国务院各部门和地方政府的大力支持下，经过全体建设者日夜奋战，艰苦努力，除个别车站的尾工及配套设施、有关上跨桥的移交未办理外，经过紧张的联调联试和验收、试运行，京沪高速铁路基本满足开通运营要求，6月29日京沪高速铁路建设领导小组召开第五次会议，听取了铁道部京沪高速铁路建设和运营准备工作情况的汇报。会议认为，各有关部门，沿线地区，各参建单位及全体建设者团结协作，顽强拼搏，经过三年多的艰苦奋战，在全党全国喜迎建党九十周年之际，圆满完成了工程建设任务并即将开通运营，实现了建设技术创新工程、质量精品工程、资源节约工程、环境友好工程、社会和谐工程的目标，谱写了中国乃至世界铁路建设史上的新篇章。

# 第三章 标段划分和招标

## 第一节 京沪高速铁路本线

京沪高铁公司根据当时我国铁路施工企业的实力、京沪高速铁路沿线的具体情况和建设单位管理的幅度，最后确定除天津西站、济南西站、南京南站和上海虹桥站四个代建标，以及南京指挥部负责的南京枢纽工程和大胜关长江大桥之外，其余的线、桥、隧、路土建工程划分为六个标段。六个土建标段的划分详见表 3.3.1。土建工程的施工和监理招标已在开工准备阶段的第一批次招标中完成。中间站房分为七个标段，全线划分了一个四电集成标段、两个客服系统标段、一个防灾系统标段等。在京沪高速铁路建设期间，2009 年~2011 年又陆续开展了 9 批次工程招标，完成了站房、四电、客服、防灾等工程的施工和监理招标，招标结果见表 3.3.2 和表 3.3.3。联调联试和试运行由中国铁道科学研究院（铁科院）、三家铁路局（北京、济南、上海）和京沪高铁公司共同组织开展。

表 3.3.1 土建工程标段划分

| 标段名称 | 起止里程 | 正线长度（km） | 正线主要工程 | | | | | 备注 |
|---|---|---|---|---|---|---|---|---|
| | | | 路基（km） | 桥梁（km） | 隧道（km） | 轨道（km） | 站场 | |
| 京沪土建一标 | DK5 +280.13 ~ DK238 +470.17（其中，铺轨 DK1 +750 ~ DK285 +903） | 223.944 | 15.195 | 208.749 | — | 272.4 | 廊坊、天津南、沧州西 | 不含天津西枢纽委托代建工程。其中，DK1 +750 ~ DK5 +280.13 与动车段走行线并行地段仅包含正线轨道工程 |
| 京沪土建二标 | DK238 +470.17 ~ DIK412 +062 | 169.483 | 4.637 | 164.846 | — | — | 德州东 | |
| 京沪土建三标 | DIK412 +062 ~ DK667 +026.73（其中，铺轨 DK285 +903 ~ DK534 +400） | 266.617 | 94.418 | 161.469 | 10.730 | 264.596 | 泰山西、曲阜东、滕州东、枣庄 | 不含济南枢纽委托代建工程 |
| 京沪土建四标 | DK665 +100 ~ DK950 +039（其中，铺轨 DK534 +400 ~ DK846 +100） | 285.737 | 63.058 | 222.219 | 0.46 | 313.068 | 徐州东、宿州东、蚌埠南、定远 | |
| 京沪土建五标 | DK950 +039 ~ DK1148 +522.48（其中，铺轨 DK846 +100 ~ DK1148 +522） | 171.176 | 42.230 | 125.112 | 3.834 | 303.791 | 滁州南、镇江西、常州北 | 南京枢纽及大胜关长江大桥仅包含正线轨道工程 |
| 京沪土建六标 | DK1148 +522.48 ~ DK1301 +200（其中，铺轨 DK1148 +522 ~ DK1302 +890） | 153.745 | 1.523 | 152.222 | — | 155.435 | 无锡东、苏州北、昆山南 | 不含虹桥枢纽委托代建工程 |

表 3.3.2 站房工程、四电工程等施工招标结果

| 标段名称 | 主要工程内容 | 中标单位 | 开标时间 |
|---|---|---|---|
| 京沪站房一标 | 昆山南站站房工程 | 中铁建设集团有限公司(中铁建设集团) | 2009.4.14 |
| 京沪站房二标 | 曲阜东、滕州东、枣庄站站房工程 | 中铁建工集团有限公司(中铁建工集团) | 2009.8.5 |
| 京沪站房三标 | 常州北、无锡东、苏州北站站房工程 | 中铁建设集团 | 2009.8.5 |
| 京沪站房四标 | 徐州东、宿州东、蚌埠南、定远站站房工程 | 中铁建工集团 | 2009.9.8 |
| 京沪站房五标 | 镇江南、丹阳北、滁州站站房工程 | 中铁建设集团 | 2009.9.8 |
| 京沪站房六标 | 廊坊、天津南、沧州西站站房工程 | 中铁建工集团 | 2009.11.9 |
| 京沪站房七标 | 泰安、德州东站站房工程和黄河桥守护营房相关工程 | 中铁建设集团 | 2009.11.9 |
| 京沪综合一标 | 虹桥、南京南、济南动车所及相关工程、南京南站高速场站线铺轨工程 | 中铁三局 | 2009.11.9 |
| 京沪四电一标 | 新建京沪高速铁路正线、枢纽及联络线、南京南站及相关工程的四电集成 | 中铁电气化局集团有限公司(中铁电气化局)、中国铁路通信信号股份有限公司(通号公司)、中铁电化局集团北京建筑工程有限公司联合体 | 2009.11.23 |
| 京沪客服一标 | 虹桥站和昆山南站的客服集成 | 易程科技股份有限公司(易程公司)、中铁电气化局联合体 | 2009.12.29 |
| 京沪电磁一标 | 北京市、山东省(含济南西站及相关工程)境内输油气管线处理及无线设施防护等工程,河北省境内无线设施防护工程 | 中铁三局集团电务工程有限公司 | 2010.2.23 |
| 京沪电磁二标 | 安徽省、江苏省(不含南京市)、上海市(含虹桥站及相关工程)境内输油气管线处理及无线设施防护等工程 | 中铁电气化局集团第三工程有限公司 | 2010.2.23 |
| 京沪客服二标 | 铁道部批复京沪高速铁路工程初步设计文件中19站客运服务系统集成全部工程,定远站的公安和办公系统,南京南站及相关工程的江浦站客运服务系统集成全部工程 | 易程公司、中铁电气化局联合体 | 2010.4.21 |
| 京沪防灾一标 | 京沪高速铁路防灾监控系统 | 中铁电气化局、江苏今创集团有限公司联合体 | 2011.2.14 |

表 3.3.3 站房工程、四电工程等监理招标结果

| 标段名称 | 主要工程内容 | 中标单位 | 开标时间 |
|---|---|---|---|
| 站房监理一标 | 曲阜东、滕州东、枣庄站站房工程 | 中咨工程建设监理公司 | 2009.8.5 |
| 站房监理二标 | 昆山南、常州北、无锡东、苏州北站站房工程 | 北京中铁诚业工程建设监理有限公司 | 2009.8.5 |
| 站房监理三标 | 徐州东、宿州东、蚌埠南、定远站站房工程 | 上海华东铁路建设监理有限公司 | 2009.9.8 |
| 站房监理四标 | 滁州南、丹阳北、镇江南站站房工程 | 铁科院(北京)咨询公司 | 2009.9.8 |
| 站房监理五标 | 廊坊、天津南、沧州西站站房工程 | 上海先行建设监理有限公司 | 2009.11.9 |
| 站房监理六标 | 济南动车运用所、德州东、泰安站站房工程 | 华铁工程咨询公司 | 2009.11.9 |
| 综合监理一标 | 南京南站站房工程和虹桥动车运用所相关工程 | 北京中铁诚业工程建设监理有限公司 | 2009.11.9 |
| 四电监理一标 | 京沪高速铁路本线、南京南站及相关工程、合蚌(DK1+750~DK1301+200)四电集成、客服集成、防灾监控 | 铁科院(北京)咨询公司、中铁二院(成都)监理公司联合体 | 2009.11.23 |

# 第二节　南京枢纽大胜关长江大桥南京南站及相关工程

新建南京大胜关长江大桥是全线控制性工程,国家发改委批准先期开工。南京大胜关长江大桥及相关工程的施工与监理招标分两个批次完成,2006 年 7 月进行了南京大胜关长江大桥施工与监理招标,2008 年 6 月进行了第二批次南京枢纽及相关工程的施工与监理招标。招标结果见表 3.3.4。

表 3.3.4　南京枢纽铁路项目施工和监理招标结果

| 标段名称 | 主要工程内容 | 中标单位 | 开标时间 |
|---|---|---|---|
| 南京一标 | 新建南京大胜关长江大桥,里程 DK992 + 720.140 ~ DK1001 + 993.377 范围内的桥梁工程、配合辅助工程、大型临时工程施工、缺陷修复和工程保修 | 中铁大桥局股份有限公司(中铁大桥局) | 2006.7.9 |
| 南京二标 | 沪汉蓉铁路亭子山隧道至长江北岸工程,里程 HDK1179 + 323.12 ~ HDK1199 + 030.747 的站前工程(含江浦站、亭子山线路所,不含轨道工程) | 中铁十一局集团有限公司(中铁十一局) | 2008.6.3 |
| 南京三标 | 京沪高速铁路里程 DK1001 + 993 ~ DK1017 + 318.28 范围内(不含轨道工程),沪汉蓉铁路里程 HDK1202 + 704 ~ HDK1218 + 495.43)范围内(含 HDK1179 + 323.12 ~ HDK1218 + 495.43 段轨道工程),宁安城际铁路里程 WDK1 + 250.9 ~ WDK3 + 409 范围内(不含轨道工程),动车走行线 1、3、5 线桥沪台尾以西工程,南京南动车所的站前工程 | 中铁四局 | 2008.6.3 |
| 南京监理一标 | 里程 DK992 + 720.140 ~ DK1001 + 993.377 范围内站前工程 | 铁科院(北京)咨询公司、中铁武汉大桥监理公司、德国 PEC + S 集团公司联合体 | 2006.7.9 |
| 南京监理二标 | 里程 HDK1179 + 323.12 ~ HDK1199 + 030.747, DK1001 + 993 ~ DK1017 + 318.28, HDK1202 + 704 ~ HDK1218 + 495.43, WDK1 + 250.9 ~ WDK3 + 409 范围内站前工程 | 铁科院(北京)咨询公司、西安铁一院工程咨询监理有限责任公司联合体 | 2008.6.3 |

# 第四章 重点工程建设

京沪高铁公司结合工程特点及征地拆迁办理实际，根据指导性施工组织设计的安排，首先选择和确定了68个（桥梁工程41段、区间和站场路基27处，合计正线长度为136.60 km）先期开工工点区段。对于具有施工工期紧、施工工艺复杂、施工难度大等特点的全线控制性工程（如北京南站及动车段、南京南站及大胜关长江大桥等项目），已单独立项并在京沪高速铁路全线正式开工前已安排开工建设。本章主要对全线重难点工程的组织实施情况进行简要介绍。

## 第一节 桥梁工程

### 一、工程概况

京沪高速铁路全长1318 km，正线上的桥梁总长度为1059.7 km，占全线长度的80.4%。超过3 km的特大桥43座共长953.8 km，占全线桥梁总长度的90%，桥长超过10 km的桥梁20座共长862 km，最长的桥梁为丹昆特大桥，长164.7 km。

全线桥梁以简支箱梁为主，大部分采用32 m和24 m预制梁。沿线交通发达，河网密布，大多采用大跨连续梁、连续拱等特殊结构梁跨越，全线特殊结构桥型有预应力混凝土连续箱梁、V形刚构连续梁、钢桁梁、钢管混凝土系杆拱桥和预应力混凝土连续梁-钢管混凝土拱组合桥、空间刚架等共397处，施工技术较为复杂。

特殊桥梁按跨度和结构划分共计60种形式。其中，大跨连续拱桥28处，最大跨度为南京大胜关长江大桥，主跨为2×(84+84)m+(108+192+336+336+192+108)m六线钢桁拱连续梁；黄河主桥主跨为(112+3×168+112)m四线连续钢桁梁和柔性拱结构；跨济兖公路为2×96 m四线钢箱拱桥；跨镇江京杭大运河为(90+180+90)m预应力混凝土连续梁与钢管拱桥结合结构；跨娄江为(70+136+70)m连续梁拱桥；跨高速公路、河流的有128 m提篮拱3处，112 m提篮拱6处，96 m系杆拱12处，(32+108+32)m连续钢箱拱1处，71.5 m简支拱1处。

各种跨度的预应力混凝土连续梁319处，最大跨度为沧德特大桥跨南运河连续梁主跨128 m，有(32+48+32)m的连续梁78处，(40+64+40)m的连续梁74处，(40+56+40)m的连续梁67处；跨兴华大街（大兴地铁）、京九线、薛枣公路特大桥、光明大道、韩庄运河、京杭大运河、秦淮新河、338省道、沪宁铁路、吴淞江等9处(60+100+60)m连续梁，跨淮河(48+5×80+48)m连续梁，跨秦淮河(48+3×80+48)m连续梁，跨锡澄高速、无锡望虞河、苏州双阳路(48+2×80+48)m连续梁各1处。

道岔区连续梁和8×10 m连续刚构共计45处，最长的为徐州东站102×8 m+(16+21+24+16)m的刚构。

另有V形刚构连续梁1处(乔家门特大桥48 m + 80 m + 48 m)、跨西黄线的空间刚构等结构3处。联络线桥梁工程根据线路等级,设计不同结构形式T形梁。全线桥梁工程中,工程量大且有较高的施工难度、结构新颖特殊、控制区段架梁通道、影响无砟轨道连续铺设且施工工期较紧的桥梁工程均为重点桥梁工程。根据指导性施工组织设计,全线有67个重点桥梁工点,10个重点桥梁区段,6个高架站的桥梁。全线重点桥梁工程的特点、重点控制因素及施工组织各有不同之处,具体见表3.4.1。

表3.4.1 全线重点桥梁工程概况

| 序号 | 名 称<br>(起讫里程,长度) | 工程沿线特点 | 重点控制因素 | 施 工 组 织 |
|---|---|---|---|---|
| 1 | 北京特大桥<br>(DIK6 + 749.26 ~ DIK55 + 151, 48.166 km) | 旱桥,线路穿越北京市区,建筑物、各类管线迁改量大,并沿既有西黄、京山铁路走行,多处跨既有铁路、地铁、城市道路和等级公路 | 外部干扰大,特殊结构多,钢箱拱、空间刚架、简支拱等结构设计新颖,转体和跨线吊装等施工难度大,工艺复杂 | 加强外部协调;落实安全措施,制定安全预案;组织多工作面同步作业,高效率利用行车天窗时间和慢行点;优化并落实资源配置,加大技术和管理力量,同时加强技术和工艺攻关 |
| 2 | 天津特大桥<br>(DIK67 + 168.25 ~ DK190 + 008.95, 113.596 km) | 全线第二长大桥,线路穿越天津市区,建筑物、各类管线迁改量大,多处跨既有铁路、地铁、河流、城市道路和等级公路,桥上设有两处联络线接入线路所及天津南高架车站,且全桥处于区域沉降地段 | 外部干扰大,特殊结构密集,施工测量及工后沉降监控要求高,线路所及高架站道岔梁工程量大 | 加强外部协调;组织多工作面同步作业;突击先架方向特殊结构桥梁施工,具备条件的连续梁采用支架现浇;道岔梁采用满堂支架现浇;灵活调整架梁方向 |
| 3 | 沧德特大桥<br>(中心里程 DK270 + 796.29, 100.967 km) | 全线第三座百公里长桥,主要跨越石黄高速公路、南运河、104国道、津浦铁路双线、漳卫新河岔河、漳卫新河等 | 特殊结构桥梁与跨河大跨梁,施工工期长,是架桥机、运梁车通道,为控制性工程 | 跨南运河128 m跨(全线最大跨)连续梁,两个主墩基础同时施工,冬季连续施工;跨漳卫新河15 - 40 m简支箱梁采用移动模架法施工,跨津浦铁路双线连续梁采用转体施工 |
| 4 | 济南黄河特大桥<br>(DK406 + 918.874 ~ DK412 + 062.274, 5.143 km) | 位于山东济南市境内,距上游济德高速公路杨庄大桥约3 km,距下游泺口铁路大桥约11 km | 水流速度快,冬季流冰、夏季洪水影响大。钢梁跨度大,拼装精度要求高 | 采用栈桥作为施工通道,水中打设钢板桩围堰施工钻孔桩及承台,“先梁后拱”方式施工连续钢桁梁,跨河堤连续箱梁采用挂篮悬浇法施工 |
| 5 | 跨济兖公路特大桥<br>(DIK421 + 053.31 ~ DIK427 + 626.93, 6.574 km) | 横跨京福高速公路匝道、济兖公路和京福高速公路匝道、辅道 | 不中断济兖公路交通 | 采用移动模架及膺架法施工简支箱梁,采用型钢组合支架、“先梁后拱”法拼装架设2 × 96 m钢箱系杆拱 |
| 6 | 荆河特大桥<br>(DK575 + 729.73 ~ DK587 + 185, 11.456 km) | 位于山东滕州市境内 | 岩溶发育,钻孔桩施工质量控制难度大 | 岩溶地质条件下的钻孔施工,主要控制钻机平稳,防止斜孔、串孔、钻孔漏水,掌握钻孔进度。根据地质条件,分别采用抛填片石、高压注浆、帷幕注浆、钢护筒跟进等施工技术措施,确保钻孔施工顺利进行 |
| 7 | 韩庄运河特大桥<br>(DK646 + 763.12 ~ DK659 + 237.16, 12.474 km) | 跨越韩庄运河(二级通航河流)、伊家河(五级通航河流)、胜利渠,跨越地方公路,经过煤炭采空区 | 占据河道、航道,施工涉及部门多,水中墩施工难度大,再有跨度大、悬臂浇筑节段多、施工时间长,施工单位需提前办理施工手续,尽早安排施工 | 采用栈桥施工方案对河中两个主墩进行施工,钻孔桩施工采用水上平台,承台施工采用套箱或钢板桩围堰,煤田采空巷道按设计进行砌筑片石封堵填充,设置边界保护标志,禁止开挖侵入,确保桥位地基稳定 |

续上表

| 序号 | 名 称<br>(起讫里程,长度) | 工程沿线特点 | 重点控制因素 | 施 工 组 织 |
|---|---|---|---|---|
| 8 | 徐州京杭大运河特大桥<br>(DK682 +497.98 ~ DK687 +894.01,5.396 km) | 跨越京杭大运河(二级航道) | 位于岩溶地区,应结合地质钻探资料制定钻孔桩的施工措施 | 两主墩施工时,先筑岛施工钻孔桩,插打钢板桩,进行承台施工,两个主墩同时悬灌 |
| 9 | 淮河特大桥<br>(DK757 +098.72 ~ DK842 +625.89,85.527 km) | 跨越淮河主河槽,淮河常水位7 m,为三级通航河流 | 淮河水中墩多,施工期间受通航条件限制,工期紧,投入大,预应力梁施工结构复杂,施工难度大 | 在确保通航、桥梁施工安全的情况下,采取2108号~2109号墩间80 m跨单孔通航方案,栈桥采用贝雷梁形式;钻孔桩采用ZS300回旋钻机成孔;主墩6个承台采用双壁钢围堰施工;梁部采用挂篮施工法 |
| 10 | 滁州桥群现浇梁区段<br>(DK914 +952 ~ DK954 +800) | 位于丘陵地区,地形起伏较大 | 工程量大,作业区域分散 | 避免路基预压与运架梁工期冲突,段内箱梁采用移动模架和支架现浇施工 |
| 11 | 滁河特大桥<br>(DK969 +791.59 ~ DK981 +513.22,11.721 km) | 桥梁需要跨越滁河,另有7×32 m道岔连续梁2处 | 跨越河道,与航道部门协调工作量大 | 跨滁河96 m钢管混凝土系杆拱桥采用"先拱后梁"法施工,道岔连续梁采用现浇施工 |
| 12 | 南京大胜关长江大桥<br>(DK992 +720.14 ~ DK1001 +993.377,9.273 km) | 位于既有南京长江大桥上游约20 km的大胜关桥位,是京沪高速铁路的越江通道,也是沪汉蓉铁路跨越长江的通道,同时搭载南京市双线地铁 | 桥梁工程量大,用钢量多,桥梁结构复杂,施工工期紧,施工工艺复杂 | 连续钢桁拱桥架设采用从两侧往跨中双向架设、跨中合龙的方案;南引桥及合建段箱梁采用移动模架现浇施工;北引桥及合建段箱梁采用场制机架方案 |
| 13 | 秦淮新河特大桥<br>(DK1015 +797.060 ~ DK1017 +286.140,1.489 km) | 跨越秦淮新河及既有、规划公(道)路,桥址处房屋密集 | 需要跨越多处公路,连续梁结构种类多,施工工艺复杂 | 水中承台采用钢围堰施工;跨越多处公路施工时做好隔离防护措施,并与路政单位沟通对交通进行临时管制,保证交通安全 |
| 14 | 秦淮河特大桥<br>(DK1020 +167.53 ~ DK1032 +784.47,12.617 km) | 桥梁需要跨越的主要河流及道路有秦淮河、运粮河、翻身河等 | 连续梁结构复杂,跨度大,需要保证河流的通航不受影响,施工难度较大 | 中跨4个主墩共用一套模板,桥墩混凝土分两节浇筑,边跨桥墩模板与其他桥墩周转使用 |
| 15 | 谢边特大桥<br>(DK1062 +331.38 ~ DK1063 +959.15,1.628 km) | 桥梁需要跨越312国道 | 由于需要跨越312国道,保证国道的既有交通不受影响,桥梁主跨提篮拱跨度大,施工难度较大 | 跨提篮拱按"先梁后拱"顺序组织施工,312国道两侧和中央分隔带处设立支墩,搭设便梁跨越通行车道,公路路面以外部分布设满堂支架,支架拼装完成后堆载预压以消除非弹性变形 |
| 16 | 乔家门特大桥<br>(DK1079 +769.7 ~ DK1084 +374.4,4.604 km) | 桥梁需要跨越润扬大桥南引道和镇江西高架站桥段 | 拆迁工程量大,桥梁施工跨度大,施工难度大 | 重点安排拆迁工作,非标简支梁和非标连续梁采用支架法现浇施工 |
| 17 | 镇江京杭大运河特大桥<br>(DK1089 +323.32 ~ DK1101 +208.31,11.88 km) | 跨越京杭大运河,京杭大运河为Ⅳ通航河级,通航净高7 m,净宽45 m。桥址处河面宽约110 m,两个主墩位于河槽内 | 桥梁跨度大,施工难度大,需要满足运河的通航要求 | 桥梁下部两主墩同时施工,桥墩混凝土一次浇筑成型,桥梁上部梁拱组合结构按"先梁后拱"的顺序施工 |

续上表

| 序号 | 名　称<br>（起讫里程，长度） | 工程沿线特点 | 重点控制因素 | 施工组织 |
|---|---|---|---|---|
| 18 | 丹昆特大桥<br>（DK1112 +722.96 ~ DK1276 +505.97，164.9 km） | 全线最长的桥梁；沿线鱼塘、河流、道路众多，沟渠纵横，湖泊密布 | 连续梁种类多，施工难度大，河流多，地质情况复杂，需要做好环保、水保工作，工期紧张，施工难度大 | 望虞河连续梁：下部结构采用水中搭设栈桥方案施工，连续梁采用悬臂灌注法施工<br>锡澄运河系杆拱：两主墩同时施工，桥梁上部梁拱组合结构按“先拱后梁”的顺序施工，梁部采用悬臂灌注法施工<br>跨娄江钢管拱连续梁：两墩同时施工，承台采用钢板桩支护施工，桥墩混凝土一次成型 |
| 19 | 蕴藻浜特大桥<br>（DK1277 +301.52 ~ DK1300 +602.82，23.301 km） | 跨越黄浦江支流蕴藻浜河及盐铁河，蕴藻浜河宽约65 m，水深2 ~ 3 m，常年通航；盐铁及西横沥两条河河宽约 30 m，水深约 2 m | 连续梁多且跨度大，蕴藻浜河需要全年通航，征地拆迁、地方协调难度较大 | 跨吴淞江连续梁：6 线桥<br>跨曹安公路提篮拱：两墩同时施工，梁拱组合结构按“先梁后拱”的顺序施工<br>黄渡线路所：连续梁采用支架现浇施工，箱梁预制架设<br>跨新翔黄公路连续梁：两主墩同时施工，连续梁施工采用悬臂灌注法施工 |

由表 3.4.1 可知，桥梁工程是京沪高速铁路建设的重难点工程。为此，京沪高铁公司对桥梁工程的施工组织进行了认真研究。

## 二、总体施工组织实施

### （一）施工安排原则

（1）全线桥梁工程和桥上无砟轨道铺设是控制建设工期的主要因素，桥梁施工需合理投入资源，满足桥上铺设无砟轨道、墩台沉降和梁部徐变上拱控制的质量与工期要求。

（2）全线桥梁工程的工期控制以点线并重为原则，“点”即以各重点桥梁工程的施工组织为重点，“线”即以简支箱梁的制架为主线。简支箱梁以分区段集中预制架设为主，根据桥梁分布、工期要求，南北气候差异、资源合理配置等情况，京沪高速铁路长大桥梁地段的简支梁以 500 ~ 800 孔为一个施工单元。

（3）部分因隧道或特殊结构桥梁等运架设备无法通过地段的简支箱梁、沿线零散分布的简支箱梁和非标简支梁、小跨度连续梁、道岔区连续梁采用现浇施工方法，合理配置资源，满足无砟轨道连续铺设要求。

（4）跨越主要通航河流和高速公路等控制性大跨度特殊结构桥梁因结构复杂、施工难度大、技术要求高、工期较紧，优先组织施工。对于架梁通道上的重点特殊结构梁优先安排施工，确保箱梁运架通道的畅通。

（5）作业周期较易控制的一般结构桥梁基础和墩身工程，根据各施工单元内架梁的先后次序和工期要求，采用多作业面平行流水方式组织桩基、承台和墩身的施工。先架方向先期开工。

（6）全线大部分桥梁下部工程采用常规施工方案，河岸、浅滩地段桥梁墩台采用筑岛围堰施工，通航河流水中墩施工采用水中平台加钢围堰施工，阳澄湖等大面积水域桥墩采用筑坝围堰方案，北方深厚层土地段钻孔桩优先选用旋挖钻机施工，岩溶地段优先选用冲击钻机施工。跨既有线与既有公路桥段做好安全防护。

(7)桥面系按架梁区段分单元施工。由于受无砟轨道工期和运架梁作业空间的制约,在保证架梁工效的前提下,桥面系遮板、电缆槽、排水管、防撞墙及外侧防水层、电化立柱基础,利用运架梁间隙,紧跟架梁进行流水作业。一个方向架梁完成后,开始施工防撞墙内侧的防水层、保护层和伸缩缝(采用 CRTSⅡ型板无砟轨道时,防撞墙内侧的防水层、保护层后做);四电铺设电缆后,安装电缆槽盖板。为确保质量稳定,有砟轨道桥梁的挡砟墙内侧防水层、混凝土保护层在梁场集中施工,运架梁时做好保护。

(二)制架梁施工组织

全线桥梁工程施工安排以简支箱梁的制架为主线。制架梁的施工组织是制约工期目标实现的重要因素。

1. 预制箱梁

(1)梁场设置原则

全线桥梁工程所占比例较大,超长大桥较多,桥梁生产任务量重且使用相对密集,线路穿越东部经济发达地区,梁场的数量和规模直接影响建设费用。但如果梁场数量不足,会导致梁场的生产能力不足,难以保障桥梁工程施工的需要,从而影响整个项目工期。此外,梁场的选址方案也影响运架梁的距离,从而影响工期和运输费用。因此,制梁场的前期规划(选址、总体布局、梁场规模大小)对整个京沪高速铁路工程的计划、进度、费用、资源利用起着关键性的作用。为此,京沪高铁公司在项目开工之前会同相关设计单位及专家经过现场考察研究,多次开会研讨梁场的布局方案,并最终形成如下原则:

①确定梁场的合理生产规模为 600 ~ 650 孔,运架区段为 22 km,一般设在制架区段的中部或桥群的重心处,运架半径的最佳组合是 12 km 和 10 km。

②确定梁场的布置形式为横向布置,即制梁台座与存梁台座横向排列布置。每个实际的制梁场都划分为制梁区、存梁区和混凝土拌和区等作业区。依据箱梁预制周期、产量和制架梁工期,箱梁预制工艺流程,梁场内部移运箱梁方式和箱梁上桥方式,物流线路的选择,临时工程的类型和数量等对每个梁场的规模和布置进行严格的研究。

③因架桥机为超限设备,运架梁作业不穿越隧道;大跨度特殊结构梁为制架区段的分界点,若梁场两边均有特殊区段,本着“先小后大,先易后难”的原则综合选择先架方向。运架梁作业尽量避开需预压填土车站。

④梁场的选址做到路地结合、永临结合、节约用地,在条件具备的梁场采用双层存梁。

(2)梁场的布局及设备配置

①梁场的布局

根据沿线情况,全线设置 48 个梁场,共生产箱梁 31 013 孔,最大梁场(磨盘张梁场)规模达到 1 091 孔,平均每个梁场 607 孔,并节省临时占地 1 300 亩,减少大型运架梁设备投入 6 套。48 个梁场的位置、制架梁总数、开工制第一片梁的日期、制架梁日期等见表 3.4.2。

表 3.4.2 48 个梁场的布置与制架梁情况

| 序号 | 梁场里程 | 制梁场名称 | 梁场对应线路中心里程 | 制架梁总数 | 制梁开始日期 | 制梁结束日期 | 开架时间 | 架完时间 |
|---|---|---|---|---|---|---|---|---|
| 1 | DIK17 | 中铁十七局集团第二工程有限公司大兴梁场 | DIK17 +300<br>左侧 | 358 | 2008/10/30 | 2010/4/7 | 2009/6/1 | 2010/5/17 |
| 2 | DIK27 | 中铁十七局集团第六工程有限公司大魏善庄场 | DIK27 +000<br>右侧 | 501 | 2008/12/26 | 2010/2/18 | 2009/4/15 | 2010/3/30 |

续上表

| 序号 | 梁场里程 | 制梁场名称 | 梁场对应线路中心里程 | 制架梁总数 | 制梁开始日期 | 制梁结束日期 | 开架时间 | 架完时间 |
|---|---|---|---|---|---|---|---|---|
| 3 | DIK45 | 中铁十七局集团第二工程有限公司广阳梁场 | DIK45 +700<br>右侧 | 536 | 2008/10/16 | 2009/12/29 | 2009/3/10 | 2010/2/7 |
| 4 | DIK73 | 中铁十七局集团第四工程有限公司安次梁场 | DIK73 +600<br>左侧 | 655 | 2008/9/1 | 2010/2/5 | 2009/2/20 | 2010/4/11 |
| 5 | DK89 | 中铁十七局集团第一工程有限公司武清梁场 | DK89 +800<br>左侧 | 546 | 2008/9/1 | 2010/1/30 | 2009/2/10 | 2010/3/20 |
| 6 | DK129 | 中铁十九局集团第四工程有限公司西青梁场 | DK129 +000<br>右侧 | 383 | 2008/9/25 | 2009/12/14 | 2009/5/15 | 2010/1/23 |
| 7 | DK143 | 中铁十九局集团第四工程有限公司静海梁场 | DK143 +550<br>右侧 | 738 | 2008/8/26 | 2009/12/15 | 2009/3/1 | 2010/1/24 |
| 8 | DK167 | 中铁十八局集团第五工程有限公司静海唐官屯梁场 | DK167 +300<br>右侧 | 609 | 2008/11/15 | 2009/12/15 | 2009/3/16 | 2010/1/24 |
| 9 | DK190 | 中铁十七局集团第三工程有限公司青县梁场 | DK190 +100<br>右侧 | 615 | 2008/10/1 | 2010/1/10 | 2009/3/10 | 2010/2/19 |
| 10 | DK210 | 中铁十八局集团第五工程有限公司沧县梁场 | DK210 +000<br>左侧 | 597 | 2008/11/5 | 2009/12/22 | 2009/3/16 | 2010/1/31 |
| 11 | DK233 | 中铁十八局集团第五工程有限公司泊头梁场 | DK233 +800<br>右侧 | 536 | 2008/11/15 | 2010/1/29 | 2009/3/16 | 2010/1/31 |
| 12 | DK247 | 中铁六局丰桥桥梁有限公司南皮制梁场 | DK247 +800<br>左侧 | 633 | 2008/7/1 | 2009/11/30 | 2008/10/9 | 2009/12/31 |
| 13 | DK270 | 中铁六局丰桥桥梁有限公司东光制梁场 | DK270 +200<br>右侧 | 663 | 2008/8/1 | 2009/11/30 | 2008/12/5 | 2009/12/31 |
| 14 | DK296 | 中铁二局新运工程有限公司吴桥制梁场 | DK296 +500<br>右侧 | 642 | 2008/7/16 | 2009/10/28 | 2008/10/16 | 2009/11/28 |
| 15 | DK317 | 中铁二局机械筑路工程有限公司德州制梁场 | DK317 +300<br>左侧 | 555 | 2008/7/22 | 2009/10/28 | 2008/11/26 | 2009/11/23 |
| 16 | DK336 | 中铁一局集团物资工贸有限公司陵县制梁场 | DK336 +809<br>右侧 | 575 | 2008/8/8 | 2009/10/31 | 2009/1/1 | 2009/12/31 |
| 17 | DK366 | 中铁一局集团物资工贸有限公司禹城制梁场 | DK366 +080<br>左侧 | 608 | 2008/8/1 | 2009/10/31 | 2008/12/15 | 2009/11/30 |
| 18 | DK378 | 中铁一局集团物资工贸有限公司齐河制梁场 | DK378 +000<br>右侧 | 517 | 2008/8/14 | 2009/9/30 | 2008/12/15 | 2009/10/30 |
| 19 | DK394 | 中铁一局集团桥梁公司齐河南制梁场 | DK394 +135<br>左侧 | 776 | 2008/8/14 | 2009/11/23 | 2008/12/19 | 2009/12/31 |
| 20 | DK443 | 中国水利水电第七工程局有限公司长清制梁场 | DK443 +800<br>右侧 | 799 | 2008/8/21 | 2010/1/29 | 2009/1/20 | 2010/2/28 |
| 21 | DK481 | 中国水利水电第四工程局泰安制梁场 | DK481 +952<br>左侧 | 716 | 2008/8/10 | 2010/2/11 | 2008/12/10 | 2010/3/13 |

续上表

| 序号 | 梁场里程 | 制梁场名称 | 梁场对应线路中心里程 | 制架梁总数 | 制梁开始日期 | 制梁结束日期 | 开架时间 | 架完时间 |
|---|---|---|---|---|---|---|---|---|
| 22 | DK525 | 中国水利水电第十四工程局曲阜制梁场 | DK525 +375<br>左侧 | 636 | 2008/8/21 | 2009/12/1 | 2009/2/20 | 2009/12/31 |
| 23 | DK548 | 中国水利水电第八工程局邹城制梁场 | DK548 +800<br>左侧 | 556 | 2008/8/15 | 2009/12/31 | 2008/12/29 | 2010/1/30 |
| 24 | DK589 | 中铁十六局集团有限公司滕州制梁场 | DK589 +400<br>左侧 | 436 | 2008/8/15 | 2009/12/15 | 2009/3/5 | 2010/1/25 |
| 25 | DK614 | 中铁十六局集团有限公司滕州南制梁场 | DK614 +415<br>左侧 | 416 | 2008/8/5 | 2010/1/3 | 2009/3/21 | 2010/1/10 |
| 26 | DK646 | 中铁十六局集团有限公司峄城制梁场 | DK647 +200<br>右侧 | 719 | 2008/8/20 | 2009/11/12 | 2009/2/1 | 2010/1/30 |
| 27 | DK675 | 中铁十二局集团第一工程有限公司徐州贾汪制梁场 | DK674 +500<br>左侧 | 573 | 2008/8/5 | 2009/12/5 | 2009/1/1<br>2009/7/21 | 2009/7/17<br>2010/2/3 |
| 28 | DK701 | 中铁十二局集团第一工程有限公司徐州潘塘制梁场 | DK700 +800<br>左侧 | 670 | 2008/8/15 | 2009/10/30 | 2009/8/2<br>2008/11/29 | 2010/1/18<br>2009/7/17 |
| 29 | DK724 | 中铁十二局集团第四工程有限公司宿州栏杆制梁场 | DK724 +000<br>右侧 | 671 | 2008/8/15 | 2009/11/23 | 2008/11/26<br>2009/8/15 | 2009/7/25<br>2009/12/29 |
| 30 | DK746 | 中铁十四局集团第五工程有限公司桃沟制梁场 | DK746 +760<br>左侧 | 645 | 2008/8/26 | 2009/11/12 | 2008/10/29 | 2009/12/10 |
| 31 | DK767 | 北京中铁房山桥梁有限公司宿州大店制梁场 | DK767 +000<br>左侧 | 738 | 2008/7/6 | 2009/10/27 | 2008/9/30 | 2009/12/26 |
| 32 | DK796 | 贵州中铁路桥工程有限公司固镇分公司城关镇制梁场 | DK796 +950<br>左侧 | 597 | 2008/8/1 | 2009/10/28 | 2008/12/7 | 2009/11/30 |
| 33 | DK819 | 贵州中铁路桥工程有限公司固镇分公司磨盘张制梁场 | DK819 +950<br>左侧 | 1 091 | 2008/8/15 | 2009/12/4 | 2009/1/1 | 2010/1/10 |
| 34 | DK859 | 中铁十二局集团第三工程有限公司凤阳制梁场 | DK859 +100<br>左侧 | 663 | 2008/8/15 | 2010/1/16 | 2008/12/15 | 2010/2/28 |
| 35 | DK889 | 中铁十二局集团第三工程有限公司定远制梁场 | DK888 +950<br>右侧 | 516 | 2008/8/15 | 2009/11/18 | 2008/11/6 | 2010/2/8 |
| 36 | DK969 | 中铁三局集团涉县桥梁制造有限公司滁州制梁场 | DK969 +121<br>左侧 | 561 | 2008/8/4 | 2009/11/30 | 2009/1/4 | 2009/12/31 |
| 37 | DK992 | 中铁大桥局浦口梁场 | DK992 +600<br>右侧 | 361(制)<br>375(架) | 2007/10/1 | 2009/10/31 | 2008/11/20 | 2009/12/31 |
| 38 | DK1034 | 中铁三局集团涉县桥梁制造有限公司南京江宁西村制梁场 | DK1033 +790<br>右侧 | 338 | 2008/9/28 | 2009/11/8 | 2009/4/30 | 2009/12/28 |
| 39 | DK1045 | 中铁三局集团惠州桥梁工程有限公司南京江宁汤山制梁场 | DK1045 +250<br>左侧 | 417 | 2008/10/12 | 2009/11/30 | 2009/1/4 | 2010/2/5 |
| 40 | DK1089 | 中铁三局集团建筑安装工程有限公司镇江制梁场 | DK1089 +370<br>右侧 | 703 | 2008/8/5 | 2009/12/14 | 2008/11/25 | 2010/2/13 |

续上表

| 序号 | 梁场里程 | 制梁场名称 | 梁场对应线路中心里程 | 制架梁总数 | 制梁开始日期 | 制梁结束日期 | 开架时间 | 架完时间 |
|---|---|---|---|---|---|---|---|---|
| 41 | DK1113 | 中铁三局集团建筑安装工程有限公司丹阳制梁场 | DK1112 +716 右侧 | 544 | 2008/9/4 | 2009/11/15 | 2009/2/1 | 2009/12/22 |
| 42 | DK1129 | 中铁五局集团第二工程有限责任公司常州西制梁场 | DK1129 +150 左侧 | 610 | 2008/8/7 | 2009/11/27 | 2008/12/1 | 2009/12/31 |
| 43 | DK1159 | 中交第二航务工程局有限公司常州东制梁场 | DK1158 +910 | 746 | 2008/7/11 | 2009/11/20 | 2008/11/15 | 2009/12/31 |
| 44 | DK1185 | 中交一航局第二工程有限公司江阴制梁场 | DK1185 +300 | 747 | 2008/7/2 | 2010/2/11 | 2008/11/15 | 2010/3/15 |
| 45 | DK1215 | 中交一航局第一工程有限公司无锡锡山制梁场 | DK1215 +300 | 699 | 2008/7/8 | 2010/1/5 | 2008/11/15 | 2010/2/6 |
| 46 | DK1243 | 中交一公局厦门工程有限公司苏州制梁场 | DK1243 +100 | 717 | 2008/8/4 | 2009/11/20 | 2009/1/10 | 2010/1/23 |
| 47 | DK1269 | 路桥集团国际建设有限公司昆山制梁场 | DK1268 +900 | 823 | 2008/8/26 | 2009/11/23 | 2008/12/15 | 2009/12/25 |
| 48 | DK1287 | 中交第四航务工程局有限公司上海嘉定制梁场 | DK1287 +000 | 375 | 2008/7/8 | 2010/1/29 | 2009/1/15 | 2010/2/20 |

②设备配置

为保证箱梁的预制和架设，每个梁场都配备了必要的设备，在梁场生产箱梁的过程中需要使用吊运设备、钢筋切割加工设备、混凝土搅拌站的混凝土搅拌及浇筑设备、钢模板、穿心式千斤顶张拉设备、蒸汽养护设备及其他设备。典型梁场的主要设备配备情况见表 3.4.3。预制梁生产完成后，对箱梁进行架设和桥面系施工时使用包括提梁机、运梁车、架桥机等运架梁机械设备。在实际生产过程中，梁场之间根据生产需要，统筹优化，用最合理的设备配备完成箱梁的生产、架设工作，减少预制梁制架的成本。

**表 3.4.3 典型梁场的主要临时设施及设备数量**

| 序号 | 工程项目 | 单位 | 数量 | 备注 |
|---|---|---|---|---|
| 1 | 临时房建 | $m^2$ | 6 678.8 | |
| 2 | 制梁台座 | 个 | 14 | |
| 3 | 存梁台座 | 个 | 98 | |
| 4 | 静载试验台座 | 座 | 1 | |
| 5 | 提升站基础 | m | 1 240 | 跨度 31 m |
| 6 | 运梁通道 | m | 1 000 | |
| 7 | 横移滑道 | m | 3 299.8 | |
| 8 | 横移台车 | 套 | 4 | 900 t |
| 9 | 混凝土搅拌站 | 座 | 1 | 3 × HZS120 |
| 10 | 布料机 | 台 | 8 | 6 × 15 m |
| 11 | 输送泵 | 台 | 6 | HBT80 |

续上表

| 序号 | 工程项目 | 单位 | 数量 | 备注 |
| --- | --- | --- | --- | --- |
| 12 | 变压器 | 台 | 4 | 630 kVA |
| 13 | 发电机组 | 台 | 4 | 600 kW |
| 14 | 龙门吊 | 台 | 2 | 450 t/31 m 跨 |
| 15 | 龙门吊 | 台 | 8 | 40 t/38 m 跨 |
| 16 | 工业锅炉 | 台 | 2 | 2 t/h |
| 17 | 龙门吊轨道 | m | 1 240 | 40 t |
| 18 | 钢模板 | 套 | 14 | |

(3)制架梁作业过程的优化

预制梁架设中,在特殊结构梁等控制性工点允许的前提下,将长大桥梁地段相邻的两台架桥机相向架设合龙成一个大区段,为无砟轨道的物流组织、成段铺设及四电工序施工创造条件。

在架设过程中灵活调整架梁方向,消除特殊结构和区段制约,或调整制架梁任务量,或一场一架改一场双架、两场三架等优化制架梁单元。如京沪全线设制梁场 48 个,根据现场实际,为保证节点工期目标,梁场数量不调整,但制架箱梁数量有调整,由原计划的制架箱梁 28 033 孔、最大梁场规模达到 800 孔、平均每个梁场 585 孔分别调整为制架箱梁 31 013 孔、最大梁场规模达到 1 091 孔、平均每个梁场 607 孔,满足了建设的实际需要。针对因征地拆迁及特殊结构的图纸供应等因素造成的架梁无法前行、制梁供应不满足架梁要求等问题,主要采取两种方法解决,一是对现有梁场进行扩容,增大产能;二是增加运架设备,多开架梁工作面或多次调头等方法,灵活机动架梁。对不能满足制架梁需求的梁场采用增加制梁台座、制梁模板、存梁台座、桥梁搬运机等方式,扩大梁场生产能力,对架梁约束较大的区段增加运架设备。如镇江梁场在施工组织调整后,要求架梁后期增加一台运梁车,以提高架梁效率,当时即采取租用中铁十局沪宁城际高资梁场的运梁车,直接进入镇江梁场,节省转场时间,保证了工期。对路桥相间地段采取"先架后压"方式,使路基预压和桥梁沉落同步进行,在路基预压期间先开展桥上无砟轨道的施工,减小工期压力和资源投入。此外,还通过改变路基地基加固方式取消预压,或超载预压缩短路基预压周期,打通运梁通道。

2. 现浇箱梁

现浇梁以满足架梁通道或无砟轨道连续铺设为目标,合理配置资源和安排施工顺序,对一些特殊区段或具备条件的连续梁也用现浇施工突破架梁通道瓶颈。全线现浇桥梁有标准简支梁、非标简支梁、2 × 32 m 或 3 × 24 m 连续梁、具备现浇条件的普通连续梁、道岔区连续梁五种类型。全线现浇简支梁共计1 687孔,其中 40 m 简支梁 36 孔,非标简支梁 90 孔。现浇 24 m 或 32 m 简支箱梁集中地段采用移动模架法。非标简支梁、24 m 或 32 m 连续梁、具备现浇条件的普通连续梁、岔区连续梁采用支架法现浇。全线使用移动模架 47 套,现浇支架 224 套,现浇简支梁模型 209 套。

在现浇梁与预制梁方案的选择方面,箱梁的制作工期是影响架梁进度进而影响整体施工进度的关键工序,对桥梁采用预制架设还是现浇,京沪高铁公司经过多方论证,最终确定了最优化的方案。如苏州指挥部 2008 年 10 月 8 日在土建五标段各梁场进行工作检查,对十七工区 DK1142 + 249 ~ DK1045 + 070 的桥梁采用预制架设还是现浇,经过两次会议讨论形成两种方案,一是除跨西二环互通立交的提篮拱前后 4 孔梁及连续梁等特殊梁必须现浇外,其余 51 孔简支梁均由中铁五局常州西制梁场预制架设,此方案的优点是施工简便、投入小,更易保证质量,缺点是过提篮拱时架桥机需解体,耗时长、费用高，且提篮拱处桥墩高度为20 m左右，架桥机解体、组装难度大，安全风险大；二是架梁至DK1142+249跨西二环互通立交的提篮拱前常州西制梁场结束架梁，DK1142+249以远桥梁由中铁八局采用移动模架结合支架现浇的方法施工，此方案的优点是可以机动灵活地安排施工，不受桥墩高度影响，缺点是投入大、耗时长、工期压力大、安全质量风险相对较大。为保证工期，苏州指挥部采取了第一种方案，对DK1045+070～DK1142+249段桥梁采用预制架设法施工，在施工过程中，中铁五局与中铁八局协商共同解决了架桥机解体安全风险问题。

（三）工程实际进度

桥梁工程在指导性施工组织的安排和动态优化下，通过采取一系列有效的施工组织措施，工程顺利实现各阶段工期目标，工程计划进度与实际进度的对比见表3.4.4。

表3.4.4 桥梁工程的计划进度与实际进度对比

| 工程内容 | 计划进度 | 实际进度 |
|---|---|---|
| 桥梁工程总体 | 2008年6月1日～2011年1月31日 | 2008年6月1日～2010年7月31日 |
| 梁场建设与箱梁生产 | 2010年6月基本完成制梁 | 2009年12月底基本完成制梁 |
| 桥梁下部结构 | 2010年6月全部完成 | 2009年12月全部完成 |
| 箱梁架设 | 2009年2月1日～2010年9月30日 | 2008年9月30日～2009年底 |
| 现浇梁 | 2008年11月～2010年7月 | 2008年11月～2010年3月 |
| 桥面系 | 2010年9月底基本完成，全线在2011年1月底提供贯通电缆槽 | 2010年4月底基本完成，全线在2010年7月底提供贯通电缆槽 |

## 三、重点桥梁建设

### （一）南京大胜关长江大桥

1. 工程概况

南京大胜关长江大桥是我国高速铁路标志性工程（图3.4.1），是京沪高速铁路、沪汉蓉铁路于南京大胜关跨越长江的通道，同时也是南京地铁过江通道。

图3.4.1 南京大胜关长江大桥

南京大胜关长江大桥起讫里程为DK992+720.140～DK1001+993.377，全长9.273 km。桥式及孔跨布置由北向南，北岸高速铁路引桥桥式为 24 － 32 m 简支箱梁 ＋（40 ＋ 2 × 44 ＋ 40）m 连续梁 ＋ 142 － 32 m 简支箱梁，长 5.599 km；北岸合建区段 N1 号～N4 号墩上部结构为（44 ＋ 68 ＋ 44）m 连续梁，N4 号～N35 号墩上部结构为 31 － 32 m 简支箱梁，长 1.202 km；主桥为 2 联 2 × 84 m 钢桁连续梁（北岸边孔浅水区）＋（108 ＋ 192 ＋ 336 ＋ 336 ＋ 192 ＋ 108）m 连续钢桁拱桥，全长 1.615 km；南岸合建区引桥为（37 ＋ 60 ＋ 37）m 混凝土连续箱梁 ＋ 32 m 简支箱梁 ＋（37 ＋ 60 ＋ 37）m 混凝土连续箱梁 ＋ 17 － 32 m 简支箱梁，长 0.856 km。长江防洪大堤之间正桥与南岸引桥共 3.674 km 按六线设计建设（即高速双线、沪汉蓉双线、南京地铁双线），预留南京地铁接线条件；北岸 5.599 km 引桥按高速双线铁路建设。全桥用钢量约 7.68 万 t，混凝土用量约 122 万 $m^3$，32 m 简支箱梁 266 片，钻孔桩 2 355 根。

2. 工程特点和难点

南京大胜关长江大桥由于下部基础施工受长江汛期的影响，其主墩必须在枯水期完成施工，施工工期紧、工艺复杂、难度大，是京沪高速铁路的控制性工程。为保证全线按期开通运营，南京大胜关长江大桥经国家批准于 2006 年 7 月先于京沪高速铁路全线提前开工建设。

（1）工程特点

速度高：大桥上京沪线的设计速度为 300 km/h，为世界先进水平；沪汉蓉线的设计速度为 250 km/h；南京地铁线的速度为 80 km/h。三条双线共用一桥尚无前例。

体量大：南京大胜关长江大桥是六线铁路大桥，其钢材的使用量是武汉长江大桥的 4 倍，主桥墩的承台面积有 7 个篮球场大。

跨度大：南京大胜关长江大桥主跨为 2 ×（84 ＋ 84）m ＋（108 ＋ 192 ＋ 336 ＋ 336 ＋ 192 ＋ 108）m 的钢桁拱连续梁（图 3.4.2），通航净高为 32 m，是世界上同类级别跨度最大的高速铁路大桥。

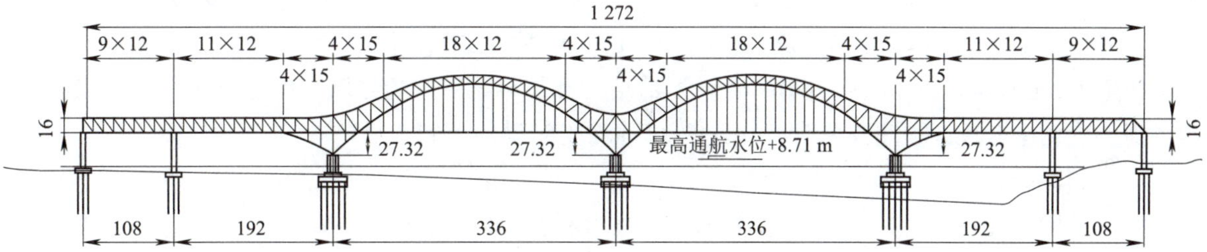


图 3.4.2　南京大胜关长江大桥主跨钢桁拱桥立面（单位：m）

荷载大：南京大胜关长江大桥为六线轨道交通桥梁，主桥恒载 ＋ 活载为 120 t/m，支座最大反力达 18 000 t，是世界上目前设计荷载最大的高速铁路大桥。

（2）工程难点

①主墩深水基础施工、大跨度连续钢桁拱架设合龙有难度

主墩基础存在水深、流急、河床冲刷大等特点，若采用常规平台法施工，工期无法保证，汛期施工平台安全风险大，需解决基础施工工期紧、施工难度大、安全度汛等工程难题。

大桥主跨钢梁采用双悬臂架设、双主拱合龙，技术要求高，安全风险大。主墩支点反力大（8 000 t/桁），支点布置和调整难度大。钢梁合龙点多，合龙点位移调整难度大。钢梁为三片主桁钢桁拱结构，安装线形控制难度大。

②通航情况下在枯水期内完成三个主墩施工有挑战

根据总工期安排，三个主墩基础须在 2007 年汛期前即一个半枯水期内全部完成。经计算，6 号、8 号墩须在汛期来临前完成 8 根钻孔桩才能安全度汛。

③施工安全控制难

大桥施工安全存在“高、深、重、大、多”等众多危险因素。

**高**:工作面高,拱弦最高处的作业点距离承台顶 116 m;设备高,吊索塔架最高处距离水面 130 m。

**深**:施工水域水深达 51 m;钻孔桩最深嵌岩约 70 m,桩长达 112 m。

**重**:8 号墩套箱围堰重 6 200 t;钢梁单根杆件重 119 t;钢筋笼整体吊装重 120 t;现场采用 1 200 t 浮吊、400 t 全回转浮吊、70 t 变坡爬行架梁吊机等大型起重设备。

**大**:单个主墩承台体积大,平面尺寸为 34 m × 76 m,厚 6 m,约 1.4 万 $m^3$ 混凝土;套箱尺寸大,长 × 宽 × 高为 80 m × 38 m × 26.5 m;钢梁总量约 7.68 万 t,钢梁杆件大,最大板厚 60 mm,箱形截面内尺寸 1 400 mm × 1 800 mm。

**多**:水上作业和过往船只多,高峰期施工船舶达 62 艘;重型吊装设备多,现场有 60 t 以上的吊装设备 21 台套;单位作业面施工作业人员多;立体交叉作业多。

这些特点给现场的安全管理工作带来前所未有的挑战,既要保证作业人员、机械设备安全,又要确保航道安全,不能有丝毫差错。

④施工质量控制点多

根据大桥构造特点,施工单位将大直径、超长钻孔桩,大体积承台、薄壁空心墩身,结构复杂的钢梁杆件制造、大跨度钢桁拱安装及合龙作为质量控制点。

3. 施工组织

为便于协调组织内部施工机械、设备、物质、资金、人员及技术各项资源,更好地为施工建设服务,中铁大桥局在施工现场成立了南京大胜关长江大桥工程指挥部,并根据工程特点、工期要求和任务分工,设立了三个项目部和一个制梁场。其中,三个项目部分别负责主桥 7 号~10 号墩、南岸引桥 S1 号~S24 号墩的下部和上部结构施工,主桥 6 号~0 号墩、北岸合建区 N35 号~N1 号墩的下部和上部结构施工,北高速引桥 G0 号~G169 号墩下部结构和 G24 号~G28 号墩四跨连续箱梁施工;浦口制梁场则负责北岸合建区和北高速引桥部分的 32 m 简支箱梁的预制架设。

(1)总体布置

根据全桥的工程量及其分布、桥位处的地形地貌和施工环境,北岸设置生产、生活区四处,钢梁转运站一处;南岸设置生产、生活区三处,钢梁转运站一处;江上布置三座 150 $m^3$/h 的水上移动混凝土工厂,4 号墩平台布置一座 150 $m^3$/h 的固定混凝土工厂,北岸岸上设 120 $m^3$/h 的混凝土工厂两座,南岸岸上设 150 $m^3$/h 的混凝土工厂一座。北岸主桥及合建区施工场地布置如图 3.4.3 所示,南岸施工场地布置如图 3.4.4 所示。

(2)资源配置

南京大胜关长江大桥主桥在建设过程中的主要施工机械设备见表 3.4.5,主桥(7 号~10 号墩)施工机械见表 3.4.6。

(3)下部结构施工组织

大桥三个主墩基础受汛期影响,要在一个半枯水期内全部完成施工。若三个主墩同时施工,7 号墩两侧将不能满足最小航宽要求。受航道条件的制约,对主墩基础采取同期施工、分步实施进行研究,即 6 号、8 号墩先期同步施工,待部分成桩形成稳固抗洪平台后拆除边锚,留出航道进行 7 号墩的施工。为满足上述要求,若仍采用常规平台法施工,不仅工期无法保证,汛期施工安全也会受到重大威胁。为此采取一种快速施工法,即围堰与钻孔平台合二为一,采用整体制造、下水、浮运、定位、形成钻孔平台的快速施工方案。最终形成如下下部结构总体施工方案。

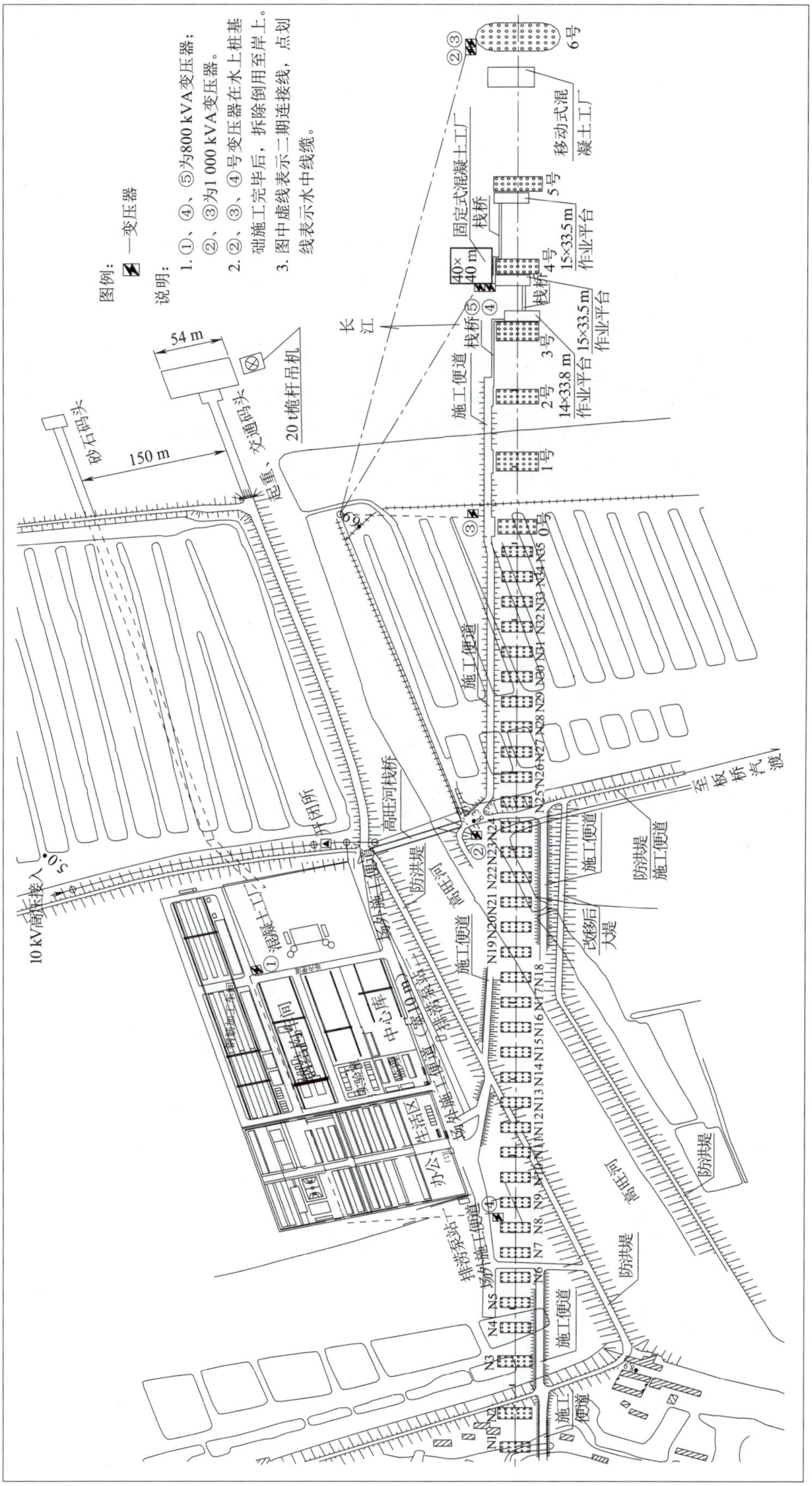


图 3.4.3　北岸主桥及合建区施工场地布置

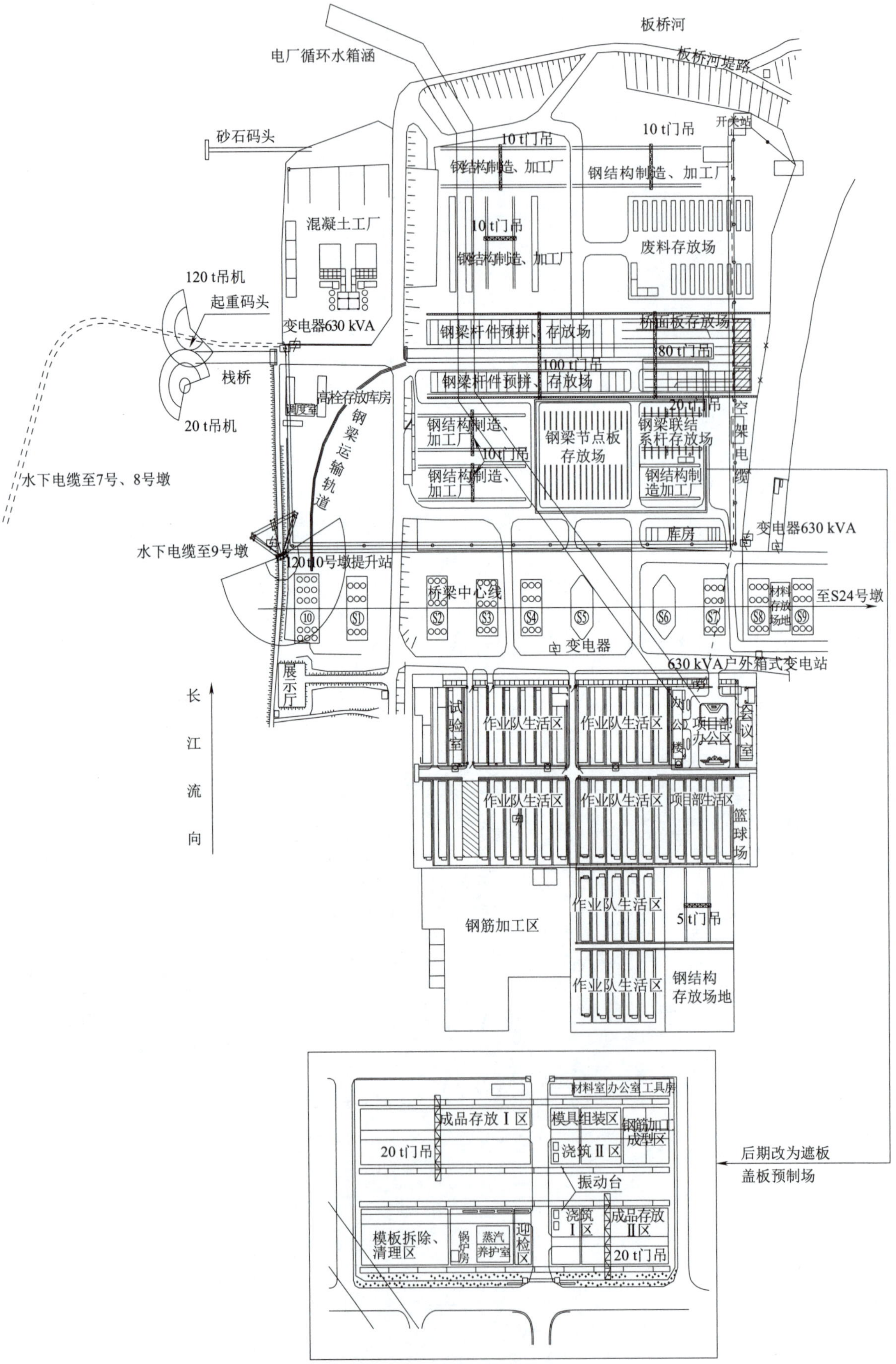


图 3.4.4　南岸施工场地布置

表 3.4.5 南京大胜关长江大桥主桥主要施工机械

| 序号 | 名称 | 规格 | 数量 | 单位 | 序号 | 名称 | 规格 | 数量 | 单位 |
|---|---|---|---|---|---|---|---|---|---|
| 1 | ZLM50 型装载机 | 3 $m^3$/160 kW | 2 | 台 | 24 | 布料机 | | 2 | 台 |
| 2 | PC220-6 型挖掘机 | | 4 | 台 | 25 | 抓斗吊 | | 2 | 台 |
| 3 | EQ140 型自卸汽车 | 8 t/132 kW | 10 | 台 | 26 | 抓斗吊船 | | 2 | 艘 |
| 4 | 汽车吊机 | | 9 | 台 | 27 | 打桩船 | 265 kW | 1 | 艘 |
| 5 | 履带吊机 | | 6 | 台 | 28 | 抛锚船 | 400 t | 3 | 艘 |
| 6 | 龙门吊 | | 9 | 台 | 29 | 交通船 | 100 t | 4 | 艘 |
| 7 | 塔吊 | | 24 | 台 | 30 | 平板驳 | 400 t | 5 | 艘 |
| 8 | 吊索塔架 | | 1 | 台 | 31 | 气囊滑动设备 | | 1 | 套 |
| 9 | 架梁爬行吊机 | | 1 | 台 | 32 | 拖轮 | 1 200 ~ 3 600 hp | 10 | 艘 |
| 10 | 水上浮吊 | | 4 | 台 | 33 | 系缆船 | | 1 | 艘 |
| 11 | 全回转吊船 | | 3 | 台 | 34 | 救生艇 | | 1 | 艘 |
| 12 | 桅杆吊机 | | 2 | 台 | 35 | 泥浆船 | 1 000 t | 2 | 艘 |
| 13 | 中-160 型振动打桩锤 | | 1 | 台 | 36 | 运渣车 | | 4 | 辆 |
| 14 | APE400B 型液压打桩锤 | | 2 | 台 | 37 | 趸船 | 400 t | 1 | 艘 |
| 15 | 液压旋转钻机 | | 39 | 台 | 38 | 混凝土工厂 | | 3 | 座 |
| 16 | 泥浆分离器 | | 22 | 套 | 39 | 混凝土输送泵 | 80 $m^3$/h | 2 | 台 |
| 17 | 泥浆泵 | | 28 | 台 | 40 | 混凝土运输车 | 8 $m^3$ | 7 | 台 |
| 18 | 750C 空压机 | | 37 | 台 | 41 | 混凝土泵车 | 臂长 40 m | 2 | 台 |
| 19 | 超声波大孔径检测仪 | | 2 | 台 | 42 | 电梯 | 1 t/13 人 | 1 | 台 |
| 20 | 电动系泊绞车 | | 10 | 台 | 43 | 移动变电站 | | 4 | 台 |
| 21 | 码头靠帮铁驳 | | 4 | 艘 | 44 | 水上备用发电机组 | 500 kW | 2 | 台 |
| 22 | 吸泥机 | | 6 | 台 | 45 | 移动发电机 | 250 kW | 4 | 台 |
| 23 | 抓泥船 | | 2 | 艘 | | | | | |

表 3.4.6 南京大胜关长江大桥主桥(7 号~10 号墩)施工机械

| 序号 | 名称 | 数量 | 单位 | 序号 | 名称 | 数量 | 单位 |
|---|---|---|---|---|---|---|---|
| 1 | 牵引车 | 1 | 台 | 14 | 自卸驳 | 1 | 台 |
| 2 | 运梁平车 | 2 | 台 | 15 | 运石驳 | 2 | 台 |
| 3 | 桅杆吊机 | 3 | 台 | 16 | 散装水泥自卸船 | 2 | 台 |
| 4 | 龙门吊机 | 4 | 台 | 17 | 供水船 | 1 | 台 |
| 5 | 吊索塔架 | 1 | 台 | 18 | 散装粉煤灰自卸船 | 2 | 台 |
| 6 | 架梁爬行吊机 | 3 | 台 | 19 | 抛锚船 | 2 | 台 |
| 7 | 架梁吊机 | 1 | 台 | 20 | 交通船 | 4 | 台 |
| 8 | 水上浮吊 | 12 | 台 | 21 | 工程铁驳 | 3/2 | 台 |
| 9 | 液压旋转钻机 | 5/6 | 台 | 22 | 工程铁驳 | 4 | 台 |
| 10 | 备用发电机组 | 1 | 台 | 23 | 拖轮 | 4 | 台 |
| 11 | 潜水减压舱 | 1 | 台 | 24 | 泥浆船 | 1 | 艘 |
| 12 | 储砂(石)驳 | 1 | 台 | 25 | 运输船 | 2 | 艘 |
| 13 | 抓斗船 | 1 | 台 | 26 | 发电船 | 1 | 艘 |

续上表

| 序号 | 名　　称 | 数量 | 单位 | 序号 | 名　　称 | 数量 | 单位 |
|---|---|---|---|---|---|---|---|
| 27 | 水上混凝土工作船 | 1 | 套 | 30 | 上桥电梯 | 1 | 台 |
| 28 | 涂装设备 | 4 | 台 | 31 | 塔　吊 | 3 | 台 |
| 29 | 电动高栓施拧设备 | 5 | 套 | 32 | 70 t 提升站 | 2 | 台 |

①6 号墩采用双壁钢套箱围堰施工,7 号、8 号墩采用双壁钢吊箱围堰施工。围堰均采用锚锭无导向船定位方案。

②3 号~5 号墩、9 号墩采用先平台后围堰的施工方案。

③0 号墩采用平整场地,陆地施工钻孔桩;承台采用加深一级井点降水法施工。

④1 号、2 号墩钻孔桩采用填土筑岛法施工,承台采用钢板桩围堰法施工。

⑤10 号墩筑岛,陆地施工钻孔桩,钢管桩支护进行基坑开挖施工承台。

⑥主桥墩身采用翻模法施工,模板采用大块整体钢模,墩旁侧设置一台塔式吊机辅助施工。

⑦北岸高速引桥及南、北岸合建区引桥桩基施工时,在原有地面上整平硬化,遇水塘、沟壑则先筑岛或填平后再作硬化处理进行钻孔桩施工;高旺河内的桩基施工充分利用枯水期,先填土修筑便道,进行钻孔施工。承台依据地质变化主要采用明挖或钢板桩支护方法进行施工。墩身采用整体钢模施工,墩身四周搭设施工脚手平台,汽车吊或履带吊机配合作业。

(4)上部结构施工组织

大跨度钢桁拱安装及合龙是另一个工期控制因素,大桥钢梁架设施工采用 8 个钢梁安装工作面、双主跨基本同步合龙的方法,精心组织,科学施工,过程监控,有序推进。

主桥六跨连续钢桁拱梁架设采用从两侧往跨中架设、跨中合龙的总体方案,如图 3.4.5 所示。

北侧从 4 号墩向 6 号墩、南侧从 10 号墩向 8 号墩方向架设;6 号、7 号、8 号墩主墩墩顶 4 个节间在墩旁托架上架设,其余节间钢梁均为双悬臂架设;6 号、8 号墩各设吊索塔架一座,7 号墩设三层平索辅助架梁。六跨连续钢桁拱共设 4 个合龙口,南北两侧 192 m 边跨各一个,两孔 336 m 主跨各一个;南北两侧 192 m 边跨合龙口设在该跨的第 8 节间,两孔 336 m 主跨合龙口均位于跨中(7 号墩两侧第 13 个节间),先合龙边跨,再合龙主跨。

4 号~0 号墩两联 2 × 84 m 钢梁在 5 号~6 号墩 192 m 边跨合龙后,60 t 架梁吊机调转回 4 号墩,从 4 号墩向 0 号墩方向全悬臂架设,直至完成两联 2 × 84 m 钢梁架设。

北岸高速引桥及北合建区 32 m 简支箱梁统一在南京浦口制梁场内预制,用 DLT900C 搬运机将箱梁吊装于 YL900 轮胎式运梁车上,运至前端 JQ900A 架桥机内架设。

北岸合建区内有 N1 号~N4 号墩一处六线变截面连续箱梁(京沪线、沪汉蓉线各一幅,南京地铁线两幅),其中京沪线、沪汉蓉线均采用支架法分两个节段跨中合龙的施工方案,南京地铁线采用挂篮法节段施工。

北高速引桥范围仅有 G24 号~G28 号墩等截面连续箱梁一幅(京沪线),采用支架法分两段(92 + 76)m 浇筑施工。

南合建区共有 32 m 简支箱梁 72 孔(京沪线、沪汉蓉线各 18 孔,南京地铁线 36 孔),其中京沪线、沪汉蓉线均在原位采用移动支架法施工,南京地铁线简支箱梁则在同跨京沪线和沪汉蓉线简支箱梁顶面预制后,分别向外侧提升横移到位。

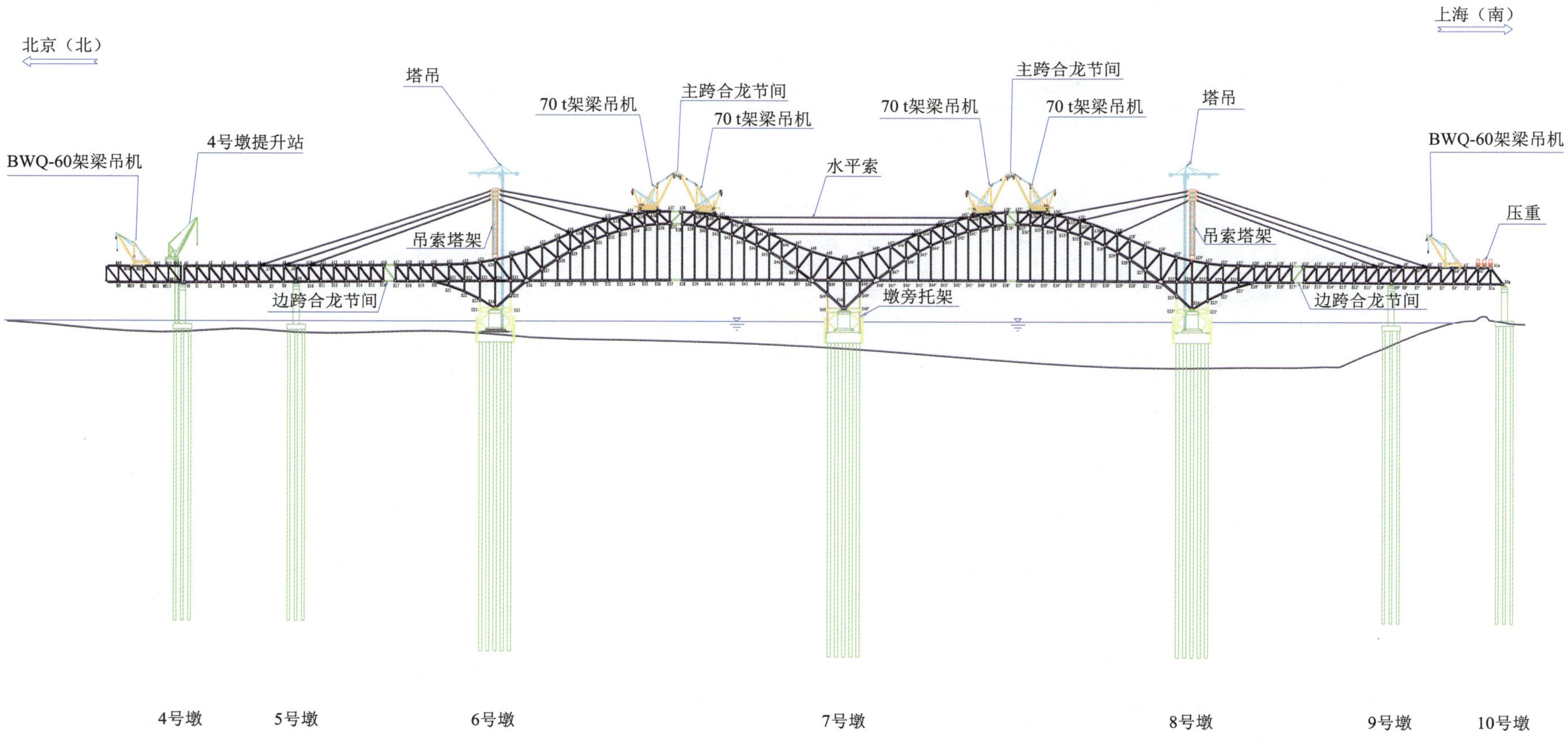


图 3.4.5　钢梁架设总体方案布置

南合建区10号~S3号墩及S4号~S7号墩两处是四幅变截面连续箱梁（京沪线、沪汉蓉线各一幅，南京地铁线两幅），均采用挂篮法节段施工。

4. 工程实际进度

通过科学合理地组织施工，大桥建设指挥部克服了工期压力，2009年9月28日主桥钢桁拱合龙，2010年6月30日全桥达到铺轨条件。具体进度如图3.4.6所示。

| | 任务名称 | 开始时间 | 完成时间 |
| --- | --- | --- | --- |
| 1 | 施工队进场，进行三通一平，修建临时设施 | 2006年1月1日 | 2006年6月30日 |
| 2 | 主桥下部结构施工 | 2006年3月24日 | 2008年11月6日 |
| 3 | 主桥钢桁拱架结构施工 | 2007年11月24日 | 2009年9月28日 |
| 4 | 两联(84+84)m连续钢桁梁架设 | 2008年12月2日 | 2009年7月2日 |
| 5 | A、B联及E0~E37节间铁路桥面施工 | 2009年10月1日 | 2009年11月30日 |
| 6 | 北岸合建区引桥施工 | 2006年10月28日 | 2009年11月30日 |
| 7 | 南岸合建区引桥施工 | 2006年9月20日 | 2010年2月7日 |
| 8 | 北高速铁路引桥施工 | 2007年8月20日 | 2009年5月4日 |

图3.4.6 南京大胜关长江大桥施工进度横道图

在建设南京大胜关长江大桥过程中，京沪高铁公司组织开展了材料、结构、设备等多方面创新，并将九项关键技术研究成果全部投入到大桥设计、制造和施工建设中，保证了桥梁的安全性和稳定性，奠定了大桥世界一流高速铁路桥梁的地位。该桥于2012年获得世界桥梁组织的最高奖——“乔治·理查德森”大奖。

为保证大桥施工安全管理目标的实现，大桥也采取了一系列有效措施。具体措施见第四篇建设管理，此处不再赘述。

### （二）北京特大桥

1. 工程概况

北京特大桥的起讫里程为DIK6+983.40~DIK55+136，全长48.151 km。桥梁沿既有西黄、京山线走行，多处跨既有铁路和等级公路。全桥有特殊结构20处（其中连续梁16处，空间刚架桥20处，中承式钢箱系杆拱桥、简支拱桥各1处），其余孔跨采用标准跨预应力混凝土简支梁及部分调跨非标简支箱梁。该桥跨越西黄左线及京山Ⅰ~Ⅳ线，跨越西黄右线，跨京开高速公路三处分别采用空间刚架和钢箱系杆拱桥。在DIK20+319.95~+495.2跨越京开高速公路，采用(32+108+32)m中承式钢箱混凝土系杆拱桥通过，本桥式为高速铁路首次应用。因高速公路交通异常繁忙，该桥采用转体法施工。

2. 跨京开高速公路桥段

1）概　　况

该桥拱肋中心距为12 m，主拱肋矢高25.0 m（系杆中心线上下各为12.5 m），矢跨比为1/4.32，边跨拱肋矢高11.75 m，矢跨比为1/5.19。主拱肋和边拱肋拱轴线均采用二次抛物线。主拱肋和主纵梁固结。

主拱肋和边拱肋为变截面钢箱混凝土结构。主拱肋宽1.6 m，截面高度由拱顶2 m到理论拱脚处2.6 m；边拱肋宽1.6 m，截面高度由拱顶1.9 m到理论拱脚处2.6 m。为增强桥梁刚性，两拱肋之间设两道K撑、三道一字横撑。钢箱拱肋钢材均采用Q370qE。

全桥共设 11 对吊杆，吊杆杆体采用 $\phi$120 mm 合金钢拉杆，吊杆杆体和吊杆锚具均采用 35CrMo。

主纵梁采用钢箱截面。主纵梁截面宽 1.6 m，高 2.1 m，内设四束预应力系杆，梁顶设剪力钉与混凝土桥面连接。纵梁钢材用 Q370qE，梁内预应力系杆采用 OVM. GJ15B-31 钢绞线整束挤压拉索。

端横梁为箱形截面，梁高 4.55 m，顶宽 1.5 m；中横梁和小纵梁均为焊接工字形截面，中横梁梁高 2.1 m，翼缘宽 600 mm；小纵梁梁高 1.0 m，翼缘板宽 450 mm。纵横梁顶面与主纵梁顶面平齐，梁顶设剪力钉与混凝土桥面连接。横梁及小纵梁钢材均采用 Q370qE。

转体下盘为支撑转体结构全部重量的基础。下转盘上设置撑脚环形滑道和中心限位销。每个上转盘下设置 6 个钢管为 $\phi$800 mm × 24 mm 双圆柱形撑脚，撑脚下设四氟乙烯滑动片。转体上盘纵边长 800 cm，横边长 1 600 cm，高 340 cm，转台直径为 1 300 cm，高度为 50 cm，转体总重 3 300 t。

北京特大桥跨京开高速公路段效果如图 3.4.7 所示。

图 3.4.7　北京特大桥跨京开高速公路段效果

2）工程特点

（1）钢箱拱拼装和转体安全风险大

钢箱拱桥与京开高速公路立体交叉，左邻既有京山铁路。钢箱拱拼装时边跨临近既有线仅5 m，铁路设施多，车流密度大，上方悬挂 27 kV 高压接触网；钢箱拱拼装时一侧已切入高速公路边坡，钢箱拱桥在京开高速公路不中断交通的条件下转体，合龙段需在高速公路上方；施工时保证既有铁路和高速公路运营的安全，贯穿钢箱拱拼装、转体、合龙施工全过程，安全风险很大。

（2）转体装置制作安装精度要求高

转体重量为 3 300 t，设计要求采用滑道、撑脚系统承担转体结构的全部重量，滑道制作安装的精度影响转体过程中撑脚的受力、桥梁线形和结构的稳定性，滑道、销轴和撑脚制作及安装的精度直接关系到转体施工的成败。

（3）钢箱拱拼装难度大

钢箱拱节段重量大（最大重量为 78 t），吊装高度高（最大高度为 35 m），且一侧临近既有线，另一侧临近高速公路，吊装困难，对基础和支架要求高，线形不易控制。

（4）吊杆采用钢棒，施工要求高

全桥共设 11 对吊杆，吊杆采用 $\phi$120 mm 合金钢拉杆，安装时需要严格控制其垂直度，其张拉采用辅助钢绞线进行，准确控制吊杆实际张拉力是桥梁整体结构受力符合设计要求的保证。

（5）转体结构非对称性

撑脚横桥向布置，而不平衡在顺桥向，撑脚抵抗不平衡力矩小，自身抗倾覆差，在梁体脱架和转体过程中保证转体结构的平衡是转体成功的关键。

(6)合龙段施工难度大

合龙段位于高速公路上方,施工时需占道,对交通影响大;拱肋合龙采用栓焊连接,主梁合龙采用栓接,要求转体精度高。

3)施工组织

(1)转体方案比选

①转动支承系统的确定:综合比较磨心支承体系、撑脚支承体系和磨心与撑脚共同支承体系,结合该桥转盘直径大、转体角度大等特点,考虑施工安全、施工难度、一次性经济投入等因素,选择了抗倾覆稳定性能好且节省经济投入的撑脚支承转动支承系统。

②转体结构拼装方案的确定:桥梁上部结构均采用钢结构,高速铁路轨道体系要求有较高的平顺性,而线形控制是否准确将直接影响桥梁上部轨道的平顺性,所以,良好的基础和支架体系才能保证转体结构拼装时的线形要求。

③基础结构形式的确定:根据现场施工条件,综合考虑,支架基础采用扩大基础和桩基础两种形式;沿高速公路两侧边坡和边跨钢箱拱拼装处采用桩基础,其他部位采用扩大基础。

④支架结构形式的确定:支架采用八三军用墩拼装成组 2 m×2 m 的墩身结构形式,在钢箱梁接缝处设置一排支架。为保证军用墩支架的稳定,支架上部设置纵横联,纵横梁通过贝雷梁及阴阳头连接件与军用墩立柱连接,下部通过预埋件与基础固定。

⑤平衡系统的确定:该桥转体具有不等跨悬臂、无球铰水平转体、自重大等特点,转体结构的不平衡直接影响转动体的偏心方向及偏心大小。因此,平衡系统的确定至关重要。

该桥拱脚两侧不等跨悬臂导致转体结构的重心可能会偏离转盘中心,造成在转体过程中竖平面内会有不平衡力矩存在。过大的不平衡力矩会使转盘处的撑脚受力不均匀,增大上转盘与滑道间的摩擦系数,严重时导致滑道局部起皱、破损,无法进行转体。同时,过大的偏心也对桥梁的稳定安全性产生不利影响。因此,精确控制转体体系的质量平衡,提高体系的抗倾覆稳定能力,成为保障转体安全、保证施工质量、顺利完成合龙施工的重要环节。

⑥防倾覆保险系统的确定:防倾覆保险系统是转体施工的重要保险措施,根据转体结构设计的特点,在转体施工中,横桥向布置的三对撑脚既要承受转体的全部重量,又要保持转体结构的平衡。为增加转体施工的安全系数,防止由于受力不均衡或转体过程中受力的突然变化,在每个转体结构的两组撑脚之间设置两组共 6 个 $\phi$426 mm 钢管和 1 cm 钢板加工而成的防倾覆设施,紧贴上转盘底部,与滑道钢板间留有 5 mm 缝隙,在转体过程中既不影响转体的顺利进行,又可在突发情况下对转体结构的稳定性起到保护作用。

⑦转体位控系统的确定:转体位控系统是保证结构在脱架后转体前的时间内不发生自动旋转、转体结构轴线精确就位、转体到位后不发生再次转动所采取的措施。

为防止在脱架后转体前的时间内不发生自动旋转,在撑脚和千斤顶反力座之间设置防转动装置。

北京特大桥跨京开高速公路转体施工如图 3.4.8 所示。

(2)转体施工安全控制

转体前做好桥面的检查,并与高速公路有关部门办理施工手续,转体时在高速公路距离施工区 1 000 m处依次码放警示标志、指示标志、限速标志、警示灯、方椎及红色闪烁警示灯,并指派专人进行交通导行。

转体精调到位后立即将上下转盘封固。合龙时,在主拱肋焊缝处设置三面封闭挂篮,在挂篮底部布置石棉布，挂篮外侧三面采用篷布包裹，防止杂物坠落。

图 3.4.8　北京特大桥跨京开高速公路转体施工

为保证转体施工时结构安全和施工安全，采用非接触视频监测仪对落架和施加配重时转体结构的竖向位移进行监测；用振弦式应变计对撑脚进行观测，用位移传感器实时监控撑脚与滑道相对位移变化量；用全站仪观测索塔变形，同时结合反射棱镜观测拱轴线及主纵梁轴线；用精密水准仪测量拱肋和主纵梁高程。

北京特大桥跨京开高速公路成桥如图 3.4.9 所示。

图 3.4.9　北京特大桥跨京开高速公路成桥

4）工程实际进度

该桥位于新建京沪高速铁路北京特大桥 1 号和 2 号预制梁场分界点，不通过运架设备。2010 年 5 月 13 日成功转体，2010 年 6 月 20 日全桥完成。

（三）天津特大桥

天津特大桥主要跨永定河泛区、京沪高速公路、津浦线、南水北调输水干线、陕气进津管线、团泊洼滞洪区等较集中控制工点，从天津市市郊和市区穿行，特殊结构密集。该桥起讫里程为 DK67 + 168.00 ~ DK190 + 107.00，桥长 113.694 km，为全线第二长大桥。

全桥有特殊结构 42 处，其中连续箱梁桥 29 座，联络线线路所及天津南站两端道岔连续梁 5 处，钢构联道岔梁 9 处，其余孔跨均为标准跨度 20 m、24 m、32 m 预应力混凝土简支箱梁及部分调跨非标简支箱梁，跨子牙河大堤设 40 m 简支箱梁 1 孔（共 3 340 孔简支箱梁）。全桥共有各类桥跨3 500孔。本桥采用一字形桥台，基本采用流线形圆端实体桥墩，个别河道中桥墩采用圆柱墩，全桥基础全部采用钻孔桩基础。

以下着重介绍天津特大桥独流碱河桥段和天津南站桥段的施工组织情况。

1. 独流碱河桥段

(1)工程概况

天津特大桥独流碱河桥段位于津沧高速公路西硫城大桥下游约600 m 处跨越独流碱河，起讫里程为 DK135 +664.71 ~ DK136 +638.51，全长约 1 km。该段为双线铁路桥，线间距为 5 m，桥面宽 12 m，与独流碱河交角为 66°52′，主要由两部分组成，第一部分为独流碱河内水中桥梁段，第二部分为跨北岸大堤(60 +100 +60) m 大跨悬灌连续梁。

独流碱河内共设 25 个墩，桥墩编号为 E103 号~ E127 号，其中 E103 号为铁路跨北岸大堤连续梁的边墩，其余均为简支梁桥墩，桥墩间均采用 32 m 标准箱梁。连续梁桥墩采用双线圆端形桥墩，简支梁桥墩采用单圆柱墩，基础为钻孔灌注桩，直径为 1.25 m，承台为二步承台，最大尺寸为 12.5 m × 9.1 m ×2.5 m。

跨北岸大堤采用(60 +100 +60) m 连续梁，对应桥墩编号为 E101 号~ E103 号。独流碱河北堤顶宽约 8.5 m，铁路与其交角为 114°，桥下净空约 7.5 m。桥梁采用悬臂浇筑施工方法，单“T”构共分 13 个悬臂浇筑节段，梁段最高为 0 号块处 7.85 m，最低为直线段处4.85 m，0 号块长 14 m，直线段长 9.75 m，梁体为单箱单室、变截面、变高度结构，箱梁顶宽 12 m，底板宽 6.7 m，顶板厚度为 40 cm，隔墙处加厚，按折线变化，底板厚度为 40 ~ 120 cm，按直线变化，腹板厚 60 ~ 100 cm，隔墙处加厚，按折线变化。全联在端支点、中跨及中支点处共设 5 个横隔板。

(2)施工组织

①围堰施工

采用冬季低水位围堰施工，在线路中心两侧平行于桥梁轴线修筑两条封闭的土围堰，上游与下游同宽，整个围堰占据河道总宽度约为 108 m。为便于运输，填筑围堰顶宽为 8 m，考虑流水冲刷和自然落坡原因，边坡按 1∶2 设置；搭设钢便桥贯通施工便道，为防洪及提前施工需要，在 E115 号墩处预留防护通道，防护通道的子围堰提前填筑以形成第一次合龙，以保证该段提前进行桥梁施工。

②结构施工

钻孔灌注桩全部采用旋挖钻机钻孔，在跨中每隔一跨设置泥浆池，周转使用。钢筋笼统一在钢筋场内加工完成，汽车起重机吊装入孔。水下混凝土采用导管法灌注。

承台施工时，基坑开挖采用统一的钢板桩进行防护，钢板桩平面尺寸比承台的每边大 1.25 m。尽可能减少开挖以免减弱河床的抗冲刷能力，使用大块组合钢模板。承台钢筋采用加工场弯制的半成品，现场绑扎成型。钢筋保护层使用同级别混凝土预制垫块。承台混凝土由混凝土输送车运至现场，浇筑采用滑槽和气泵同时进行。

墩、顶帽采用大块定型钢模整体组拼施工。根据设计要求采用一次浇筑到顶的方法，即墩身与顶帽同时浇筑，以加快施工进度。施工时先绑扎墩身部分钢筋，再支立墩身模板及顶帽模板，最后在地面上绑扎顶帽钢筋笼，吊装入模后连接完成。混凝土的浇筑采用汽车泵以缩短施工周期，混凝土由拌和站统一供应。

简支箱梁采用架设的方式完成，连续梁采用悬臂浇筑。

(3)工程实际进度

①独流碱河内施工进度

土围堰施工于2008年10月30日完成，钻孔桩施工于2009年1月15日完成，承台施工于2009年3月15日完成，墩身施工于2009年4月15日完成，围堰拆除工作于2009年5月15日完成。

②跨越独流碱河北大堤(60+100+60)m连续梁施工进度

0号块施工工期为2009年4月20日~5月20日；挂篮施工工期为2009年5月21日~9月20日；合龙段施工工期为2009年9月21日~10月10日；体系转换施工工期为2009年10月21日~30日。

2. 天津南站桥段

(1)工程概况

天津南站设于天津市西青区张家窝镇境内，位于京沪高速公路代用线和津晋高速公路之间。车站总长1 700 m，里程为DK130+550~DK132+250，设计桥墩号为天津特大桥D258~D311号，共计53跨。站内设正线2条，到发线4条，有效长度为650 m，正线和到发线之间线间距为6.5 m。到发线以高速18号道岔与正线连接。

车站以站房中心对称布置，主要分为三大部分。

第一部分为车站两端道岔连续梁与正线箱梁，采用道岔连续梁与简支梁形式，具体布置形式，单侧：7×32 m连续梁(梁体为单箱单室等高、顶板变宽的斜腹板结构)+1-32 m预制箱梁+4×32 m连续梁(梁体为单箱三室等高顶板变宽斜腹板结构、两线变四线)+5-28 m梁体采用分离式三箱单室结构(中间正线为5孔简支梁，两侧为5孔到发线连续梁，即中间简支+两侧连续梁，四线变六线，梁体为单箱单室等高度、顶板变宽的斜腹板箱梁结构)+19-32 m简支梁(中间箱梁+两侧T梁)。车站下部结构形式多，施工复杂，难度大，连续梁梁体均采用纵向、横向双向预应力体系，除腹板、顶板、底板设置纵向预应力钢束外，顶板设置横向预应力束。

第二部分为到发线T形梁，天津南高架站车站内正线为无砟轨道，采用制架箱梁，四股到发线为有砟轨道，采用预制架设T形梁，共128片，对称分布站房两侧。其中，标准32 m T形梁104片，非标准T形梁24片。

第三部分为高架站站台梁。在3、5道到发线与4、6道到发线中间沿车站中心法线镜像对称布置6组站台梁。1~5号站台梁为上、下两层结构，上层为框架结构，下层为Π形预应力混凝土简支梁。D277~D278、D291~D292号墩之间为1号站台梁，D278~D279、D290~D291号墩之间为2号站台梁，D279~D280、D289~D290号墩之间为3号站台梁，D280~D282、D287~D289号墩之间为4号站台梁，D282~D283号之间为5号站台梁，6号站台梁位于D286~D287号墩之间，为单层结构。其中1~3号梁靠近5、6道线路侧外轮廓是曲线，其余站台梁靠近线路方向的外轮廓都是直线。

(2)施工组织

①道岔连续梁施工组织

采用现浇施工，先施工4×32 m连续梁，待张拉完成后，同时施工7×32 m连续梁和5-28 m简支梁。

4×32 m 连续梁的浇筑顺序：先在 D299～D302 号、D267 号～D270 号墩之间搭设满堂支架，并按梁体自重 1.2 倍加载预压，同时搭设剩余跨的支架，1 号预压完成后转载到 2 号段进行预压，在满堂支架上立模浇筑 D299～D301 号、D268～D270 号墩间的 1 号段，并将 1 号段与 D301 号、D268 号墩固结；待1 号段梁体抗压强度达到 30 MPa 且龄期不小于 5 天后，张拉第一批初始预应力束；在满堂支架上立模浇筑剩余 D301～D303 号，D266～D268 号墩间的 2 号段；待 2 号段梁体抗压强度达到 30 MPa 且龄期不小于 5 天后，张拉第二批初始预应力束；待全桥混凝土强度达到 100%，且 2 号段龄期不小于10 天后进行钢束终张拉，按设计的先后顺序张拉剩余预应力束；拆除全部满堂支架。

7×32 m 梁施工顺序：先在 D305～D310 号、D259～D264 号墩之间搭设第一现浇段满堂支架，并按梁体自重 1.2 倍加载预压，预压同时搭设剩余边跨的支架，1 号段预压完成后转载预压第 2 号、3 号段，在满堂支架上立模浇筑第一现浇段，并将 1 号段与 D308 号、D261 号墩固结；待1 号段梁体抗压强度达到 90% 且龄期不小于 7 天后，张拉腹板钢束；在满堂支架上立模浇筑第2 号、3 号现浇段，同时拆除 D306～D309 号、D260～D263 号之间的支架；待 2 号、3 号段梁体抗压强度达到 80% 且龄期不小于 5 天后，初张拉相应预应力束，待 2 号、3 号段梁体抗压强度达到 100% 且龄期不小于10 天后张拉腹板束；按设计顺序张拉全桥剩余预应力束，拆除全部支架。

5－28 m 简支梁采用预制架设，在静海或西青梁场预制。连续梁的施工顺序：在 D294～D299 号、D270～D275 号墩之间搭设满堂支架，并按梁体自重 1.2 倍加载预压，在满堂支架上立模一次性浇筑箱梁混凝土；待梁体抗压强度达到 30 MPa 且龄期不小于 5 天后，对第一批预应力束进行初张拉；待全桥混凝土强度达到 100% 且龄期不小于 10 天后，对第二批预应力束进行终张拉，对第一批预应力束进行二次张拉到设计值，最后终张拉顶、底板短束；拆除全部满堂支架。

②到发线 T 形梁架设

西青梁场制出梁提到桥上后，利用正线运梁，运梁车运至天津南站。天津南站高架桥，D275～D283 号、D286～D294 号，(3 道、4 道、5 道、6 道）到发线 128 片 T 形梁，对称分布于站房两侧。为了满足架设工期与技术要求，采用两台 400 t 履带式吊车进行南站 T 形梁的架设。

③高架站站台梁施工组织

D277～D283 号墩区段内站台梁的张拉端均设置在小里程侧，1～5 号梁从大里程往小里程方向逐孔施工；D286～D292 号墩之间的站台梁张拉端设置在大里程侧，1～6 号梁从小里程往大里程施工。

1～6 号站台梁采用搭设满堂支架法施工，按梁体自重的 1.2～1.3 倍加载预压，支架稳定后立模绑扎钢筋并浇筑混凝土。1～5 号梁等下层结构的强度及弹性模量达到设计值的 100% 后分阶段张拉预应力筋，并拆除下层支架，浇筑上层墩柱并搭设上层支架，待上层墩柱强度及弹性模量达到设计值的 100% 且混凝土龄期大于 7 天后，浇筑上层站台面混凝土。最后铺装下层结构防水层和保护层，并铺装站台面。

(3）工程实际进度

①车站两端道岔连续梁

天津南站京端岔区外模完成时间为 2009 年 10 月 8 日，混凝土浇筑准备完成时间为 2009 年 11 月 13 日，混凝土浇筑、张拉、压浆完成时间为 2009 年 11 月 28 日；天津南站沪端岔区外模完成时间为 2009 年 10 月 5 日，混凝土浇筑准备完成时间为 2009 年 11 月 10 日，混凝土浇筑、张拉、压浆完成时间为 2009 年 11 月 25 日。

②到发线 T 形梁制架设进度

2009 年 12 月 25 日开始梁场建设，2010 年 1 月 20 日试生产，2010 年 3 月 4 日正式批量生产，

2010 年4 月 15 日完成全部 T 形梁预制任务，2010 年 5 月 2 日全部 T 形梁架设完成；桥面系施工于 2010 年 4 月 15 日开始，2010 年 6 月 3 日完工。

③高架站站台梁施工进度

2010 年 9 月 1 日开始施工，2010 年 12 月 5 日浇筑完成所有站台梁。

(四)沧德特大桥

1. 工程概况

沧德特大桥位于沧州西站和德州东站之间，主要跨越 307 省道、石黄高速公路、南运河、104 国道、津浦铁路双线、314 省道等。该桥起讫里程为 DK220 + 311 ~ DK326 + 192，中心里程 DK270 + 796. 29，全桥长 100. 967 km。全桥有连续箱梁 10 座，其余孔跨均为标准跨度预应力混凝土简支梁及部分调跨非标简支梁，另有 24 孔 40 m 简支箱梁。该桥采用一字形桥台，在 DK236 + 614. 7 处跨越南运河，采用 (80 + 128 + 80) m 连续梁桥，在 DK307 + 181 处跨越漳卫新河岔河，采用 9 - 40 m 简支箱梁桥。在 DK315 + 841 处跨越漳卫新河，采用 15 - 40 m 简支箱梁桥。南运河连续梁为全线桥梁中跨度最大的预应力混凝土连续梁桥之一，施工期长，是架桥机、运梁车通道。该桥于 DK238 + 335. 99 ~ + 343. 82 处上跨既有京沪铁路，桥跨方案采用(40 + 56 + 40) m 连续梁，是全桥的重点工程。

2. 跨既有京沪铁路桥段

(1)概　　况

沧德特大桥与既有京沪铁路斜交交角为 40°17′，利用(40 + 56 + 40) m 连续梁跨越该桥段长 13. 75 m，主墩为 C88、C89，均为桩基，桩径均为 1. 5 m，各 16 根，桩长分别为 65 m、74 m，墩身采用矩形实体桥墩，墩高分别为 10. 8 m、10. 5 m，横桥向宽均为 8. 6 m，纵桥向宽均为 3. 2 m。梁部采用两个“T”构沿既有铁路方向完成悬臂浇筑，强度达到要求后转体到位。主跨跨中采用吊架法施工合龙。转体梁吊架与既有线立面位置关系如图 3. 4. 10 所示。

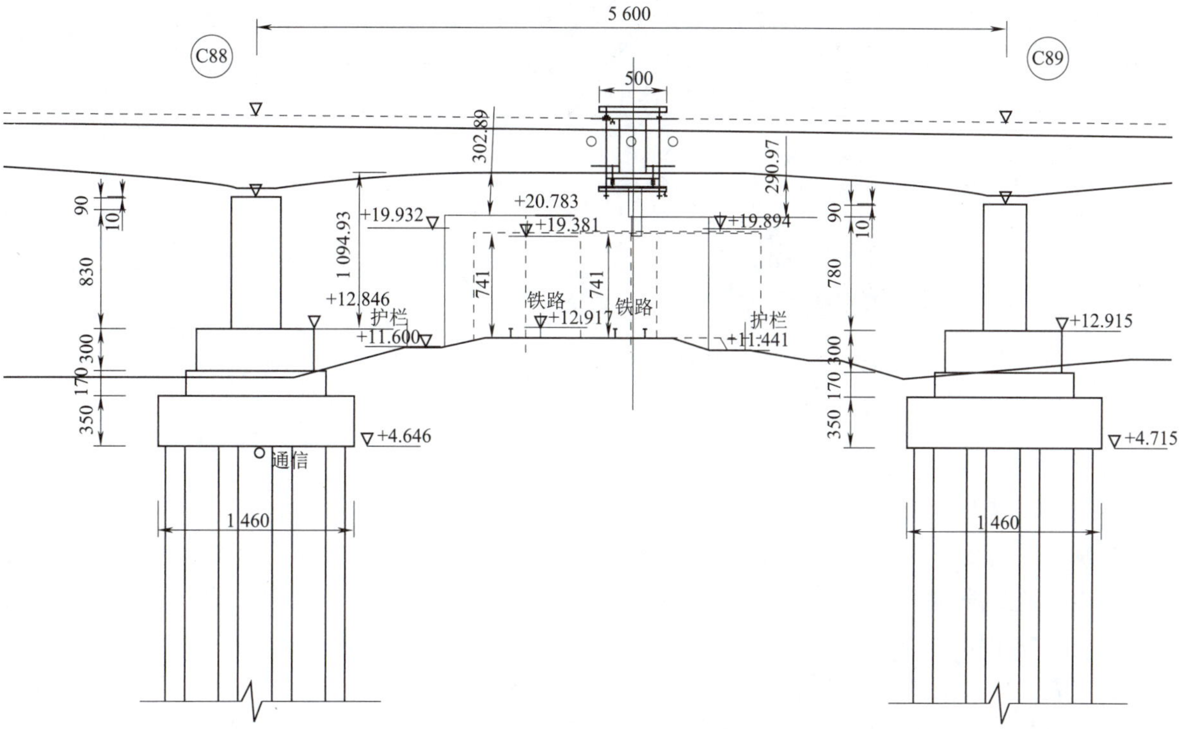


图 3. 4. 10　转体梁吊架与既有线立面位置关系(单位:高程为 m，其余为 cm)

(2)工程特点

①桩基、承台施工靠近既有线边坡,既有铁路行车密集,安全风险大。

②转体段分布于既有铁路两侧,保证两侧转体段双幅同步转体于铁路上方准确合龙是决定该工程成败的关键。

③中跨合龙段于铁路上方合龙,既有京沪线是繁忙干线,而搭设安全棚架又净空不足,在不停车限行条件下安全顺利合龙是该工程的重点。

(3)施工组织

①总体施工安排

桩基、承台施工前对既有线边坡进行安全防护,墩身采用整体大块钢模板,一次浇筑成型,连续梁0号块采用墩顶支架现浇、转体段1~6号块采用斜拉挂篮悬臂浇筑,边直段采用满堂脚手架现浇,边跨合龙段采用挂篮改装吊装施工,中跨合龙段采用在移动防护吊架内现浇成型,然后再将移动防护吊架滑移出铁路线外卸掉拆除,最后施工桥面铺装。沧德特大桥跨京沪既有线施工平面如图3.4.11所示。

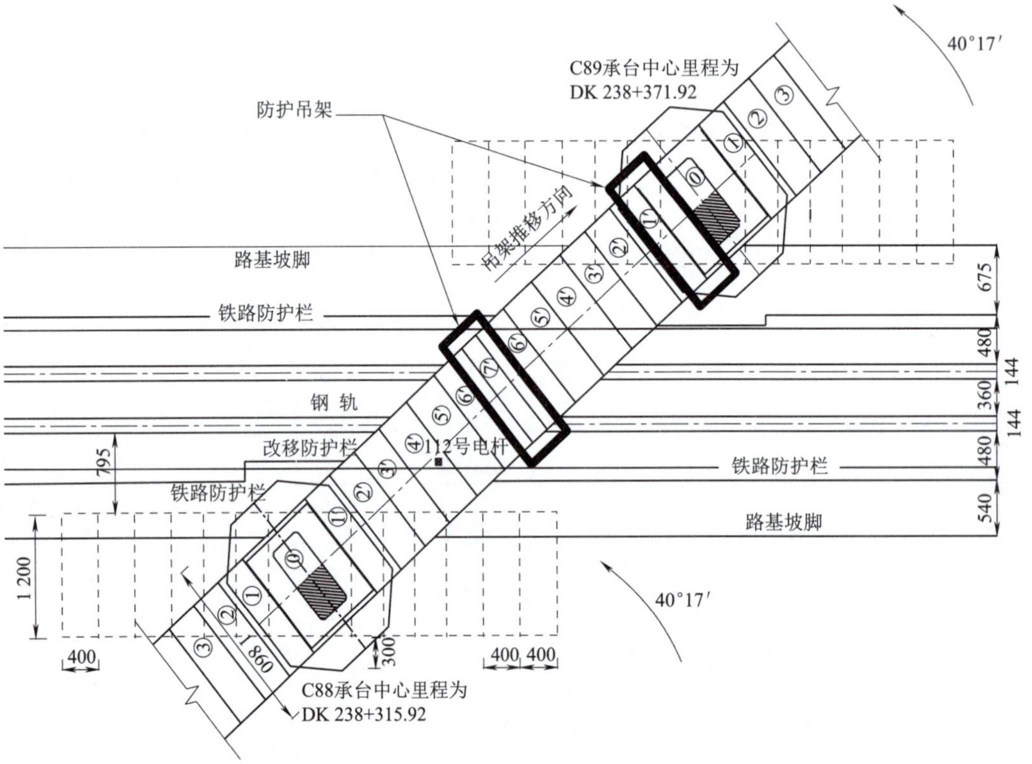


图3.4.11 沧德特大桥跨京沪既有线施工平面(单位:cm)

②资源配置

根据工程需要,该连续梁施工投入机械设备,包括装载机2台,25 t吊车2台,16 t吊车2台,200 kW发电机2台,混凝土罐车2台,张拉设备4套和压浆设备1套。

③施工安全防护

该工程的施工重点是做好跨京沪既有线的安全防护工作。

在梁部施工的安全防护方面,为防止施工作业对既有线的侵害,对靠近铁路侧实行封闭作业,并划定界限,确保材料及各类物品不坠落、不侵限、不危及行车安全;在铁路两侧各安排一名专职安全员监督、指挥大型机械施工，北京铁路局也派专人对施工过程进行监护，共同确保铁路安全；随着梁体节段的施工，及时在梁顶两侧采用钢管焊接防护栏，并在靠近铁路两侧分别采用钢丝筛网和密目网进行防护。

在转体施工的安全防护方面，重点做好与相关单位的协调工作。在连续梁挂篮浇筑完毕并安装中跨合龙防护吊架及牵引转体设备安装就绪，对各种设备进行安全检查后，与北京铁路局联系，先进行小范围试转，经批准后实施转体。

(4)工程实际进度

梁部实际开工时间2009年10月14日，2010年2月17日转体、准确合龙，3月25日完成吊架滑移、拆除。

该工程成功解决了在繁忙干线上净空不足以搭设整体棚架时的安全合龙施工问题，为今后同类工程施工提供了宝贵经验。

### (五)济南黄河特大桥

1. 工程概况

济南黄河特大桥位于山东省济南市境内，距上游济德高速公路杨庄大桥约3 km，距下游既有泺口铁路大桥约11 km。济南黄河特大桥设计起讫里程为DK406 + 918.874 ~ DK412 + 062.274，全长5.143 km，包括主桥、北引桥和南引桥。跨越黄河的主桥采用等高度刚性梁柔性拱结构，跨越南临黄大堤和北展大堤处采用80 m预应力混凝土连续箱梁，主桥滩地采用54.12 m跨度的预应力混凝土连续梁，其余南、北引桥采用32 m简支预应力混凝土箱梁。总体桥式自北往南为1 - 32 m简支箱梁 + (54 + 80 + 54)m连续箱梁 + 108 - 32 m简支箱梁 + (112 + 3 × 168 + 112)m刚性梁柔性拱主桥 + 3 × 54m连续梁 + (44 + 80 + 44)m连续箱梁 + 10 - 32 m简支箱梁。

主桥墩基础墩号为0号~5号，其中3号墩为固定墩。0号、5号墩采用21根$\phi$2.0 m钻孔灌注桩，0号墩桩长90 m，5号墩桩长70 m。1号、2号、3号、4号墩采用28根$\phi$2.5 m钻孔灌注桩，1号、4号墩桩长90 m，2号墩桩长102 m，3号墩桩长98 m。0号、5号墩承台厚度4.5 m，平面尺寸为34.6 m × 13.8 m；1号、2号、3号、4号墩承台厚度6.0 m，平面尺寸为42.5 m × 23.3 m。主桥墩身采用带托盘的板式实体墩，1号~4号墩身截面为适应凌汛期间破冰的要求而采用尖端型，0号墩位于北临黄大堤以外，5号墩位于南滩地，不在流凌范围采用矩形圆弧倒角的实体墩身。0号、5号墩帽为适应钢桁梁和相邻简支梁梁高差异采用L形高低墩，1号~4号墩墩帽顶面为平面。南、北引桥基础采用$\phi$1.2 m、$\phi$1.5 m、$\phi$2.0 m钻孔灌注桩承台基础。

主桥上部结构跨径布置为(112 + 3 × 168 + 112)m，采用下承式连续钢桁梁桥，为加大中跨结构刚度，在中跨设置加劲拱。刚性主梁采用带竖杆的等高度三角形桁架，桁高16 m，桁宽30 m，节间为14.0 m。柔性拱肋按圆曲线布置，矢高30 m，矢跨140 m，矢跨比为1/4.67。主桁刚性梁部位采用焊接整体节点结构形式，柔性拱采用拼装节点，钢材采用Q370qE。主桁上下弦杆采用箱形截面，上弦杆内宽1 300 mm、高1 500 mm，下弦杆内宽1 300 mm、内高1 240 mm。拱肋弦杆采用箱形截面，杆件外宽1 300 mm，杆件高1 280 mm。主桁斜杆采用箱形或H形截面，主桁竖杆及拱肋吊杆均采用H形截面。主桁上弦和拱肋弦杆设交叉型上平联，杆件采用焊接H形。主桁每个上弦节点均设有横联，横联为三角形桁架形式，桁高约6 m，支点处设有斜桥门架。桥面系采用正交异性板，下设T形加劲肋，设8道纵梁，横梁采用工字形截面、鱼腹式变高度梁。

全桥混凝土用量为36万$m^3$，钢材用量为5.4万t，其中钢桁梁为2.5万t。全桥墩柱基础均采用钻孔灌注桩基础。全桥钻孔桩总计1 621根，其中$\phi$1.2 m钻孔桩1307根、$\phi$1.5 m钻孔桩124根、

$\phi$2.0 m钻孔桩 78 根、$\phi$2.5 m 钻孔桩 112 根；承台总计 150 个；墩柱总计 150 个，其中尖端实体墩 4 个，矩形实体墩 18 个，圆端空心直墩 84 个，圆端空心变截面墩 44 个。

济南黄河特大桥效果如图 3.4.12 所示。

图 3.4.12　济南黄河特大桥效果

2. 工程特点

该桥是京沪高速铁路的重点工程和控制性工程之一，也是全线最亮丽的、最具有代表性的工程之一，主桥工程具有造型美观、结构新颖、施工技术难度大、施工条件复杂等特点。

(1)该桥所处位置地质条件复杂，河水流速大，局部冲刷深，对临时钢栈桥、水中钻孔平台的设计施工存在很大影响。既要考虑黄河调水调沙期间大冲刷对栈桥及平台钢管桩基础造成的安全隐患，又要考虑拆除时的难易程度而不可将钢管桩打入过深，因此需要进行深入调查及精确分析计算确定钢管桩基础的合理打入深度。

(2)主桥钢护筒作为永久结构，其直径大，需要打入河床下 20 m 深，所需击振力大，需要进口打桩设备；主桥 $\phi$2.5 m 大直径钻孔桩的有效桩长为 102 m，钻孔深度达 114 m，成孔质量不易保证，需要采用特殊设备进行验孔，保证成孔质量。

(3)主桥水中承台大体积混凝土一次浇筑约 3 000 $m^3$，水化热量高。需要进行合理的混凝土养护，采取有效的散热措施，防止混凝土产生温度裂缝而影响结构的耐久性。

(4)支架现浇连续梁一次浇筑混凝土约 950 $m^3$，钢筋密度大，混凝土箱梁内部的浇筑质量控制难度大。

(5)大桥主跨设计跨径为 3×168 m，目前在高速铁路同类桥型中居世界第一，且为四线铁路桥梁，其构件加工精度高、杆件安装及线形控制难度大、施工工艺复杂、主跨刚桁梁大悬臂拼装和柔性拱合龙技术难度大。

3. 施工组织

(1)总体施工方案

在施工组织上遵循“统筹规划、均衡生产，重点先行、分段组织，突出难点、有序推进，一流的建设标准，先进可行的施工技术”的指导思想，按照施工组织安排将黄河特大桥工程分成三个施工区段，对正桥先行安排施工，其他施工区段工程跟进，在总工期目标范围内建成。施工平面总布置如图 3.4.13 所示(生活区域离施工区域较远，故未标识)。

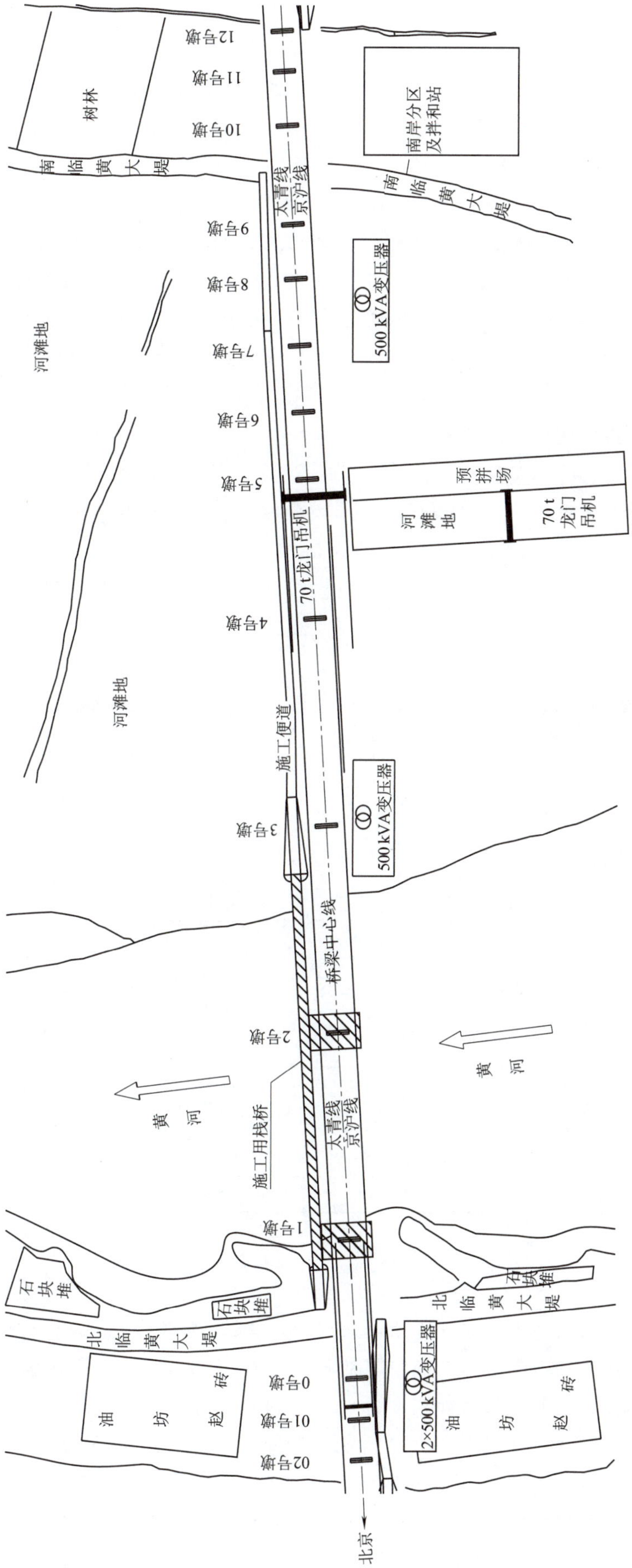


图3.4.13 大桥施工平面总布置

黄河特大桥跨越黄河主河槽(通航河道)及南北大堤。深水基础施工工作量大,受洪水期影响多,施工难度高;钢结构加工制作及拼装工作量大。主桥下部结构施工因黄河排洪的要求,在洪水到来前,完成栈桥和墩位平台等大型临时设施的施工,同时施工完成大部分主桥桩基,以便安全度洪。洪水期过后,迅速完成主桥承台和墩身,为钢梁架设创造条件。主桥 1 号~5 号墩承台采用钢板桩围堰施工,其他承台采用井点降水明挖法施工;桥梁墩身帽采用大块钢模板,分别利用浮吊、汽车吊机辅助施工;主桥刚性梁柔性拱在中铁山桥集团有限公司加工,利用汽车运至现场预拼场预拼,利用杆件运输台车和提升站提升至桥上拼装,拼装自南向北进行,南边孔采用膺架法拼装,其他各孔采用架梁吊机悬臂加临时墩法拼装。北引桥右幅 109 片箱梁采用梁场预制,架桥机架设;南引桥 14 片 32 m箱梁和北引桥左幅 6 片采用支架现浇;54 m 箱梁采取膺架现浇施工;连续箱梁采用挂篮悬灌法施工。

(2)主要大型临时设施建设

①提 升 站

全桥于 4 号~5 号墩位置设一台 80 t 龙门吊机作为钢梁杆件上桥提升站。

②钢梁预拼场

钢梁预拼场设置在 4 号~5 号墩上游侧,垂直布置,长 100 m,宽约 50 m,主要作为杆件预拼、杆件翻身、正交异性桥面板工地焊接场地。

③临时支墩

4 号~5 号墩间布置双排共 7 个临时墩,临时墩基础采用明挖扩大基础,墩柱由设置空间联结的 4 根钢管桩组成,并于墩顶安装型钢分配梁。

(3)资源配置

济南黄河特大桥配置 400 名员工负责主桥基础、墩台身施工,配置 500 名员工负责钢结构的施工。配置的主要机械设备见表 3.4.7。

**表 3.4.7 济南黄河特大桥主要机械设备**

| 序号 | 项 目 | 单位 | 数量 | 序号 | 项 目 | 单位 | 数量 |
|---|---|---|---|---|---|---|---|
| 1 | 混凝土工厂 | 座 | 2 | 8 | 水中钢板桩围堰 | 套 | 2 |
| 2 | 80 t 龙门吊机 | 台 | 2 | 9 | 钢板桩围堰 | 套 | 7 |
| 3 | 杆件运输通道 | km | 2 | 10 | 井点降水施工承台 | 套 | 10 |
| 4 | 桅杆吊机 | 台 | 1 | 11 | $\phi$2.9 m 钢护筒 | 节 | 112 |
| 5 | 栈 桥 | m | 321 | 12 | $\phi$2.3 m 钢护筒 | 节 | 42 |
| 6 | 墩位平台 | 座 | 4 | 13 | 临 时 墩 | 座 | 4 |
| 7 | 浮 吊 | 台 | 2 | 14 | 边跨拼装膺架 | 孔 | 1 |

(4)主桥下部施工

①栈桥施工与钻孔平台

考虑黄河水流速度较快,冬季河道有流冰现象,黄河调水调沙 40 天左右以及夏季洪水期的影响等因素,采用浮桥作为施工通道的方案不确定因素多,也相对不安全,因此采用施工栈桥方案。黄河大桥施工栈桥设计为贝雷梁钢栈桥,桥面宽度为 8 m,结构形式为 $2\times18\ \text{m}+5\times18\ \text{m}+5\times18\ \text{m}+5\times18\ \text{m}+1\times15\ \text{m}=321\ \text{m}$。施工栈桥设置在桥梁下游,与桥梁中心线平行,间距为 28.5 m,和钻孔平台连接,是施工期间正桥钻孔桩、承台基础施工材料设备运输和南北岸施工运输车辆通道。为方便水上钻孔桩施工,栈桥桥面与钻孔桩平台齐平。栈桥基础采用 $\phi$630 mm × 10 mm 钢管桩,为加强基础的整体性，每排桥墩的钢管均用18号槽钢设置剪刀支撑连接成整体，每排墩采用4根钢管桩；墩顶横梁采用40b型工字钢。栈桥桥面底部高程按施工期间设计洪水位+30.5 m考虑，设计为32.3 m。栈桥设计荷载采用汽—超20级车队和8 $m^3$混凝土搅拌运输车(满载)。汽车及混凝土搅拌运输车活载计算时采用荷载冲击系数1.15及偏载系数1.1。钢管桩按摩擦桩设计，考虑河床冲刷深度和水流作用，钢管桩长经计算约为27 m，入土深度为18 m。栈桥由北岸向南延伸至南岸，采用浮吊逐孔边打桩边架梁的方法进行施工。水中墩钢管桩用浮吊吊运就位，并吊起DZ60A振动锤振动下沉钢管桩。打入钢管桩时，严格控制桩身的垂直度，确保钢管桩合理承载。栈桥施工完成后，做设计荷载试验并经过安全鉴定，确认安全后投入使用。为适应栈桥钢构件温度变化，栈桥每隔一定距离设一道温度缝，缝宽5 cm。温度缝处栈桥所有钢构件均断开。

②深水区深孔大直径钻孔桩施工

桥址处水少泥沙多，是严重淤积的弯曲性、堆积性、枯洪期水量悬殊的河段，洪水期河底冲刷严重，对行洪、排凌要求较高。因此，全桥墩台基础均采用钻孔灌注桩，最大桩径为2.5 m，最大长度为102 m。1号、2号主墩因位于主河道，钻孔施工采用固定平台，0号、3号、4号、5号主墩按陆地钻孔桩施工作业。

水中墩钻孔桩施工采用固定平台、钻机成孔法，因钻孔桩相邻桩间距较小，且地质条件差，为避免钻机在成孔过程中产生塌孔、平台管桩下沉等现象，采用大跨度贝雷梁作主梁，使钢管桩布置在承台外3.6 m处，中间采用部分护筒作依托。固定平台平面尺寸为47 m×33 m；以63根$\phi$630 mm×10 mm钢管桩作平台基础，承台两侧各设两排，每排30根桩，平台与栈桥连接处采用3根钢管桩加强；钢管桩长为27 m，入土深度约18 m。为增强平台的整体稳定性，承台一侧两排相邻钢管桩间用剪刀撑进行连接。先在顺桥轴线方向两根桩顶布置2根40b工字钢作小垫梁，然后在15组小垫梁上(垂直桥轴线方向)布置通长的2根40b工字钢作上垫梁，垫梁间焊接牢固。然后再在上垫梁上布置15组贝雷梁，贝雷梁每两片为一组，梁长为33 m，中间用标准花架连接。贝雷梁与上垫梁用U形螺栓连接。为增强纵梁的横向稳定性，在相邻两组纵梁间用10号槽钢进行剪刀撑连接。在贝雷梁上(垂直桥轴线方向)布置12组2根40b工字钢作次梁，次梁与贝雷梁用U形螺栓进行连接。平台平面系采用1根32a工字钢作分配梁，间距为0.4 m，最后直接在分配梁上铺设8 mm厚压花钢板作面板，采用$\phi$48 mm钢管作栏杆，栏杆间距为1.5 m，高为1.2 m。平台面高程与栈桥面高程一致。在钻孔施工中，钻机安装前割除待钻孔钢护筒与平台竖向连接，采用钢丝绳等软连接方式将护筒掉挂在平台上，防止钻孔过程中钢护筒下沉掉入孔中。同时保持平台对钢护筒的平面限制，防止水流冲刷对钢护筒平面位置的影响。单个钻孔桩施工完成后，恢复钢护筒与平台竖向连接，保证平台稳定、安全。

③钢板桩围堰、承台、墩身施工

大桥主桥0号、3号、4号、5号墩地处黄河南岸河漫滩，地表以下19 m范围均为富含水的粉土和粉砂层，在其下厚约2 m范围(高程约为9.0～+11.0 m)有硬塑状黏土层，分布比较完整且均匀。主桥1号、2号墩位于黄河主河道，河床高程为+17.0～+24.0 m，表层覆盖层主要是松散的粉砂，在9～11 m范围有厚约2 m硬塑状黏土层。1号、2号墩承台施工采用水中钢板桩围堰，0号、3号、4号、5号墩承台施工采用陆上钢板桩围堰方案。钢板桩围堰采用德国拉森Ⅳ型钢板桩，矩形，由单层钢板桩和型钢组成的内撑梁组成，四个转角位置采用焊接的T形钢板桩，内撑梁分别安放在设计高程位置处，焊接在钢板桩的牛腿上，内撑梁外缘两端与钢板桩相撑住，以加大围堰抵抗土侧压力。插打钢板桩做到“插桩正直、分散偏差、有偏即纠、调整合龙”的要求，合龙口采用异形钢板桩进行合龙；锁口发生变形、出现渗透时,在漏水锁口处的围堰外侧利用导管投撒细沙锯末,锯末沉至漏水高度处即可堵塞漏水,或用麻袋盛装细煤渣沉入水中堵漏;围堰安装随着抽水的深度逐层实施,安装过程中密切注意河床水位的变化,并安排专人负责施工期间的抽水工作。施工时注意工字钢与钢板桩的连接,为防止围堰变形,将工字钢与钢板桩之间的间隙全部用型钢焊接支撑连接,围堰四个角进行加强;钢板桩围堰内清基工作采用吸泥机进行,靠近钢板桩附近的泥砂较难吸出,由潜水工用软射水管以0.3~0.5 MPa的水压将泥砂冲向吸泥机附近洗出;围堰内经过吸泥整平后进行测量,测点分布与导管位置大致相同,基底高程符合设计要求,局部高低允许偏差为±40 cm,采用水下混凝土封底;混凝土封底后,设置汇水井抽水清基。

承台施工时采取分两次浇筑和“内散外蓄”的方案,即混凝土内部采取冷却循环水管降温措施,同时做好混凝土外表面的保温工作。承台混凝土采用分层浇筑、插入式振捣器振捣的方法进行,在前层混凝土初凝前或能重塑前完成次层混凝土的浇筑作业,分层厚度控制在30~40 cm,以利于早期混凝土水化热的散发,降低混凝土的内外温差。承台施工完毕后,拆掉板桩内支撑后拔除钢板桩。

墩身高度小于15 m的采用大块组合钢模板一次立模,一次浇筑完成;墩身高度大于15 m的采用两次立模,分两次浇筑施工。混凝土集中拌和,搅拌运输车运输,泵车泵送或吊车提升浇筑混凝土。

(5)主桥钢桁梁架设及合龙施工

钢桁梁架设每个节间为一个施工单元。

五跨连续钢桁梁架设采用“先梁后拱”、由南岸端向北岸端拼装的总体方案,即在4号~5号墩间设置钢管支架,利用80 t龙门吊机进行此跨钢桁梁架设。同时于0号~4号墩各跨跨中施工临时墩。待4号~5号墩间钢桁梁安装完毕后,再利用80 t龙门吊机于此跨钢桁梁顶面安装70 t架梁吊机。将运梁台车从钢梁预拼场运来的钢梁杆件或桥面板利用70 t架梁吊机依次安装下弦杆、斜杆、竖杆、上弦杆、桥面板、横联和前一节间上平联,调整钢梁高程至设计位置,按设计要求进行桥面板横向和纵向接缝的焊接,前移吊机至下一节间并锚固。如此循环并利用每跨跨中临时墩悬臂拼装0号~4号墩间钢桁梁。0号~4号墩间跨中临时墩基础采用钻孔桩,支墩由钢管混凝土柱及分配梁组成。

待0号~5号墩钢桁梁架设完毕,将70 t架梁吊机退至1号~2号墩间进行此跨拱肋安装。安装顺序为拱肋、吊杆、拱肋平联,调整1号、2号墩支座高程进行此跨拱肋合龙。如此安装2号~3号、3号~4号墩间拱肋并调整相应跨支座高程和拱肋合龙。

拆除支架、临时墩、拱肋临时联结及70 t架梁吊机;全桥钢梁线形和位置调整。安装桥面道砟槽板及桥面附属结构,全桥竣工。

钢梁拱结构采用柔性拱形式,主要是为了加强主梁的竖向刚度,减少主梁跨中挠度,提高列车行驶的平顺性。拱弦采用拼装节点,设置交叉型拱上平联。拱上平联杆件的安装顺序一般采用两种方法:第一种是先将十字撑两端的横撑安装完成后再安装十字斜撑,特点是施工方便,安全性高,但是在安装拱顶处的拱平联时吊机大臂长度增加很多,吊机制造技术要求高,费用也高出很多;第二种是在拱顶附近高处时先将十字斜撑安装完毕后再安装下一个横撑,特点是在横撑未安装时十字斜撑成悬臂状态,稳定性不高,吊机大臂长度较第一种方法要短,费用低。经过两种吊机的性能、费用对比后,大桥钢梁架设采用在拱高节点段(6节)先十字斜撑、后横撑的安装方法,在拱脚处2节采用先横撑后十字斜撑的安装方法,取得了较好的经济效益和技术效果。

拱弦的合龙除与拱自身安装精度有关外，还与桁梁的安装情况有关。对于拱自身安装从平面位置、拱弦上拱进行控制并进行拱的合龙。

4. 工程实际进度

大桥主桥工程2008年1月15日进场，准备工期为3.5个月，从开始施工至架设完成，总工期为26个月(2008年5月1日~2010年6月30日)。主要阶段工期，2009年5月30日前完成所有河槽内桥墩桩基、承台、墩柱、墩帽的施工，2008年5月1日前完成钢梁制造招标，2008年6月1日开始钢梁制造，2009年3月17日开始钢梁的架设，2010年4月15日钢梁主跨合龙；2010年6月底完成工序交接，进入轨道工程施工。

(六)跨济兖公路特大桥

1. 工程概况

跨济兖公路特大桥孔跨布置以32 m双线简支梁为主，局部调跨时采用与32m简支梁等高的24 m简支箱梁。跨济兖公路和高速公路辅道及匝道时，受济南高速站的限制及城市景观要求，采用2－96 m四线下承式简支钢箱系杆拱。2－96 m钢箱系拱位于济兖公路特大桥12号~14号墩，起止里程为K409+113.469~+329.469，12号~13号间上跨济兖公路，13号~14号间上跨京福高速公路匝道和济兖公路辅道。中间双线为京沪高速正线，两侧为京济联络线，正线采用CRTS Ⅱ型板式无砟轨道，联络线采用CRTS Ⅰ型板式无砟轨道，线间距分别为6.5 m、5 m和6.5 m。高速正线设计速度为350 km/h，初期运营速度为350 km/h，联络线速度为160 km/h。桥梁净高不小于7.25 m，净宽不小于9.88 m。计算跨度为96 m，钢箱梁总长为98 m，支座中心距梁端1 m，桥面总宽度为25.7 m，两主拱肋间中心距为11.68 m。

2. 工程特点

大桥结构分为钢箱拱、钢箱梁、拱肋横撑、吊杆锁及锚点构造、两端支座、梁端横向限位装置及现浇混凝土桥面板。钢箱梁不仅承受竖向荷载，并在整个结构承担系杆作用。

主拱采用变截面钢箱拱，两主拱肋间中心距为11.68 m，拱脚截面高5.5 m，拱顶截面高2.8 m，矢高为19.2 m，矢跨比为1∶5。拱角处与主梁固结，两拱肋间通过5道钢箱横撑连接，分为11个节段。拱轴线采用二次抛物线，实际采用以折代曲，折线间利用圆弧过渡。节段间主拱箱梁板的连接采用熔透焊接，纵向加劲肋采用高强螺栓连接。

主梁采用等高度单箱9室截面，梁高3 m，顶宽25.7 m，底宽22.5 m，桥面采用正交异性桥面板构造。标准钢梁段纵向5 m一段，每一纵向节段横向分为三段，每一横向节段均设置两道横肋，一道吊杆锚索固用隔板。拱角端钢梁纵向长度为11.5 m，横向分为五段。箱室内设置十道腹板，其中每线中心线处均设置一道腹板。纵向及横向节段间连接顶板为熔透焊接，其余为高强螺栓连接。

两拱肋间设置五道箱形横撑，其中两道K撑，三道一字撑。撑与拱肋间设整体节点，K撑斜腿与两端采用高强螺栓连接，其余整体节点与横撑间采用全断面熔透焊接，加筋肋为高强螺栓连接。

吊索桥轴纵向中心间距为5 m，横桥向梁端内沿箱梁横向隔板设锚点，采用双侧双吊杆锁，横向中心距为11.68 m。

全桥共设置8个LXQZ型支座，小里程端最外侧为两个多向活动支座，内侧为两个横向活动支座，大里程端均为多向活动支座，外侧两个支座先安装，钢拱桥自重均由外侧支座承担，内侧支座在钢拱安装完毕拆架后桥面板浇筑前安装，不承担钢桥自重。为满足四线拱钢箱梁与相邻混凝土梁两端钢轨横向变形不大于1 mm的要求，在钢梁两端设置横向限位装置以保证钢梁与两端混凝土梁及钢梁间横向协同变形。

桥面采用钢筋混凝土现浇桥面板，桥面板与钢梁桥面间采用 PBL 剪力钉连接。

3. 施工组织

本桥跨越济兖公路，采用支架法原位拼装，钢箱梁、钢箱拱在工厂分段分块加工，运至现场拼装施工。为不中断济兖公路交通，采用钢箱拱梁边跨预拼，纵向拖拉就位方式施工。在 14 号～20 号跨建设主拱拼装基地，搭设支架施工钢箱系杆拱结构，吊车拼装主拱；主跨间设置军用支墩，铺架贝雷架和拖拉滑道，主体纵向拖拉落拱就位，最后施工桥面系。桥位处支架搭设时与高速公路管理部门签订协议，保证不侵入限界，并设置相关防护设施及警示标志，安排专人防护。对大金庄办事处进行拆迁，以便施工桥墩主体，为钢箱拱预拼创造条件。钢箱拱拖移到位后，再进行 14 号～20 号简支箱梁现浇和联络线 T 形梁架设，钢箱拱支架搭设必须考虑下一步简支梁现浇，因此，简支梁施工在无砟轨道铺设到达一个月前完成。

4. 工程实际进度

跨济兖公路特大桥工程于 2008 年 2 月 1 日进场，准备期为两个月；2008 年 11 月 30 日 14 号～20 号墩施工完成，2010 年 1 月 25 日钢箱梁贯通，2010 年 4 月 23 日拱肋合龙，2010 年 5 月 30 日落梁，2010 年 6 月 26 日桥面板完成，2010 年 7 月 11 日正线底座板安装完成，2010 年 7 月 22 日模拟加载完成，2011 年 6 月 30 日开通。

（七）荆河特大桥

1. 工程概况

荆河特大桥起讫里程为 DK575 +729.73～DK587 +185，全长 11.456 km，孔跨布置为 32 m + 16 × 32 m +（32 +48 +32）m +28 ×32 m +3 ×24 m +29 ×32 m +3 ×24 m +36 ×32 m +24 m +14 ×32 m +3 × 24 m +2 ×32 m +59 ×32 m +5 ×24 m +（32 +48 +32）m +5 ×24 m +142 ×32 m 箱梁，桥台采用双线一字形桥台，桥墩采用双线圆端形实体墩和双线流线形圆端实体墩，钻孔桩基础。该区段局部岩溶较发育，溶洞基本分为填充、半填充、无填充三种形式，充填物多为粉质黏土、黏土，少量为碎石土、角砾土填充，最大溶洞深度为 20 m 半充填，部分墩位溶洞已连通，大多数墩位溶洞发育呈串珠状，最多层数达 13 层。

2. 工程特点

地质条件差，岩溶发育。该段岩溶发育分布不均，规律性较差，决定了桩基钻孔施工中不可预见因素多，漏浆、孔壁坍塌、孔口坍塌、掉钻、卡钻、埋钻等情况经常出现，严重影响了工程进展。

3. 施工组织

（1）总体施工原则

在施工组织上遵循“统筹规划、均衡生产，重点先行、分段组织，突出难点、有序推进，先进可行、经济合理”的指导思想和原则，选择富有经验的专业队伍进行施工，按多个工作面同时进行平行流水作业，连续梁、水中墩、岩溶桩基优先开工，其他工序紧跟。该工程的重点是岩溶桩基施工组织。

（2）资源配置

该工程桩基数量大，共投入冲击钻机 178 台，回旋钻机 16 台，25 t 吊车 25 台，挖掘机 14 台，装载机 6 台，混凝土罐车 14 台，拌和站 3 座，钢筋加工场 3 座。钻孔工人 1 562 人，钢筋加工工人 450 人。施工规模大，人员、设备配置规格高。

(3)岩溶区桩基施工

①岩溶地段桩基处理原则

岩溶地质条件下的钻孔施工主要是控制钻机平稳,防止斜孔、串孔、钻孔漏水,掌握钻孔进度。岩溶地段桩基处理原则:对所有桩孔一桩一探,以实际的钻探资料确定各桩孔的桩尖位置;对岩溶地区明挖扩大承台基础,施工开挖至承台基底高程后,在承台基础范围内四角及中心约5 m范围内探明基础以下是否有溶洞存在;对无填充物溶洞地段,采取钢护筒跟进施工方法;岩溶地段桩基施工遵循先长桩后短桩的顺序;部分岩溶发育地段裂隙发育采用压浆处理后再进行桩基施工。

②岩溶地段处理方法

加强钻孔前地面塌陷区超前地质钻探,探清塌陷区域及塌陷深度;禁止抽取塌陷区地下水;桩周塌陷区注浆加固;施工时采取措施阻止泥浆及地表水渗入塌陷区内;加深护筒埋设长度。

钻孔前对溶洞处理时,每根桩先用地质钻机钻探,详细记录地质状况及溶洞深度、高度、填充物类型,并画图列表,为制定相应施工方案提供翔实的依据;对填充物进行土工试验,分析其物理力学特性,检测容重、含水量、孔隙率等,为注浆参数计算提供依据;根据地质钻探资料和填充情况,为每根桩设计出相应的溶洞处理方案、成孔方法及施工措施。对每种处理方案进行计算,施工前在桥位外进行溶洞注浆及钻孔试桩试验,取得经验数据,完善施工方案,指导施工;遇到大溶洞时,请监理工程师核查,明确处理方案,并报监理批准后实施。

不同类型溶洞的处理方式不同,一般溶洞处理:对于封闭的较小溶洞,采取注浆措施,提供成孔条件穿过溶洞;若洞内无填充物或填充物不满,则先填充碎石或干砂,然后注浆或直接灌注混凝土;若充填物呈松散或软塑状态,直接注浆固结;若充填物已固结呈硬塑状态,则直接冲孔,并加强泥浆护壁。大型及复杂溶洞处理:溶洞内无填充物或填充物较少需向洞内充填砂子时,选择一个合适的孔位,放入并固定钢套筒,将注砂管与钢套管连接,在注浆前灌砂;根据成桩直径、围护体积的最小直径及堆积体成形规律,计算填砂量,用压风机将干砂压入,为防止洞内高压阻止灌砂,利用其他孔作为减压孔,待达到计算的填充体积,压力稳定时,即停止;若需要灌入碎石则钻一个直径不小于30 cm的大孔放入钢管并固定,钢管上置碎石料斗,碎石粒径不大于20 cm,投料时振动钢管,以防止堵塞,填充量控制与填砂控制方法相同。对于一些溶槽、溶沟、小裂隙等,冲孔时采取投放片石、碎石夹黏土,甚至投入整袋水泥堵塞起到护壁作用,保证泥浆不流失,使钻孔顺利通过岩溶区。

③溶洞注浆

溶洞注浆设备采用3SNS高压注浆泵,水泥采用32.5级普通硅酸盐水泥。根据地质条件在每根桩的中心位置或桥墩承台的四角钻注浆孔。钻注浆孔也是对地质条件的进一步勘探,通过取芯探明溶洞的高度及填充物的详细情况。为防止浆液流失太远造成浪费,采用间歇注浆方式,间歇时间大于等于6小时时,使得先注入的浆液与砂子(或碎石)初步达到胶结后再注浆,循环注浆多次,直至达到规定最小注浆量和注浆压力控制值为止。注完一个孔后,继续对其余孔进行注浆,后注浆的孔洞压力调高,最后封孔。溶洞处理完毕后,通过物检、取芯或连通试验来检测处理效果。

④溶岩地段的钻孔

钻机支点距离根据可能造成坍塌范围进行估算,用“八”字缆风绳拴拉钻机。钻机安装就位后,底座和顶端平稳,不产生位移或沉陷。当钻至溶洞顶1 m左右时,首先准备足够的小片石或狗头石

($\phi$10 ~ 20 cm)和黏土,黏土做成泥球($\phi$15 ~ 20 cm)。对于半填充和无填充的溶洞组织足够的水源。其次在1 ~ 1.5 m范围内变换冲程或钻头,逐渐将洞顶击穿,以防止卡钻;根据钻孔的进尺情况,在击穿洞顶之前,派专人观测护筒内泥浆面的变化,泥浆面下降时,迅速补水。击穿洞顶后,在溶洞内钻进时,根据填充物的不同,采取不同的钻进方法。当充填物为软弱黏性土或淤泥时,向孔内投入黏土、片石混合物(比例1:1),冲砸固壁;当为砂层、卵石层时,提高泥浆的黏度和相对密度。只有当泥浆漏失现象全部消失后才转入正常钻进。如此反复使钻孔顺利穿过溶洞。

对于特大型溶洞、半充填的溶洞或溶洞上方有较厚的砂砾层时,为防止泥浆突然流失造成孔壁坍塌,采取护筒跟进法施工。

预埋比桩径大40 cm的钢护筒,长度4 ~ 6 m,小型溶洞在钻孔前先压浆处理。

采用比桩径大20 cm的钻头钻孔,至岩层顶面,采用膨润土护壁。

用100 t沉拔桩机辅助下沉比桩径大20 cm的护筒至岩面,在护筒与基岩交接处浇筑与桩基同强度等级混凝土,封闭护筒与基岩间的间隙,混凝土浇筑厚度为1 ~ 2 m。在护筒之间压注水泥浆使护筒外围空隙密实。

待混凝土达到设计强度后,采用常规溶洞区域桩基础施工方法进行成孔施工,溶洞顶板的击穿采用短进尺。溶洞击穿后,提出钻头,振动下沉护筒穿过溶洞,在护筒与基岩交接处浇筑与桩基同强度等级混凝土,达到强度后继续钻进。

钻至下层小型溶洞顶,停止钻进,用地质钻钻一小孔,对下层溶洞进行压浆处理。

溶洞内填充固结后,继续钻进至基岩,完成钻孔。

4. 工程实际进度

桩基施工2008年3月10日开始,10月20日完成;承台施工2008年4月1日开始,11月30日完成;墩(台)身施工2008年4月15日开始,12月25日完成;特殊结构连续梁2008年8月6日开始,11月26日完成。

### (八)韩庄运河特大桥

1. 工程概况

韩庄运河特大桥北起山东省枣庄市,南止江苏省徐州市,起讫里程为DK646 + 763.12 ~ DK659 + 237.16,中心里程为K655 + 943,全长为12 476.46 m。在山东省枣庄市境内跨越韩庄运河主河道,韩庄运河主桥设计为(60 + 100 + 60)m双线连续梁、跨南北跨河堤设计为(40 + 56 + 40)m及(40 + 64 + 40)m连续箱梁。

主桥桥位地质为粉质黏土、岩溶地貌。基础采用钻孔桩基础。主墩桩基设计为嵌岩桩,每个主跨桥墩8根钻孔桩,梅花形布置。韩庄运河是内河水运通航主河道,航道技术等级为Ⅱ级,京沪高速铁路上跨段主河槽河道宽280 m左右,水深5 m左右。韩庄运河主桥工程量大,水中墩施工难度大,汛期水位变化较快,桩基施工期间正为汛期,为京沪高速铁路重点难点工程之一,是三标段的标志性工程之一。

2. 工程特点

(1)韩庄运河特大桥部分地段为冲积平原,侵蚀性环境工点多;基础设施沉降控制、梁体徐变控制标准高。

(2)根据优化后的施工组织,枣庄至蚌埠南为京沪高速铁路的试验段,韩庄运河特大桥在试验段范围内,工期紧、施工干扰大。

(3)主桥墩桩基采用钻孔桩施工,钻孔平台及栈桥设计考虑度汛及通航安全要求,钻孔桩采取钢护筒跟进施工。

3. 施工组织

(1)跨韩庄运河、伊家河部分主墩的桩基、承台、墩身、梁部均采取平行施工作业形式,安排两个作业队,以 132 号 ~133 号分界,分别布置于韩庄运河南北岸。

(2)跨韩庄运河段北岸 131 号~132 号墩间及南岸 133 号~134 号墩间设置栈桥,栈桥全长180 m。与河道管理单位保持密切联系,掌握到桩基施工结束时,赶上韩庄运河河道 6 年一次河道放水清淤,及时优化主桥施工组织,挂篮施工改为支架现浇主河道连续梁。

(3)施工中使用的主要机械设备见表 3.4.8。

**表 3.4.8 韩庄运河特大桥主桥使用的主要机械设备**

| 序号 | 名称 | 单位 | 数量 | 序号 | 名称 | 单位 | 数量 |
|---|---|---|---|---|---|---|---|
| 1 | 履带吊 | 台 | 4 | 11 | 插入式振捣棒 | 套 | 100 |
| 2 | 汽车吊 | 台 | 20 | 12 | 张拉千斤顶 | 台 | 18 |
| 3 | 驳船 | 台 | 2 | 13 | 高压油泵 | 台 | 28 |
| 4 | 振动锤 | 台 | 4 | 14 | 灰浆搅拌机 | 台 | 2 |
| 5 | 气举反循环钻机 | 台 | 14 | 15 | 注浆泵 | 台 | 2 |
| 6 | 支架 | t | 4 516 | 16 | 钢筋电焊机 | 台 | 15 |
| 7 | 混凝土搅拌机 | 台 | 4 | 17 | 钢筋切割机 | 台 | 5 |
| 8 | 混凝土装载机 | 台 | 4 | 18 | 钢筋弯曲机 | 台 | 4 |
| 9 | 混凝土泵车 | 台 | 6 | 19 | 钢筋调直机 | 台 | 2 |
| 10 | 混凝土运输车 | 台 | 12 | 20 | 砂轮切割机 | 台 | 6 |

(4)钻孔桩采用 ZS300 回旋钻机成孔。为了确保汛期施工顺利进行,根据历年水文资料,将钻孔平台及施工栈桥的高程定在 +21.0 m,确保汛期桩基施工不中断。为加快桩基的施工进度,钻孔平台尺寸设计为 21 m×26 m,其几何尺寸及承载力满足同时安放 3 台钻机及配套钢制泥浆池,确保三个循环即可完成一个柱墩桩基施工,大大加快了施工速度。

(5)主墩承台及墩身利用韩庄运河 6 年一次断水河道清淤期,采用明挖施工。

(6)梁部利用韩庄运河断水期采用支架法施工,共投入支架 4 516 t,全联分段浇筑,支架最高达 27 m,实际施工比计划工期提前了 3 个月。

(7)轨道板岸边集中存放,由 50 t 汽车吊吊运上桥,双向运板车将轨道板运至安放点,10 t 龙门吊安装就位。

4. 工程实际进度

韩庄运河特大桥工程于 2008 年 1 月进场,主桥于 2008 年 6 月开始桩基施工,2009 年 6 月 5 日连续梁全部合龙完成。2010 年 7 月底完成无砟轨道铺设,满足 8 月由徐州东站向北至曲阜东站铺轨工期要求。

(九)徐州京杭大运河特大桥

1. 工程概况

徐州京杭大运河特大桥位于江苏省徐州市经济开发区大黄山镇、大庙镇,沿途跨越京杭大运河、徐贾公路、房亭河及铜山路(206 国道)。同时,该桥位于徐州高速站北咽喉,线路左侧与京福高速公路并行。该桥起讫里程为 DK682 +497.98 ~ DK687 +899.0,全长 5 401.02 m,中心里程为 DK685 +197.35,桥跨结构布置形式为(6 -32 m +2 -24 m +12 -32 m +2 -24 m +1 -32 m +2 -24 m +3 -

32 m）简支梁 +（60 +100 +60）m 连续梁 +（1 −32 m +1 −24 m +67 −32 m +2 −24 m +4 −32 m）简支梁 +（25 m +2 −32 m +23 m）简支梁 +（2 −32 m +2 −24 m +1 −32 m +1 −24 m +11 −32 m）简支梁 +（40 +64 +40）m 连续梁 +4 −32 m 简支梁 +86 ×8 m 框架 +（16.5 +21 +24 +16.5）m 刚构。

大桥跨越京杭大运河采用（60 +100 +60）m 连续梁结构，与京杭大运河夹角呈 89°夹角，桥下通航净高大于 7.5 m，满足Ⅱ级航道通航要求。其中 28 号、31 号墩基础采用 8 根 $\phi$150 m 钻孔桩，29 号、30 号墩基础采用 11 根 $\phi$200 m 钻孔桩；28 号、31 号墩承台尺寸为 14.5 m ×6.5 m ×3.0 m，29 号、30 号墩承台尺寸为 15.8 m ×11.6 m ×4.0 m。墩身为圆端形实体收坡墩，墩高分别为 20.5 m、17.5 m、17 m 和 19.5 m。28 号、31 号墩位于陆地上，29 号墩承台侵入河道 3.5 ~4.0 m，有一排钻孔桩位于河中；30 号墩承台全部位于河道内，承台大里程侧最近端距离河岸 2.6 ~3.5 m。承台处自原地面向下地质情况依次为粉土，稍密，$\sigma_0$ =100 kPa，厚度为 2 ~4 m；粉质黏土，硬塑状，$\sigma_0$ =180 kPa，厚度为 3 ~4 m；灰岩，弱风化，$\sigma_0$ =800 kPa，厚度大于 10 m。同时，根据桥址图显示，28 号 ~31 号墩承台顶高程全部位于既有河道 V 形槽最低河床面高程以下，承台全部嵌入微风化岩层。

2. 工程特点和难点

（1）质量控制要求高。本工程采用了高标准的基础沉降控制设计、严格的桥梁沉降变形和梁体徐变控制标准，以确保线路满足运行高平顺性要求。

（2）地质条件复杂。京杭大运河特大桥所经区域隐伏性岩溶发育、岩面倾斜、岩体强度高，钻孔桩施工难度大，易发生钻孔事故。

（3）水中墩施工难度大。29 号、30 号墩承台位于航道内、全部埋置于微风化岩层中，基坑开挖深度大，因此施工期间基坑开挖支护、防渗漏水、岩层爆破、施工及航道运营安全等各道工序施工难度大。

（4）施工工序多，周期长，工期紧。京杭大运河特大桥 28 号 ~30 号墩主墩施工包含了从下构到上构的多道施工工序，且每道工序施工难度大、周期长。同时，根据京沪全线总体安排，京杭大运河特大桥位于枣庄至蚌埠南先导试验段，且位于陈山梁场架梁通道的起点方向。

3. 施工组织

（1）钻孔桩筑岛围堰及钻孔桩施工。针对钻孔桩数量多、施工难度大、周期长的特点，充分发挥冲击钻易投入、缩短工期显著的优势，钻孔桩作业平台采用简单可行的筑岛围堰，同时在沿河道方向加大围堰填筑面积，以确保多台钻机同时作业。29 号、30 号墩围堰施工平面尺寸为横向（8 m +15.8 m +8 m）×纵向（11.6 m +5 m），每个墩同时投入 3 台冲击钻共 6 台同时进行施工。

（2）承台、墩身施工。承台基坑围护采用厚度 1 m、外部尺寸横向（2 m +15.8 m +2 m）×纵向（2 m +11.6 m +2 m）的钢筋混凝土沉井。针对墩位岩面起伏特点，提前探测岩面高度，现场制作锯齿状刃角沉井、分节预制、分节开挖下沉，沉井下沉至岩面位置后对沉井刃角进行封堵，分层爆破开挖承台范围内岩石。承台混凝土分两次现场浇筑，墩身采用整体钢模两次浇筑完成。

根据桩基完成顺序，沉井制作、基坑开挖、沉井下沉、承台及墩身施工投入一个作业队，配备沉井、墩身等模板各一套，按照专业化施工特点配备沉井制作下沉、爆破、承台及墩身施工等专业班组，实行专业化、平行、流水作业。

（3）悬臂浇筑连续梁施工。悬臂浇筑连续梁 0 号段采用钢管支墩 + 桁架法施工、悬臂浇筑段采用三角挂篮施工、直线段采用钢管支架施工。施工中共投入两个专业班组分别负责 29 号、30 号墩梁部施工，每个作业班组配备 0 号段支架及模板一套、悬臂浇筑挂篮及模板两套、直线段支架及一套，实行平行作业。合龙顺序按照先边跨、后中跨依次进行。

(4)施工中使用的主要机械设备见表3.4.9。

**表3.4.9 京杭大运河特大桥主桥主要机械设备**

| 序号 | 名称 | 单位 | 数量 | 序号 | 名称 | 单位 | 数量 |
|---|---|---|---|---|---|---|---|
| 1 | 冲击钻 | 台 | 6 | 11 | 插入式振捣棒 | 套 | 15 |
| 2 | 汽车吊 | 台 | 2 | 12 | 张拉千斤顶 | 台 | 6 |
| 3 | 挖掘机 | 台 | 2 | 13 | 高压油泵 | 台 | 6 |
| 4 | 长臂挖机 | 台 | 1 | 14 | 灰浆搅拌机 | 台 | 2 |
| 5 | 挂篮 | 套 | 4 | 15 | 注浆泵 | 台 | 2 |
| 6 | 塔吊 | 台 | 2 | 16 | 钢筋电焊机 | 台 | 10 |
| 7 | 混凝土搅拌机 | 台 | 2 | 17 | 钢筋切割机 | 台 | 2 |
| 8 | 混凝土泵车 | 台 | 2 | 18 | 钢筋弯曲机 | 台 | 2 |
| 9 | 混凝土输送泵 | 台 | 1 | 19 | 钢筋调直机 | 台 | 2 |
| 10 | 混凝土运输车 | 台 | 6 | 20 | 砂轮切割机 | 台 | 6 |

4. 工程实际进度

徐州京杭大运河特大桥工程于2008年1月进场开始进行临时道路、钢筋加工场、拌和站建设及施工方案优化，5月20日开始钻孔桩筑岛围堰施工，6月15日开始钻孔桩施工，10月23日钻孔桩全部完成。2009年1月开始悬臂浇筑梁0号段施工，10月9日全桥合龙，10月25日架梁机顺利通过(60+100+60)m连续梁，为后期架梁、桥面附属等工序施工提供了保证。

2010年7月底完成无砟轨道铺设，满足8月由徐州东向至蚌埠南站铺轨工期要求。

(十)淮河特大桥

1. 工程概况

淮河特大桥北起安徽省宿州市，南止安徽省蚌埠市，起讫里程为DK757+098.72～DK842+625.89，中心里程为DK805+928.94，全长85.527 km。在安徽省蚌埠市境内跨越淮河主航道，主桥设计为(48+5×80+48)m连续梁，全长497.51 m。

主桥桥位地质为粉质黏土、粉砂、全风化混合花岗岩、强风化混合花岗岩和弱风化混合花岗岩。主墩桩基设计为嵌岩桩，每个墩共有8根$\phi$220 cm钻孔桩，成梅花形布置，桩长50 m左右，进入弱风化混合花岗岩不少于8 m。承台设计为低桩承台(15.2×13.6×4.0)m，采用钢套箱围堰施工，墩身采用圆端形变截面桥墩。淮河是我国内河水运主航道之一，航道技术等级为Ⅲ级，主河槽在枯水季节时河道宽400 m左右，在洪水期河道宽900 m左右。淮河主桥工程量大，水中施工难度大，淮河汛期水位变化较快，汛期持续时间长，是京沪高速铁路的重难点工程之一。

2. 工程特点

(1)该桥大部分地段处于黄淮冲积平原，松软土地基、侵蚀性环境工点多；基础设施沉降控制、梁体徐变控制标准高。

(2)根据优化后的施工组织，枣庄至蚌埠南为京沪高速铁路的试验段，该桥全部在试验段范围内，工期紧、施工干扰大。

(3)主桥钻孔桩施工难度大，钢吊箱尺寸大，结构复杂。钻孔平台设计考虑度汛要求，在第一个枯水期完成部分钻孔桩，确保主墩钻孔平台安全度洪；次年洪水前，主墩施工至高出洪水位，以使后期施工不受洪水影响，施工组织须作周密安排。

(4)主桥设计为CRTSⅡ型板式无砟轨道，必须对大跨桥梁无砟轨道铺设等技术进行吸收、再创新,技术创新工作任务艰巨。

3. 施工组织

(1)主桥六个主墩的桩基、承台、墩身、梁部均采取平行施工作业形式。安排两个作业队,以2108号~2109号墩中间分界分别布置于淮河南北两岸,展开平行施工。第一作业队负责北岸2105号~2108号墩的施工,第二作业队负责南岸2112号~2109号墩的施工。

(2)两个作业队的大型临时工程分别在各自施工范围独立布设。经与地方海事部门沟通协调,在确保通航、桥梁施工安全的情况下,采取了2108号~2109号墩间80 m跨单孔通航的方案。栈桥采用贝雷梁形式,北岸由2105号墩搭设栈桥到2108号墩,南岸从2112号墩搭设栈桥到2109号墩,2108号~2109号墩之间作为通航水路,栈桥全长486 m。主桥贝雷梁式栈桥如图3.4.14所示。

图3.4.14 淮河特大桥主桥贝雷梁式栈桥

(3)施工中使用的主要机械设备见表3.4.10。

表3.4.10 淮河特大桥主桥主要机械设备

| 序号 | 名称 | 单位 | 数量 | 序号 | 名称 | 单位 | 数量 |
|---|---|---|---|---|---|---|---|
| 1 | 履带吊 | 台 | 3 | 12 | 混凝土运输车 | 台 | 12 |
| 2 | 汽车吊 | 台 | 2 | 13 | 插入式振捣棒 | 套 | 50 |
| 3 | 驳船 | 台 | 4 | 14 | 张拉千斤顶 | 台 | 18 |
| 4 | 振动锤 | 台 | 4 | 15 | 高压油泵 | 台 | 28 |
| 5 | 气举反循环钻机 | 台 | 14 | 16 | 灰浆搅拌机 | 台 | 2 |
| 6 | 挂篮 | 套 | 12 | 17 | 注浆泵 | 台 | 2 |
| 7 | 塔吊 | 台 | 6 | 18 | 钢筋电焊机 | 台 | 10 |
| 8 | 混凝土搅拌机 | 台 | 4 | 19 | 钢筋切割机 | 台 | 3 |
| 9 | 混凝土装载机 | 台 | 4 | 20 | 钢筋弯曲机 | 台 | 3 |
| 10 | 混凝土泵车 | 台 | 2 | 21 | 钢筋调直机 | 台 | 2 |
| 11 | 混凝土输送泵 | 台 | 4 | 22 | 砂轮切割机 | 台 | 6 |

(4)钻孔桩采用ZS300回旋钻机成孔。为确保汛期施工顺利,根据淮河的历年水文资料,将钻孔平台及施工栈桥的高程定在20 m,确保了汛期桩基施工不中断。为加快桩基的施工进度,钻孔平台尺寸设计为18 m×24 m,其几何尺寸及承载力满足同时安放三台钻机,确保三个循环即可完成一个主墩

的桩基施工，大大加快了施工速度。

(5)主墩六个承台采取双壁钢围堰施工，采用吸泥下沉、水下混凝土封底工艺。为确保工期，汛期内承台施工不中断，将钢套箱围堰的施工水位定为 +16.0 m，套箱顶高程定为 +16.5 m，钢套箱总高度为18 m，壁厚为 1.4 m，每个钢套箱重 700 t。边墩采用钢板桩围堰。

(6)梁部采用挂篮施工法，六个主墩采用十二套挂篮同时施工(图 3.4.15)。连续梁合龙顺序为次边跨→中跨→次中跨→边跨。

图 3.4.15　连续梁挂篮同时施工

(7)轨道板岸边集中存放，由 50 t 汽车吊吊运上桥，双向运板车将轨道板运至安放点，10 t 龙门吊安装就位。

4. 工程实际进度

淮河特大桥工程于 2008 年 1 月进场，主桥于 2008 年 4 月开始桩基施工，2009 年 12 月 2 日连续梁全部合龙完成，比原合同工期提前了 8 个月。

2010 年 7 月底完成无砟轨道铺设，满足 8 月份由徐州东向至蚌埠南站铺轨工期要求。

(十一)滁州桥群现浇梁区段

1. 工程概况

滁州桥群现浇梁区段里程 DK914 +952 ~ DK950 +039，位于丘陵地区，地形起伏较大，零散分布 29 座桥 291 孔箱梁，预压路基 25 段 6.5 km。中铁十二局项目部 20、21、22 工区负责该区段现浇梁施工。20 工区负责小庄徐特大桥、黄蜂岭大桥等 7 座桥 32 m 简支箱梁现浇任务，由 3 套 DSZ32 m-900 t 上行式移动模架负责实施；21 工区负责新庄特大桥、小伍特大桥等 11 座桥梁的现浇，共投入 2 套下行式 SL-MSS-900 t 移动模架及 6 套支架；22 工区负责赵家河特大桥、中坝特大桥等 11 座桥梁的现浇，共投入 2 套下行式移动模架及 7 套支架。

32 m 简支箱梁截面类型为单箱单室简支箱梁，梁端顶板、腹板局部向内侧加厚，底板分别向内、外侧加厚。梁体混凝土采用强度等级为 C50 的混凝土。封锚采用强度等级为 C50 的无收缩性混凝土，挡砟槽、遮板、电缆槽竖墙及盖板混凝土强度等级为 C40。

2. 工程特点

(1)本区段桥梁数量较多，但每座桥工程量较少，部分移动模架或支架施工完后需进行转场，不能连续作业，移动模架安装、拆除工作量较大，存在一定的安全风险。

(2)工区管理跨度较大，部分桥梁混凝土运输距离超过 10 km，为保证现浇梁施工质量，对施工便道养护提出较高要求。

(3)正线桥梁均设计为CRTSⅡ板梁,对梁面平整度提出较高要求,通过桥面安装齿槽、六面坡模板及改进振捣收面工装设备,确保了桥面平整度。

3. 施工组织

20工区负责施工的刘家坝大桥11孔、瓦屋刘大桥11孔、小庄徐特大桥21孔、黄蜂岭大桥11孔和小叫冲大桥7孔,共61孔32 m简支箱梁,主要由3套DSZ32 m-900 t上行式移动模架、2台25 t吊车、1台30 kW发电机、3套钢筋加工设备、2套张拉设备、1套压浆设备、60台附着式振动器、3台整平机、90名主要施工人员完成。第一套完成黄蜂岭大桥后转场至小叫冲大桥;第二套完成小庄徐特大桥21孔箱梁;第三套完成刘家坝大桥后转场至瓦屋刘大桥。其他梁采用2套支架现浇。现浇梁混凝土由20工区搅拌站供应,搅拌站配置2台90 $m^3/h$搅拌机,混凝土运输车顺便道运至各个桥位,汽车泵泵送浇筑。

21工区负责施工的小伍特大桥6号~21号墩、上仓刘大桥1号~15号墩共29孔32 m简支箱梁采用移动模架制梁,其余81孔32 m简支箱梁采用支架现浇法施工。其中小伍特大桥和上仓刘大桥各使用一套移动模架,山凹1号大桥、小伍特大桥1号~5号梁共用一套支架,方徐中桥、方徐1号大桥共用一套支架,崔巷大桥、小伍中桥共用一套支架,方徐2号大桥使用一套支架,希望大桥、坝上大桥共用一套支架,新庄特大桥使用一套支架。现浇梁混凝土由21工区搅拌站供应,施工方法同20工区。

22工区负责施工的赵家特大桥5号~21号梁、中坝特大桥3号~15号梁共30孔32 m简支箱梁采用2套移动模架制梁,其余90孔32 m简支箱梁、3孔24 m简支箱梁采用支架现浇法施工。现浇梁混凝土由22工区搅拌站供应,施工方法同20工区。

4. 工程实际进度

滁州桥群现浇梁区段2008年6月1日开始施工桥梁基础,2009年1月1日全面展开现浇梁施工,2009年12月底完成箱梁现浇,2010年5月完成桥面系施工。

2010年9月底完成无砟轨道铺设,满足10月由南京南向蚌埠南站铺轨工期要求。

(十二)滁河特大桥

1. 工程概况

滁河特大桥位于安徽省和江苏省交界处,跨越安徽滁州市南谯区和江苏南京市浦口区,滁河为长江重要一级支流,桥址处于滁河冲积平原一、二级阶地及丘陵区,跨越滁河主河道和多条道路,起讫里程为DK969+791.59~DK981+513.22,中心里程为DK975+652.40,桥全长11 721.49 m。桥梁特殊孔跨结构有1-96 m系杆拱1座和(32+48+32)m连续梁3联、6×32.7 m道岔连续梁2联、3×32 m道岔连续梁1联、32 m现浇道岔梁7孔,宁扬联络线从本桥岔出。96 m系杆拱为跨越滁河而设,系杆拱桥墩采用混凝土圆端形实体墩,道岔梁采用矩形桥墩,其余采用双柱墩,桥台采用双线矩形空心台。墩台基础均采用钢筋混凝土钻孔桩,桩径为1 m、1.25 m、2.0 m。1-96 m系杆拱、2联6×32.7 m道岔连续梁为京沪高速铁路全线重点工程之一。

桥址处地质为第四系全新统($Q_4$)冲积和第四系上更新统($Q_3$)冲积形成的黏性土和碎石类土,土体层理规律性较强,DK969+791.59~DK978+250段下伏白垩系(K2c)泥质粉砂岩,DK978+250~DK979+600段下伏白垩系(K1p)凝灰岩,DK979+600~DK980+100下伏震旦系(Z3h)板岩和炭质灰岩,DK980+100以后下伏震旦系(Z3h)砂质泥岩、炭质灰岩和灰岩。局部有岩溶发育。

2. 工程特点

(1)本桥长11.7 km,工程量大;主桥受征地拆迁和2008年滁河特大洪水影响,2008年10月方开工,根据优化后的施工组织,2009年11月需架梁通过;现浇连续梁跨越公路,系杆拱跨越航道,运架通过，因此工期紧。

(2)1－96 m 钢管混凝土系杆拱和两联 6×32.7 m 预应力混凝土连续梁施工技术较复杂。

(3)桥上铺设两组 42 号大号码道岔，对施工精度要求高，技术含量高。

(4)结构耐久性要求高，使用寿命按 100 年设计，采用高性能混凝土。

(5)工后沉降和混凝土徐变控制标准高。为满足无砟轨道沉降控制技术要求，对桥梁工后沉降和混凝土收缩徐变需严格控制，特别是溶洞发育地区需采取提前注浆措施防止桥梁基础下沉。

3. 施工组织

(1)全桥桩基、承台、墩身分为四个区段采取平行施工作业形式。安排四个作业队，第一、二作业队负责 0 号台～197 号墩施工，分布于滁河及北岸，第三、四作业队负责 198 号墩～356 号台施工，分布于滁河南岸。钻孔桩采用冲击钻和旋挖钻成孔。

(2)跨滁河 196 号、197 号主桥墩，197 号墩位于滁河南岸堤外，采用平整场地后冲击钻施工孔桩；196 号位于河内北侧堤脚部位，经与地方海事部门沟通协调，采用土袋围堰筑岛形成施工平台冲击钻施工孔桩。承台采用钢板桩围堰。跨滁河采用 72 m 贝雷梁钢栈桥连通南北两岸，并在相应桥位处滁河两岸各设置一处施工平台进行物料垂直运输至桥上。1－96 m 系杆拱桥系梁混凝土现浇施工采用"钢管桩柱＋I56 横梁＋贝雷纵梁"的梁柱式支架体系，跨度 24 m 主河道支架采用双层贝雷纵梁。钢管拱厂内加工运至现场，桥上安装采用在系梁北侧设置贝雷梁斜桥，吊车及运输车辆上桥吊装就位。

吊杆采用 OVMLZM7-127(I)型吊杆系统，吊杆索体为 PES(FD)低应力防腐索体，高强低松弛镀锌钢丝，采用厂家提供的成套产品。吊杆张拉是成桥最关键的工序，吊杆的张拉顺序及张拉力严格按张拉方案和监控要求进行，用四台千斤顶(配工具拉杆及撑脚)同时张拉拱肋吊杆对应钢束，吊杆安装完毕后安装减振装置，并按设计要求安装防护结构。

(3)陆地连续梁及现浇梁采用满堂红支架和"预应力管桩系梁＋钢管桩立柱＋I56 横梁＋贝雷纵梁"梁柱式支架体系上现浇施工。

(4)轨道板分段集中存放，采用汽车运至桥下，由 50 t 汽车吊桥下吊运上桥，10 t 龙门吊安装就位。

(5)施工中使用的主要机械设备见表 3.4.11。

**表 3.4.11　滁河特大桥主桥使用的主要机械设备**

| 序号 | 名　　称 | 单　位 | 数　量 | 序号 | 名　　称 | 单　位 | 数　量 |
|---|---|---|---|---|---|---|---|
| 1 | 汽 车 吊 | 台 | 16 | 12 | 索力检测仪 | 台 | 2 |
| 2 | 振 动 锤 | 台 | 4 | 13 | 张拉千斤顶 | 台 | 18 |
| 3 | 塔　吊 | 台 | 6 | 14 | 高压油泵 | 台 | 28 |
| 4 | 振 动 锤 | 台 | 4 | 15 | 灰浆搅拌机 | 台 | 4 |
| 5 | 钢板桩打拔机 | 台 | 3 | 16 | 注 浆 泵 | 台 | 4 |
| 6 | 混凝土搅拌机 | 台 | 4 | 17 | $CO_2$ 保护电焊机 | 台 | 8 |
| 7 | 装 载 机 | 台 | 4 | 18 | 钢筋电焊机 | 台 | 24 |
| 8 | 混凝土泵车 | 台 | 4 | 19 | 钢筋切割机 | 台 | 10 |
| 9 | 混凝土输送泵 | 台 | 6 | 20 | 钢筋弯曲机 | 台 | 8 |
| 10 | 混凝土运输车 | 台 | 12 | 21 | 钢筋调直机 | 台 | 12 |
| 11 | 插入式振捣棒 | 套 | 50 | 22 | 砂轮切割机 | 台 | 10 |

4. 工程实际进度

滁河特大桥工程于 2008 年 1 月进场，主桥于 2008 年 10 月桩基开工，2009 年 9 月 10 日 1－96 m

系杆拱完成,2009年11月6日运架梁通过。2010年9月底完成无砟轨道铺设,满足2010年10月铺轨通过滁河特大桥的工期要求。

### (十三)秦淮新河特大桥

1. 工程概况

秦淮新河特大桥起讫里程为DK1015+797.06~DK1017+286.14,中心里程为DK1016+557.95,全桥长度为1489 m。全桥共计钻孔桩481根,承台共计43个,墩台共计43个;原位现浇简支箱梁共计32孔,其中双线简支箱梁17孔,三线简支箱梁共计15孔;挂篮法施工连续梁共计两联,一次现浇施工连续梁一联。全线设计为双线CRTSⅡ型无砟轨道双线箱梁,京沪高速铁路与动车走行线1号、沪汉蓉铁路、宁安城际铁路四座桥梁同时跨越秦淮新河,形成横向宽120 m的庞大桥群,并采用(60.75+100+60.75)m大跨连续梁结构跨越秦淮新河。跨越秦淮新河后,京沪高速铁路与动车走行线1号和岔开的3号、5号、6号、沪汉蓉铁路、宁安城际铁路七座桥梁形成横向150 m的庞大桥群,以(40.75+64+40.75)m跨径同时跨越将军大道,如图3.4.16所示。

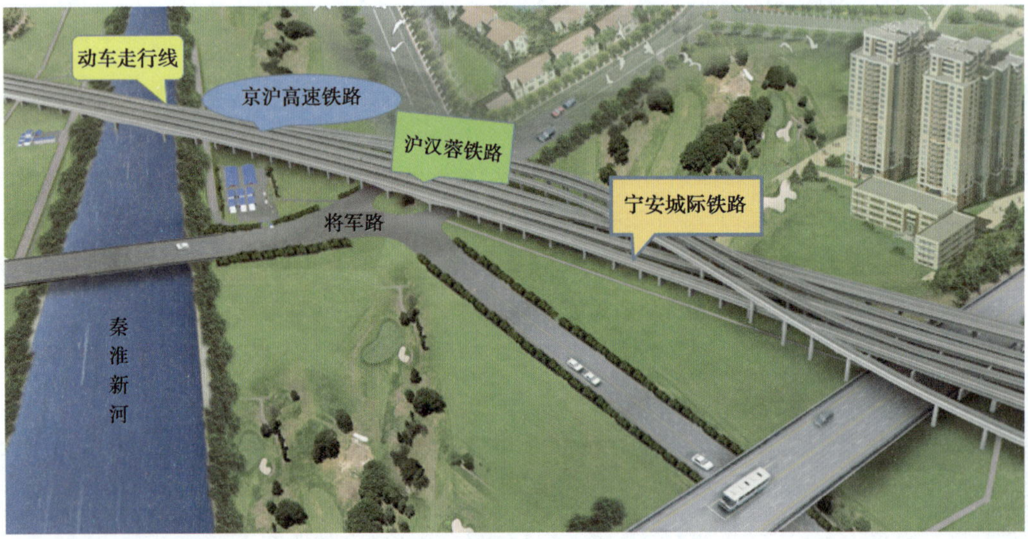


图3.4.16 秦淮新河特大桥示意

2. 工程特点

该工程范围内包括京沪高速铁路、沪汉蓉铁路、宁安城际铁路及动车走行线等多条线路,各条线路平行或交叉,又有六座桥在机场高速公路0.9 km处同时跨越机场高速公路,施工交叉多,互相干扰大。

(1)工程难度大

施工地段位于秦淮新河,地质条件复杂,河水深,河床淤泥深浅不一,成一根桩要两周以上时间,经常出现成孔20 m左右还漏浆的现象,施工难度大。同时本工程施工项目多,施工中需要解决的问题和预防的事故种类繁多,如双壁钢围堰如何尽快穿过黏土层和圆砾土,到达设计高程,并成功封底,不对称地质状况下如何保证深基坑开挖安全,11座连续梁分两种跨径、有砟轨道和无砟轨道均涉及,且均位于曲线上。

(2)安全风险大

跨秦淮新河连续梁采用挂篮施工,连续梁跨度大,加上跨河施工需满足通航要求,秦淮新河水深,大型运输船多,连续梁施工安全要求高。将军大道车流量大,还承担因雾、雨、雪原因机场高速公路封闭期间车流疏解作用。此外将军路两边承台开挖还涉及煤气管、电信等管线的保护,水中墩南岸承台开挖涉及江宁区自来水供水主管道的防护等。

(3)工程任务重

京沪高速铁路建设标准高,施工工艺复杂,工程质量零缺陷。秦淮新河特大桥施工又是全线的控制工程之一,且桥群施工场地较小,施工组织复杂,工作面非常受限制,工期要求紧张。

3. 施工组织

大桥沿途分别跨越沿河北路、秦淮新河、沿河南路、将军路、机场路等,沿途跨越各类大小池塘四处,采用围堰施工方法。其中跨秦淮新河水中墩、跨机场路连续梁、原位现浇三线铁路箱梁及挂篮法施工连续梁为施工重难点。

(1)水中承台施工

①桩基施工

钻孔桩采用先打设长大钢护筒,后冲击钻钻机成孔。为了确保汛期施工顺利进行,根据秦淮新河的历年水文资料,搭设钻孔平台及施工栈桥,确保了汛期桩基施工不中断。为了加快桩基的施工进度,钻孔平台加大,其几何尺寸及承载力满足同时安放四台钻机,确保四个循环即可完成一个主墩的桩基施工,大大加快了施工速度。

②钢围堰施工

钢围堰是为承台施工而设计的挡水结构,其作用是通过钢围堰四周壁板及封底混凝土将江水隔开,为承台施工提供无水的施工环境。钢围堰加工完成后,采用平板汽车按序通过施工栈桥运至施工现场。运输过程中设置装运平台,避免运输时钢围堰变形,确定合理的吊点,防止起吊变形。钢围堰拼装时搭设临时平台,利用临时平台进行钢围堰拼装。钢围堰拼装完成后,设置钢围堰悬吊系统。钢围堰在下放过程中,统一部署、统一指挥,保持各吊点下放同步性。

③承台施工

钢围堰下沉完成后,采用吹砂吸泥法进行水下清基。清基经检验合格后进行封底混凝土施工。封底混凝土强度达设计强度 80% 以上后进行钢围堰内抽水,并清洗底部泥浆,再进行承台施工。结合承台构造以及钢筋、冷却管的分布情况,承台分两层浇筑。

(2)跨机场高速公路连续梁施工

大桥 36 号 ~42 号墩跨机场路连续梁设计为三线(京沪高速铁路正线、沪汉蓉客运专线、宁安城际铁路)等截面槽型连续梁,跨度为(19 + 2 × 34 + 19) m,采用支架法施工。梁全长为 109 m,腹板处梁高为 2. 65 m,边支座处中心线至梁端 0. 75 m,支座横桥向中心距为 5. 7 m、5 m、5. 7 m。连续梁顶面宽度为 19. 2 m,底板宽度为 18. 2 m。全联连续梁在端支点、中支点设置横隔梁。

南京机场高速公路北起南京绕城高速公路,南至禄口国际机场,是连接南京市区至机场的重要交通通道。桥群中京沪高速铁路 38 号墩、沪汉蓉客运专线 40 号墩、宁安城际铁路 5 号墩位于机场高速公路中央分隔带处。墩身基础施工前,先将机场高速两侧路基各帮宽 12. 5 m,将中间隔离带封闭;桥梁基础施工结束后,开始施工跨机场高速连续梁钢管棚架基础。跨机场高速连续梁采用支架法施工,严格按照《客运专线铁路桥涵施工技术指南》(TZ 213—2005)的有关要求组织。浇筑混凝土过程中积极与路政单位沟通,对交通进行临时管制,保证交通过程中的交通安全。

(3)原位现浇三线箱梁施工

通过方案比选,确定采用门式支架法施工现浇箱梁。现场施工时箱梁底模采用竹胶板,侧模采用整体钢模板,模板拼接缝之间采用双面胶粘贴后用石蜡密封,防止漏浆。三线箱梁内模采用竹胶板拼装,采取焊接钢筋固定措施防止内模上浮。为保证箱梁表面色泽一致,模板安装完成后在模板表面均匀涂刷色拉油脱模剂。

秦淮新河大桥第一片三线现浇箱梁现场实际浇筑混凝土完成后线形均满足要求。

(4)连续梁挂篮施工

挂篮是悬臂浇筑的主要施工结构,该桥采用主桁由贝雷梁构成的桁架式挂篮。

挂篮安装后正式使用前,加载预压,预压材料采用沙袋和钢材模拟施工荷载预压,卸载后,得到挂篮的弹性变形和非弹性变形。

挂篮施工过程中,按照专门监控单位提供数值,设置预拱度,保证挂篮在施工过程中以及二期恒载加载后线形满足设计要求。通过对成桥后及轨道板等二期恒载加载完成后线形检测,均能满足设计线形要求。

(5)主要机械设备

施工中使用的主要机械设备见表3.4.12。

**表3.4.12 秦淮新河特大桥主桥使用的主要机械设备**

| 序号 | 名 称 | 单 位 | 数 量 | 序号 | 名 称 | 单 位 | 数 量 |
|---|---|---|---|---|---|---|---|
| 1 | 履带吊 | 台 | 4 | 12 | 混凝土运输车 | 台 | 20 |
| 2 | 汽车吊 | 台 | 12 | 13 | 插入式振捣棒 | 套 | 46 |
| 3 | 驳船 | 台 | 2 | 14 | 张拉千斤顶 | 台 | 8 |
| 4 | 振动锤 | 台 | 4 | 15 | 高压油泵 | 台 | 8 |
| 5 | 气举反循环钻机 | 台 | 14 | 16 | 灰浆搅拌机 | 台 | 2 |
| 6 | 挂篮 | 套 | 16 | 17 | 注浆泵 | 台 | 2 |
| 7 | 塔吊 | 台 | 8 | 18 | 钢筋电焊机 | 台 | 40 |
| 8 | 混凝土搅拌机 | 台 | 4 | 19 | 钢筋切割机 | 台 | 6 |
| 9 | 混凝土装载机 | 台 | 4 | 20 | 钢筋弯曲机 | 台 | 6 |
| 10 | 混凝土泵车 | 台 | 4 | 21 | 钢筋调直机 | 台 | 6 |
| 11 | 混凝土输送泵 | 台 | 2 | 22 | 砂轮切割机 | 台 | 15 |

4. 工程实际进度

跨秦淮新河特大桥工程于2008年6月进场,水中桥于2008年10月开始桩基施工,2009年3月开始18孔三线箱梁桥段施工的前期准备,2009年5月24号顺利浇筑完成第一片三线现浇箱梁,2010年8月主体工程施工全部结束,2010年12月连续梁全部合龙完成,2011年5月附属工程桥面系全部完工,达到竣工条件。

(十四)秦淮河特大桥

1. 工程概况

秦淮河特大桥位于南京市,起讫里程为DK1020+167.53~DK1032+793.49,中心里程为DK1026+476.00,桥全长为12 625.96 m。跨越的主要河流及道路有秦淮河、运粮河、翻身河、宁杭高速公路、东麒路、纬七路、佳营东路、上高路、开城路、天和路等。本桥梁特殊孔跨结构有一联(48+3×80+48)m连续梁、三联(48+80+48)m连续梁、一联(40+72+40)m连续梁、两联(40+56+40)m连续梁、一联(32+48+32)m连续梁、沪汉蓉联络线连续框架31孔,共9处特殊结构,其余为简支箱梁。

全桥均为钻孔桩基础,桩径为1 m、1.25 m、1.5 m。桥台为双线矩形空心桥台,跨河处桥墩采用圆端形、圆形实体墩,跨路连续梁为矩形实体墩,与沪汉蓉联络线共用墩为双层门式墩,其余简支梁桥墩主要为双柱墩。

本桥于 DK1022 +960 处跨越秦淮河，线路与河道夹角为 40°。秦淮河为通航河道，通航等级现为Ⅴ级，规划Ⅳ级。采用(48 +3 ×80 +48)m 连续梁结构跨越秦淮河，中跨两个桥墩位于河槽内，桥墩为钢筋混凝土圆形实体墩。

主桥桥位地质为粉质黏土、粉砂、全风化泥岩、强风化泥岩和弱风化泥岩。主墩桩基设计为摩擦桩，每个墩共有 15 根 $\phi$150 cm 钻孔桩，桩长 70 m 左右。承台设计为 18.2 m ×10.6 m ×4.0 m 低桩承台，采用拉森钢板桩围堰施工。主桥工程量大，水中施工难度高，汛期水位变化较快，汛期持续时间长，是京沪高速铁路的重点、难点工程之一，是京沪高速铁路五标段的控制性工程。

2. 工程特点

(1)松软土地基、侵蚀性环境工点多；基础设施沉降控制、梁体徐变控制标准高。

(2)根据优化后的施工组织设计，工期紧，施工干扰大。

(3)主桥钻孔桩采用旋挖钻施工，施工难度大。钻孔平台设计考虑度汛要求，在第一个枯水期完成部分钻孔桩，确保主墩钻孔平台安全度洪；次年洪水前，主墩施工至高出洪水位，以使后期施工不受洪水影响，施工组织需做周密安排。

(4)桥上沪汉蓉联络线处铺设两组 42 号大号码道岔，对施工精度要求高，技术含量高。

(5)桥设计为 CRTSⅡ型板式无砟轨道，必须对大跨桥梁无砟轨道铺设等技术进行吸收、再创新，技术创新工作任务艰巨。

3. 施工组织

(1)主桥 4 个主墩的桩基、承台、墩身、梁部均采取平行施工作业形式。安排两个作业队，以 105 号 ~106 号墩中间分界分别布置于秦淮河东西两岸，展开平行施工。第一作业队负责小里程侧 103 号 ~105 号墩的施工，第二作业队负责大里程侧 106 号 ~108 号墩的施工。下部结构施工方案为 104 号主墩位于大堤外坡脚处，施工前靠大堤一侧先用钢板桩防护。105 号、106 号主墩位于河水中，施工时先由两岸分别向两墩搭设栈桥和作业平台，钻孔桩施工完后，打设钢板桩围堰，进行承台和墩身施工。107 号主墩位于水边，采用筑岛施工。为加快进度，中跨 4 个主墩采用 2 套模板，桥墩混凝土分两节浇筑，边跨桥墩模板与其他桥墩周转使用。梁部施工方案为梁部悬臂施工配置 8 套挂篮，四个“T”构同时施工。

(2)两个作业队的大型临时工程分别在各自施工范围独立布设。栈桥采用贝雷梁形式，全长 220 m。

(3)施工中使用的主要机械设备见表 3.4.13。

**表 3.4.13　秦淮河特大桥主桥使用的主要机械设备**

| 序号 | 名　　称 | 单　位 | 数　量 | 序号 | 名　　称 | 单　位 | 数　量 |
|---|---|---|---|---|---|---|---|
| 1 | 履 带 吊 | 台 | 3 | 11 | 插入式振捣棒 | 套 | 50 |
| 2 | 汽 车 吊 | 台 | 2 | 12 | 张拉千斤顶 | 台 | 18 |
| 3 | 驳　　船 | 台 | 4 | 13 | 高压油泵 | 台 | 28 |
| 4 | 振 动 锤 | 台 | 4 | 14 | 灰浆搅拌机 | 台 | 2 |
| 5 | 旋挖钻机 | 台 | 2 | 15 | 注 浆 泵 | 台 | 2 |
| 6 | 挂　　篮 | 套 | 8 | 16 | 钢筋电焊机 | 台 | 10 |
| 7 | 混凝土搅拌机 | 台 | 4 | 17 | 钢筋切割机 | 台 | 3 |
| 8 | 混凝土装载机 | 台 | 4 | 18 | 钢筋弯曲机 | 台 | 3 |
| 9 | 混凝土泵车 | 台 | 2 | 19 | 钢筋调直机 | 台 | 2 |
| 10 | 混凝土输送泵 | 台 | 4 | 20 | 砂轮切割机 | 台 | 6 |

(4)钻孔桩采用宝娥G250旋挖钻机成孔。为了确保汛期施工顺利,根据秦淮河的历年水文资料,将钻孔平台及施工栈桥的高程定在+10.183 m,确保了汛期桩基施工不中断。为了加快桩基的施工进度,钻孔平台尺寸设计为27.8 m×23.4 m,其几何尺寸及承载力满足旋挖钻机施工要求。旋挖钻机施工大大加快了施工速度。

(5)主墩4个承台采取钢板桩围堰施工,采用抓斗开挖、水下混凝土封底工艺。为了确保工期,汛期内承台施工不中断,将钢板桩的施工水位定为+6.183 m,钢板桩顶高程定为+7.183 m,钢板桩总长度为21 m,采用拉森Ⅵ型钢板桩。

(6)梁部采用挂篮施工法,4个主墩采用8套挂篮同时施工。连续梁合龙顺序为边跨→次边跨→中跨。

(7)由于开城路、天和路紧靠秦淮河制梁场,且两联跨路连续梁均需拆迁南京工业技工学校后方可开工,跨佳营东路连续梁位于南京卷烟厂仓库上,拆迁完成较晚。上述三联连续梁拆迁完成后工期已不满足架梁工期要求,跨开城路(40+72+40)m连续梁、天和路(40+56+40)m连续梁和佳营东路(40+56+40)m连续梁变更设计为支架现浇法施工,其他连续梁均采用挂篮悬灌施工。

(8)轨道板岸边集中存放,由50 t汽车吊吊运上桥,双向运板车将轨道板运至安放点,10 t龙门吊安装就位。

4. 工程实际进度

秦淮河特大桥工程于2008年1月进场,主桥于2008年6月开始桩基施工,2009年10月连续梁全部合龙完成,2010年6月底完成无砟轨道铺设,满足2010年9月铺轨通过的工期要求。

(十五)谢边特大桥

1. 工程概况

谢边特大桥位于江苏省镇江市下蜀镇境内,起讫里程为DK1062+331.38~DK1063+959.15,中心里程为DK1063+145.27,全长1 627.77 m,孔跨结构为(6-32 m+1-24 m+12-32 m)简支箱梁+1-112 m提篮拱+27-32 m简支箱梁,地处长江高阶地,呈岗地、坳谷相间。该桥地质表层2~10 m为粉质黏土、硬塑黏土、角砾土及中粗砂,$\sigma=120\sim250$ kPa;其下部为花岗岩,根据风化程度不同其硬度不同,$\sigma=200\sim800$ kPa。全桥简支梁桥墩采用矩形空心墩,桥台采用矩形空心桥台,19号、20号墩为提篮拱桥墩,采用实心墩。全桥墩台基础除22号墩采用明挖基础外均为钻孔灌注桩基础,桩径有1.0 m和1.5 m两种。该桥桥台分别位于岗地斜坡上,在DK1062+519处跨越西气东输地下管道,与铁路夹角为83°13′02″;在DK1062+986~DK1063+040区段跨越312国道,312国道路面宽26 m,与线路夹角为60.5°,净高为5.0 m,采用1-112 m提篮拱跨越,是京沪高速铁路重点工程之一。

2. 工程特点和难点

(1)大部分地层处于弱风化岩层,岩质强度高,只能使用冲击钻施工,桩基础施工难度高,工效低,对工期控制和施工组织要求高。

(2)根据优化后的施工组织,谢边特大桥1-112 m提篮拱需通过架桥机架设后续箱梁,提篮拱施工工期紧、施工干扰大。

(3)大桥1-112 m提篮拱上跨312国道,提篮拱施工需占用行车道。该国道交通量大,对主跨施工影响较大,交通导改情况复杂,施工技术较为复杂。

(4)主桥设计为CRTSⅡ型板式无砟轨道,必须对大跨桥梁无砟轨道铺设等技术进行吸收、再创新,技术创新工作任务艰巨。

3. 施工组织

(1)大桥的桩基、承台、墩身、梁部均采取平行施工作业形式。安排七个作业队,其中四个作业队施工钻孔桩,两个作业队施工承台、墩身,一个作业队负责提篮拱的施工。

(2)桥梁大型临时工程均在312国道沿线布设。拌和站采用集中拌和,位于312国道与句蜀公路交叉处,交通便利。钢筋加工场位于桥梁主跨19号墩小里程侧,与施工便道毗邻。

(3)施工中使用的主要机械设备见表3.4.14。

**表3.4.14　谢边特大桥主桥使用的主要机械设备**

| 序号 | 名　　称 | 单　位 | 数　量 | 序号 | 名　　称 | 单　位 | 数　量 |
|---|---|---|---|---|---|---|---|
| 1 | 挖 掘 机 | 辆 | 2 | 8 | 弯 曲 机 | 台 | 2 |
| 2 | 吊　　车 | 辆 | 5 | 9 | 切 割 机 | 台 | 2 |
| 3 | 混凝土搅拌运输车 | 台 | 10 | 10 | 调 直 机 | 台 | 1 |
| 4 | 自卸汽车 | 辆 | 5 | 11 | 发 电 机 | 台 | 2 |
| 5 | 混凝土拌和站 | 台 | 2 | 12 | 空 压 机 | 台 | 4 |
| 6 | 装 载 机 | 辆 | 2 | 13 | 冲 击 钻 | 台 | 11 |
| 7 | 电 焊 机 | 台 | 6 | 14 | 二氧化碳气体保护焊 | 台 | 6 |

(4)钻孔桩采用CZ-6型冲击钻成孔。19号、20号主墩钻孔桩为1.5 m孔径,采用4.5 t、1.5 m空心锤,其余为1.0 m孔径,采用1.0 m空心锤。为防止冲击振动导致邻孔孔壁坍塌或影响邻孔已浇注混凝土强度,交叉隔孔开钻或待邻孔混凝土抗压强度达到2.5 MPa后开钻。

(5)5号~6号承台之间下有西气东输地下管道,基础开挖时采用带挡板开挖;19号~20号承台基坑开挖深度大于4.5 m,并且开挖边界紧靠312国道,设置密排钢轨桩进行边坡防护;其余承台基坑的最大挖深为3.3 m,直接放坡进行土方开挖。基坑开挖以机械开挖为主,人工修整为辅。

(6)提篮拱梁部采用满堂支架法施工,跨312国道部分预留门洞,供车辆行驶。钢管拱肋采用系梁上搭设支架施工,拱肋节段利用汽车吊进行吊装,拱肋混凝土采用顶升法对称泵送无收缩灌注,之后安装并张拉吊杆,调整好吊杆力后拆除支架,施工二期恒载及桥面系,复测并调整吊杆索力至设计值。

(7)轨道板集中存放,由50 t汽车吊吊运上桥,双向运板车将轨道板运至安放点,10 t龙门吊安装就位。

4. 工程实际进度

谢边特大桥工程于2008年1月进场,主桥于2008年2月开始桩基施工,2009年10月30日完成112 m提篮拱的施工,架桥机按期通过提篮拱架设后架方向预制箱梁,2010年1月底完成全部工程的施工。2010年6月完成无砟轨道铺设,满足9月铺轨通过的工期要求。

## (十六)乔家门特大桥

1. 工程概况

乔家门特大桥横穿镇江市润州区、丹徒区,桥址处地势较为平坦。线路自西向东分别跨越243省道、扬溧高速公路、团结河、润兴路、长山引河及檀山路等,其起讫里程为DK1079+769.78~DK1084+374.4,中心里程为DK1082+072.09,全长4 604.62 m。其中,DK1082+600~DK1084+374.4段为镇江高架站桥段。

桥跨特殊结构为(40+56+40)m连续梁两联,其中一联跨越243省道即镇句公路,一联跨越团结河;(48+80+48)m连续梁跨越扬溧高速公路(润杨大桥南引道),(32+48+32)m连续梁跨越润兴路,(32+40+56+40+32)m连续梁跨越长山引河,(29+56+29)m连续梁跨越檀山路。乔家门特大桥镇江高架站站桥段全长1 882.82 m,为两台六线,双岛式站台设计,正线为双线(间距为5 m),到发线为4股道,其中标准简支梁跨11孔,非标简支梁跨74孔,6×34 m现浇连续梁一联,4×32 m现浇连续梁一联,3×32 m现浇连续梁两联,2×32 m现浇连续梁两联。

本桥基础均为钻孔桩,桩径为1.0 m、1.25 m、1.5 m,采用双线矩形空心桥台,长山河内两个桥墩采用圆端形空心墩,其余各墩均为双线矩形空心墩和双柱实心墩。镇江高架站6×34 m多跨一联支架现浇异形道岔连续梁和跨扬溧高速公路为京沪高速铁路重点工程,是影响架梁工期的控制性工程。

2. 工程特点和难点

(1)大桥跨越公路主干道四处,分别为镇句路、润扬高速公路、润兴路、檀山路,均属城际间主干道,车流量大,行人较多,安全防护及交通组织工作难度极大,且桥梁均为悬臂浇筑连续梁施工,技术含量高,安全风险较高。

(2)大桥跨越河道两处,分别为团结河和长山引河,均与长江相连通,属季节性河流,河内有伤人钉螺,丰水期施工难度更大,对桥梁下部施工影响较大。

(3)大桥非标简支梁和非标连续梁较多,达17孔,采用支架法现浇施工。特别是在镇江高速站站桥段,多跨支架现浇异形匝道连续梁施工是首次尝试,施工难度大,质量控制要求高,技术创新点多。

(4)全桥地形复杂,有多处鱼塘,地下水位较高,同时跨越经济开发区、民用建筑物、厂房、办公楼等大型建筑,化纤公司、铝业公司等聚集于此,通信光缆、水、气等管路较多,同时居民密集,拆迁量大,拆迁困难。

(5)跨扬溧高速公路原设计为(48+80+48)m V形刚构转体施工,因高速公路管理方对方案有异议,经多轮商讨变更设计为(48+80+48)m连续梁,2008年底方开工,工期异常紧张。

3. 施工组织

(1)本桥共设置六处生产营地,各生产营地设配电房、发电房、钢结构加工车间、钢筋加工车间、木工车间等生产房屋。混凝土采用集中搅拌,由新建乔家门混凝土搅拌站(位于线路DK1085+200右侧150 m,312国道K261+200处)提供混凝土。本桥共设置六台500kVA台式变压器,均安装在各生产营地内。施工用电电缆线路采用"三相五线"接线方式,以架空或地埋(过路)敷设全桥。

(2)全桥桩基、承台、墩身分为三个区段采取平行施工作业。安排三个作业队,第一、二作业队负镇江高架站施工,第三作业队负责其他区段。梁部施工安排三个作业队,一个作业队负责高架站现浇梁施工,两个作业队负责连续梁悬灌施工。钻孔桩采用冲击钻和旋挖钻成孔。

(3)六联连续梁均采用悬灌法施工,高架站道岔连续梁、异形简支梁、非标梁等采用支架现浇。到发线74孔箱梁独创性地由支架现浇法变更为高低腿提梁机架设法施工,由镇江制梁场制梁后运输至车站正线,高低腿提梁机提梁横移架设。

(4)轨道板集中存放,区间由50 t汽车吊吊运上桥,双向运板车将轨道板运至安放点,10 t龙门吊安装就位,高架站内直接由汽车运输至桥上吊装。

(5)主要施工机械设备见表3.4.15。

表 3.4.15　乔家门特大桥主要施工机械设备

| 序号 | 名　称 | 规格型号 | 进场数量 | 序号 | 名　称 | 规格型号 | 进场数量 |
|---|---|---|---|---|---|---|---|
| 1 | 变压器 | 500 kVA | 6 | 13 | 混凝土罐车 | HS60 | 8 |
| 2 | 发电机 | 150 kW | 2 | 14 | 混凝土搅拌站 | 2HLS90 | 1 |
| 3 | 旋挖钻机 | 三一重机 | 10 | 15 | 装载机 | ZL50L | 4 |
| 4 | 冲击钻 | CZ-30 | 6 | 16 | 推土机 | T140-1/142.9 kW | 1 |
| 5 | 交流电焊机 | BX1-500 | 30 | 17 | 汽车起重机 | QY25 | 3 |
| 6 | 钢筋切断机 | GQ40 | 6 | 18 | 汽车起重机 | QY16 | 4 |
| 7 | 钢筋调直机 | GT14 | 6 | 19 | 自卸汽车 | 20 t | 4 |
| 8 | 钢筋弯曲机 | GW40-1 | 6 | 20 | 混凝土输送泵 | HBTS60-12-90 | 4 |
| 9 | 闪光对焊机 | UNS-100 kVA | 4 | 21 | 风　镐 | G20 | 4 |
| 10 | 挖掘机 | DH220 | 4 | 22 | 空压机 | HUZ1-Z-0.12/15 | 4 |
| 11 | 泥浆泵 | 3PNL | 16 | 23 | 张拉设备 | | 4 |
| 12 | 混凝土泵车 | JX-M3315 | 2 | 24 | 压浆设备 | | 2 |

4. 工程实际进度

乔家门特大桥工程于 2008 年 1 月进场，4 月正式开工，2009 年 7 月高架站现浇梁全部完成，9 月连续梁全部合龙，满足架梁工期要求。2010 年 8 月完成无砟轨道铺设，9 月完成铺轨。

## （十七）镇江京杭大运河特大桥

1. 工程概况

镇江京杭大运河特大桥（图 3.4.17）位于江苏省镇江市丹徒区，起讫里程为 DK1089 + 323.32 ~ DK1101 + 208.31，全桥长度为 11.88 km，主跨以（90 + 180 + 90）m 连续梁拱结构跨越京杭大运河。京杭大运河主要为航运和灌溉的河道，与长江相连，也是太湖流域主要的排洪河道，桥位处河道弯曲，主桥与河道交角为 45°。该段运河原为Ⅳ级航道，该桥施工时正在进行Ⅲ级航道的拓宽工程，要求净宽不小于 90 m，净高不小于 7.5 m，桥址处最高通航水位为 +5.21 m。

图 3.4.17　镇江京杭大运河特大桥

(1)下部结构

两个主墩位于运河岸边,基础均为15根$\phi$2.2 m钻孔桩,桩长分别为76.5 m和74.3 m,钻孔桩范围内主要地质为粉质黏土和弱风化泥质粉砂岩;双层承台厚7 m。桥墩为钢筋混凝土圆端形实心桥墩,主墩高分别为15 m和9 m,混凝土强度等级为C40。

(2)主梁构造

主梁为预应力混凝土结构,采用单箱双室变高度箱型截面,跨中梁高为4.5 m,支点处梁高为10 m,梁底按圆曲线变化。箱梁顶宽14.2 m,支点附近局部顶宽16.5 m,底宽10.8 m,支点附近局部底宽13.8 m。箱梁于各吊杆处共设18道吊杆横梁,吊杆横梁高分1.5 m、1.4 m两种,横梁厚0.4 m。

主梁共分79个梁段,主梁混凝土设计等级为C55,采用纵、横、竖三向预应力。

(3)拱肋及吊杆

拱肋计算跨度为180 m,为钢管混凝土结构。两片拱肋中心距为11.9 m,共设9道横撑,均采用空间桁架撑,不填充混凝土。

主跨共设18组双吊杆,吊杆材料采用PES(FD)7-61型低应力防腐拉索,外套复合不锈钢管,配套使用LZM7-61型冷铸墩头锚,吊杆间距为9 m。

(4)支　　座

采用GTQZ系列球形支座,各支点沿横向设3个支座。边支点支座吨位为8 000 kN,中支点支座吨位为80 000 kN,固定支座设于上海方的320号墩。

2. 工程特点和难点

(1)跨度大、速度高。设计时速为350 km,建成后是世界上同类结构铺设无砟轨道跨度最大、运营速度最高的桥梁。

(2)线形控制要求高。桥上铺设CRTSⅡ型板式无砟轨道,无砟轨道精度要求高。对桥梁线形控制提出了更高的要求。

(3)徐变变形控制要求高。特别是CRTSⅡ型板式无砟轨道,要求桥梁工后徐变变形小。桥梁徐变对无砟轨道铺设时间和精度的影响需精确控制。

(4)通航繁忙,不能影响航运且安全要求高。

(5)施工工艺复杂,施工难度大。

3. 施工组织

(1)总体施工方案

主桥采用"先梁后拱"法施工,先施工连续梁,然后在连续梁上安装拱部结构。桩基采用冲击钻成孔,水下混凝土灌注;承台采用钢板桩支护,大体积混凝土浇筑;墩身采用翻模施工;梁体主要采用挂篮悬臂浇筑;拱肋采用桥面原位支架吊装,钢管混凝土采用混凝土送顶升工艺。全段简支梁以场预制、架桥机架设。

(2)资源配置

全桥考虑资源配置合理,以介于跨338省道(60+100+60)m连续梁和跨京杭大运河(90+180+90)m连续梁拱之间,位于镇江市丹徒区辛丰镇,里程为DK1095+274的178号墩为界,安排两个桥梁工区施工。按专业下设四个作业分队,一分队负责钻孔桩作业施工,二分队负责承台及墩身施工,三分队负责连续梁悬灌施工,四分队负责钢管混凝土拱肋施工。节段拼装主要机具设备使用情况见表3.4.16。

表 3.4.16 钢管拱节段拼装主要机具设备

| 序号 | 名称 | 单位 | 数量 | 序号 | 名称 | 单位 | 数量 |
|---|---|---|---|---|---|---|---|
| 1 | QY100K 汽车吊机 | 台 | 2 | 10 | 电焊机 | 台 | 20 |
| 2 | GROVE 轮胎起重机 | 台 | 1 | 11 | 氧割炬 | 台 | 4 |
| 3 | 汽车吊机 | 台 | 1 | 12 | 导链 | 台 | 5 |
| 4 | 塔吊 | 台 | 1 | 13 | 卷扬机 | 台 | 3 |
| 5 | 长箱平板车 | 台 | 2 | 14 | 手动 PE 热焊机 | 台 | 1 |
| 6 | 混凝土输送泵 | 台 | 2 | 15 | 手提砂轮切割机 | 台 | 2 |
| 7 | 混凝土运输车 | 台 | 6 | 16 | 电动磨光机 | 台 | 2 |
| 8 | 千斤顶 | 台 | 16 | 17 | TOPCON 全站仪 | 台 | 1 |
| 9 | 油泵 | 台 | 8 | 18 | 电子水准仪 | 台 | 2 |

(3)主桥场地布置

场地布置严格按设计规划范围，合理安排、节约用地、方便施工。该工程采用集中搅拌，罐车运输。由于主跨两个墩分别位于京杭大运河航道两岸，材料运输不便，而主跨拱总重达 828.3 t，一个拼装场无法满足施工要求，为了施工需要、合理调配施工资源及加快施工进度，分别在京杭大运河东、西两岸各设置拼装场，并扩大建场规模。

4. 施工实施

为保证整桥建设工期，下部工程采取分段平行作业、段内流水作业的施工方法。对连续梁拱、悬臂浇筑梁、现浇梁结构部分，开工后优先安排该部位的下部结构施工，以确保全线整体架梁工期目标的实现。

主墩施工：两主墩位于镇江京杭大运河岸边，施工时先筑岛施工钻孔桩，再下钢板桩围堰施工承台。钻孔桩采用冲击钻机，每墩安排三台，两墩同时施工。桥墩混凝土一次浇筑成型。两边墩位于陆地，由于墩较高且截面大，采用翻模施工。(90 + 180 + 90) m 预应力混凝土连续梁采用挂篮悬臂浇筑。

钢管拱肋分段在工厂制作，半跨预拼合格后运至工地用支架原位拼装施工。连续梁施工完毕后，于桥面搭设拼装拱肋用临时支架，用汽车吊上桥将钢管拱拱肋逐段吊装到支架上进行焊接拼装。合龙后拆除临时支架。

5. 工程实际进度

该桥实际开工时间为 2008 年 7 月 27 日，桩基施工于 2009 年 3 月 10 日完成；承台施工于 2009 年 5 月 6 日完成；墩台施工于 2009 年 6 月 25 日完成；梁部结构施工于 2010 年 5 月 9 日完成中跨合龙段，2010 年 5 月 30 日完成预应力张拉；钢管拱的拱肋安装于 2010 年 7 月 9 日完成；内充混凝土于 2010 年 7 月 27 日完成；吊杆安装于 2010 年 8 月 3 日完成；吊杆张拉于 2010 年 8 月 8 日完成。

(十八)丹昆特大桥阳澄湖桥段

1. 工程概况

丹昆特大桥起讫里程为 DK1112 + 722.96 ~ DK1276 + 505.97，全长 164.85 km，全部采用高架桥梁通过，为世界第一长桥，设计速度为 350 km/h。沿线跨越水面宽度 20 m 以上的河道 100 余条(其中通航河流 36 条)；跨越各类道路 150 余条。共有 130 余处特殊结构，主要跨度有跨娄江(70 + 136 + 70) m 连续梁拱，跨常州西二环 128 m 提篮拱，跨龙虎塘 112 m 提篮拱，跨青阳港 96 m 系杆拱，跨吴淞江(60 + 100 + 60) m 连续梁，跨锡澄高速(48 + 2 × 80 + 48) m 连续梁，跨新孟河(40 + 2 × 72 + 40) m 连续梁，跨柏庐路(30+40+72+40+32)m道岔连续梁等。

阳澄湖桥段全长35.1 km,主要位于江苏省苏州市,起于苏州市阳澄湖镇,止于昆山市中华园西路,穿越苏州相城区、工业园区以及昆山市三个县市级行政区域,包括唯亭镇、巴城镇、玉山镇等三镇十八个村庄。7次跨越阳澄湖湖区(跨越长度为5.9 km),跨越阳澄湖大道(双阳路)、苏州绕城高速公路、娄江五级航道、沪宁铁路既有线等十三处重要交通线路。主要水体施工范围内的工程数量为钻孔灌注桩6 971根,承台708个,墩身708个,预制及架设箱梁787孔,特殊结构13处,桥面防水层长29 314.618 m,底座板长23 411.64 m,轨道板铺设7 234块。

2. 工程特点和难点

(1)工程量大

主要水体内桥梁梁跨形式多,各种梁跨交错布置;简支箱梁运架施工是重点。预制架设简支箱梁共787孔,其中24 m简支箱梁78孔、32 m简支箱梁709孔。悬臂浇筑10联共31跨。

下部结构混凝土圬工共698 163 $m^3$,施工期间每座拌和站平均日生产混凝土800 $m^3$,高峰期单座拌和站日生产混凝土圬工最高达1 200 $m^3$。

(2)征地拆迁工作难

阳澄湖桥段位于经济发达的苏州地区,受人均占用耕地较少的制约,征地拆迁工作难度大,对工程按期开工和正常有序施工影响较大,施工组织协调难度大。

(3)资源需求量大

①机械设备投入大。梁场需布置用900 t架桥机1台,900 t运梁车1台,特殊结构梁的施工挂篮12套。

②材料供应量大。对混凝土与钢材需求量大,高峰日供应钢材量约600 t。

③人力资源投入大。仅主要水体内桥梁施工就投入管理人员60人,技术人员187人,平均上场劳动力2 500人,高峰期投入3 510人。

④大型临时设施工程量大。该工程线路长,沿线地处长江流域,水系发达,便桥、水中栈桥、便道数量多,预制场区域有多处软土地层,对制梁台座、存梁台座、提梁站基础均有较高的承载力要求,必须进行深层地基加固处理,故大型临时设施工程量大。

(4)环保要求高

该工程地处环境高度敏感的国家级保护区阳澄湖,作为苏州市饮用水源保护区、增值放流区、河蟹生态养殖区和亲本培育基地、沿湖湿地保护区,地方政府对湖区施工提出了确保水系畅通、确保航行安全、确保施工安全、确保渔业生产安全、确保竣工恢复湖区原貌"五个确保"的要求。水体保护要求高,加之土建工程本身环境污染控制难度就很大,这就要求施工单位采取有效地环境保护措施。

3. 施工组织

(1)施工原则与安排

基础、墩台分区段、分作业面依次组织施工,各工序之间形成流水作业,现浇连续梁优先安排施工,箱梁架设是控制工期的关键工程,优先保证,按期开工和完成。

该段设五个桥梁综合作业工区、一个预制、架梁作业工区。

根据工程特点和总体施工进度计划,将该工程划分为两个标志性施工阶段,第一施工阶段为施工准备及部分工程施工阶段,完成先期施工人员和机械设备的调遣进场,组建试验室,完成临时驻地、临时便道、临时供水设施和拌和站的建设,控制工期的工程先行开工;第二施工阶段为全面施工阶段,桥梁下部主体结构和控制架梁工期的连续梁、系杆拱现浇施工于架梁到达前1个月完成，以保证架梁的连续进行。

(2)设备配置

为保证工程顺利进行，根据施工组织设计的工程数量、工程进度和工期要求，按照经济适用、合理配置的原则配置了施工机械和设备。主要的设备配置见表3.4.17。

**表3.4.17　丹昆特大桥阳澄湖桥段主要设备配置**

| 序号 | 名　　称 | 规格型号 | 数　量 | 序号 | 名　　称 | 规格型号 | 数　量 |
|---|---|---|---|---|---|---|---|
| 1 | 循环钻机 | GPS-18 | 20 | 15 | 施工挂篮 | | 20 |
| 2 | 冲击钻机 | CK-1500 | 3 | 16 | 交流电焊机 | ZLD21 | 40 |
| 3 | 旋挖钻机 | ZR200 | 5 | 17 | 张拉机具 | YG70 | 8 |
| 4 | 混凝土搅拌站 | HZ120 | 10 | 18 | 变 压 器 | S9-500 kVA | 38 |
| 5 | 装 载 机 | ZL50($3\ m^3$) | 15 | 19 | 浮　　吊 | 100 t | 2 |
| 6 | 混凝土输送车 | | 30 | 20 | 龙 门 吊 | 36 m跨450 t | 2 |
| 7 | 混凝土汽车泵 | 37 m | 4 | 21 | 轮胎提梁机 | 900 t | 1 |
| 8 | 空 压 机 | $10\ m^3/min$ | 10 | 22 | 混凝土拌和站 | HZS150 | 2 |
| 9 | 发 电 机 | 320 kW | 5 | 23 | 发 电 机 | GKF300 | 2 |
| 10 | 汽 车 吊 | QY50 | 3 | 24 | 箱梁外模 | 32 m | 12 |
| 11 | 振动打桩锤 | DZ90 | 4 | 25 | 箱梁内模 | 32 m | 6 |
| 12 | 运输汽车 | 10 t | 36 | 26 | 箱梁外模 | 24 m | 1 |
| 13 | 压 浆 泵 | YZB-100 | 4 | 27 | 箱梁内模 | 24 m | 1 |
| 14 | 履 带 吊 | 50 t | 2 | 28 | 简支箱梁架桥机 | 900 t | 1 |

(3)水中钢围堰施工组织

考虑阳澄湖属于水产养殖区及饮用水源区，采用传统的钢栈桥施工时，在钢管桩打入湖床阶段，泥沙上浮会造成阳澄湖水体污染。桥梁水中墩基础施工时，钢护筒、钢围堰下沉及就位，上浮泥沙、悬浮物会影响水体环境。水中施工机械设备产生的油污染、混凝土灌注产生的水泥浆污染、钻孔施工产生的泥浆污染及施工产生的建筑垃圾污染，也会导致阳澄湖水质下降。另外，从工期的角度考虑，传统的钢栈桥水中平台施工周期较长，考虑钢护筒、钢板、钢板桩等材料周转使用，势必严重制约工期进度，所以施工单位对此方案进行优化设计。

通过比选认为采用筑坝围堰方案能有效保证施工进度，因为围堰施工完毕后湖区水中施工同岸上陆地施工条件基本一致，方便各种机械车辆进出，并能保证周转材料顺利调运，大大提高了施工效率，缩短了工期。同时阳澄湖湖底比较硬，淤泥层较薄，适合筑坝围堰，并能保证施工便道的安全和稳定性。经过计算筑坝围堰的承载力能够满足侧向最大水压力的要求，安全上有保障。

根据堰身断面尺寸必须保证有足够强度和稳定性的原则，采取双排桩围堰形式，即采用打入水中的两排木桩(也有钢板桩、钢管桩)中间填筑黏性土筑成两道坝体来隔断水体，形成围堰。围堰合龙后，抽掉围堰内的水，使水上作业改为陆地作业。在围堰坝体内设置竹排和防水土工布来防水，利用槽钢和拉杆固定竹排和土工布，同时在填筑较低高度的土时，作为围挡使用，在施工时分层填筑。

通过将水中栈桥方案优化为围堰施工，将跨湖区桥梁桩基承台水中施工变为陆地施工，规避了繁琐的栈桥施工过程，极大地节省跨湖区桥梁下部施工工期，同时起到了保护阳澄湖湖区水环境的良好效果，得到了苏州当地社会各界高度赞扬，树立了建设环境友好型工程的典范。

丹昆特大桥阳澄湖段环保围堰施工如图 3.4.18 所示。

图 3.4.18 丹昆特大桥阳澄湖段环保围堰施工

4. 工程实际进度

桥梁基础施工于 2008 年 3 月 1 日开始，2009 年 2 月 28 日结束；桥梁墩台身施工于 2008 年 4 月 15 日开始，2009 年 8 月 10 日结束；简支箱梁预制于 2008 年 8 月 1 日开始，2009 年 9 月 25 日结束；简支箱梁架设于 2008 年 10 月 1 日开始，2009 年 10 月 23 日结束；连续梁悬浇于 2008 年 6 月 1 日开始，2009 年 10 月 2 日结束。

（十九）蕴藻浜特大桥跨既有铁路“三角区”桥群

1. 工程概况

蕴藻浜特大桥跨越黄浦江支流蕴藻浜河及盐铁河，起讫里程为 DK1277 + 301.52 ~ DK1300 + 602.82，全桥长 23.301 km。全桥重点孔跨部位在黄渡线路所、跨沪宁铁路(48 + 80 + 48)m 连续梁、跨新翔黄公路(48 + 80 + 48)m 连续梁、跨曹安公路 1 – 96 m 提篮拱、跨吴淞江(60 + 100 + 60)m 连续梁，跨(70 + 120 + 70)m 连续梁、跨黄翔（也称黄封）铁路(40 + 64 + 40)m 连续梁。

其中，京沪高速铁路上海虹桥站下行联络线特大桥，跨黄翔（黄封）铁路连续梁桥为三跨连续梁，中心桩号为 GLXDK2 + 845.045，墩号为 75 号 ~ 78 号。其中 76 号、77 号墩的上部结构斜跨既有黄翔（黄封）铁路，与铁路交角为 30°。原设计为挂篮施工，由于工期比较紧，后改为现浇支架施工。

跨沪宁铁路的桥型布置为(60 + 100 + 60)m 连续梁，与沪宁铁路交角为 21°，箱梁顶宽 12 m，底宽 6.7 m。为保证施工及既有线行车安全，上部施工时在既有铁路上设置防护支架，防止连续梁施工时落物对铁路运营的影响以及接触网高压对施工安全的影响。

于里程 DK1292 + 059.405 ~ + 237.105 处跨越翔江公路（新翔黄公路）和顾江河，采用(48 + 80 + 48)m 连续梁桥。主梁截面为单箱单室结构，采用垂直腹板。梁全长 177.5 m，共分 7 个梁段，中支点 B 号梁段 2 × 36.0 m；A 号梁段 2 × 30.75 m；C 号合龙段 2 × 3.50 m；D 号梁段长度 37.0 m。

黄渡桥段跨既有线范围为 DK1290 + 240.13 ~ + 602.71，京沪高速铁路双线跨既有京沪铁路，为(60 + 100 + 60)m 大跨径预应力连续梁，与既有京沪铁路斜交交角为 21°，箱梁底净空为 20 m；跨沪宁城际铁路引入上海虹桥上下行联络线特大桥，跨既有京沪铁路，均为(57 +100 +63)m 大跨径连续梁，与既有铁路上下行联络线斜交角分别为17°和20°，箱梁底净空为20m。三座大跨径连续梁并行通过，均采用现浇支架施工。

黄渡桥群简称“三角区”。作为重点控制工程，不是因为它所处的特殊地理位置，而是因为在“三角区”内，有运营的铁路线两条，需要建设六座跨既有线路的连续桥梁，且这六座连续桥梁均处于沪宁城际铁路、京沪高速铁路架梁通道上，如图3.4.19所示。

图3.4.19 “三角区”桥群

2. 工程特点和难点

(1)京沪高速铁路、沪宁城际铁路及其上下行联络线分三条线先后跨越既有黄封联络线和京沪铁路，交角小，新建线路近似平行跨越既有铁路，线路之间距离近，干扰严重，组织难度很大。

(2)既有沪宁铁路运输密度是全国铁路密度的4倍，施工期间，一天24小时有228列车通过，且此处既有线的沉降控制要求高(不大于2mm)，如果沉降超过允许值，会给既有线路带来严重的安全隐患，要保证跨线施工时的铁路安全。

(3)在施工中，该桥群工点多，人员多，材料多，机械设备多，有的施工需要在天窗时间内完成，因此时间紧，干扰比较大，组织困难。

(4)六跨连续梁主墩承台比较大，距离既有铁路距离较近，施工影响大。

(5)重点结构位置为K1286 +998.05(284号墩)~K1287 +390.45(296号墩)三线简支梁，K1287 +750.15(307号墩)~K1288 +142.55(319号墩)三线简支梁，其地理位置处在沿铁河及其周边的鱼塘、藕塘内。由于采用满堂支架现浇，为减少支架的沉降量，确保地基的稳定，须进行大面积地基处理，增加了施工难度。

3. 施工组织

针对工程的特点和难点，京沪高铁公司组织施工单位重点对场地的布置、跨既有铁路线施工安全防护措施的保证、支架现浇施工等几个方面进行了研究。

(1)机械设备配置

“三角区”桥群施工时使用的主要机械设备见表3.4.18。

表3.4.18 “三角区”桥群施工的主要机械设备

| 序号 | 名　称 | 数　量 | 单　位 | 序号 | 名　称 | 数　量 | 单　位 |
|---|---|---|---|---|---|---|---|
| 1 | 挖掘机 | 30 | 台 | 8 | 发电机 | 11 | 台 |
| 2 | 小松200、压路机 | 1 | 台 | 9 | 自卸车 | 4 | 辆 |
| 3 | 汽车吊 | 18 | 台 | 10 | 半挂车 | 28 | 辆 |
| 4 | 装载机 | 2 | 台 | 11 | 重型货车(9.6 m) | 1 | 辆 |
| 5 | 履带吊 | 25 | 台 | 12 | 履带吊 | 2 | 台 |
| 6 | 塔　吊 | 9 | 台 | 13 | 运输车 | 1 | 辆 |
| 7 | 汽车泵 | 4 | 台 | 14 | 挖掘机 | 1 | 辆 |

(2)施工场地布置

该工程既有线场地狭小，各种地上地下管线众多，给既有线施工带来极大难度。施工单位在原有施工便道、厂房建设的基础上，对既有线范围内的场地进行重新规划和建设，形成了临时值班室、临时加工厂房及临时施工便道“三位一体”的“三角带”施工区。

(3)跨既有铁路线施工的安全保证

“三角区”桥群跨越既有铁路时，为确保既有线安全，施工单位严格遵守《铁路营业线施工安全管理办法》(铁办〔2008〕190号)以及《铁路行车线上施工技术规则》(TBJ 412—87)的有关规定，采取了安全保证措施。

①加强与上海铁路局的沟通与协调，处理好施工与行车的关系，保证安全。

②邻近既有铁路施工前，施工单位按照铁道部和铁路局营业线施工安全管理的有关规定编制详细的施工组织方案及安全专项方案，报上海铁路局，上海铁路局组织京沪高铁公司、监理、设计及施工单位对方案进行审查。

③跨既有铁路的安全专项方案经审查通过后，施工单位提前一个月申报要点施工计划，与上海铁路局相关设备管理单位及业务处室签订施工安全协议，并办理《营业线施工安全审批表》，在施工前三天上报施工日计划。在完成上述程序后，向上海铁路局运输主管部门申请施工封锁或慢行计划。

④加强施工过程中的监控。为监控施工对既有线路基的影响，在既有线两侧护栏外5~10 m设置沉降观测点，每2小时沉降观测一次，如果沉降量达到2 mm/h，则停止施工，并通知工务段维护人员维护。

⑤在天窗作业期间，保证起重机械的完好，按事先确定的方案操作；严格规范作业人员行为，严禁抛掷工具、材料和其他物品，防止坠落影响行车安全；做好防护工作，并保证施工中任何机具、材料、设备及人员均不侵入既有线建筑限界内。

(4)连续梁施工组织

为保证施工及既有线行车安全，上部施工时在既有铁路上设置防护棚架，防止连续梁施工时落物对铁路运营的影响。

蕴藻浜特大桥跨既有黄封铁路(32+48+32)m连续梁为等截面箱梁结构，采用悬臂挂篮施工工艺,0 号块长度为 10 m,悬臂浇筑块段为 3 m 一个节段,共计 24 个块段,边跨现浇段 2 个,每个长度为 7.65 m,边跨合龙段 2 个,每个长度 2 m,中跨合龙段 1 个 2 m 长,现浇箱梁总长度为 113.3 m。

合龙段有 3 个,按照"先边跨合龙,后中跨合龙"的原则,均采用挂篮方式进行合龙。为确保合龙后线形与设计线形相一致,在箱梁合龙段施工前两个多月对箱梁顶板、底板温度、大气温度进行了跟踪测量,并多次测量箱梁轴线、桥面高程,进行原始基础资料收集,同时积极和设计、监控单位就合龙段施工有关事宜进行磋商,确保了合龙段施工的顺利实施。

4. 工程实际进度

2008 年 3 月初全面启动桩基施工工作。桩基施工 3 月 6 日开工,7 月 1 日结束;承台施工 4 月 21 日开工,7 月 15 日结束;墩柱施工 5 月 1 日开工,7 月 30 日结束;支架现浇梁 DK1286 + 793.15(277 号墩)~ DK1288 + 142.55(319 号墩)长 1 154 m,5 月 16 日开始施工,9 月 30 日全部结束。

## 第二节　路基工程

### 一、工程概况

全线路基工程长 242.3 km,占线路长度的 18.4%。路基工点类型包括软土和松软土路基、岩溶路基、黄土路基和一般土质路基等。

沿线软土路基主要分布在宿州至丹阳之间及上海虹桥,共计 28 处工点,累计长 6.8 km。厚度小于 3 m 的浅层软土,采用挖除换填、重锤强夯、深层搅拌桩复合地基加固等措施;厚度大于 3 m 的软土地基,主要采用重锤强夯、深层搅拌桩复合地基、CFG 桩桩网复合地基及联合堆载预压等措施加固处理;厚层、深厚层软土地基,采用 CFG 桩桩网或桩筏复合地基加固、管桩桩网或桩筏复合地基加固、桩筏基础(车站咽喉区及正线低路堤)及联合堆载预压等措施。

沿线松软土路基主要分布在廊坊、沧州、德州、济南、曲阜以及宿州至丹阳之间,共计 126 处工点,累计长 39.707 km。当地表下 2 m 范围有软弱土层,且以下无其他软弱土层时,采用翻挖换填、重型或冲击碾压措施;较深或深层松软土地基,主要采用强夯、碎石桩、深层搅拌桩、CFG 桩、旋喷桩或钢筋混凝土预制管桩等桩网或桩筏复合地基、桩筏基础,并联合堆载预压措施加固处理。

沿线黄土路基主要分布在济南至泰安段,共计 14 处工点,累计长 2.21 km。当路堤基底变形满足要求时,基底采用冲击碾压或重锤夯实处理;当湿陷性黄土的厚度小于 3 m 时采用挖除换填、冲击碾压或重锤夯实处理;湿陷性黄土的厚度大于 3 m 小于 6 m 时采用强夯加固;厚度大于 6 m 时采用灰土桩、搅拌桩、CFG 桩等加固处理。

沿线岩溶路基主要分布在济南至南京之间,共计 52 处工点,累计长 31.95 km。对溶洞埋深小于等于 15 m 的岩溶地基进行岩溶注浆加固处理,岩溶地段的注浆加固处理贯彻"先探后灌,探灌结合"的原则,先进行物探及部分钻孔作为先导勘察孔,探明岩溶发育、分布情况,再进行相应处理。

沿线除上述特殊土路基地基外,其余为一般土质地基。当地基土表层为粉土、砂类土,以及表层黏性土厚度不大时(小于 3 m)或 10 m 内以粉土、砂类土为主时,采用强夯处理,并结合路基填高进行堆载预压处理。当地基土以黏性土为主,填高小于 3 m 时,采用堆载预压处理;填高大于 3 m 时,采用复合地基结合堆载预压处理。

沿线路基边坡防护形式包括护坡、拱形骨架、预应力锚索、锚杆框架梁、护墙、扶壁式挡土墙、加筋土挡土墙以及土工格栅、喷混植生、喷播植草、立体植被网等。

全线路基重点地段见表3.4.19。

表3.4.19 全线路基重点工程

| 序号 | 起讫里程 | 长度(m) | 工点类型 | 地基处理措施 | 重点及控制因素 |
|---|---|---|---|---|---|
| 1 | DIK58+050~DIK61+700 | 3650 | 廊坊站场 | 管桩、CFG桩、预压 | 拆迁量大、地基处理量大,预压期长 |
| 2 | DK190+007~DK190+370 | 363 | 松软土路基 | CFG桩、预压 | CFG桩试验段,同时为运梁和铺轨上线口 |
| 3 | DK218+300~DK220+300 | 2000 | 沧州西站场 | CFG桩、预压 | 地基处理及填方量大,预压期长 |
| 4 | DK326+700~DK329+800 | 3100 | 德州东站场 | CFG桩、预压 | 地基处理及填方量大,预压期长 |
| 5 | DIK417+455~DIK421+055 | 3600 | 济南西站场 | CFG桩、预压 | 地基处理及填方数量大,预压期长 |
| 6 | DK587+185~DK588+121 | 936 | 岩溶路基 | 岩溶注浆加固、CFG桩、预压 | 地基处理量大、预压与运架梁相互影响,预压期长 |
| 7 | DK755+273~DK757+099 | 1826 | 宿州东站场 | CFG桩、预压 | 地基处理及填方数量大,预压期长 |
| 8 | DK853+628~DK856+740 | 3112 | 松软土路基 | CFG桩、预压 | 含CFG桩试验段,预压期长 |
| 9 | DK877+515~DK889+358 | 11843 | 松软土路基 | CFG桩、预压 | 运梁、预压和无砟轨道施工相互影响,预压期长 |
| 10 | DK904+840~DK912+434 | 7594 | 松软土路基 | CFG桩、预压 | 运梁、预压和无砟轨道施工相互影响,预压期长 |
| 11 | DK1018+975~DK1020+168 | 1193 | 松软土、软土路基 | CFG桩、预压 | 运梁、预压和无砟轨道施工相互影响,预压期长 |
| 12 | DK1085+600~DK1086+177 | 577 | 松软土、软土路基 | CFG桩、预压 | 运梁、预压和无砟轨道施工相互影响,预压期长 |
| 13 | DK1089+091~DK1089+323 | 232 | 松软土、软土路基 | CFG桩、预压 | 运梁、预压和无砟轨道施工相互影响,预压期长 |

## 二、施工组织

影响路基工程施工工期的主要因素除地基处理、路基填筑外,还包括征地拆迁完成时间、堆载预压期长短以及所处制架梁施工单元内的运架梁通道安排情况。

(一)施工安排原则

(1)每一制架梁施工单元内,优先安排先架梁区段、有预压措施段落和站场路基工程施工,确保运架梁通道畅通和满足无砟轨道及车站道岔区的施工工期需求。

(2)路桥相间地段,合理组织路基预压与运架梁工作计划,减小工期压力,为无砟轨道成段连续施工提供条件。一般先架梁方向预压路基地段完成主体填筑后提供运架梁通道,运架梁结束后安排堆载预压;后架梁方向预压路基地段施工须根据预压期、运架梁工期和无砟轨道施工时间综合安排,选择先压后架或先架后压的施工组织方案;运架梁前或后预压时间均不足的路基工点,根据运架梁工期,可安排两次堆载预压施工。

(3)不通过运架梁地段的路基填筑工期根据无砟轨道施工计划和预压期要求安排。

(4)路基基床表层的施工要与过轨管线、综合接地等施工保持衔接。

### （二）施工组织顺序

路基工程的施工组织顺序为施工准备→清表和地基处理→路堤挡土墙施工→基床下路基和基床底层填筑→堆载预压（或运架梁）→运架梁（或堆载预压）→基床表层级配碎石填筑→路基相关工程（声屏障基础、接触网立柱基础、电缆槽等）施工→无砟轨道施工→路肩防水层施工。

路基工点一般优先安排桥台、涵洞基础和地基加固工程的施工，为路基本体填筑创造条件和争取时间；地基处理分区作业，全面铺开，挡墙紧跟；路基填筑时，根据工效及工期计划，组织足够的作业班组，按“三阶段、四区段、八流程”施工程序组织流水作业；填筑完毕后及时实施堆载预压，确保预压工期；加强沉降变形观测和评估，为无砟轨道铺设提供依据。

### （三）土石方调配

沿线正线路基和站场填料来源见表 3.4.20。

表 3.4.20　沿线路基地段主要填料来源

| 区　段 | 填 料 主 要 来 源 |
|---|---|
| 北京南四环段、廊坊、李窑段 | 外购河北省三河、天津蓟县 A、B 组土 |
| DK218 ~ DK330 | 济南玉符河土源点 A、B 组土和外购 A、B 组土 |
| DK417 ~ DK667 | 路堑挖方及隧道弃渣和凤凰山、万柳村、侯庄、小营子、墓山等土源点的 A、B 组土 |
| DK672 ~ DK894 | 路堑挖方和符离集、李楼蚂蚁山、范岗石牛山土源点的 A、B 组土 |
| DK895 ~ DK992 | 路堑挖方和花山汪郢村、全椒梅庄、星甸后圩村土源点的 A、B 组土 |
| DK1032 ~ DK1112 | 路堑挖方和汤山镇大湖山、下蜀镇东茅山、后巷镇舟山土源点的 A、B 组土 |
| 上海虹桥地段 | 湖州埭溪等土源点的 A、B 组土 |

### （四）堆载预压

全线正线路基采取堆载预压措施的段落共 182 处，累计长度为 89.539 km，设计预压土高度为 2 ~ 3.5 m不等、预压期为 6 ~ 12 个月不等。堆载预压措施实施中，首先采取优化施工组织安排、增加施工机械设备、增加施工作业单元的措施，来满足工程预压期的需要；其次结合施工组织单元内的运架梁组织和路基填筑后的静置或堆载预压有效时间，采取先架后压、先压后架或分期（两次）预压等不同方式。加强沉降观测和评估分析，确保路基沉降满足无砟轨道铺设要求。

对于原设计无堆载预压措施，但路基填筑完成静置时间不能满足要求的，采取增加堆载预压的措施，如 DK587 + 535 ~ DK588 + 182.5、DK588 + 212.26 ~ + 350 两段和 DK1032 + 793.49 ~ DK1079 + 769.78 范围内 28 处桥台后过渡段原设计无预压措施的段落，施工中增加了堆载预压措施。

路基填筑后堆载预压时间不能满足设计预期的，采取加大预压土堆载高度或加强地基处理措施（CFG 桩、预应力管桩等桩网或桩筏结构）的方式减少实际需要的预压时间，以满足整个工期要求。如廊坊站 DIK57 + 208.37 ~ DIK59 + 000 段路基，原设计路基挖除基床以下杂填土换填 C 组细粒土，地基采用 CFG 桩桩板结构和 3.5 m 高的堆载土预压，时间不少于 6 个月。由于受征地拆迁滞后的严重影响，预压工期远不能满足要求，故设计单位对该段路基地基处理措施进行了变更，将 DIK57 + 208.37 ~ DIK58 + 450 及 DIK58 + 550 ~ + 650 段路基基床下杂填土挖除换填普通土，高速正线两侧各 2.5 m 宽度范围内设钢筋混凝土 U 形结构，U 形结构底板下设钢筋混凝土管桩；DIK58 + 450~ + 550 段采用钻孔桩桩板结构进行地基加固，钢筋混凝土板与轨道底座板直接相连；DIK58 + 650 ~ DIK59 + 000 段路基基底杂填土挖除换填 A、B 组土，与高速正线并行的到发线两侧各2.6 m宽度范围内设钢筋混凝土 U 形结构，U 形结构底板下设钢筋混凝土管桩，从而取消了预压措施。

对于路基填筑后，堆载预压时间受运架梁作业影响的采取分期预压方式，即运架梁作业前先期实施预压一段时间，运架梁作业完成后二次堆载进行补充预压。

（五）沉降观测

路基的沉降变形观测内容包括路堤基底沉降监测，路基面沉降监测，深厚层第四系地层地段的深层沉降监测，软土、松软土地段路堤填筑过程中水平位移监测等。

1. 观测断面设置

（1）基底沉降监测：每100～150 m设一个监测断面，每个监测断面预埋一个沉降板。路堤填筑前在基底地面预埋。桥路过渡段的观测断面加密。

（2）路基面沉降监测：一般每50 m设一个监测断面，共三个监测点，分别于路基中心、两侧路肩各设一个监测桩，路基成形后设置。桥路过渡段的观测断面加密。

（3）深厚层地基分层沉降监测：采用机动钻孔（$\phi$108 mm）引孔埋设PVC管（$\phi$100 mm）和沉降磁环，利用电磁式深层沉降仪进行观测。分层设置，厚度大于3 m时，每3 m增设一组。

（4）水平位移监测：软土、松软土路堤填筑施工过程中，在两侧坡脚外约2 m、10 m处设位移观测桩。控制填土速率的标准为路堤中心地面沉降速率每昼夜不大于1.0 cm，坡脚水平位移速率每昼夜不大于0.5 cm。

2. 沉降观测

路基沉降变形的测量精度，沉降水准的测量精度为±1 mm，剖面沉降的测量精度为8 mm/30 m。路基沉降变形的测量频度，路堤填筑期间每天观测一次，施工完成后第一月内每周观测三次，第30～90天每15天观测一次，以后每个月观测一次。

路基变形监测按两个阶段进行，第一阶段是路基填筑期间的监测，主要监测路基填筑期间地基沉降及路堤坡脚边桩位移，控制填筑速率；第二阶段是路基填筑完成后，自然沉落期及堆载预压期的变形监测，直至经工后沉降分析可满足无砟轨道铺设要求为止。

## 三、重点路基工程

### （一）济南西站站场路基

1. 工程概况

济南西站站场路基平均填高为7 m。主要工程量：地基加固中CFG桩176万延米，管桩80万延米、碎石垫层15万$m^3$，站场路基土石方194万$m^3$，级配碎石25万$m^3$，预压土49万$m^3$。正线路基预压期设计为12个月，预压土高度为3.5 m。

2. 工程特点和难点

（1）工程特点

①超宽路基沉降控制严格。站场路基地处松软土地基上，长3.6 km，宽达160 m。正线及咽喉区为无砟轨道，到发线为有砟轨道，正线及咽喉区无砟轨道地段路基工后沉降值不大于15 mm，路桥交界处的差异沉降不大于5 mm，折角不大于1/1 000；到发线有砟轨道路基工后沉降量不大于5 cm，沉降速率小于2 cm/年，桥台台尾过渡段路基工后沉降不大于30 mm。

②地基处理工程量大、施工工艺要求高。路基主要采用CFG桩及PHC管桩两种复合地基加固处理方式，其中正线采用PHC管桩桩板结构，站线采用CFG桩桩网结构，工程数量大。

（2）工程难点

正线及咽喉区范围必须严格控制地基和路基的工后沉降，以满足无砟轨道工后沉降控制要求，该范围地基加固工程和结构物施工是关键控制工程,也是沉降控制的重点范围和施工组织的重点所在。

该工程地处城乡结合部,拆迁难度大,涉及工程专业多,施工各阶段基本为平行施工,须解决两大难点,一是总体工期安排、阶段性工期安排和各专业交叉施工顺序;二是征地拆迁和三电迁改难度大。该工程位于济南市西部郊区,工地周边村庄及居民区多,人口密度大,既有建筑物密布,影响范围广,环境保护要求高,拆迁难度大,北部彭家庄附近分布有文物遗址区。该工程受拆迁影响的区段长约1 800 m,受文物遗址影响的区段长520 m。站场中北部有工业厂房区、苗圃,南咽喉穿越大金庄地带。

3. 施工组织

(1)总体布置

施工作业区依照通廊南北侧和正线东西侧划分,按照南、北咽喉区和中间站场区范围纵向分段,各施工班组在划分的施工作业区内平行展开施工。

工程混合料及混凝土采取来料加工与自建拌和站生产相结合的模式。拌和站承担部分 CFG 桩混合料及全部筏板、扩大桩头等高性能混凝土的加工生产任务。拌和站混合料或普通混凝土最大日产能力为2 400 $m^3$,高性能混凝土最大日产能力为1 500 $m^3$。自建混凝土拌和站设于济南西站 DIK419 + 915 西侧,并修建垂直于线路走向直通金星路的便道,便于材料进场及成品混凝土运输。

路基填料生产场的任务包括填料破碎筛分、级配碎石生产。经填料优选,路基填筑所需 A、B 组填料均取自玉符河料场,施工高峰期日生产供应能力达到 8 000 $m^3$。级配碎石生产基地设于凤凰山料场,施工高峰期日生产供应能力达到 1.08 万 t。

钢筋加工采用多点集中加工的方式,共设三处钢筋加工厂用于路基、桥涵钢筋的集中加工生产。

(2)总体施工安排

施工安排以“先咽喉区地基处理,后其他地段施工;先结构物地基处理,后路基施工”的原则进行布置。优先组织正线及咽喉区范围的施工,根据征地及准备情况逐段展开管桩、CFG 桩复合地基施工;筏板施工根据完成管桩、CFG 桩施工情况跟进;站线 CFG 桩施工在各项条件具备后,以不影响正线和咽喉区施工的前提下展开;路基按照确保正线、到发线同步成型的原则组织填筑,并进行预压和沉降观测;路基附属工程在路基填筑成型后分段展开。

路基施工顺序为施工准备→场地平整→管桩、CFG 桩复合地基施工→复合地基检测→正线及咽喉区、站线路基全断面填筑→堆载预压→预压土卸载→基床表层级配碎石填筑→路基排水和边坡防护施工。

(3)针对工程难点采取的措施

该工程原设计的 CFG 桩复合地基中桩长达 30 m。由于济南西站特有的地质条件,开工后 CFG 桩采用长螺旋钻机施工过程中频繁出现黏土裹钻严重、出土困难等问题,工效低,成孔困难。其中,30 m 桩长的成桩时间达 3 ~ 4 小时,25 m 桩长的成桩时间远低于正常工效,全过程需要多次提钻清泥方可成孔,对 CFG 桩侧摩阻有不利影响;北咽喉部分地段 22 m 深度、南咽喉部分地段 25 ~ 28 m 深度遇硬塑状含姜石的胶质黏土层,钻进困难,许多桩位无法达到设计桩长。

为此,京沪高铁公司组织设计、监理、施工单位进行技术分析,开展现场施工试验,并历经两次 CFG 桩专题研讨,确定了到发线区域的 CFG 桩径由 50 cm 变更为 40 cm;优化施工困难地段设计桩长,正线区域 30 m 长 CFG 桩变更为预应力管桩,进而对济南西站站场地基处理方案进行了设计变更。优化设计后,到发线区域的 CFG 桩工效大幅提高、施工顺利,正线管桩 2008 年 10 月 15 日全面开工后推进迅速,有效化解了风险。

4. 工程实际进度

该工程施工队伍2008年6月进场,2010年3月底达到无砟轨道铺设条件。

施工准备为2008年6月~7月;地基处理施工为2008年7月~2009年8月;路堤填筑为2008年12月~2009年10月;堆载预压为2009年2月~2010年4月;基床表层级配碎石施工为2010年3月~12月;路基附属工程为2009年5月~2011年5月。

### (二)DK452+460.60~DK454+642.75段路堑

1. 工程概况

DK452+460.60~DK454+642.75段路基全长为2182.15 m,地势起伏较大。其中DK453+030~+940段为全路堑开挖,全长910 m,路堑中心岩石开挖深度最大为20 m,大部分为二级边坡,右侧约有150 m长三级边坡,边坡坡度为1∶0.75,是京沪高速铁路三标段路基控制性工点。

该段路基土方开挖量为23.20万$m^3$,石方开挖量为44.54万$m^3$。其中,深路堑开挖段DK453+030~+940全为石方开挖,开挖工程量约为36.07万$m^3$;边坡防护采用锚杆框格梁植喷防护,框格梁10707.2延米;锚杆1912根,共计15341延米;喷播植草14724 $m^2$;浆砌片石3850 $m^2$。

2. 工程特点和难点

该工程位于既有京沪线以西,最近距离不足40 m。临近既有线路施工难度大,对运营线安全的防护是该工程的重点。爆破作业对既有铁路线和临近民房的影响是该段路基施工的控制难点。

3. 施工组织

(1)总体安排

为便于组织均衡生产、连续施工及施工协调管理,该段路基工程由两个专业化作业队负责施工。其中第一作业队负责路基土石方开挖,第二作业队负责边坡防护及附属设施施工。

施工主要程序为施工准备→测量放线→炮孔布置→钻孔爆破→石渣清运→边坡清理→防护工程施工。

(2)爆破施工

根据工程概况和施工要求,采用浅孔控制爆破、深孔控制爆破和预裂爆破技术,按照设计的边坡台阶自上而下分层爆破开挖。对于挖深小于等于3 m的地段、大块的二次破碎及边坡的修整采取浅孔控制爆破方案;对于挖深大于3 m的地段,主要部分采取深孔控制爆破方案;边坡采取预裂爆破技术进行施工,以确保边坡平整和稳定。

通过爆破参数的选择和调整,控制了地震波和飞石对铁路既有线及房屋的危害。

(3)爆破安全控制

为加强对既有线石方控制爆破的安全防护工作,确保既有线行车安全,成立由项目经理任组长,总工、安全总监及爆破工程师任副组长的控制爆破小组,与铁路运输企业的车务、工务、电务、铁通、供电等有关部门签订安全配合协议,并聘请有关安全人员进行指导和把关。

在满足工程需要的前提下,尽量减少爆破作业次数,并选用最佳的最小抵抗线。采用低威力、低爆速的炸药,设计合理的起爆顺序和最佳的延期时间,以尽量减少爆破飞石。因距离既有铁路线较近,进行第二次破碎时尽量采用机械破碎和静态破碎剂等方法。

对被爆体采取严密的覆盖,覆盖材料有草袋、钢筋网($\phi$10 mm钢筋20 cm×20 cm点焊成网)、尼龙安全网、胶皮条编制的炮被等。

爆源与被保护对象之间设置防护排架,挂钢丝网等以拦截飞石,防止对既有线铁路造成破坏,影响行车安全。

4. 工程实际进度

该工程于2008年6月10日开工，2009年6月30日完工。

(三)徐州东站站场路基

1. 工程概况

徐州东站站场路基最大填筑高度为10 m，路堑最大开挖深度为23.83 m。工程范围内主要工程量：框架小桥3座、出站地道1座；路基填筑86.4万$m^3$，路堑挖方97万$m^3$，级配碎石7.6万$m^3$；岩溶注浆12.8万延米，CFG桩4.6万延米。

该站所处地形为丘陵缓坡，地表平缓开阔，上覆地层主要为黏土夹碎石，硬塑，下伏基岩为寒武系灰岩，灰白色、青灰色，弱风化，岩体破碎，岩溶发育，主要以溶槽、溶孔、溶蚀裂隙或溶洞为主。其中，溶洞和溶蚀裂隙全充填或半充填黏土，局部为空缝或空洞。丘坡地下水不发育，主要为少量基岩裂隙水和土层裂隙水，补给来源为大气降水。根据综合勘探资料评价分析，站场范围属"欠稳定"地基，不能满足高速铁路稳定及变形控制标准。

为消除地基不均匀性沉降并防止地面塌陷及变形，对下伏的岩溶地基采用"探灌结合"岩溶注浆加固处理技术，注浆深不小于10 m，若10 m以下遇空洞，则加固至洞底以下完整基岩厚度不小于1.0 m；对上覆较厚的软弱土层采用CFG桩复合地基进行加固处理。

2. 工程特点

(1)位于岩溶发育地区，岩溶地基处理工程量大，质量控制难度高。

(2)路基填高达10 m，过渡段多，沉降变形控制难度大。

(3)该工程位于京沪高速铁路先导段内，同时为徐州铺轨基地铺轨上线口，工期压力大。

3. 施工组织

(1)地基处理施工

①岩溶地基注浆施工

徐州东站站场路基岩溶注浆处理范围为DK687+899.01～DK689+860.37，全长1 961.36 m。施工中，严格贯彻"先探后灌、探灌结合"的岩溶处理原则。岩溶注浆前期，将设计注浆孔的1/3作为施工先导孔，对岩溶进行普查，根据施工现场勘探成果，经监理和设计确认后，由设计方出具工点注浆施工设计图纸，然后按照工点施工图纸进行正式注浆施工。全段先导孔共计2 860孔/36 791.9延米。

注浆孔施工采取自路基坡脚向线路中心的顺序进行，先两侧后中间，并挑孔施钻，保证注浆质量。岩溶处理施工过程中，常有注浆时串孔现象发生，给清孔和注浆造成了一定的施工难度。为此，一方面采取了跳孔施工，加大间隔距离和间隙时间，另一方面对溶洞较大且填充较少的采取先灌中粗砂、后灌注水泥浆的施工方法。

现场注浆过程中，出现了个别孔注浆量较大，但周边也未发现有漏浆，且灌注中粗砂后效果依然不见好转的现象，经分析沉降变形观测数据，发现周边地区有明显拱起。对类似问题，在注浆前后加强地表变形的观测，特别是附近有建筑物时。

徐州东站站场路基岩溶处理注浆工程量较大，施工高峰期投入地质钻机达140多台、注浆泵16台，施工组织和质量控制难度大。为此，施工单位调配专业技术人员40余人，负责24小时旁站监督并做好记录，严格控制注浆施工质量。

该段路基岩溶注浆全部施工完成后，所实施的高密度电法物探、钻芯和注水试验检测结果显示，加固区灰岩内的裂隙、溶隙及溶洞得到有效充填，满足设计要求，达到了预期效果。

②CFG 桩复合地基处理施工

该段工程范围内的 CFG 桩复合地基处理范围是 DK687 + 894.01 ~ + 950 段及 DK688 + 875 ~ DK689 + 120 段。CFG 桩桩径为 50 cm,桩长 5 ~ 7 m,桩间距为 160 cm,正方形布置。

该段 CFG 桩施工是在下伏岩溶地基注浆处理后安排施工。施工采用长螺旋钻机成孔泵送混凝土成桩法,两台长螺旋钻机平行作业,共施工 CFG 桩 45 500 m/7 031 根,施工时间一个月。根据 931 根成桩的小应变检测和 20 根成桩的静载试验检测结果表明,CFG 桩质量检测桩身质量全部合格,符合设计及规范要求。

(2)路基填筑

①填料制备

站场所需 A、B 组填料采用锤式破碎机生产,经过筛选、混合作为填料,每两台组成一条标准生产线,日生产能力为 1 000 $m^3$。为满足需求,徐州东站共投入了四条标准生产线,填料综合日生产能力达 4 000 $m^3$,并在填筑开始前备料 27 万 $m^3$。

②路基填筑设备

为确保站场填筑能力满足进度要求,经路基试验段试验,确定了一套填筑设备组合标准配置,即 50 型装载机 2 台,25 $m^3$ 自卸车 12 台,推土机 1 台,180 平地机 1 台,22 t(或 25 t)压路机 2 台,洒水车 1 台。一套标准填筑设备组合每天填筑能力可以达到 1 300 $m^3$,整个站场填筑共配置 5 套标准填筑设备组合,日填筑能力达 6 500 $m^3$。

路基填筑中贯彻“样板引路,试验现行”的管理要求,在桥路过渡段、涵路过渡段及路基本体正式施工前进行路基试验段施工,确定合理的施工机械配置、碾压速度和遍数,确定不同填料的压实系数及最佳含水量,建立路基施工组织管理、质量保证体系等,为路基填筑的大面积施工提供了技术参考数据。施工组织严格按照“三阶段、四区段、八流程”的填筑工艺要求组织实施。

4. 工程实际进度

岩溶注浆施工 2008 年 9 月开始,填方段 2009 年 1 月完成,挖方段 2009 年 10 月完成;CFG 桩复合地基施工为 2009 年 1 月~2 月;路基填筑施工为 2008 年 11 月~2009 年 9 月。

(四)宁镇山脉丘陵区路基综合工程

1. 工程概况

宁镇山脉丘陵区线路起讫里程为 DK1032 + 793.49 ~ DK1079 + 769.78,长 46.98 km,其中路基工程 45 段累计长度为 21.79 km,长度小于 300 m 的路基 22 段。

2. 工程特点和难点

(1)该段工程范围内有路桥、路涵、路隧、路堤路堑过渡段共 339 个,具有路基工点分散、过渡段多、过渡段质量控制难度大的特点。

(2)地基处理种类多,基底处理工程量大。

(3)工程范围填料来源多,填料多变,路基填筑质量控制难度大。

(4)丘陵地区排水系统复杂,排水工程类型多。

(5)工期要求紧。该段路基地处山区林地,征地拆迁、林地砍伐手续办理周期长,2009 年 1 月5 日前需提供汤山梁场的架桥机运架梁通道,深挖、高填路基(包括岩溶注浆处理)的有效施工时间短。

3. 施工组织

(1)总体布置

在确保总体工期目标并兼顾建设成本的前提下,施工单位在京沪高铁公司制定的指导性施工组织设计的基础上，制定了“大平行，小流水”的施工组织原则，全段划分为17个路基作业工区，各作业工区平行施工，以期达到最短施工周期，而各作业区内又划分为若干小流水段，各流水段进行流水施工，以期将劳动力投入和周转材料调配到最合理状态。

(2)工期控制措施

根据该工程工期紧、工序繁杂、作业工区多等特点，为确保工程目标的完成，建立了三级计划管理体系，形成了完整的调度报表格式和信息传递渠道。首先采用网络图方法编制了整体工程施工进度控制计划，结合线路相对较长的特点，绘制成形象进度图，并将工程划分为地基处理阶段、路基主体开挖和填筑阶段、路基预压阶段、路基附属施工阶段、无砟轨道施工阶段，从而明确了关键工序。各工区根据项目部下达的总控计划，采用横道图的方法，进一步将计划细化到各个施工工序。

在抓好地基处理、路基填筑施工进展前提下，重点对与工期矛盾突出的路基预压工作进行了研究优化。按照架梁和铺板的时间节点，通过实际预压期与设计预压期的对比分析，对预压期差值不足一个月的采取加强沉降观测、及时评估的措施；对预压期差值一个月以上的的分别采取了超载预压、二次预压和二次预压结合超载的措施。

对预压期相差不大，或虽然预压期相差较大但没有进行二次预压条件的区段，采取超载预压措施，预压期相差越大，超载预压堆土高度越高。主要区段有DK1032+969~DK1033+620、DK1063+959.15~DK1064+830、DK1068+373.23~+916.22、DK1069+558.65~DK1071+286.64、DK1074+090~+656.66、DK1074+911.28~DK1076+148.22。

对预压期相差较大，有二次预压条件，即架梁前后两次预压时间相加满足设计预压期的区段采取二次预压措施。主要区段有DK1038+893.76~DK1039+353、DK1039+800~DK1040+330、DK1045+541.93~+585、DK1055+328.18~+361.99、DK1079+719.78~+769.79。

对预压期相差较大，有二次预压条件，但两次预压时间相加仍不能满足设计预压期的区段采取二次预压+超载预压措施。主要区段有DK1052+210~+903.27、DK1055+492.9~DK1062+331、DK1076+279.53~DK1077+794、DK1077+990~DK1078+012.64。

对原设计无堆载预压措施，但路基填筑后静置时间不足的工点，补充增加了堆载预压措施。本段共计28个桥台后过渡段增加了预压措施。

(3)高边坡浆砌片石施工

该段地处宁镇山脉，地势起伏较大，路基高边坡多。在施工组织优化调整后，先架段保证架桥机顺利通过，先压后架段尽快填筑路基，及早完成堆载预压。为保证调整后的节点工期，调动了大量的土石方施工机械进行路堑段土石方施工，浆砌片石骨架护坡防护给路堑土石方开挖让路，在采取临时安全防护措施后一次性挖到设计高程，填筑完路基后提供架梁通道或填筑预压土，然后再进行浆砌骨架护坡施工。

4. 工程实际进度

该工程于2008年6月~9月陆续开工，2008年11月~2009年3月完成路基主体工程。接触网支柱基础、电缆槽、声屏障基础、综合接地、连通管道等设施与路基工程同步施工。2010年3月完成路基附属工程。

地基处理时间为2008年6月1日~11月30日；基床以下路堤及基床底层填筑2008年7月20日开始，11月完成第一段路基主体，2009年3月底前完成全部主体填筑，陆续提供运架梁通道；路基预压沉落时间为2008年12月1日~2010年1月31日；基床表层填筑及路基相关工程时间为2009年3月1日~2010年3月31日。

# 第三节 隧道工程

## 一、工程概况

京沪高速铁路正线隧道21座(17座隧道、4座明洞),长度长16 km。正线隧道工程见表3.4.21。

表3.4.21 全线正线隧道工程

| 序号 | 隧道名称 | 隧道中心里程 | 长度(m) | 洞口形式 | 出砟量(万 $m^3$) |
|---|---|---|---|---|---|
| 1 | 罗而庄隧道 | DK428+262.5 | 595 | 帽檐式斜切洞门 | 9.44 |
| 2 | 西渴马1号隧道 | DK421+801.0 | 2812 | 缓冲结构洞门 | 44.15 |
| 3 | 西渴马2号隧道 | DK423+884.0 | 978 | 帽檐式斜切洞门 | 15.66 |
| 4 | 张夏隧道 | DK428+326.0 | 692 | 帽檐式斜切洞门 | 11.55 |
| 5 | 凤凰台隧道 | DK456+464.0 | 1168 | 喇叭式洞门 | 19.21 |
| 6 | 六郎隧道 | DK465+067.5 | 185 | 帽檐式斜切洞门 | 6.22 |
| 7 | 金牛山隧道 | DK466+287.5 | 1905 | 喇叭式洞门 | 22.76 |
| 8 | 龙山隧道 | DK571+075.0 | 390 | 帽檐式斜切洞门 | 6.20 |
| 9 | 滕州隧道 | DK600+785.0 | 1504 | 帽檐式斜切洞门 | 23.48 |
| 10 | 龙山明洞 | DK673+450.0 | 430 | 帽檐式斜切洞门 | 9.1 |
| 11 | 东芦山隧道 | DK850+105.0 | 230 | 帽檐式斜切洞门 | 6.99 |
| 12 | 园郢子隧道 | DK951+311.5 | 1097 | 缓冲段斜切洞门 | 26.7 |
| 13 | 岱山1号隧道 | DK1008+895.5 | 803 | 帽檐式斜切洞门 | 18.1 |
| 14 | 韩府山1号隧道 | DK1015+342.0 | 403 | 进口为帽檐式斜切洞门,出口为斜切式 | 10.4 |
| 15 | 西村隧道 | DK1034+917.0 | 1740 | 缓冲段斜切洞门 | 22.6 |
| 16 | 锁石隧道 | DK1039+551.5 | 233 | 帽檐式斜切洞门 | 5.98 |
| 17 | 螺丝冲隧道 | DK1048+648.5 | 153 | 帽檐式斜切洞门 | 4.97 |
| 18 | 东葛盖隧道 | DK1052+096.0 | 228 | 帽檐式斜切洞门 | 7 |
| 19 | 南棚明洞 | DK1054+294.0 | 228 | 帽檐式斜切洞门 | 6.5 |
| 20 | 马鞍明洞 | DK1057+473.0 | 104 | 帽檐式斜切洞门 | 4.8 |
| 21 | 光星村明洞 | DK1079+552.5 | 125 | 帽檐式斜切洞门 | 6.5 |

全线隧道具有开挖断面大、隧道长度短、浅埋偏压、环境控制要求高等工程特点。

隧道采用单洞双线断面,开挖断面约为150 $m^2$,有效净空面积不小于100 $m^2$。隧道施工针对围岩条件采取短进尺分步开挖和初期支护,二次衬砌及时跟进,以确保施工安全。

全线隧道有14座(占56%)长度在500 m以下,最短的为104 m,对全线施工工期基本上不构成控制。

全线隧道除罗而庄隧道、西渴马1号隧道、西渴马2号隧道、张夏隧道、凤凰台隧道、龙山明洞、滕州隧道等外,大部分隧道埋深均较浅,存在偏压。地质构造复杂多变,不良地质和特殊地质多,各隧道Ⅳ、Ⅴ级软弱围岩所占比例大。

金牛山隧道下穿高等级公路,对超前地质预报、监控量测及施工过程控制要求高。

明挖隧道采用明洞式衬砌结构,暗挖隧道采用复合式衬砌。其中,Ⅱ类围岩采用曲墙带钢筋混凝土底板结构，Ⅲ～Ⅴ类围岩的衬砌结构采用曲墙带仰拱形式。衬砌采用 C30 或 C35 钢筋混凝土。初期支护采用 C25 喷射混凝土和湿喷工艺。全线隧道防排水采用“防、堵、截、排结合，因地制宜，综合治理”的设计原则。六郎隧道、金牛山隧道、东芦山隧道、园郢子隧道、岱山 1 号隧道、韩府山 1 号隧道、西村隧道、锁石隧道、螺丝冲隧道、东葛盖隧道、南棚明洞、马鞍明洞、光星村明洞等采用全封闭防水设计；其他短隧道双侧设置浅排水沟，长隧道加设中心排水沟方案。西渴马 1 号隧道、凤凰台隧道、金牛山隧道、滕州隧道、园郢子隧道、西村隧道洞口设置缓冲结构或缓冲式洞门。

隧道内铺设无砟轨道。

## 二、施工组织实施

全线隧道工程以制梁场的运架范围为单元进行施工组织。

(1)长度 1 km 以上隧道安排双向掘进；长度 1 km 以下的隧道安排单向掘进。

(2)利用隧道弃渣填筑路基的隧道，施工安排与相邻路基施工同步进行；西渴马 1 号隧道、金牛山隧道、园郢子隧道等较长隧道尽早安排施工；其他隧道工期条件具备时在相邻区段内安排流水均衡作业。

(3)张夏、凤凰台、龙山、锁石、螺丝冲、东葛盖、南棚、马鞍、光星村等 9 座隧道按照通过运架梁车的工期要求进行施工组织安排。其中，龙山、光星村明洞在明洞开挖后提供运架梁通道，区间运架梁完成后再施作明洞衬砌。

(4)为满足无砟轨道的铺设条件，全线隧道主体施工安排在相应段落的无砟轨道作业前 3 个月完成。

全线除西渴马 1 号隧道、金牛山隧道 2010 年 2 月完成，光星村明洞 2010 年 5 月完成，韩府山隧道 2010 年完成外，其余隧道在 2009 年年内全部完成主体工程施工。

## 三、重点隧道工程

全线隧道重点工程为埋深较浅、软弱围岩比例大、地质复杂的西渴马 1 号隧道和韩府山隧道群。

1. 西渴马 1 号隧道

(1)工程概况

西渴马 1 号隧道起讫里程为 DK420 + 395 ~ DK423 + 207，全长 2 812 m，是全线最长的隧道。隧道按双线设计，线间距为 5 m，设计行车速度为 350 km/h，隧道全线铺设 CRTS Ⅱ 型无砟轨道。

隧道采用新奥法施工，其中暗洞开挖 2 728 m，明洞 30 m，进出口缓冲结构各 27 m。隧道位于 $R$ = 7 000 m的曲线上，线路处于 12‰和 5‰的上坡段，曲线段外轨最大超高为 165 mm。按围岩级别划分：Ⅲ级围岩长度为 1 775 m，Ⅳ级围岩长度为 630 m，Ⅴ级围岩长度为 407 m。隧道开挖断面面积为 140 ~ 154 $m^2$，净空断面积为 100 $m^2$，隧道开挖量为 441 500 $m^3$，混凝土量为104 572 $m^3$。隧道进、出口均设置缓冲结构洞门，用于缓解列车进出洞所诱发的空气动力学效应，达到提高列车乘坐舒适度、减少环境噪声的目的。

(2)工程特点和难点

西渴马 1 号隧道不良地质段落较多，隧道进、出口段和隧道中部山谷均为浅埋段，洞身洞底为鲕状灰岩，弱风化，节理裂隙发育，有溶洞，呈碎石状松散结构，部分地段有少量裂隙溶隙水；出口区分布有较大规模崩塌堆积岩体，充填碎石土及角砾石，结构较松散，容易掉顶，岩体完整性差。

作为全线最长隧道，隧道施工的重点是保证施工安全，其难点是组织开挖、仰拱衬砌、二次衬砌在满足安全限制距离前提下的快速施工。准确判断围岩级别、确定相应支护参数、确保施工安全也是施工的难点。

(3)施工组织

①隧道施工安排两个工作面从进口、出口同时相向掘进。洞门工程采用支架法施工,内模采用木模板拼装成弧形,同时内模面外贴PVC面板以保证混凝土外观质量,外模板采用钢模板拼装和工字钢加固进行施工。洞门工程混凝土浇筑采用混凝土泵车泵送。洞口边仰坡采用浆砌片石截水天沟,并采用带排水槽的M10浆砌片石骨架护坡防护。

②隧道施工按新奥法组织施工,出渣、进料采用无轨运输方式,实施掘进、喷锚混凝土初期支护、衬砌等三条机械化作业线。暗挖隧道采用钻爆法进行施工,自卸汽车配合双装载机出渣。暗洞Ⅲ级、Ⅳ级围岩的开挖采用光面爆破技术,Ⅳ级加强段、洞口段及浅埋Ⅴ级围岩采用弱爆破,施工遵循"管超前,严注浆,短进尺,弱爆破,强支护,早封闭,勤量测"的原则。同时,施工期间加强地质预报,对隧道洞身和洞底存在局部发育溶隙和小溶洞的部位进行岩溶技术处理。

③根据现场监控量测结果及时修正设计参数、调整施工方案和指导隧道施工,确保隧道施工安全、优质、均衡、高效。制定详细的监控量测计划,设专职量测组,负责日常的测点埋设、监控量测、数据处理分析等工作,确保量测数据能及时、准确、反馈可靠,为施工和设计提供准确的依据。隧道围岩量测主要以洞内外观测、水平净空变化值量测、拱顶下沉量测及地表下沉量测(浅埋隧道)为必测项目。测量点的布置按不同围岩类别、不同开挖方法进行布置。通过对隧道内的监控量测分析,得出隧道内采取的支护方式合理、安全可靠,隧道开挖后要及时完成初期支护施工,保证围岩和初期支护的共同变形。

④不良地质为崩塌坡积岩堆和溶岩,分别分布在隧道出口端和隧道中部地段,开挖采用双侧壁导坑法施工,衬砌级别为Ⅴ级。除严格按规定顺序开挖外,随挖随撑,并尽快做好衬砌。二次衬砌在条件具备时及时施作。隧道二次衬砌按照"仰拱超前、拱墙紧跟"的方式进行施工。仰拱紧跟开挖下台阶工作面,尽快形成封闭环。仰拱、填充按要求分开浇筑,全幅灌注。隧道仰拱施工通过自主研发的大型可移动仰拱栈桥进行施工,栈桥主桥长32 m,支点间跨度为28 m,最大载重量为50 t,能够实现仰拱开挖初支、钢筋绑扎、仰拱浇筑待强及洞内开挖出渣运输平行作业,实现高速快捷、减少施工干扰、加快施工进度、降低工程造价的目的,同时有效保证仰拱施工人员和车辆安全。通过使用大型可移动栈桥,仰拱混凝土月浇筑能力达180 m,大大加快了仰拱施作速度,对紧跟的二次衬砌不产生较大影响,确保了仰拱与开挖掌子面距离控制在规定范围内(Ⅲ级围岩为90 m,Ⅳ级围岩为50 m,Ⅴ级围岩为40 m)。

(4)工程实际进度

西渴马1号隧道于2008年3月21日开工,设两个作业队分别由隧道进、出口相向施工,于2009年10月31日贯通,主体工程于2010年2月28日全部完成。

2. 韩府山隧道群

(1)工程概况

韩府山隧道群位于南京枢纽,由三座铁路双线隧道组成,分别是韩府山1号隧道(403 m)、韩府山2号隧道(365 m)、韩府山3号隧道(355 m)。其中,1号隧道属于京沪高速铁路正线隧道,2号隧道属于沪汉蓉铁路正线隧道,3号隧道属于宁安城际铁路隧道,隧道开挖断面均大于130 $m^2$。1号、2号、3号隧道之间净距在6~10 m范围内。隧道相互之间净距小于1.5$B$($B$为开挖宽度),属于小净距隧道。

工程区为低山丘陵及山谷地区，自然坡度大多在15°~35°之间，高程为+30.0~+200.0 m。

1号、2号、3号隧道洞身出露地层主要为第四系、侏罗纪沉积岩，隧道埋深浅，最大埋深为60 m，隧道进、出口均位于浅埋偏压地段，隧道围岩均为Ⅳ、Ⅴ级软弱围岩。隧道范围地下水主要为基岩（裂隙）水，赋存于各地层风化层裂隙中，补给源主要为大气降水，地下水不发育。该区大气降水部分通过地表沿丘坡径流排出，部分通过岩层裂隙及破碎带下渗于岩体中。岩体中的地下水部分沿裂隙及破碎带运移至山体两侧坡脚，以下降泉形式排出地表；部分赋存于岩体中，形成基岩裂隙水。

韩府山隧道群施工实景和全景如图3.4.20和图3.4.21所示。

图3.4.20　韩府山隧道群施工实景

图3.4.21　韩府山隧道群全景

（2）工程特点和难点

隧道位于韩府山风景区内，隧道的建设须做好环境保护工作，不能破坏原有的生态环境。

隧道洞口段浅埋，隧道群之间净距仅为6~10 m，小间距隧道群进洞施工，进、出口洞顶埋深极浅，岩层风化破碎严重,易造成隧道坍塌,隧道施工顺序、洞口地段施工方法、各掌子面安全距离控制是施工中重点研究解决的问题。

(3)施工组织

①施工总体原则

施工遵循“先预报,管超前,严注浆,短进尺,强支护,早封闭,勤量测”的指导思想,以减轻爆破震动波叠加影响、尽量保护中夹岩柱围岩稳定为施工原则,合理选择开工顺序,推行微震控制爆破技术和采用预加固中夹岩柱技术,初期支护及早封闭,形成整体结构,控制围岩变形,充分发挥围岩的自身承载能力。通过监控量测及超前地质预报体系,实施信息化管理,保证施工过程处于受控状态。

②隧道群进洞顺序

小间距隧道群施工极易造成隧道坍塌,隧道施工顺序的选择至关重要。经分析研究,最后选择三座隧道均从进口独头掘进,先施工 1 号、3 号隧道,后施工 2 号隧道,1 号、3 号隧道同时施工,3 号与 1 号隧道掌子面距离控制在 10 m 左右,2 号与 3 号隧道掌子面距离不小于 50 m 的进洞方案,如图 3. 4. 22所示。

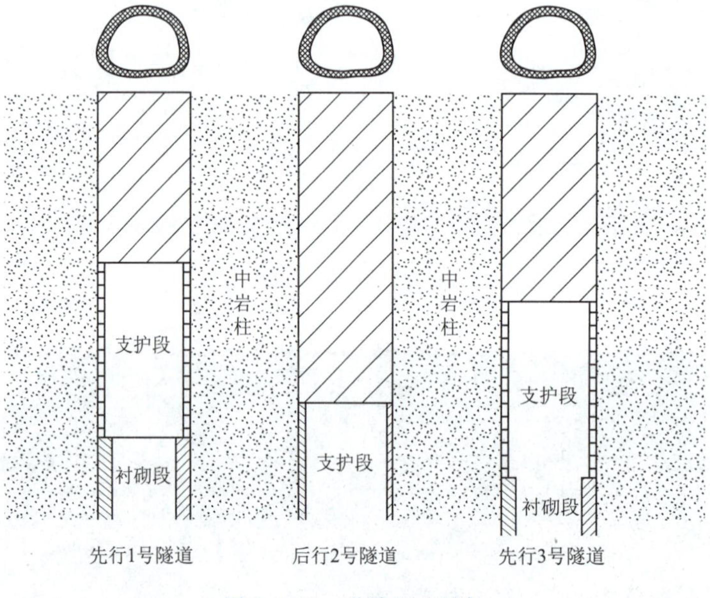


图 3. 4. 22 隧道施工顺序

③隧道群洞内施工

根据隧道群地质特点,进洞可选择采用的施工方法有三台阶七步法、双侧壁导坑法、中隔壁法(CD 法)和交叉中隔壁法(CRD 法)。根据对不同级别浅埋条件下的施工方法进行对比分析,综合比较各施工方法的优缺点和工程实际情况,在Ⅳ级围岩地段采用三台阶七步法进行施工,在Ⅴ级围岩地段(土质和强风化石质)选用交叉中隔壁法进行施工。

④小净距隧道群各掌子面之间安全距离的控制

小净距隧道由于相邻洞室间距较小,所以中间岩柱成为施工中重点关注的控制指标,先、后行洞的开挖势必对中间岩柱造成多次扰动,故在施工中必须考虑各隧道之间掌子面的距离。

施工前期在现场进行专门的数据监测和分析。经过对地表沉降数据和其他专业数据的分析,确定为掌子面距离为 20 m 时地表沉降最小,12 m 和 36 m 时最大。当掌子面距离较小,小净距隧道群之间相互影响较为明显,故围岩的应力较大,使得后行洞室在开挖时,先行洞分担了一部分围岩应力,会造成无论是洞周还是地表较大的位移变形；掌子面距离太长虽然使得隧道之间相互作用减少，但对隧道的支护闭合时间有影响，同样会造成较大的地表沉降，而且会影响整个施工的工期，故合理的掌子面距离在 20～26 m。掌子面之间的安全距离控制在 2 倍洞径左右。

在后期的施工中相邻隧道掌子面的安全距离和施工工期均得到了充分的验证。

⑤工程实际进度

韩府山隧道群于 2008 年 6 月开始进点准备，进行征地拆迁和临时设施的建设，2008 年 10 月开始正式进洞施工，2010 年 11 月三座隧道全部安全贯通，2010 年 12 月所有工程完工，开始铺轨和电气化施工。

韩府山隧道群的建设，是在软岩地质、浅埋的条件下修建超小净距、大跨度隧道群的成功，为其他同类工程的施工提供了很好的经验。

## 第四节　轨 道 工 程

### 一、工程概况

全线正线除北京南站出站段、黄河特大桥主桥、大胜关长江大桥主桥和上海虹桥站范围铺设有砟轨道，禹城至黄河主桥北岸、黄河主桥南岸至济南西站北端、大胜关长江大桥北引桥、大胜关长江大桥南引桥共计 42.308 km 范围铺设 CRTS Ⅰ 型板式无砟轨道外，其余地段均铺设 CRTS Ⅱ 型板式无砟轨道，长度为 1 256.28 km。

全线铺轨基地 5 个。正线铺轨 2 722.2 km，站线铺轨 399.49 km。铺岔 1 168 组，其中，正线道岔 253 组（包括高速板式道岔 212 组，其中 18 号板式道岔 192 组，42 号板式道岔 20 组），其他道岔（包括站线、联络线、保养点、动车所）915 组。京沪高速铁路全线采用跨区间无缝线路。车站正线采用高速 18 号无砟道岔，各联络线与正线间采用 42 号大号码道岔。

全线设置 18 个轨道板场，其中 16 个 CRTS Ⅱ 型轨道板场，2 个 CRTS Ⅰ 型轨道板场。

大号码道岔均采用预制轨道板道床结构，道岔钢轨及扣件系统由 CNTT 提供。

全线一次性铺设无缝线路轨道，施工时间紧，铺设线路长。

综上所述，全线采用无砟轨道技术，轨道工程量大，施工精度要求高，大号码道岔和无砟道岔铺设、移动闪光焊接锁定、充填式垫板施工、轨道精整等工艺新、技术标准高、施工难度大，长桥无砟轨道物流组织复杂，枢纽内设铺轨基地协调难度大，是全线重点工程。

### 二、总体施工组织实施

（一）施工安排原则

无砟轨道板提前集中预制，按预制规模化、工艺标准化、测量专业化的原则组织施工。

长大桥梁地段无砟轨道施工单元与架梁施工单元基本一致，每个施工单元投入一套无砟轨道设备。无砟轨道施工在桥梁、路基、隧道工程沉降变形评估合格后展开，于铺轨到达前约 1 个月完成。

（二）施工设备配置

1. 铺轨基地

全线统一安排铺轨，设李窑、济南西、徐州东、南京南、虹桥 5 个铺轨基地。除虹桥单向铺轨外，其余均双向铺轨。

全线正线 500 m 长钢轨供应方案：北京铁路局沙河焊轨基地供应李窑铺轨基地，济南铁路局桑梓店焊轨基地供应济南、徐州东铺轨基地，上海铁路局芜湖北焊轨基地供应南京南和虹桥铺轨基地；郑州铁路局小李庄焊轨基地作全线的备用补充。

2. 大号码道岔

大号码道岔的铺设按照《客运专线道岔专业化铺设指导意见》（工管技〔2007〕71 号）的原则，采用专业化的队伍，机械化设备进行标准化施工。无砟道岔的施工采用原位法，有砟道岔采用预组装原位法铺设，有条件时使用 CPH 铺设机组进行施工。

（三）无砟轨道板的施工组织

按《客运专线无砟轨道铁路设计指南》的规定，桥上无砟轨道在桥梁架设完成 6 个月且沉降趋于稳定和规律后，开始无砟轨道施工。路基地段无砟轨道在路基工程沉降变形评估合格后展开施工。

1. 无砟轨道板的制造及运输

轨道板铺设工作的前提是预制轨道板。京沪高速铁路无砟轨道分为 CRTS Ⅰ 型板和 CRTS Ⅱ 型板两种类型。全线利用 2 个既有 CRTS Ⅱ 板场，新建 14 个 CRTS Ⅱ 型板场，新建 2 个 CRTS Ⅰ 型板场。各轨道板场的设置位置、供应范围、生产任务见表 3.4.22。

表 3.4.22　轨道板场的设置位置、供应范围及生产任务

| 序　号 | 板　　场 | 地　理　位　置 | 供　板　范　围 | 生产量（块） | 建场情况 |
|---|---|---|---|---|---|
| 1 | 房山板场 | 北京房山 | DK5 +280 ~ DK129 +021 | 35 233 | 利用既有 |
| 2 | 平谷板场 | 北京平谷 | DK129 +021 ~ DK238 +470 | 34 721 | 利用既有 |
| 3 | 东光板场 | DK269 +740 | DK238 +470 ~ DK326 +193 | 25 576 | 新建 |
| 4 | 齐河板场 | DK378 +000 | DK326 +193 ~ DK384 +850 | 18 050 | |
| 5 | 齐河板场（Ⅰ型） | DK393 +696 | DK384 +850 ~ DK417 +800 | 12 476 | |
| 6 | 长清板场 | DK439 +500 | DK417 +800 ~ DK474 +800 | 22 258 | |
| 7 | 曲阜板场 | DK525 +500 | DK474 +800 ~ DK552 +804 | 24 004 | |
| 8 | 枣庄板场 | DK622 +000 枣庄开发区 | DK552 +804 ~ DK629 +433 | 18 191 | |
| 9 | 徐州板场 | DK671 +100 | DK629 +433 ~ DK700 +646 | 24 143 | |
| 10 | 宿州板场 | DK767 +373 | DK700 +646 ~ DK781 +883 | 23 800 | |
| 11 | 固镇板场 | DK796 +600 | DK781 +883 ~ DK850 +656 | 23 198 | |
| 12 | 定远板场 | DK882 +200 | DK850 +656 ~ DK922 +743 | 22 582 | |
| 13 | 滁州板场 | DK966 +000 | DK922 +743 ~ DK922 +720 | 21 540 | |
| 14 | 滁州板场（Ⅰ型） | DK966 +000 | DK922 +720 ~ DK1007 +506 | 4 410 | |
| 15 | 句容板场 | DK1064 +158 | DK1007 +506 ~ DK1079 +331 | 22 502 | |
| 16 | 常州板场 | DK1128 +400 | DK1079 +331 ~ DK1148 +522 | 21 296 | |
| 17 | 苏州板场 | DK1220 +000 | DK1148 +522 ~ DK1221 +421 | 22 664 | |
| 18 | 浦东板场 | 上海浦东 | DK1221 +421 ~ DK1301 +300 | 24 580 | |

京沪高速铁路在京津城际铁路 CRTS Ⅱ 型轨道板生产技术之上，围绕 CRTS Ⅱ 型轨道板的技术特点和现场生产条件，结合 CRTS Ⅱ 型轨道板的生产工艺流程，通过采用试验研究、理论分析、仿真计算等技术手段，设计出合理的生产工艺和相关的工艺装备，攻克了 CRTS Ⅱ 型轨道板生产的各项关键技术，研发了部分工艺装备，对工艺进行了革新，保证产品质量满足设计标准要求，既提高了生产效率，又降低了生产成本，产生了良好的经济效益和社会效益。考虑到轨道板场大宗的物资主要为原材料和成品轨道板，因此，交通便利作为轨道板选址的首要条件。固镇轨道板场就采用“一场二线 84 块

板”模式。

CRTSⅡ型轨道板场本着“规模化、专业化、经济化、节能环保”的原则进行科学合理的规划建设。为达到工厂化制造、流水线生产、标准化作业的要求，轨道板场共设置9个功能区，即毛坯板生产车间、钢筋加工车间、毛坯板打磨车间、混凝土拌和站、砂石料存放场、毛坯板存放场、成品板存放场、辅助生产区、现场办公区（含工程试验室）。每个板场设1台打磨机，打磨机正常打磨能力为80～100块/天。

2. 无砟轨道板的铺设

各标段选择2～3个约3 km长的无砟轨道先行段，完成无砟轨道的各工序作业，形成工法，优化工艺，锻练队伍，总结经验。

其中，CRTSⅡ型板式无砟轨道自上而下由钢轨、扣件、预制轨道板、砂浆调整层及混凝土底座（支承层）等部分组成，施工主要包括控制网测设→路基或桥面清理→支承层（底座）施工→加密基桩测设→轨道板粗铺→轨道板精调→轨道板灌浆→轨道板纵向连接等八大步骤。

路基地段的无砟轨道施工划分为5个作业区，依次为路基面清理区、支承层施工区、轨道板铺设调整区、水泥乳化沥青砂浆灌注区、轨道板纵连及接缝施工作业区。

桥梁地段的无砟轨道施工划分为9个作业区，依次为桥面清理区、滑动层施工区、底座钢筋模板安装区、底座混凝土施工区、轨道板铺设调整区、水泥乳化沥青砂浆灌注区、剪切连接及轨道板纵连、接缝施工作业区、侧向挡块作业区。其中底座板张拉灌注混凝土完成后方可进行轨道板铺设作业。

CRTSⅡ型轨道板铺设前的底座板施工是无砟轨道施工中的关键环节，铺板单元的划分就是基于底座板长度的划分。按照铁三院“京沪高速铁路桥上CRTSⅡ型板式无砟轨道（京徐段）《底座板结构设计及施工建议方案》”及“京沪高速铁路（北京至徐州）施工图《桥上CRTSⅡ型板式无砟轨道底座板设计》　第一册　京沪高速铁路京徐施轨05-01～05-25”的有关原则，施工单元长度按照2～5 km设置，具体长度根据各工区施工管段长度、沉降评估单元计划通过时间等来确定。

长大桥梁（桥长≥5 km）分为多个底座板施工单元，可逐单元或多单元同时施工。施工单元的划分长度一般为4～5 km，施工单元的首尾位置设置端刺或临时端刺，临时端刺长约800 m，端刺或临时端刺之间的区段为常规区，常规区中的每个浇筑段（每两个钢筋连接器后浇带之间的长度）长度不大于164 m，即5孔（32 m）简支梁长度，长桥上常规区最短为3个浇筑段480 m，如图3.4.23所示。

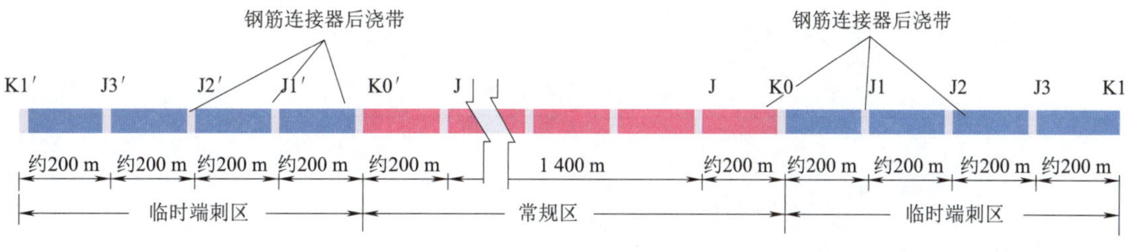


图3.4.23　桥上CRTSⅡ型无砟轨道底座板施工单元基本构成示意

无砟轨道底座板施工的主要进度指标是160～200 m/天，约5～6孔梁。

桥梁上无砟轨道底座板施工的流程为施工准备、测量放样、桥面处理、滑动层施工、底座板钢筋安装就位、支立底座模版、混凝土浇筑养护、底座板张拉连接、后浇带混凝土施工。

路基上支承层施工工艺流程为施工准备、测量放样、支立模版、混凝土浇筑养护、切割支承层伸缩缝。

全线无砟轨道施工共划分为120个施工单元，组建115个专业施工队伍，投入107台铺板龙门吊（另配备吊车等轨道板上桥设备），133台水泥乳化沥青砂浆车，222套轨道板精调设备。

### （四）大号码无砟道岔施工组织

大号码道岔尺寸大，重量重，运输、吊装困难。42 号道岔基本轨长达 51 m，运输困难，吊装施工难度大、安全风险高。本着“节约制造成本、便于管理、控制质量”的原则，全线大号码道岔板及道岔前后特殊板的制造分为京徐段和徐沪段，分别采用集中预制的方案。其中 42 号大号码板式道岔共 20 组，由房山板场集中统一制造。18 号道岔京徐段（不含徐州）由房山道岔板场集中预制，徐沪段（含徐州）由滁州道岔板场预制。各道岔板铺设单位采用平板车运输方式运至铺设位置进行铺设施工。

为保证道岔铺设计划，岔板和道岔按时供应是关键。

各标段高速道岔施工前按照《客运专线铁路高速道岔首组铺设质量评估实施细则（试行）》（工管技〔2010〕30 号）、《京沪高速铁路高速道岔首组铺设质量评估实施细则》的要求实行首组道岔铺设质量评估制度，评估通过后展开全线施工。

路基上板式无砟道岔施工工艺流程为找平层混凝土施工→测量及施样（基标安设）→底座钢筋绑扎及垫块安装→道岔板运输及粗铺→道岔板精调及固定→混凝土模板安装→道岔板边缝密封→底座混凝土浇筑→道岔横缝填充及转撤平台施工→道岔组件吊铺就位→道岔轨道精调→焊接与锁定。

桥上板式无砟道岔施工工艺流程为测量及施样→底座钢筋绑扎及垫块安装→底座混凝土浇筑及转撤平台施工→基标测设→道岔板运输及粗铺→道岔板精调及固定→道岔板边缝密封→水泥乳化沥青砂浆充填层灌注→道岔横缝填充→道岔组件吊铺就位→道岔轨道精调→焊接与锁定。

在道岔每道工序施工前，对各施工接口进行检查核对，确认无误后进入下道工序。

无砟道岔施工采用原位法。无砟道岔的钢轨单元焊接（铝热焊）、应力放散、锁定道岔施工，由无砟道岔施工作业队配合无缝线路铺设施工作业队共同完成。

大号码无砟道岔的铺设采用预组装，原位铺设。道岔铺设遵循“专业化、机械化、标准化”的原则，即组织专业施工队伍，采用专用机械设备按铺设作业指导书进行标准化施工。道岔铺设在道岔板施工完毕且工程质量验收合格的基础上进行。道岔铺设前，具有道岔铺设图、道岔铺设技术条件以及相应的作业指导文件和施工组织计划。

### （五）轨道铺设及整理

全线长轨铺设共投入 17 台长轨运输列车，11 列长轨铺轨机组，12 台移动焊轨机，负责各区段的长轨铺设、无缝线路施工和轨道整理。

（1）铺轨基地设置方面，5 个铺轨基地的供应范围见表 3.4.23。

**表 3.4.23 铺轨基地的供应范围及工期要求**

| 序号 | 基地名称 | 位置 | 起点 | 终点 | 正线长(km) | 能力(km) | 开铺日期 | 铺通日期 |
|---|---|---|---|---|---|---|---|---|
| 1 | 李窑 | DK190 +200<br>青县胡家营村 | DK190 +200 | DIK1 +750 | 179.171 | 210 | 2010.8.18 | 2010.11.30 |
| | | | | DK285 +903 | 90.787 | | 2010.10.8 | 2010.11.30 |
| 2 | 济南西 | DIK432 +900 济南铁路局换轨大修段 | DIK432 +900 | DK285 +903 | 147.798 | 200 | 2010.8.15 | 2010.11.30 |
| | | | | DK534 +400 | 116.798 | | 2010.9.1 | 2010.11.30 |
| 3 | 徐州东 | DK688 +585<br>徐州东站保养线 | DK688 +585 | DK534 +400 | 156.066 | 240 | 2010.7.1 | 2010.8.31 |
| | | | | DK846 +100 | 157.002 | | 2010.7.1 | 2010.8.28 |
| 4 | 南京南 | DK1018 +600<br>南京南动车运用所 | DK1018 +600 | DK846 +100 | 173.635 | 230 | 2010.8.20 | 2010.11.30 |
| | | | | DK1148 +522 | 130.156 | | 2010.9.18 | 2010.11.30 |
| 5 | 上海虹桥 | HQGDK1 +460<br>虹桥动车运用场 | DK1302 +890 | DK1148 +522 | 158.246 | 120 | 2010.9.1 | 2010.11.30 |

(2)长钢轨供应方面,500 m 长钢轨数量为 31.41 万 t,其中北京沙河焊轨基地供应 540 km/6.48 万 t,济南桑梓店焊轨基地供应 1 156 km/13.86 万 t,芜湖北焊轨基地供应 918 km/11.07 万 t。同时,明确李窑铺轨基地双向铺轨,京向 174.2 正线公里,沪向 95.7 正线公里,由北京沙河焊轨基地供应,运距为332 km,需求钢轨 540 铺轨公里/6.48 万 t;济南铺轨基地双向铺轨,京向 132.998 正线公里,沪向 131.598 正线公里,由济南桑梓店焊轨基地供应,运距为 50 km,需求钢轨 530 铺轨公里/6.35 万 t;徐州铺轨基地双向铺轨,京向 156.066 正线公里,沪向 157.004 正线公里,由济南桑梓店焊轨基地供应,运距为 327 km,需求钢轨626 铺轨公里/7.51 万 t;南京铺轨基地双向铺轨,京向 173.638 正线公里,沪向 130.158 正线公里,由芜湖北焊轨基地供应,运距为 125 km,需求钢轨 608 铺轨公里/7.29 万 t;上海铺轨基地单向铺轨,京向 157.666 正线公里,由芜湖北焊轨基地供应,运距为 434 km,需求钢轨 316 铺轨公里/3.78 万 t。

(3)无砟道床上无缝线路铺设施工采用长轨运输车,将 500 m 长钢轨铺设就位;沪汉蓉线南京南站至亭子山段采用单枕连续法一次铺设,其他有砟轨道及站线采用换铺法施工。现场单元焊及锁定焊采用移动式闪光焊机,道岔内焊接均采用铝热焊。

板式无砟轨道无缝线路铺设施工工序为施工准备→安装扣件→长轨推送车铺轨→单元轨焊接→轨道静态测量→放散锁定→动态精整等。

有砟轨道无缝线路铺设施工工序为施工准备→摊铺底层道床→铺轨机铺设 25 m 轨排→换铺 500 m长轨条→单元轨焊接→分层上砟整道→锁定焊接→应力放散→锁定线路等。有砟轨道与无砟轨道过渡段按不大于 6‰的坡度顺坡。

(4)无缝线路施工完成后,使用钢轨打磨列车对正线钢轨施行预防性打磨。

钢轨精整打磨检测施工于铺轨完成后开始进行,轨道整理与钢轨预打磨作业相间进行。先使用轨检车对全线进行第一遍动态检测,精细调整轨道后,使用钢轨打磨列车对正线钢轨施行第一次打磨,然后对全线进行第二遍动态检测,轨道最终精细调整后再对正线钢轨施行第二次打磨,在 2011 年 4 月底完成,使全线轨道工程达到验交标准。

(六)工程实际进度

为了保证全线工期及轨道施工进度要求,京沪高铁公司及各施工单位采取了各种优化措施。

(1)适当提前建设铺轨基地存轨场,并启动备轨为高效率连续铺轨提供供料保障。

(2)加宽贯通便道并安排沿线现场提前存板为多作业面同步铺板提供条件;轨道板场在正常预制开始后,随着轨道板数量的增加,场内存板场已经不能满足存板需要。如先期开工的滁州板场在全椒开发区租地 30 亩建设场外临时存板区。为保证工期,减少铺板时集中运输对施工便道的压力,在沿线设置了存板台座,提前将板场存放不下的轨道板储存于沿线。轨道板按照每 5 块板左右为一个单元沿线路两侧存放,存板基础在夯实、换填后,再浇筑混凝土地面硬化,施作混凝土条形基础。沿线存板台座数量计算原则为按京沪总指〔2009〕22 号文,需设置沿线存板台座数量 =(已制板数 - 已铺板数 - 板场储存能力)/5,为工期影响增加的存板台座。

(3)细分轨道板铺板单元,多开作业面并与底座板施工组织平行流水作业。如五标段合同工期铺板时间为 2010 年 2 月 1 日开始,2011 年 8 月 31 日完成,工期为 19 个月,工期调整后,因架梁完成至无砟轨道开始时间短,聚脲防水层施工和 CRTSⅡ型轨道板对梁面要求高,工艺复杂,2010 年 3 月底才通过底座板先导段验收,正式开始底座板施工,2010 年 5 月开始铺板,而 2010 年 8 月 18 日已开始全面铺轨。2010 年 9 月底完成了全标段的轨道板铺设。

为按期完成轨道板铺设,轨道板铺设工作面由原计划的 9 个增至 42 个,分区段、多工作面同时开展铺板施工,增加了 33 个工作面。为此,配套增加 33 台水泥乳化沥青砂浆搅拌车和相应的悬臂龙门吊/门吊、双向运板车、全站仪、电子水准仪、压紧装置、吊车、中间吊罐、吊罐小车、高压清洗机、乳化沥青罐、乳化沥青泵、添加剂泵、水车、平板车、精密测量标架、精密棱镜、测控计算机、数传电台、精调小车等。

(4)单向铺轨通道遇阻及时掉头灵活组织铺轨作业。

在以上措施保证和科学的施工组织下,京沪高速铁路项目的轨道工程最终按照以下时间完成各节点工作。

轨道板预制生产13个月,时间为2009年7月~2010年9月,每个轨道板场生产1.6~3.0万块。

无砟轨道底座施工12个月,时间为2009年8月~2010年8月。2010年3月底完成先架区段的无砟轨道底座混凝土施工,2010年8月底完成全线无砟轨道底座混凝土施工。

轨道板铺设施工13个月,时间为2009年11月~2010年11月。其中先导段于2009年9月开始铺设,与沪宁城际铁路并行段2010年7月底提前铺完。2010年5月底完成先架区段的无砟轨道板铺设,2010年11月底基本完成全线无砟轨道板铺设任务,11月15日全线铺轨完成。

全线212组大号码无砟道岔施工3个月,时间为2010年7月~9月。

线路于2011年1月底完成全线锁定并形成跨区间无缝线路。

钢轨精整打磨检测3个月,轨道调试检测1个月,于2011年4月底完成。

## 第五节　站场与站房工程

### 一、总体概况

京沪高速铁路全线共设24个车站,其中正线连接的23个站由北至南依次为北京南站、廊坊站、天津南站、沧州西站、德州东站、济南西站、泰安站、曲阜东站、滕州东站、枣庄站、徐州东站、宿州东站、蚌埠南站、定远站、滁州站、南京南站、镇江南站、丹阳北站、常州北站、无锡东站、苏州北站、昆山南站、上海虹桥站,天津西站由联络线引入。北京南站、天津西站、济南西站、南京南站及上海虹桥站为高架站房,天津南站、镇江南站、常州北站、无锡东站、苏州北站和昆山南站为桥式站房,其他的13个站房为线侧式站房。

为配合京津城际铁路开通,北京南站先期开工,于2008年委托北京铁路局组织先期建成。天津西站、济南西站、南京南站、上海虹桥站站房及相关的枢纽工程由于与地铁、城市公共交通等设施融为一体,施工交叉干扰严重,又与既有铁路衔接,涉及既有线运营安全,京沪高铁公司分别委托北京铁路局、济南铁路局和上海铁路局代为建设。19个中间站由京沪高铁公司负责组织建设。

由铁路局代建的大客站工程特点:站房结构形式复杂,车站汇集了城市轨道交通、公交车、长途汽车、社会车辆、出租车等各种交通车辆,形成一个综合交通体;有京沪高速铁路正线和到发线、联络线、动车走行线及枢纽相关的其他高速铁路线路工程,有与既有铁路衔接引起的站场改造工程及大量相关过渡工程,各场速度目标值不同,轨道、道岔类型复杂;施工接口多,工序复杂,协调难度大;征地拆迁工作量大,地处经济发达地区,人口密集,建筑林立,给征地拆迁带来很大难度。

建设单位工作原则:统筹协调原则,枢纽工程既包括京沪高速铁路正线路基、桥涵、轨道、四电、房建、暖通、给排水等多专业工程,又包含有既有铁路设施改造和联络线工程,既涉及既有线运输,又涉及所在城市地铁和公共交通设施衔接、地面建筑和各类管线迁改等,工程内容复杂,在建设过程中铁路要与地方相关单位加强沟通、定期协商、统筹安排,周密部署,以保证工程建设的有序推进;京沪高速铁路工程优先原则,各枢纽工程既包括高速铁路设施,也包括相关客运专线设施、既有铁路设施改造和不同标准的联络线、引入线、动车走行线等相关线路建设，但所有工程安排均以京沪高速铁路建设为主线，协调安排各相关工程；铺架优先原则，京沪高速铁路铺轨工程全线统一安排，全线设置 5 个铺轨基地，分段承担铺轨工作，各枢纽的施工组织，必须以保证各铺轨口按时展开铺轨为原则。

24 个站场与站房工程中，北京南站、天津西站、济南西站、南京南站、上海虹桥站、德州东站、徐州东站、蚌埠南站和昆山南站因为工程本身的复杂性，施工组织难度大，在后文详细介绍，其余 15 个站房的基本情况如下。

(1)廊坊站位于河北省廊坊市区，车站设于既有京山线廊坊车站南侧，与廊坊车站客运车场南北对应，车站中心里程为 DIK59 +542。站场规模为 2 台 4 线(正线 2 条，到发线 2 条)，受正线平面条件限制，车站为曲线站，站内曲线半径 $R = 9\,000$ m。车站设 450 m × 9 m × 1.25 m 侧式旅客站台 1 座，450 m × 12 m × 1.25 m 侧式基本站台 1 座，设宽 8 m 旅客地道 2 座。站房尺寸为 175.8 m(长) × 37.2 m(宽) × 19 m(高)，线侧平式站房，建筑面积为 9 889 $m^2$，进站方式平进下出和下进下出相结合。设无站台柱雨棚面积为 19 630 $m^2$，长 412.5 m，站房主体部分为 1 层，局部设开放的旅服夹层；两侧生产附属房屋为 2 层。站房主体为进站厅、候车厅及旅服夹层；两侧生产附属房屋为出站厅、贵宾厅、售票厅及生产设备用房。结构形式为钢筋混凝土框架结构。廊坊站设计秉承廊坊市“现代、开放、包容”的理念，将站房建筑建成有廊坊特色的一座新型现代化车站。

(2)天津南站位于天津市西青区张家窝镇境内，京沪高速公路代用线和津晋高速公路之间，车站中心里程为 DK131 +400。站场规模为 2 台 6 线(正线 2 条，到发线 4 条)，到发线有效长度为 650 m，正线和到发线之间线间距为 6.50 m，设 450 m × 12 m × 1.25 m 岛式旅客站台 2 座。车站为桥式站，正线和到发线采用站桥合一的形式，以房建结构体系替代 3 孔桥梁。站房由桥下部分与线侧部分组成，桥下部分为 94.86 m(长) × 58.7 m(宽) × 13.5 m(高)，线侧部分为 143.76 m(长) × 20.9 m(宽) × 30.55 m(高)，站房建筑面积共 8 669 $m^2$，进站方式下进下出。设无站台柱雨棚面积为 25 667 $m^2$，长 428.1 m。站房桥下部分 1 层，线侧式站房部分设有旅服夹层；线侧部分候车厅与桥下部分候车厅相连成 T 字形，桥下部分候车厅两侧为生产附属房屋。结构形式为桥下部分钢筋混凝土框架结构和线侧部分钢结构相结合。站房立面设计造型为大鹏展翅，既体现出高速铁路的时代性、先进性，又体现出天津市蓬勃发展、蒸蒸日上的新景象。

(3)沧州西站位于河北省沧州市以西沧县境内，在纪家洼村西侧，穹庄村东侧，距沧州市中心约 7 km，车站中心里程为 DK219 +270。站场规模为 2 台 6 线(正线 2 条，到发线 4 条)，到发线有效长度为 650 m，设 450 m × 12 m × 1.25 m 岛式站台 2 座。站房与站台间设 12 m 宽旅客进出站地道 2 处。沧州西站站房与地方配套设施形成综合体，铁路车站为综合体的一部分。站房尺寸为 167.2 m(长) × 37.7 m(宽) × 21.6 m(高)，线侧下式站房，建筑面积为 9 991 $m^2$，进站方式下进下出。设无站台柱雨棚面积为 24 124 $m^2$。站房主体部分 1 层，局部设开放的旅服夹层；两侧生产附属房屋为 2 层。站房主体为进站厅、候车厅及旅服夹层；两侧生产附属房屋为出站厅、贵宾厅、售票厅及生产设备用房。结构形式为钢筋混凝土框架结构。沧州西站整体立面构思为双狮拱门，将沧州西站建筑综合体作为城市主要干道的底景，利用简约凝练的手法，创造出一座新型现代化车站。

(4)泰安站位于山东省泰安市西郊天平店乡卧虎山东侧山坡上，在南黄湾和六郎坟村之间，西临京福高速公路，车站离城市中心约 6.5 km，车站中心里程为 DK462 +700。站场规模为 2 台 6 线(正线 2 条，到发线 4 条)，到发线有效长度为 650 m，设 450 m × 12 m × 1.25 m 岛式站台 2 座。站房与站台间设 12 m 宽旅客地道 2 处。站房尺寸为 174.3 m(长) × 36 m(宽) × 21.5 m(高)，线侧平式站房，建筑面积为 9 626 $m^2$，进站方式“下进下出”。设无站台柱雨棚面积为 23 906 $m^2$。站房主体部分 1 层，局部设开放的旅服夹层；两侧生产附属房屋为 2 层。站房主体为进站厅、候车厅及旅服夹层；两侧生产附属房屋为出站厅、贵宾厅、售票厅及生产设备用房。结构形式为钢筋混凝土框架结构。站房立面设计灵感来自泰安市岱庙建筑群。

(5)曲阜东站位于山东省曲阜市东南，京福高速公路以东、沂河以南、日东高速公路以北、息陬乡东陬村与郭庄子村之间，距曲阜市中心约 7 km，车站中心里程为 DK533 + 250。站场规模为 2 台 6 线(正线 2 条，到发线 4 条)，到发线有效长度为 650 m。设 450 m × 12 m × 1.25 m 岛式站台 2 座。站房与站台间设 12 m 宽旅客地道 2 处。站房尺寸为 205.6 m(长) × 33.6 m(宽) × 30 m(高)，线侧下式站房，建筑面积为 9 996 $m^2$，进站方式下进下出。设无站台柱雨棚面积为 25 084 $m^2$，长 423 m。站房主体部分 1 层，局部设开放的旅服夹层；两侧生产附属房屋为 2 层。站房主体为进站厅、候车厅及旅服夹层；两侧生产附属房屋为出站厅、贵宾厅、售票厅及生产设备用房。结构形式为钢结构。建筑造型与曲阜儒学文化区整体建筑风格相协调，厚重大气，体现出新时代站房建筑的气势与内涵，灰色基调、传统建筑坡屋面的抽象化处理，力求寓简练于变化之中，形成富含传统建筑神韵的现代化建筑形体。

(6)滕州东站位于山东省滕州市东南，地势平坦、开阔，车站中心里程为 DK589 + 150。站场规模为 2 台 4 线(正线 2 条，到发线 2 条)，到发线有效长度为 650 m。车站设 450 m × 9 m × 1.25 m 侧式旅客站台 1 座，450 m × 12 m × 1.25 m 侧式基本站台 1 座，设宽 12 m 旅客出站地道 1 座。站房尺寸 160.92 m(长) × 36.42 m(宽) × 21.5(高)m，线侧下式站房，建筑面积为 7 918 $m^2$，进站方式平进下出和下进下出相结合。设无站台柱雨棚面积为 19 865 $m^2$。站房主体部分 1 层，局部设开放的旅服夹层；两侧生产附属房屋为 2 层。站房主体为进站厅、候车厅及旅服夹层；两侧生产附属房屋为出站厅、贵宾厅、售票厅及生产设备用房。结构形式为钢筋混凝土框架结构。车站整体为横向三段式设计，立面采用中国古典建筑处理手法，运用了斗拱、窗花、线脚等中国古典建筑符号，并配以米黄色，使建筑轮廓丰富鲜明，主体挺拔高大。

(7)枣庄站位于山东省枣庄市薛城区东南约 5 km 处，在徐家窝以南，上殷庄以北，东邻枣庄规划区。站区对外交通便利，线路以西约 1 km 为京福高速公路，北边可经徐家窝村前道路至薛枣公路，南边可经上殷庄村前道路至薛城，车站中心里程为 DK625 + 280。站场规模为 2 台 6 线(正线 2 条，到发线 4 条)，到发线有效长度为 650 m，车站设 450 m × 12 m × 1.25 m 岛式站台 2 座，站房与站台间设旅客地道 2 座，宽 12 m。站房尺寸为 184.72 m(长) × 36.8 m(宽) × 21(高)m，线侧平式站房，建筑面积为 9 987 $m^2$，进站方式平进下出和下进下出相结合。设无站台柱雨棚面积为 23 982 $m^2$。站房主体部分 1 层，局部设开放的旅服夹层；两侧生产附属房屋为 2 层。站房主体为进站厅、候车厅及旅服夹层；两侧生产附属房屋为出站厅、贵宾厅、售票厅及生产设备用房。结构形式为钢筋混凝土框架结构。枣庄站设计以鲁西南重要门户为定位，外形来源于京杭大运河上的航船，通过现代的构造手段得以实现。

(8)宿州东站位于安徽省宿州市，距市中心 27 km，车站中心里程为 DK756 + 400。站场规模为 2 台6 线(正线 2 条，到发线 4 条)，站台均为中间站台，宽 12 m，长均为 450 m。线侧下式站房，结合车站进、出站流线模式设进站地道一座，出站地道一座，宽均为 8 m。站房主体为一层，两侧局部为三层。一层中央通高为候车区，两侧为售票、出站及车站办公、设备用房。车站主体为钢筋混凝土结构，屋面为钢结构。总建筑面积为 4 998 $m^2$。建筑主体高度为 18 m，总长 121 m，总宽 28.7 m。宿州东站无站台柱雨棚钢结构覆盖面积为 24 713 $m^2$，长 421 m。宿州市是安徽省北大门，车站主体外侧是"门"式造型的花岗岩饰面柱廊，与内侧玻璃幕墙组合，虚实相生，主次分明，使车站建筑显得十分和谐、庄重，凸显城市之门的立意。

(9)定远站位于安徽省定远县，距县城 22.5 km，车站中心里程为 DK897 + 350。站场规模为 2 台4 线

(正线 2 条,到发线 2 条),设基本站台和线侧式站台各一座,宽均为 8 m,长均为 450 m。线侧平式站房,结合车站进、出站流线模式设进、出站混合地道一座,宽 8 m。站房主体为一层,两侧局部两层。一层中央通高为候车区,两侧为售票、出站及车站办公、设备用房。车站主体为钢筋混凝土结构。总建筑面积为 3 990 $m^2$。站房主体高度为 15.3 m,总长 120 m,总宽 31.7 m。定远无站台柱雨棚钢结构覆盖面积为 16 827 $m^2$,长 414 m。定远站房立面造型基本为对称布局,整个建筑外饰面以中空钢化 LOW E 隐框玻璃幕墙为主,辅以干挂烧毛花岗岩柱廊空间,使站房显得庄重、大气的同时具有浓郁的现代气息。

(10)滁州站位于安徽省滁州市,距既有站 12 km,车站中心里程为 DK959 +390。站场规模为 2 台 6 线(正线 2 条,到发线 4 条),设 2 座中间站台,宽 12 m,长为 450 m。线侧下式站房,结合车站进、出站流线模式设进站地道一座,出站地道一座。站房主体为一层,两侧局部为两层。一层中央通高为候车区,两侧为售票、出站及车站办公、设备用房。车站主体为钢筋混凝土结构,屋面为钢结构。总建筑面积为 4 000 $m^2$。建筑主体高度为 10.4 ~17.5 m,总长 116 m,总宽 32.6 m。滁州南站无站台柱雨棚钢结构覆盖面积为 24 713 $m^2$,长 421 m。站房立面造型基本为对称布局,中间高、两边低,主次分明。站房主体具有徽派建筑传统意味又不失现代科技含量的大屋顶和出挑深远的屋檐,具有较强的视觉冲击力和可识别性。

(11)镇江南站地处长江下游南岸,江苏省镇江市,距既有站 6 km,车站中心里程为 DK1083 +721.025。站场规模为 2 台 6 线(正线 2 条,到发线 4 条),设高架岛式站台 2 座,宽 12 m,长 450 m。站房为线正下式。站房一层为候车区及设备管理用房,位于铁路桥下,二层为站台层。候车区设四组楼、扶梯通向站台。出站厅在站外侧单设。总建筑面积为 5 993 $m^2$。建筑高度为 14.05 m(室外地面至站台面),雨棚最高点高度为 33.850 m。镇江南站站房屋盖雨棚钢结构覆盖面积为 8 295.3 $m^2$,无站台柱雨棚钢结构覆盖面积为 21 772.8 $m^2$,长 414.5 m。镇江市是一座历史悠久的城市,素有“天下第一江山”的美誉,站房立面造型撷取山之起伏特征,通过现代钢结构及装修处理手法予以体现,体量轻盈,气势磅礴,展现了一个经济腾飞的现代化镇江。

(12)丹阳北站地处长江下游南岸,江苏省丹阳市,距既有站 4.5 km,车站中心里程为 DK1112 +350。站场为 2 台 4 线(正线 2 条,到发线 2 条),设侧式基本站台和侧式旅客站台各一座,均为宽8 m,长 450 m。线侧下式站房,结合车站进、出站流线模式设进、出站混合地道一座。站房主体为一层,两侧局部为两层。一层中央通高为候车区,两侧为售票、出站及车站办公、设备用房。车站主体为钢筋混凝土结构,屋面为钢结构。总建筑面积为 5 978 $m^2$。建筑主体高度为 22.3 m,总长 158 m,总宽 28 m。丹阳北站无站台柱雨棚钢结构覆盖面积为 18 899 $m^2$,长 418 m。站房建筑立面造型为对称布局,中间高,两边低,主次分明。建筑外饰面以中空钢化隐框玻璃幕墙为主,辅以干挂烧毛花岗岩外饰面使整个车站显得和谐、大气。

(13)常州北站位于江苏省常州市,距既有站 7.5 km,车站中心里程为 DK1144 +754.365。站场规模为 2 台 6 线(正线 2 条,到发线 4 条),设高架岛式站台 2 座,宽 12 m,长 450 m。线正下式站房,主体为一层,主要为候车层及设备管理用房,位于铁路桥下,二层为站台层。候车区设四组楼、扶梯通向站台。出站厅在站外侧单设。总建筑面积为 12 253 $m^2$。建筑高度为 13.965 m(室外地面至站台面),雨棚最高点高度为 33.1 m,站房总长 211.15 m,总宽 66.9 m。常州北站站房屋盖雨棚钢结构覆盖面积为 12 253 $m^2$,无站台柱雨棚钢结构覆盖面积为 18 773 $m^2$,长 414.5 m。常州北站南、北广场均规划了轨道交通地下车站,旅客进、出站主要通过站前活动平台下行至地铁站。站房立面造型基本为对称布局,中间略高,两侧低,屋面天际线及投影面呈流线形,既强调了车站主体的中心位置,又避免了常规火车站天际线的平直、单一。三维曲线屋面向人们诠释常州市“龙城”的文化底蕴及其内涵。

(14)无锡东站位于江苏省无锡市,距既有站 14.5 km,车站中心里程为 DK1201 + 168.005。站场规模为 2 台 6 线(正线 2 条,到发线 4 条),设高架岛式站台 2 座,宽 12 m,长 450 m。线正下式站房,主体为一层,主要为候车层及设备管理用房,位于铁路桥下,二层为站台层。候车区设四组楼、扶梯通向站台。出站厅在站外侧单设。总建筑面积为 10 923 $m^2$。站房下架空层为城市轨道交通站厅层。站房主体高度为 12.646 m(高架桥桥面至站台面),雨棚最高点高度为 35.800 m,站房总长163.5 m,总宽64.8 m。无锡东站站房屋盖雨棚钢结构覆盖面积为 24 935 $m^2$,无站台柱雨棚钢结构覆盖面积为18 376 $m^2$,长440.04 m。无锡东站站房立面造型基本为对称布局,中间高,两侧低,其“船”形造型,阐述了舟行太湖、平地生花的美景。

(15)苏州北站位于江苏省苏州市,距既有站 10.5 km,车站中心里程为 DK1227 + 962.785。站场规模为 2 台 6 线(正线 2 条,到发线 4 条),设高架岛式站台 2 座,宽 12 m,长 450 m。站房为线正下式站房。站房主体为一层,主要为候车层及设备管理用房,位于铁路桥下,二层为站台层。候车区设四组楼、扶梯通向站台。出站厅在站外侧单设。总建筑面积为 7 846 $m^2$。站房主体高度为 14.051 m(高架桥桥面至站台面),雨棚最高点高度为 30.350 m,站房总长 228.9 m,总宽 82.1 m。苏州北站站房屋盖雨棚钢结构覆盖面积为 9 810 $m^2$,无站台柱雨棚钢结构覆盖面积 21 301 $m^2$,长 400.6 m。苏州北站在造型构思上以现代构成的手法,再塑苏州怡然、宁静、清新的都市新风,建筑造型简洁、明快,通过以小见大的手法从苏州园林镂空窗、苏绣、折扇中吸取元素,融入建筑细部设计,运用东方哲学的“无”空间,表达咫尺空间却山无止境、水无尽意的诗情画意,体现了苏州文人辈出、人杰地灵。

## 二、北京南站

### (一)工程概况

北京南站位于宣武区、崇文区及丰台区交界处,南二环、南三环、马家堡东路、马家堡西路之间,凉水河北侧。北京南站设高速场和普速场,连接京沪高速铁路、京津城际铁路、京沪普速铁路,共设13 台24 线,并将国铁、地铁、公交、出租、社会车辆等不同交通方式乘降、停车等市政交通设施融为一体,是按世界一流标准设计和建设的现代化大型客运交通枢纽。

站房共由地下三层、地下二层、地下一层、地面层、高架层组成,另外在站房东西两侧地下一层与地面层之间设有地下夹层。其中铁路部分包括中央主站房、独立综合办公楼、无站台柱雨棚,总建筑面积为 22.6 万 $m^2$;地铁部分,地下二层、地下三层分别为地铁十四号线和四号线。地下一层分为三个区域:两侧汽车库及设备用房分别为Ⅰ区和Ⅲ区,中间公共区为Ⅱ区。Ⅱ区围绕中央部位的交通换乘大厅布置,西侧为出站厅、售票、商业用房,东侧为快速进站厅和出站厅。地铁站厅布置在换乘大厅的中央部位。在南北旅客通道两侧还预留了商业用房。地面层为公交车旅客进站层,北侧设置了旅客进站厅、贵宾室,南侧设置了旅客进站厅。高架层为旅客进站层,中央为独立的候车室,东西两侧是进站大厅,与高架环道落客平台相连。南北两侧为共享空间,与南北地面进站厅和地下换乘空间直接连通。北京南站采用上进下出、下进下出的进出站客流组织模式。

北京南站借鉴了天坛的设计理念,为椭圆形建筑形态,以消除铁路站场斜向布置与北京市南北向城市格局的矛盾,使站房各个方向均呈现良好的视觉效果。其长轴为 500 m,短轴为 350 m。

北京南站的建设单位为北京铁路局建设项目管理处,施工单位为中铁建工集团、中铁六局、中铁电气化局组成联合体,设计单位是铁三院和泰瑞·法瑞公司及 ARUP 公司联合体,监理单位是北京赛瑞斯国际工程咨询有限公司和北京铁建监理公司。

北京南站剖面如图 3.4.24 所示,建筑分层平面如图 3.4.25 所示。

图 3.4.24 北京南站剖面

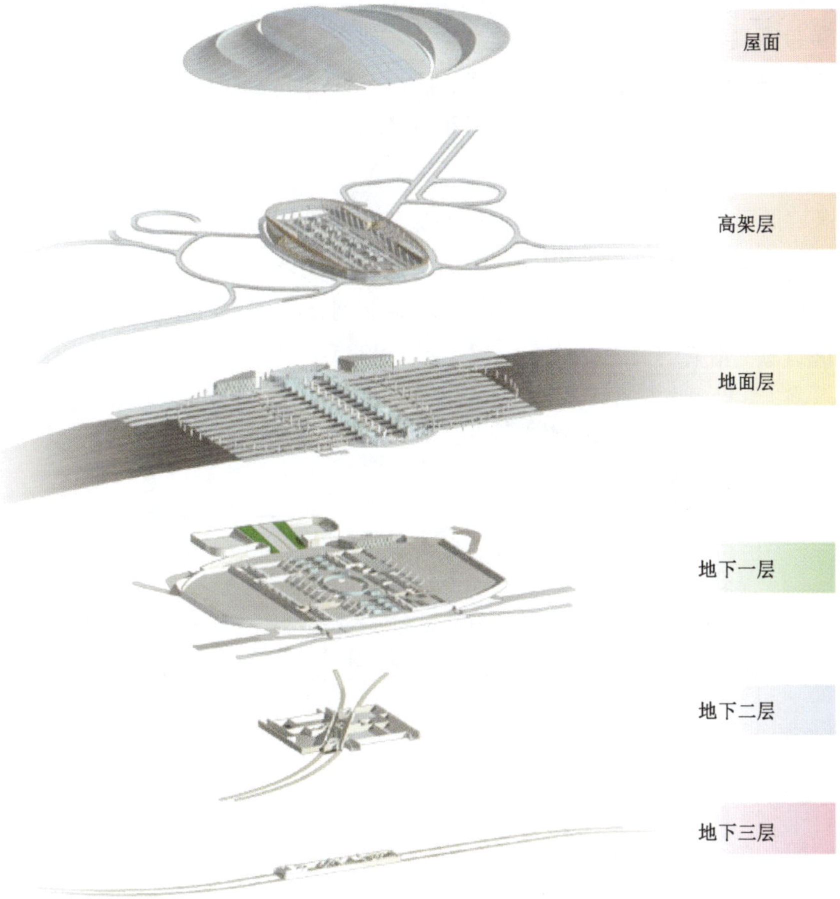


图 3.4.25 北京南站建筑分层平面

北京南站在结构设计上，地下室采用混凝土框架结构，地上站房及雨棚采用钢结构，雨棚钢结构采用巨大 A 型钢柱支撑悬垂梁及钢桁架屋面体系；中央站房采用钢框架—刚架结构体系、压型钢板组合楼板；高架桥采用钢—混凝土组合梁桥，上部结构为钢梁—混凝土组合梁，钢梁为带上翼缘的开口钢梁，桥面板为钢筋混凝土板。

（二）工程特点和难点

1. 工程体量大

北京南站工程土方开挖量约为126万$m^3$，混凝土用量总计46.7万$m^3$，钢筋用量14.9万t，钢结构用量约6.5万t。站房工程钢结构焊接、安装难度大，钢结构为异型构件，钢板最大厚度为80 mm，现场焊缝长度总计27.53 km，焊接质量要求高；地上钢结构座落在轨道层混凝土板上，重型吊车给地下混凝土结构带来超载的难题，安装难度大。

2. 需要与地铁交叉施工

站房底板下方设有两条交叉的地铁换乘站及线路，地铁换乘站位于国铁核心区，该工程与地铁四号线、十四号线工程同时施工。

3. 超深超大基坑施工难度大

北京南站工程基坑是超深超大基坑，受施工场地的限制不能进行大放坡开挖，而且一侧靠近京山线、一侧靠近永丰线，基坑支护不仅关系到工程的顺利施工，还涉及既有线路的安全防护。

（三）施工组织

1. 施工布局与安排

施工区域划分：地下室分为施工Ⅰ区、Ⅱ区、Ⅲ区（其中Ⅰ区、Ⅲ区有夹层），F-1区、F-2区，东、西挡墙；地上高架层划分为3个区，即Ⅱ-1、Ⅱ-2、Ⅱ-3；F-1、F-2、F-3和F-4各为独立施工区；高架桥划分为18联形成独立施工区。

综合考虑施工Ⅲ区受三角地拆迁和既有南站影响及施工Ⅱ区受制于地铁施工等因素影响，结构总体施工顺序为Ⅰ区→Ⅲ区→Ⅱ区，高架桥、雨棚及F-1、F-2、F-3和F-4穿插施工；装修总体施工顺序为站房、雨棚同时进行，站房Ⅱ-3区→Ⅱ-2区→Ⅱ-1区；雨棚Ⅰ、Ⅲ-3区→Ⅰ、Ⅲ-2区→Ⅰ、Ⅲ-1区。施工区域划分如图3.4.26所示。

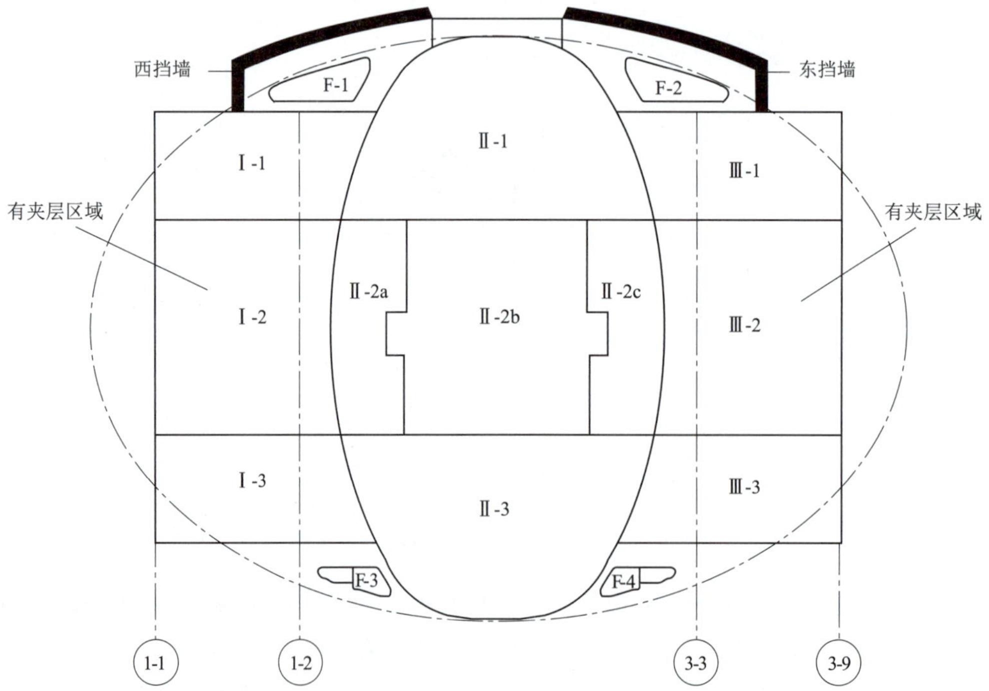


图3.4.26 北京南站施工平面布置

根据北京南站工程结构类型、场地条件及周边环境等特点，综合考虑站房环路、地铁、站场轨道、四电等工程形成交叉施工，且必须保证南侧京山铁路正常营运及北侧永丰线北京南站停运之前正常运营。施工总平面布置随不同的施工阶段进行动态调整，确保各阶段施工道路畅通，同时尽量减少临时设施的变动。施工平面布置主要分为地下挖土施工阶段、地下主体结构施工阶段、地上钢结构施工阶段、装修施工阶段等。

2. 劳动组织

根据北京南站工程的规模及施工区域的划分，主体施工阶段，组织3个土建施工队和1个钢结构安装施工队进行平面流水、立体交叉作业。根据不同施工阶段的工程量、工作面大小，有效地安排劳动力进退场，以达到劳动力资源的充分利用。平均每天投入劳动力4 200人，高峰期每天投入劳动力6 000人。装饰装修阶段，以专业施工队为主，组成6个专业装修队进行施工，1个土建项目部平均每天投入劳动力3 600人，高峰期每天投入劳动力4 800人。

3. 工程实际进度

2006年7月31日完成土方开挖和风道施工；2007年5月31日完成地下室主体结构施工及站房结构外围的A形柱、高架桥基础施工；2007年9月30日完成雨棚、站房、高架桥钢结构安装；2007年12月31日完成站房、雨棚屋面安装，地下室装修、机电设备管线施工，以及玻璃幕墙施工和高架桥施工；2008年7月30日完成设备调试、站房精装修。

北京南站工程通过科学合理的施工组织，形成5项国家级专利，1项国家级工法，2项铁道部工法，2项企业级工法；获得中国施工企业管理协会奥运专项技术创新成果特等奖；获得中国铁路工程总公司科学技术特等奖；获得北京市科技进步二等奖。还先后获得英国皇家建筑师协会2009年国际年奖，2009年度铁路优质工程勘察设计一等奖，中国土木工程“詹天佑奖”，2010年度中国建设工程“鲁班奖”，北京当代十大建筑称号。

## 三、天津西站

### （一）工程概况

既有天津西站位于京沪线上，为天津地区的枢纽辅助站，衔接北京、山海关、上海三个主要方向，分别与南仓、天津北、曹庄、西营门站相连，车场为3个站台5条到发线。改建后的天津西站作为京沪高速铁路及津秦客运专线、京津城际铁路（京沪高速铁路联络线）引入天津的枢纽站，是京沪高速铁路的重要组成部分，是京沪高速铁路五大车站中唯一非位于正线上的车站，是连接京沪高速铁路及京津城际铁路轨道交通和津秦客运专线的列车到发及中转的高速站，同时又是办理普速列车始发、到达及通过的综合客运站。京沪高速铁路由西端引入天津西站，京津城际铁路由东端引入天津西站，津秦客运专线由天津站到天津西地下直径线从东端引入天津西站，如图3.4.27所示。

老天津西站始建于1909年8月，在1910年12月14日启用，站房由德国建筑师设计，为砖红色的德国新古典主义建筑，是天津市文物保护单位和特殊保护等级的历史风貌建筑，也是这一地区的地标性建筑。天津西站自2009年起开始进行改扩建工程，建成现代化的新站房及前后广场等配套工程。

天津西站站场工程总规模为13台26线，从北向南依次为津保车场3台4线，普速车场1台4线，津秦津沪车场6台12线，城际车场3台6线。

站房南北全长382 m，东西宽282 m。总建筑面积为22.38万$m^2$，其中雨棚建筑面积为7.55万$m^2$。站房主体高度为57 m，辅楼高20 m，雨棚最高点高18 m。采用中央站房及四角辅楼的对称布局方式，地下一层、地上二层。站房地下一层由南北换乘厅、中央出站通廊组成，北端通过楼扶梯与北广场连通，南侧与地铁换乘大厅相接。地面一层设南、北站房进站厅和站台区域。高架层为东西进站厅和候车进站厅，利用空间局部设置旅服夹层。在站房的东西两侧分别设有辅楼，均为四层，主要是旅客购票、商业服务、贵宾服务等用房。天津西站采用上进下出的进出站客流组织模式。站房主体由下到上为轨道层结构、高架层结构、高架辅楼结构及拱形屋面结构，轨道层、高架层采用框架结构体系，拱形屋面为联方网格型单层网壳，高架辅楼钢框架作为拱形屋面结构的支座及主要的抗侧力构件。

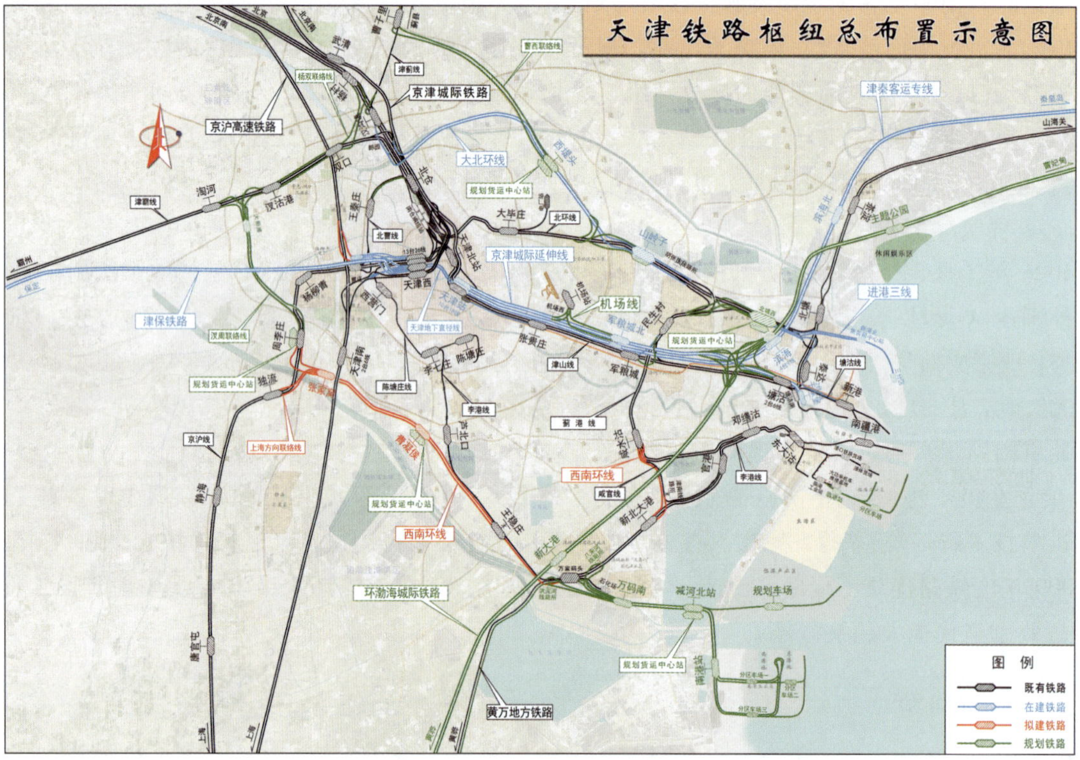


图 3.4.27 天津西站与天津枢纽关系示意

天津西站的建设单位是北京铁路局成立的天津西站指挥部，设计单位是铁三院，施工单位是中铁六局、北京建工集团有限责任公司与华鼎建筑装饰工程有限公司，监理单位是北京铁建工程监理有限公司和北京赛瑞斯国际工程咨询有限公司。

天津西站鸟瞰图如图 3.4.28 所示。

（二）工程特点和难点

1. 施工过渡多，安全压力大

天津西站工程为铁路枢纽性改造项目，全过程涉及既有线施工，其中既有京沪正线在施工期间从站房、站场施工区域穿越，将站房、站场分为南、北、中三部分，在保证天津西站（部分客运）不间断作业的基础上，重建普速车场，新建高速车场，造成施工中过渡工程量较多，施工必须确保既有线的运营安全，施工安全压力非常大。

2. 工程体量大，结构工艺复杂

新建站房体量大、工艺复杂，且在建筑平面和空间范围内的巨大变化给施工部署带来很大的困难。大跨度箱形联方网壳钢结构屋架东西跨度为 114 m，总长度为 394.063 m，总高度为 47 m，钢结构总重量达18 000 t。屋盖沿跨度方向分为两侧的拱脚散拼段和中间提升段三部分，提升段沿屋面长度方向分为北区、中区、南区三段。提升段跨度为68.9 m，矢高为11.62 m，提升高度为34.13 m，每段有48个四边形接口，接口合龙的测量精度需控制在3 mm以内。钢结构拼装吊装质量及精度的保证是工程施工的难点。

图3.4.28　天津西站鸟瞰图

（三）施工组织

1. 施工总体安排

由于既有京沪线从站房中部穿过，施工阶段在平面上划分为南部区段、北部区段和中间占压区段。根据总体工期安排，按照“占满时间、占满空间”的原则进行布署，突出关键线路，控制节点工期，结构施工期间按照北区→南区→中区的总体施工顺序，轨道层以下以钢筋混凝土施工为主线、轨道层以上以钢结构安装施工为主线组织施工，确保主体结构按期完成，最大限度地为设备安装及装修施工预留时间。装修施工期间以外檐玻璃幕封闭、内檐装饰施工为主线，机电安装工程穿插施工。

2. 施工方案

天津西站施工在不中断既有京沪线运营的前提下展开，主要围绕站房施工和京沪线改造，先后经过四次过渡将京沪改线拨接至设计线位，与此同时进行相关联络线的施工。

（1）第一次过渡

在客运业务已经搬迁至杨柳青站和部分货运业务改到西营门站的基础上，开始天津西站站场的第一次过渡施工。货车通过场南移，预铺道岔13组，保留既有信号楼的联锁关系不变和部分存车功能，原天津西站下行场南侧铺设京沪正线过渡线位2条，陈塘支线过渡线位1条，同时铺设4道、5道到发线，两端拨接使既有线路与工程线连通完成过渡。客运车场保留京沪正线、4道到发线和上行正线与4道到发线间的中间站台，拆除其他所有线路。过渡完成后为津保正线及京沪正线施工创造了条件，同时进行北侧站房、路基、红旗北路、团结路、密云路框构桥施工及既有管线涵管接长施工。重点推进北侧站房的施工为京沪正线第二次过渡至北侧站房下创造了条件。第一次过渡施工于2010年

1 月顺利完成。第一次过渡施工前后站房工程主要力抢北侧站房为站区内第二次过渡施工创造条件。第一次过渡如图 3.4.29 所示。

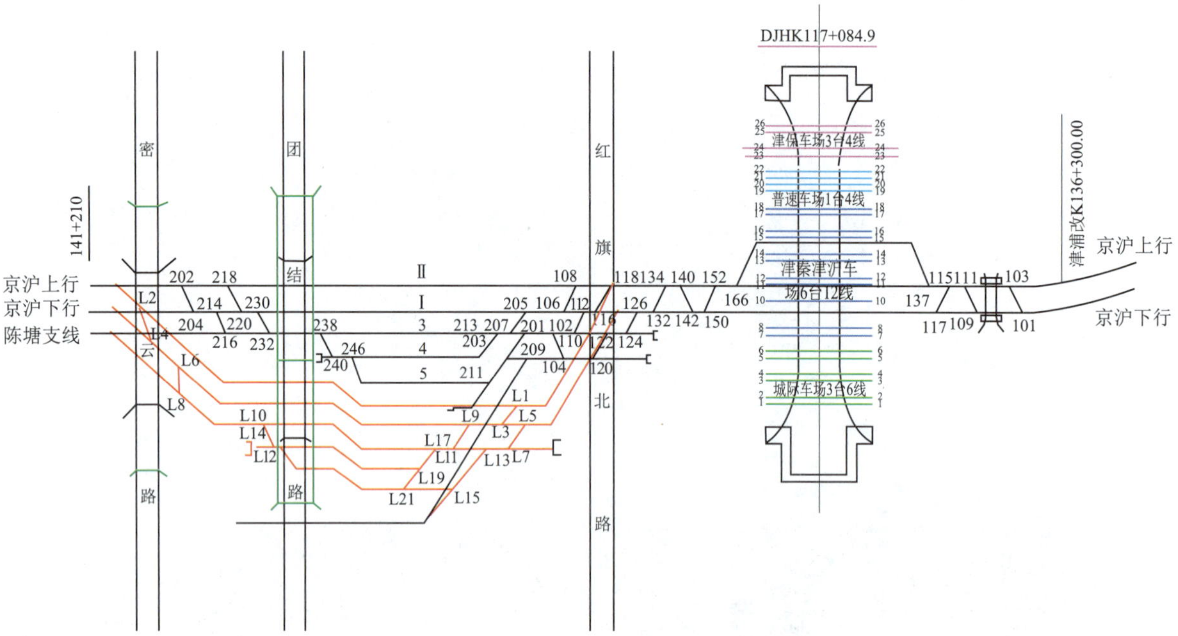


图 3.4.29 天津西站第一次过渡示意

(2)第二次过渡

2010 年 4 月初进行第二次过渡，保留天津西站及货场楼位置不变，既有信号楼保留部分使用功能，二次过渡将站内京沪正线过渡至津保车场(津保场暂时不开通)23 道、24 道，过渡线东咽喉拨接点里程为 K136 +458，西咽喉拨接点里程为 K138 +890。过渡完成后原对应里程京沪正线及 4 道进行拆除，为京沪正线占压段的高速车场、城际车场及南站房施工创造条件，如图 3.4.30 所示。

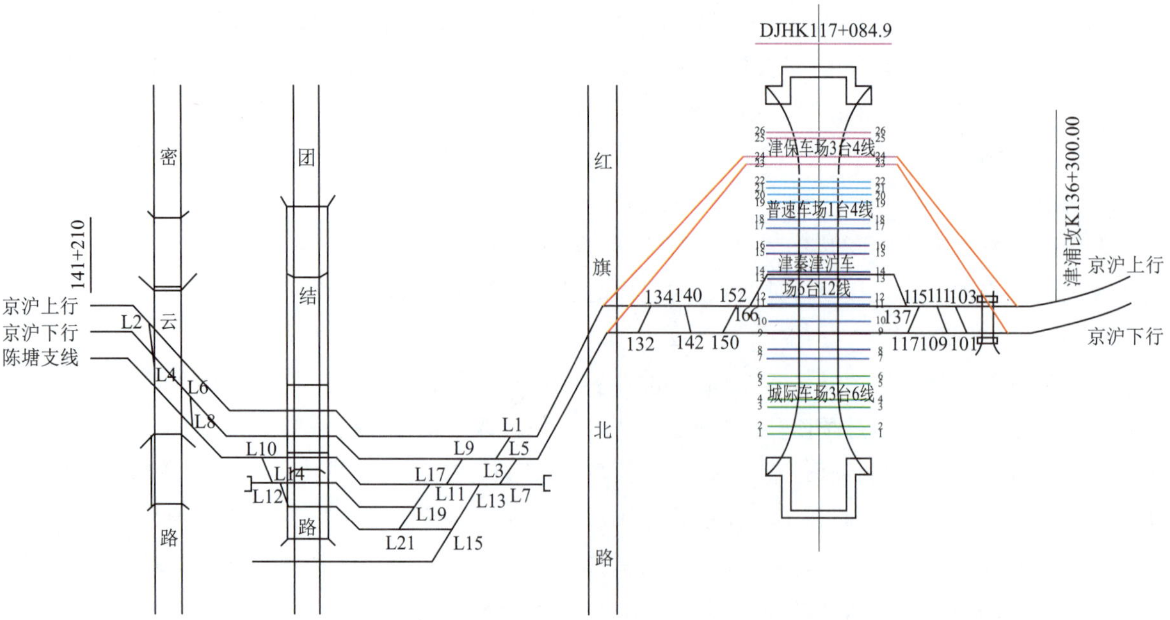


图 3.4.30 天津西站第二次过渡示意

(3)第三次过渡

2010 年 10 月天津西站第三次过渡，主要将京沪改线下行场处至京沪改线改造终点(K139 +250 ~ K141 +950)间京沪线过渡至正式线位，开通新的天津西站货车通过场信号楼，同时陈塘支线同京沪正线同时正位改造。改造后陈塘支线保留一条到发线。京沪 K138 +000 ~ K139 +250 间上下行正线借用津保正线作为过渡线位，为普速车场西咽喉岔区的道岔原位预铺施工创造条件。同时将第一次过渡中铺设的京沪便线及下行场线路拆除，为京沪联络线、津沪联络线及动车线的施工提供了场地。

经过三次过渡，京沪正线货车通过场部位按设计图纸完成施工，具备货运能力，同时外围站全部形成。天津西站车场内继续进行既有线南侧站房施工，为普速和高速车场施工提供了条件，如图 3.4.31所示。

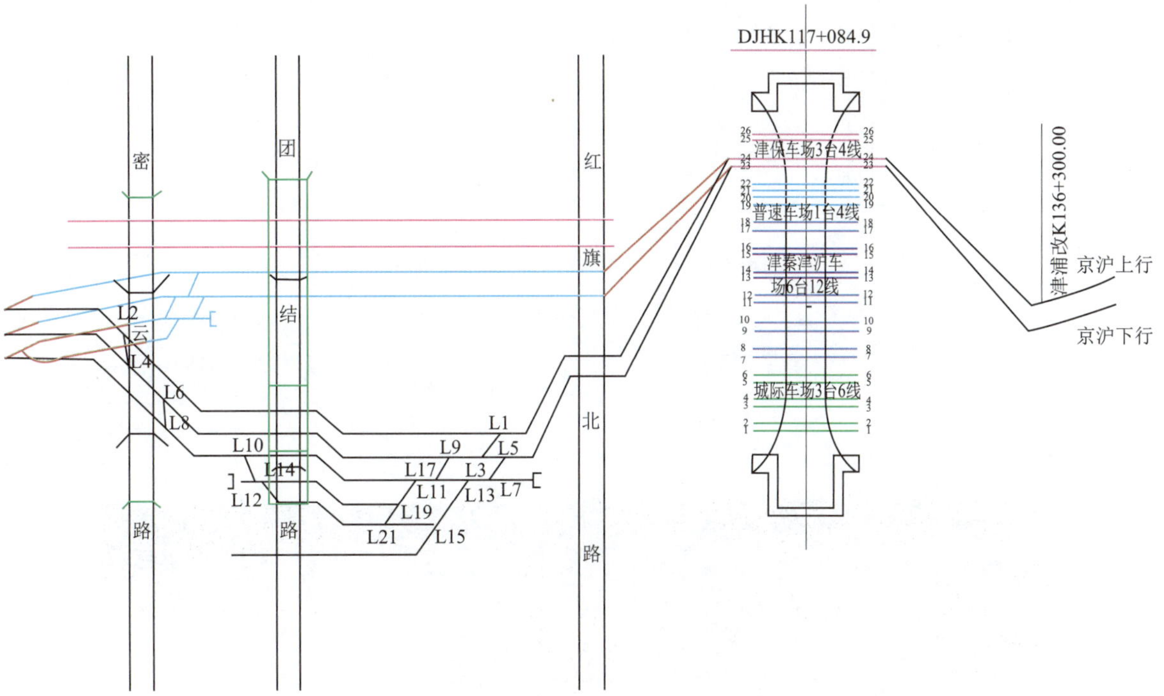


图 3.4.31 天津西站第三次过渡示意

(4)第四次过渡

2011 年 4 月天津西站第四次过渡在京沪改线第三次过渡的基础上进行，在普速场改造修建完成后将过渡至津保正线段的线路拨接至设计线位，开通新的天津西站普速场信号楼，将场内京沪改线过渡至普速场 20 道、21 道，普速场和货车通过场信号楼改造到位，至此京沪线改造施工全部完成。为占压的津保车场施工提供条件，同时继续完善北侧站房的施工，如图 3.4.32 所示。天津西站经过四次过渡顺利完成后如图 3.4.33 所示。

3. 工程实际进度

天津西站北区地下结构、轨道层及高架层施工于 2009 年 11 月 21 日开始，2010 年 4 月 18 日完成；2010 年 7 月 31 日完成南北区钢结构屋面安装以及中区轨道层施工；2010 年 11 月 20 日完成屋面钢结构提升安装、合龙、卸载，结构工程全部封顶；2011 年 4 月 1 日完成站房、雨棚、高架桥相关内外檐工程，站场、线路、四电相关工程；2011 年 6 月 30 日天津西站竣工。

天津西站建成后获得“天津市海河杯”、北京市“结构长城杯”金奖和“中国钢结构金奖”。

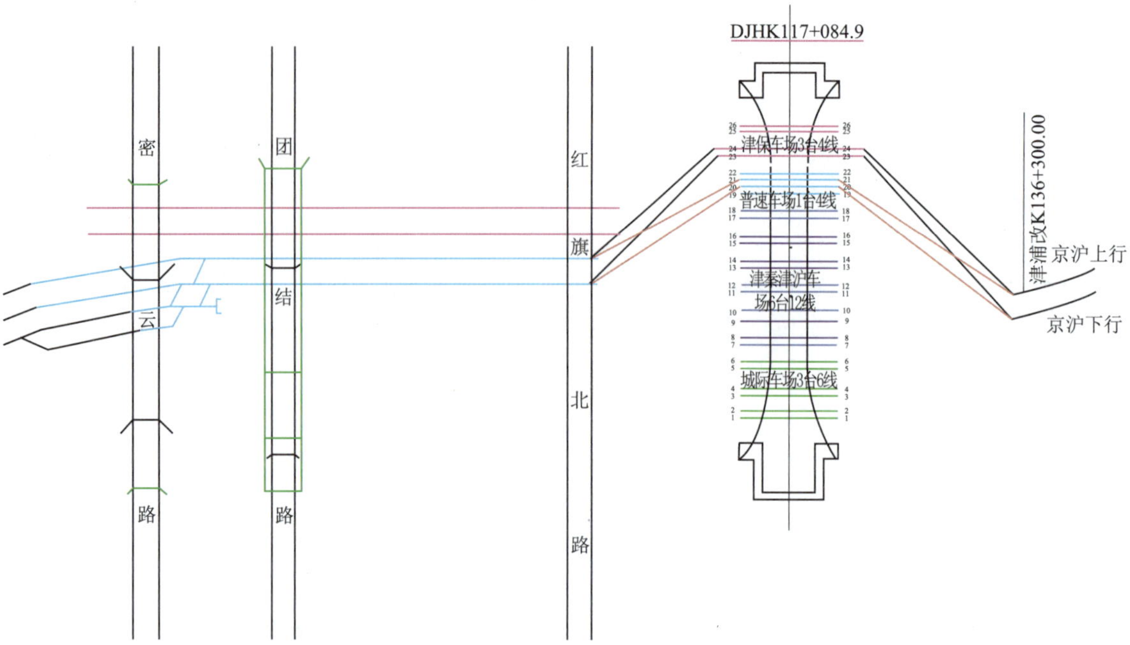


图 3.4.32　天津西站第四次过渡示意

图 3.4.33　天津西站经过四次过渡顺利完成后的场景

## 四、济南西站

### （一）工程概况

济南西站作为京沪高速铁路五个始发终到站之一，是济南市新形象的门户工程，距市中心 10 km，中心地带为铁路客运站、长途汽车站、远期轻轨站、公交、出租及社会车辆组成的一个综合交通枢纽，车站中心里程为 DK419+415。站场规模为 8 台 17 线（正线 2 条，到发线 15 条，基本站台 1 座，中间站台 7 座）。

站房采用线上高架站房设计，旅客流线采用上进下出模式。站房为五层结构（其中地上三层、地下两层），地面层为出站层，地上二层为进站层和承轨层（站台层），地上三层为高架候车层，地下一层为出站层，地下二层为地铁层。站房建筑面积为 99 786 $m^2$，建筑高度为 44 m，无站台柱雨棚面积为65 326 $m^2$。

济南西站作为儒家文化精神的物质载体，设计力求体现山东的地域特色和文化特色。横向展开的形体充分配合铁路、列车的线性特点，大尺度的建筑造型配合高速度、高效率的高铁特点，稳重、大气、豪放而知礼，胸怀宽广，文化底蕴厚重，阐释齐鲁文化的内涵。

济南西站的设计单位是铁三院，施工单位是中铁十二局和中铁十局，监理单位是山东济铁建设监理公司。

济南西站站房正面图、俯视及结构内部剖视情况如图 3. 4. 34 和图 3. 4. 35 所示。

图 3. 4. 34　济南西站站房正面

图 3. 4. 35　济南西站站房的俯视及结构内部剖视

（二）工程特点和难点

主站房工程与地铁一号线、地铁六号线、站场城市地下通廊、站前高架桥及引道等市政工程相互关联，工程施工组织和协调难度大。

（三）施工组织

1. 施工区段划分

为便于流水作业，将主站房、通廊、站场各区划分为若干个施工段组织施工。

(1)高速铁路主站房:以结构分区变形缝为界,自南向北划分为 A、B、C、D、E 五个施工段。

(2)高速铁路地下通廊及高架候车厅:以正线桥为界,划分为东西两个施工区段。

(3)正线桥:以其中心里程为界划分为南北两个施工段。

(4)地铁 1 号线:以正线桥为界划分为东西两个施工段。

(5)站台及站场区:以南北贯穿的高速铁路正线桥和东西贯穿的地铁一号线为界,划分为东南、东北、西南、西北四个施工段。

施工总平面布置如图 3.4.36 所示。

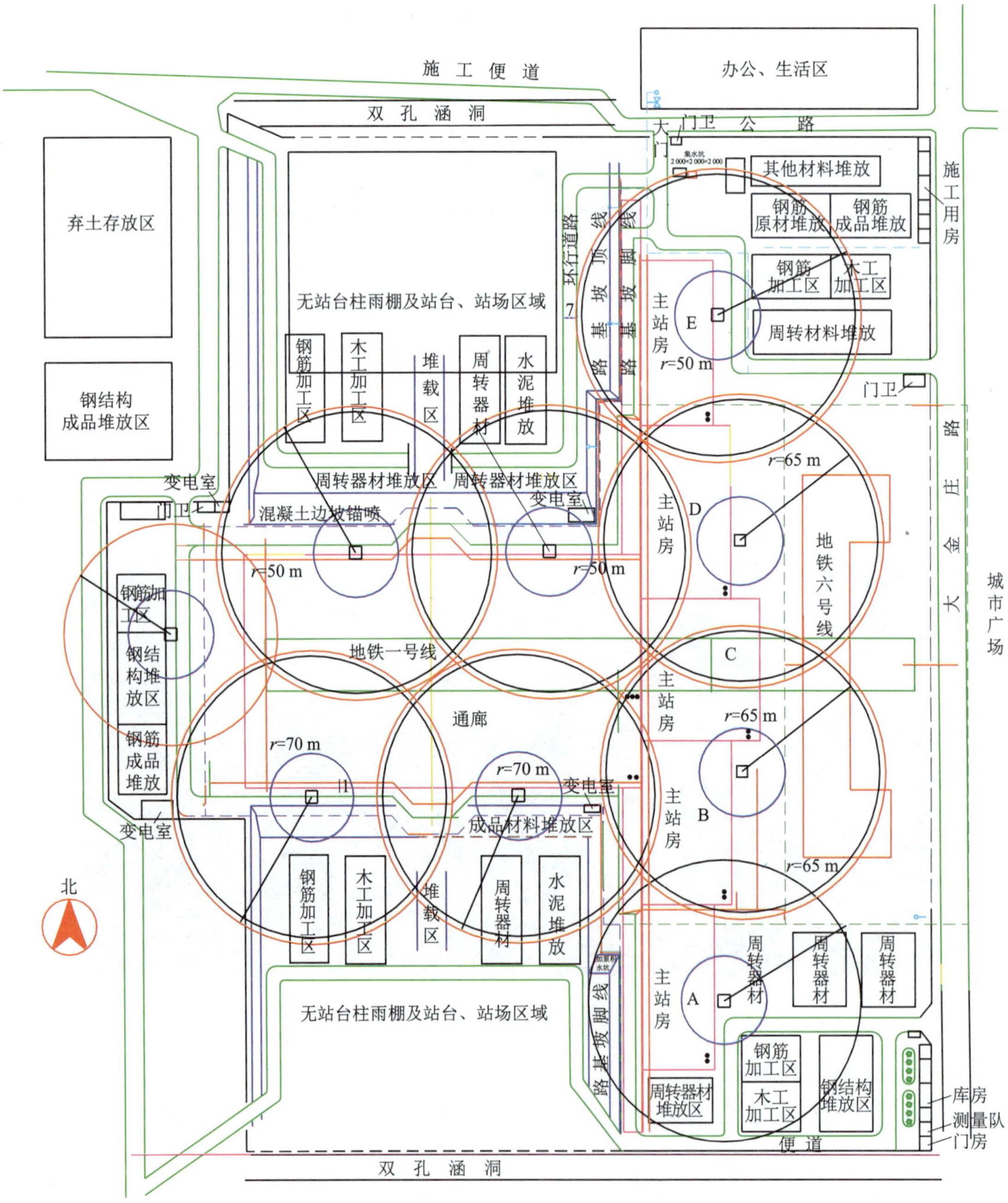


图 3.4.36 施工总平面布置

2. 总体施工安排

1)总体思路

根据对济南西站站房的总工期和节点工期要求,以保证正线铺架和联调联试工期为主线,确定站房工程的施工关键线路如下:

基础桩基(灌桩和打入桩)施工→一级基坑防护、降水、开挖→地铁一号线二级基坑开挖、降水、防护→正线桥基础、地铁一号线底板施工、通廊底板→正线桥墩身、通廊侧墙→正线桥箱梁、通廊顶板→通廊轨道层、基坑回填→高架层楼盖→高架层屋盖→高架候车室外装修→站房内部装修、设备安装。

现场实际施工条件满足要求及各分部、分项工程图纸到位后,采取提前准备、及时穿插、并行作业的非常规施工组织方式,确保各节点工期和总工期。

地铁一号线→地下通廊、高架候车楼结构→站场区轨道、设施等相关工程重点保证正线通车要求,地铁一号线→主站房Ⅰ-C段重点保证结构施工节点工期和总工期要求,主站房Ⅰ-B、Ⅰ-D段施工重点保证地下工程、结构施工节点工期和总工期要求;桩基检测分段插入进行,以减少施工间歇时间;主体施工阶段,主站房区域以土建施工为主,钢结构、安装工程相应跟进;高架区以钢结构为主,土建施工相应同步跟进。

根据各区域施工段划分,组织相关资源,流水作业,穿插施工,并根据各施工区段特征和工程量大小,组织段内施工小流水,充分利用资源,节省施工间歇时间,保证施工平稳快速推进。

2)各区段施工衔接

(1)桩 基

先进行地铁一号线支护和工程桩施工,地下通廊灌注桩和主站房Ⅰ-C段灌注桩适时插入进行,主站房和地下通廊预应力管桩具备条件后及时插入施工,总体上采取并行作业,为基坑开挖尽早创造工作面。

桩基检测根据分段分区,随土方开挖及时插入进行,减少施工技术间歇时间。

(2)土方开挖

先挖地下通廊Ⅰ级基坑,自正线桥西侧为起始点,Ⅱ-A、Ⅱ-B段同时反向开挖,一号线基坑Ⅲ-A段第一层土开挖随Ⅰ级基坑同步进行。然后开挖主站房Ⅰ-C段和Ⅰ-B、Ⅰ-D段Ⅰ级基坑,主站房Ⅰ级基坑开挖时,先Ⅰ-C段,后Ⅰ-B、Ⅰ-D段,以主站房中心轴为起始点,分别向南北方向同时开挖。接下来进行地铁一号线Ⅱ级坑和主站房Ⅰ-A、Ⅰ-E段浅基坑的开挖,地铁一号线开挖分层进行,内支撑体系同时跟进,确保安全。

通廊正线桥基坑开挖在地下通廊Ⅰ级基坑开挖后随即进行。

地铁六号线开挖在止水帷幕封闭且降水至施工要求后即展开,开挖时先挖Ⅰ级基坑,而后施工桩基。开挖自中轴线分南北两段同时向南北两侧开挖。桩基施工完成后,该区域地铁一号线部分分层开挖,内支撑同时跟进,开挖时自西向东进行。六号线深基坑采取分层开挖方式,内支撑同时跟进,开挖时自北向南进行。

(3)主体施工

①地铁一号线与地下通廊衔接

一号线先行施工,同时展开地下通廊基础筏板、承台及外挡墙施工。地铁一号线(除正线桥影响区)封顶后,即展开5.05 m下(含5.05 m结构)钢结构吊装,然后进行5.05 m以下钢筋混凝土施工。

②正线桥与地铁一号线、地下通廊衔接

地铁一号线基础施工时，优先进行正线桥在一号线基坑内的基础施工，其区域内正线桥区段施工同时进行，其完成后再行封闭正线桥影响区一号线顶板。

地下通廊承台施工时，同时将正线桥剩余基础承台施工完毕。在地铁一号线施工期间，同时展开一号线区以外通廊区域内正线桥施工。该区正线桥施工时，自南北两侧向一号线中轴线相向施工，与一号线区段相邻的两侧桥身段施工在5.05 m下Ⅱ-A段钢结构吊装完成后进行，以方便该高程钢结构吊装施工。与一号线区段相邻的两侧桥身段同5.05 m下Ⅱ-B段钢结构吊装同时进行。正线桥局部剖面如图3.4.37所示。

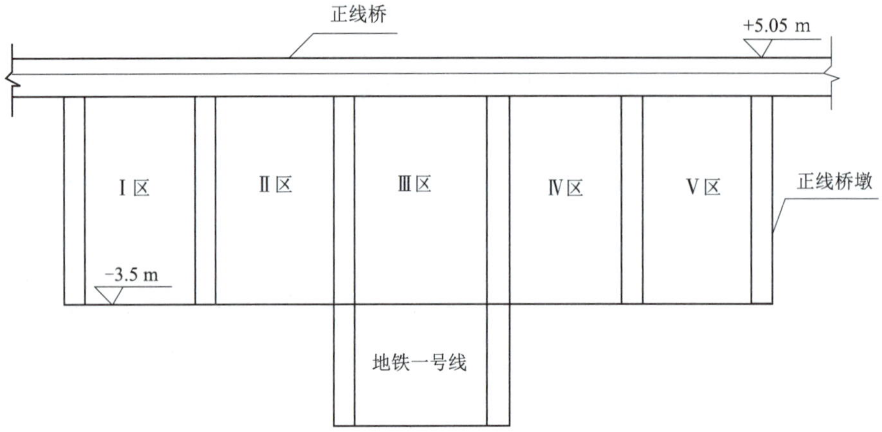


图3.4.37　正线桥局部剖面

③高架候车室与正线桥衔接

高架候车室5.05 m标高以上钢结构吊装、钢筋混凝土施工期间为正线桥的静置稳定期。确保正线桥通车时，候车楼屋架Ⅱ-A段须完成。

④地下通廊、高架候车楼与主站房衔接

正线通车前，以高架候车楼主体施工为主线，确保通车不受影响。

地下通廊底板、基础、侧墙施工时，及时穿插展开主站房除Ⅰ-C段外基础施工，Ⅰ-B、Ⅰ-D段地下结构与连接处先行施工，为Ⅰ-A、Ⅰ-E段基础连梁与其连接施工尽早创造条件。结合部施工完成后，即刻展开上部结构施工。

Ⅰ-B、Ⅰ-D段与Ⅰ-A、Ⅰ-E段结合部施工，改变原设计放坡坡度和支护方式，采取土钉支护，减少放坡对Ⅰ-A、Ⅰ-E段基础和主体施工的影响，为Ⅰ-A、Ⅰ-E段主体独立施工创造条件。

⑤地铁一号线与主站房衔接

一号线Ⅲ-A段封顶后，即刻展开主站房Ⅰ-C段地下结构施工，然后施工上部主体。

⑥地铁六号线与主站房衔接

以既有止水帷幕作为施工分区线，以主站房为主线先行施工，六号线施工穿插进行。在主站房地下施工时，进行六号线桩基和Ⅲ级基坑施工。主站房出地面后，进行结合部施工，主站房主体封顶后进行高架桥施工。

3. 工程实际进度

济南西站站房工程于2009年6月初开工，主站房主体于2010年10月封顶完成，工程于2011年4月底竣工，总工期为23个月。

济南西站在施工中超前谋划，以安全、优质、高效的产品赢得了各方赞誉，被授予“火车头奖杯”。

## 五、南京南站

### (一)工程概况

南京南站位于南京市南部，是集铁路、地铁、客运、公交和出租车于一体的大型综合性客运交通枢纽，为京沪高速铁路、沪汉蓉铁路、宁杭高速铁路、宁安城际铁路共用车站，车站中心里程为DK1018 + 540.696。站场规模15台28线(自北向南依次为京沪高速场到发线10条，沪汉蓉、宁杭场到发线12条，宁安场6条，基本站台2座，中间站台13座，站台长度均为450 m)。

南京南站枢纽主要由铁路站房、配套市政工程及地铁三部分组成。其中，主站房面积为28.1万$m^2$，无站台柱雨棚面积为10.6万$m^2$。南京南站主要由地上三层(局部设有夹层)、地下两层组成。地面三层为高架候车层，是旅客的主要候车区域；地面二层为站台层，是旅客的上下车层面；地面一层主要布置为出站厅、换乘广场、设备辅助用房、东西两侧的停车场及长途汽车站站务用房。地下一层主要为地铁站厅层、铁路设备用房、商业开发用房及社会车辆停车库组成；地下二层为地铁站台层。候车室屋面及楼板采用钢桁架(网架)的大跨度空间结构体系，最大跨度达72 m，屋面结构悬挑达30 m。南京南站设京沪场，沪汉蓉、宁杭场，宁安场三个列车到发场，进站方式上进下出与下进下出相结合，各类客流根据不同的旅行特点分层、分方向进出站，并实现了与其他交通方式的紧密换乘。南京南站造型设计抓住“古都新站”的特色主题，以宫廷建筑的重檐木构、雨花石的色彩斑斓、中华门的三重空间序列为元素组织室内外空间设计，突出南京作为历史文化名城的文脉传承背景。中轴序列，延续六朝古都的瑞气；重檐木构，彰显文化名城的神韵；雨花璀璨，蕴涵江南山水的灵秀；展翼雄姿，舒展交通建筑的畅达。

南京南站的设计单位为中铁四院和北京市建筑设计研究院组成的联合体，施工单位是中铁四局与中铁二十四局江苏工程有限公司联合体、中铁十三局、中国建筑股份有限公司和中铁四局集团建筑装饰安装工程有限公司组成的联合体，监理单位是上海铁路华东监理有限公司，铁科院(北京)工程咨询有限公司、上海建筑科学院监理咨询公司。

南京南站结构剖面如图3.4.38和图3.4.39所示。

### (二)工程特点和难点

1. 钢结构工程规模宏大

钢结构工程具有结构形式多、工程体量大、分布面积大、构件数量多、构件规格大、单件重量重、厚板用量大等特点。结构用钢量达10万t以上。

2. 站桥合一，结构复杂

站房将地铁站、铁路桥梁和站房融为一体，分别采用了钢管混凝土结构、钢桁架结构、空间网架结构、钢筋混凝土框架结构体系和混凝土结构。

3. 层高高、跨度大

地下结构、出站层及站台层层高均在10 m以上，候车大厅在20 m以上。首层钢筋凝土梁跨度24 m，站台层钢桁架梁最大跨度为43 m，屋盖网架跨度为72 m。

4. 工程交叉复杂

需与地铁、铁路站前工程、长途汽车站、落客平台及市政其他配套工程同步或交叉施工。

另外，在该工程施工期间，沪汉蓉通道需提前通车，对施工组织也提出了新的要求。

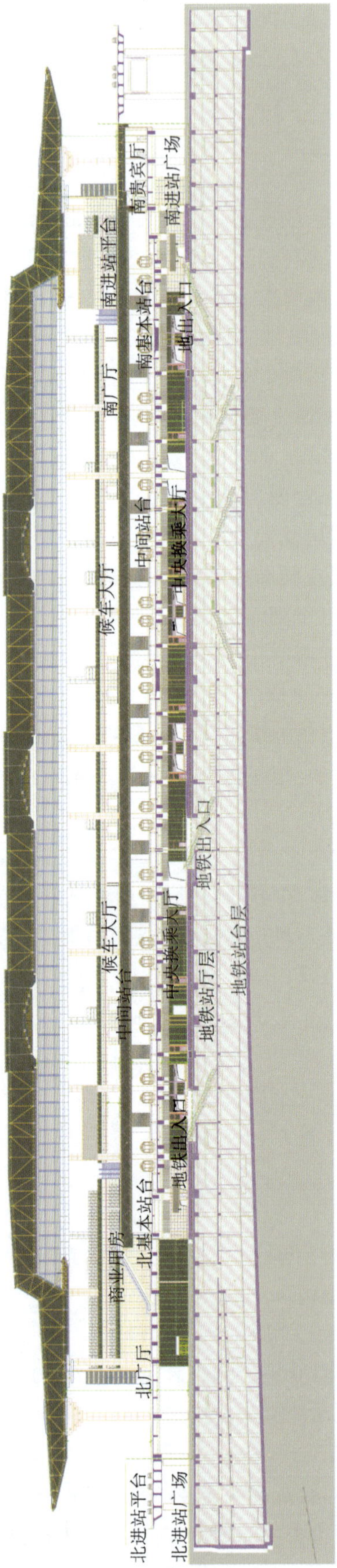


图 3.4.38 南京南站东西向剖面示意

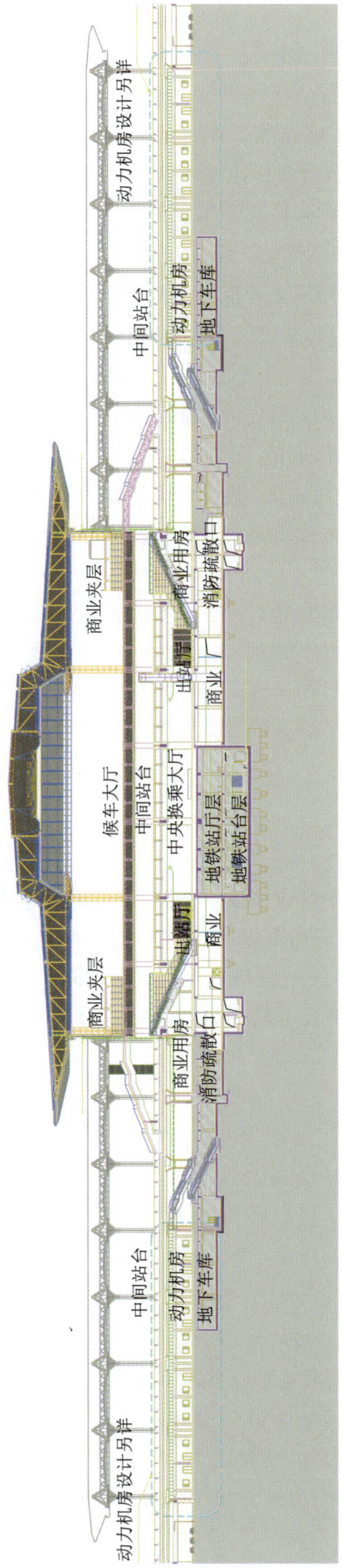


图 3.4.39　南京南站南北向剖面示意

### （三）施工组织

1. 施工组织措施

（1）站房地下结构底板区段划段交叉施工

地铁与站房结合部应急工程属于南京南站站房工程的有机组成部分，有两层地下结构，位于站房3～5轴以下。站房3～5轴框架柱的桩基、承台及标高±0.00 m以下部分框架柱均处于地铁与站房结合部应急工程范围内。站房1～3轴、5～7轴地下一层和地铁与站房结合部工程连为一体，地铁站房结合部应急工程先施工，结构完成后进行站房结构工程的施工。

地铁站房结合部应急工程基础施工开挖采用大开挖自然放坡方式，占用站房1～3、5～8轴大部分工作面。由于该应急工程的交付时间推迟4个月，造成站房实际施工工期被压缩。针对实际情况，站房地下结构利用后浇带及施工缝划分为若干段，采用"零敲碎打，见缝插针"的方法进行施工，工作面交付一块，站房施工插入一块，将地铁站房结合部应急工程交付工作面推迟造成的影响减少到最小程度。

（2）扩大钢结构与承轨层土建结构同时作业的工作面

由于沪汉蓉通道比招标要求提前14个月铺轨，提前8个月在2011年春运前开通，加上地铁站房结合部应急工程施工原因，造成站房钢结构安装和承轨层土建结构工期大大压缩，故钢结构与承轨层土建施工采取增加投入、扩大钢结构与承轨层土建结构同时作业的工作面方法。站房主体钢结构安装顺序调整为由P轴（京沪高速铁路正线）和D轴（宁安正线）南北两侧同时展开施工。在F轴（沪汉蓉场）新开作业面，另组织施工力量展开施工，增加平行施工作业面，加大施工资源投入及科学组织、协调施工，保证了工程各项关键节点的实现。

承轨层土建结构施工分为A～J轴及J～W轴两个平行作业区域，分别以D轴和P轴为中心向南北两端顺次进行，四个施工区同时施工。在每个施工区，钢结构安装与土建施工同步进行，交叉施工。承轨层土建施工区段划分如图3.4.40所示。

（3）采用高空网架滑移方案

方案不占用站房内+22.4 m楼面，站房两端网架高空拼装平台不占用雨棚施工作业面，滑移施工不影响站房内部施工及两侧雨棚施工，为站房内部及无柱雨棚施工创造便利条件；实现网架拼装、滑移流水作业，为机电、装饰专业等施工提前3个月提供作业面，实现多专业的平行立体交叉作业，为实现总工期目标提供了有力的保证。在装饰阶段也采用各层平行立体交叉作业施工，投入充足的人力物力，实行三班倒，施工工期目标得以实现。

（4）沪汉蓉场联调联试的施工组织

根据编制的安全方案，在21、22道两侧站台安全距离外采用文化墙的形式搭设硬隔离安全防护栏，现场限定区域封闭，确保沪汉蓉场联调联试各项工作顺利进行。对于涉及影响既有线及联调联试相应区域的工作，严格管控，并做好夜间施工的组织工作，做到工完场清，确保列车正常运行。

2. 工程实际进度

南京南站于2009年4月1日正式开工，2009年10月30日完成土方工程；2009年12月20日完成混凝土灌注桩；2010年2月10日完成承台和地下结构；2010年11月10日完成承轨层及地上结构；2010年11月30日完成候车层结构和屋面网架的吊装；2011年6月30日完成幕墙施工，屋面板、吊顶、地面装修；2010年5月1日完成地铁工程；沪汉蓉场21、22道于2010年11月5日开始联调联试，2010年12月30日沪汉蓉通道具备开通条件；2011年6月30日实现京沪高速铁路开通运营的三个重要节点。

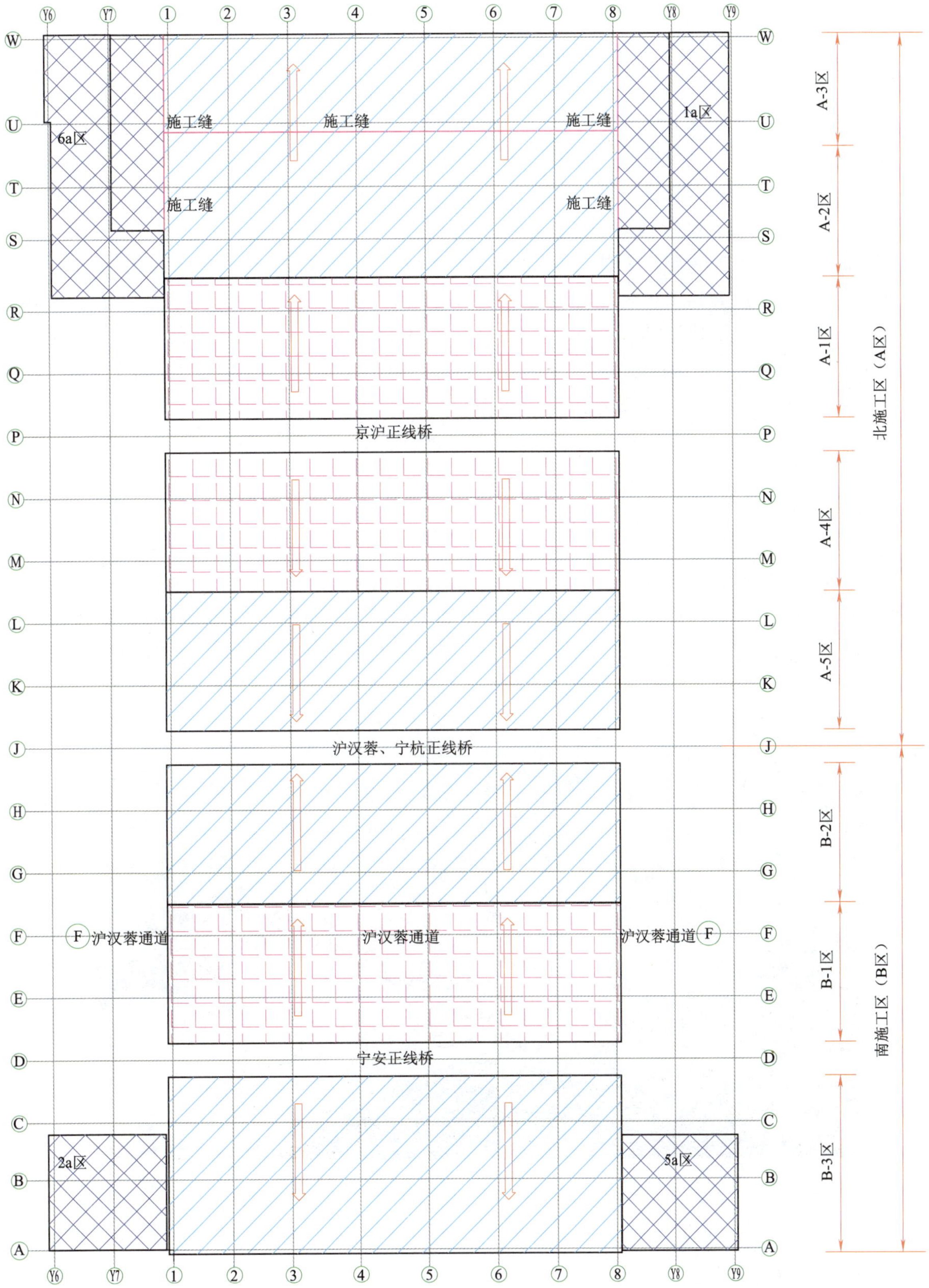


说明：（1）分别以D轴和P轴为中心向南向北进行施工，平均同时施工四个作业面；

（2）B-1区(沪汉蓉通道区域)、A-1区、A-4区三个作业面同步施工，完成后同步施工A-2区、A-3区、A-5区、B-2区、B-3区五个作业面；

（3）1a、2a、5a、6a区同步施工，在1～8轴区域承轨层主体结构完成后进行施工。

图 3.4.40　承轨层土建施工区段划分

## 六、上海虹桥站

### (一)工程概况

上海虹桥站位于虹桥综合交通枢纽核心区内,枢纽核心区内各交通主体的平面布局由东向西依次为航站楼、东交通中心、预留磁浮站、京沪高速铁路上海虹桥站(下为地铁西站)、西交通广场,各建筑主体东西向中轴线叠合且宽度一致。车站中心里程为 DK1302 + 700,是京沪高速铁路的终点站。

上海虹桥站的站场规模为 16 台 30 线,设高速和城际普速两个车场,共设 30 条到发线(含正线),基本站台 2 座、中间站台 14 座。站型采用线上高架站房设计,旅客流线采用上进下出模式。

上海虹桥站的站房建筑面积为 239 717 $m^2$,其中,南北辅助办公楼面积为 17 814 $m^2$,无站台柱雨棚面积为 68 842 $m^2$,建筑高度为 40.5 m。站房为五层结构,东西两侧局部设商业层,共七层,其中地上四层、地下三层(含地铁)。站房投影面以下的地铁西站部分为 5 线换乘的综合地铁枢纽车站,共地下两层。地下一层为虹桥铁路客站及公交枢纽共用的进出站大厅及大通道,标高 ±0.000 m 层为站台层(包括 -2.550 m 轨道层),标高 +10.100 m 高架层为人员进出层。夹层包括标高 +6.500 m 设备夹层、标高 +16.100 m 办公夹层和标高 +21.950 m 旅服夹层。其中,站房钢结构分为地上和地下两大部分,地下为由钢柱和钢梁形成框架结构,结构东西方向为 409.7 m(23 根轴线),南北方向为 198 m(10 根轴线);地上主要为大跨度桁架结构,东西方向为 418 m,南北方向为 162 m,高度为 40 m。

上海虹桥站设计单位为铁三院和上海现代建筑设计(集团)有限公司联合体,DK1301 + 200 至七宝站勘察设计单位为中铁四院,虹桥站工程施工单位为上海建工(集团)总公司和中铁二十四局联合体,虹桥站工程监理单位为上海天佑工程咨询有限公司和上海建科建设监理咨询公司联合体。

虹桥综合交通枢纽平面关系如图 3.4.41 所示。

图 3.4.41 虹桥综合枢纽平面关系

### (二)工程特点和难点

1. 各种交通方式汇集,接口复杂

上海虹桥站站房工程作为上海虹桥综合交通枢纽核心区域,汇集京沪高速铁路、沪宁城际铁路、普速铁路和上海市轨道交通 2 号线、5 号线、10 号线、17 号线、青浦线,具有超长、超高、超重、超深、大跨、连体、错层、上下刚度突变大、体形极其不规则,接口和工序复杂等特点。

2. 工程量巨大，同步交叉施工多

上海虹桥站站房工程基坑面积达 16 万 $m^2$，总建筑面积约为 30 万 $m^2$，周边与磁悬浮、西交通中心、楼前高架、高速铁路站场、地下轨道车站同步施工，特别是在基础阶段，围护、土方开挖、材料运输、道路交通组织中无法独立分区施工，相互联系、相互依托、相互制约，形成了“我中有你、你中有我”的施工现象与交叉施工模式，影响工期因素多，施工管理难度大。

（三）施工组织

1. 施工总体部署

上海虹桥站站房、站场等全部工程计划竣工日期与京沪高速铁路工程同步。其中，为满足 2010 年7 月 1 日沪宁城际铁路通车对站房使用功能要求，站房主体、安装、装饰及外围高架、出租车道等配套完成施工，实际施工周期仅 24 个月，且整个虹桥交通枢纽核心区工程建设中，位于西侧的京沪高速铁路上海虹桥站和西交通中心相对于东侧的航站楼、东交通中心、磁悬浮等单体较晚开工，站房主体结构施工阶段与楼前高架、铁路站场、西交通中心存在交叉施工的状态，对工期影响较大。针对如此大规模工程的超大工作量，为确保总工期目标实现，在相邻边界制约、各工种工序衔接、道路交通组织等方面分析寻找关键线路，针对性地结合不同的工况合理安排施工流程及采取相应的部署。

根据城际铁路与京沪高速铁路的不同使用功能和时间要求，以该工程中间区域的 12 ~ 13 轴为分界线，将整个工程划分为两个工程进行分区实施，更有利于劳动力的组织。同时，可以集中优势力量完成西区 1 ~ 12 轴范围内最深、最复杂的地铁 5 号线、17 号线基坑施工，为城际铁路的提前开通创造条件。

2. 施工方案

针对京沪高速铁路项目总工期节点要求，结合上海虹桥站站房工程各工种衔接及制约关系，确定关键的阶段性目标节点控制，在分阶段目标分步实现的前提下完成总工期要求。根据该工程特点，阶段性节点控制目标主要分为地下结构、地上结构、装饰三个阶段。总体关键线路及施工流程如下：

地下一层土方开挖→支撑与栈桥→地下二层土方开挖→支撑→地下一层底板结构钢筋→地下三层土方开挖→地下一层底板混凝土→地下二层、地下三层底板混凝土→地下二层、地下三层钢结构吊装→地下二层、地下三层混凝土结构施工→地下一层钢结构吊装→地下一层混凝土结构施工→外墙基坑第一次回填→楼前高架、出租车道施工→外墙基坑第二次回填→铁路站场地基加固→上部钢结构吊装→叠合板施工→站台结构施工→地下室装饰→屋面、幕墙施工→站台、候车大厅装饰施工→机电安装。

在土方开挖阶段分成三个区。为配合磁悬浮车站基坑施工，先进行东侧磁悬浮车站区域开挖，同时考虑西侧 5 号线、17 号线最深地下三层基坑，还有出租车道、城际铁路站场，施工复杂、工期紧，故作为关键部位及时开展西侧挖土、结构施工，为此相邻的西交通中心在挖土、临时放坡、坑内道路布置等一系列施工中进行了同步配合。

在地下结构施工阶段，由于工期的限制，按常规的先深后浅（先完成地下三层土方开挖，再由下而上完成地下三层、地下二层、地下一层结构施工）施工顺序无法完成，经充分研究，地下一层结构底板为配合钢结构吊装的基础平台，作为关键线路穿插于挖土施工过程中，故确定在地下二层土方开挖完即开始地下一层结构底板施工，与地下二层底板结构基本同步，满足地下二层、地下三层大型钢结构吊装。在地下一层外墙板施工中，考虑到楼前高架、出租车道、铁路站场的施工，地下一层外墙板分三段施工,满足外侧第一次回填土施工后提供楼前高架、出租车道施工,第二次回填土后提供铁路站场施工。在地下一层结构施工阶段,考虑到上部结构施工流程,由中间轴向东西两侧开展施工,故将中间轴结构相关区域施工作为关键线路施工,及时为上部结构施工创造条件。

上海虹桥站站房工程在围护体系和分层分区降水方案制定完成后,开始高速铁路站房及套叠的地铁基坑挖土施工。通过对底板大体积耐久性混凝土的研究与实施控制,在分缝、分块、跳仓浇捣等施工工艺及措施下,进行超长超厚底板混凝土浇捣。同时在耐久性、纤维混凝土配合比研究控制的基础上,对高速铁路地下结构外墙板进行浇捣,满足结构外部基坑回填土要求,为楼前高架桩基、基础施工、高速铁路线路地基加固创造条件。通过对地下结构劲性钢结构关键技术的控制与实施,特别是在对大截面方管柱吊装及灌芯技术研究与实施控制、大截面复杂劲性梁柱节点的试验与实施控制下,完成了轨道层劲性楼板施工,满足上部结构吊装机械布置要求。装饰施工与上部主体结构施工穿插进行。

3. 工程实际进度

上海虹桥站站房、站场于2008年7月20日开工;2008年11月土方开挖完毕;2009年3月完成超长超厚底板混凝土浇捣,具备钢结构吊装条件;2009年5月下部结构完成;2009年11月上部钢结构吊装完成;2010年5月楼层混凝土、屋面板、幕墙完成;2010年6月装饰施工完成;2010年7月1日完成站房各项施工,2010年7月完成机电安装施工,确保了2010年7月沪宁高速铁路开通;2010年9月1日沪杭高速铁路开通,2011年6月30日京沪高速铁路开通。

## 七、德州东站

### (一)工程概况

德州东站位于山东省德州市东侧,德州经济技术开发区与陵县之间,车站设在314国道和104国道之间的王官庄村附近,距既有德州站约15 km。车站中心里程为DK327+980。车站规模为5台11线,其中石济车场2条正线,2条到发线,2座中间站台;京沪车场为2条正线,5条到发线,1座基本站台,2座中间站台。到发线有效长度为650 m;岛式旅客站为450 mm×12 mm×1.25 m,侧式基本站台为450 mm×15 mm×1.25 m。旅客地道1座,宽度为12 m。旅客天桥1座,宽度为15 m。

站房尺寸为177 m(长)×48.47 m(宽)×29.3 m(高),线侧下式站房,建筑面积为19 911 $m^2$,进站方式平进下出和上进下出相结合。设无站台柱雨棚面积为34 341 $m^2$,长为420 m。站房主体部分三层(半地下一层,地上两层);两侧生产附属房屋为三层,设部分夹层。站房主体为进站厅、候车厅及旅服用房;两侧生产附属房屋为出站厅、贵宾厅、售票厅及生产设备用房。结构形式为钢筋混凝土框架结构。

站房立面设计方案寄意于“旭日东升”,将铁路线比喻为地平线,凸向城市的圆弧站房喻意为初升的太阳,表达了对太阳的赞扬与对新生活的期望,还象征了改革开放三十年后,德州正以崭新的面貌矗立于神州大地东方,并已掀开历史新的篇章。德州东站实景如图3.4.42所示。

德州东站的设计单位是铁三院,监理单位是华铁工程咨询有限责任公司,施工单位是中铁建设集团。

### (二)工程特点

1. 交叉施工多

雨棚施工正值线下单位路基预压土预压阶段,需要与线下单位编制联合施工组织,以保证该处施工正常进行且减小相互交叉影响。

图 3.4.42　德州东站实景

2. 钢结构施工材料运输难度大

工程施工场地较小,钢结构施工期间正值主体施工后期及装饰装修施工期间,钢结构小拼加工先在工厂内完成,钢构件运输及运输过程中保证钢结构不变形成为该工程一个重点及难点。

(三)施工组织

1. 施工区段划分

根据该工程的组成特点,将其分为站房、无站台柱雨棚、附属工程三个部分。其中,无站台柱雨棚分为 1～6 轴、7～12 轴、13～18 轴三个施工段,如图 3.4.43 所示。

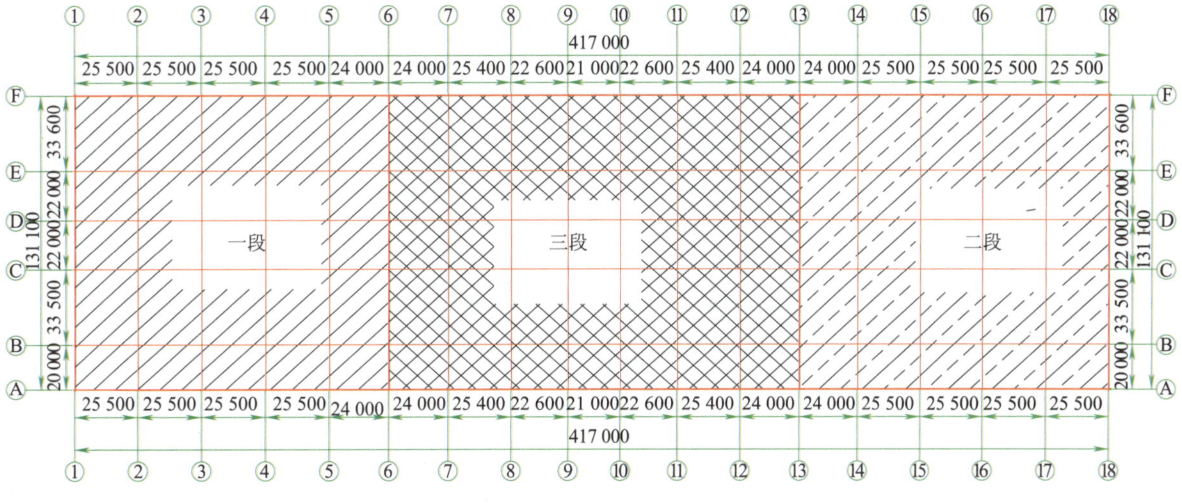


图 3.4.43　德州东站无站台柱雨棚施工段(单位:mm)

站房流水段按结构设计设置伸缩缝划分为三个施工段。

2. 施工部署

第一阶段:根据施工图设计,工程基础形式为静压管桩,PHC-AB400(95)管桩数量 134 根(此为 H

轴线工程用桩),PHC-AB500(125)管桩数量443根。为保证施工进度,安排两台静压桩机按施工段依次施工。

第二阶段:重点完成二次结构、初装修、水电安装施工任务,特别是站房Ⅲ段(站房四电用房部分)提前交付四电单位进行施工。

第三阶段:主要是站房屋面网架及悬挑部分钢结构安装。网架连接方式采用焊接球连接。预应力梁、二次结构、初装修、机电安装、玻璃幕墙部分施工任务安排插入,特别是南北站房二层以下的所有工作面都安排上述专业施工。

第四阶段:装修、机电安装阶段。由于全部工作面开展施工,工序交叉衔接,工种数量和人员最多、最杂,因此该阶段重点是现场的组织、协调工作,安排工序衔接和工序流向,加强现场监控,调整现场的人力、机械、材料,以满足工期安排。

土建装修优先安排设备机房、管道间、管道井等部位的施工,为关键部位如变配电室、消防机房等机电安装提供条件,从而为整个工程提供动力、信号等。

做好现场平面布置的动态管理,及时安排施工机械、周转材料的退场,为装修、机电设备、玻璃幕墙等提供加工、材料堆放场地,最大限度满足现场需要。

第五阶段:工程后期阶段,安排专人进行装修清理、设备调试等,完成竣工验收。

3. 钢结构施工组织

施工方案确定时,优先考虑保证节点工期要求,按照分区流水施工、立体交叉施工原则,从立体上形成台阶状施工,对保证节点工期有利。雨棚钢结构施工方积极与土建、水电、设备安装的专业工种施工方案相结合确定钢结构工程的施工方案。工程严格按已确定的方案进行施工。由于存在交叉施工,且其施工方案存在不确定性,因此钢结构安装前,与交叉单位编制联合施工组织设计,确保安装方案的合理可行性。

4. 工程实际进度

德州东站基础施工于2010年5月10日结束;主体框架施工于2010年6月20日结束;钢结构施工于2010年9月20日结束;屋面工程于2010年10月10日结束;装饰装修于2010年11月30日结束;无柱雨棚基础于2010年5月30日结束;雨棚钢结构于2010年8月30日结束;全部工程于2010年12月10日竣工验收完成。

## 八、徐州东站

### (一)工程概况

徐州东站为京沪高速铁路和郑徐客运专线共用站,位于江苏省徐州市,距既有站8.5 km,车站中心里程为DK688+660。站场规模为7台15线,京沪车场为2条正线、7条到发线、1座基本站台,4座中间站台,郑徐车场为2条正线、4条到发线、2座中间站台。基本站台宽15 m,中间站台宽12 m,长为450 m。站房为线侧平式站房,最高聚集人数2 500人。结合车站进、出站流线模式设进站天桥1座,宽18 m;出站地道1座,宽12 m。站房主体为2层,两侧局部为3层。一层中央为广厅及基本站台候车区,两侧为售票及旅客服务、车站办公设备用房,广厅内设两组楼、扶梯上二层候车区。车站主体为钢筋混凝土结构,屋面为钢结构。总建筑面积为14 984 $m^2$。建筑主体高度为16.2~28.2 m,总长164 m,总宽44 m。无站台柱雨棚总长437 m,总宽172.75 m。雨棚钢结构覆盖面积为64 687 $m^2$。

站房立面造型采用大面积的玻璃幕墙和两侧辅以穿孔铝板相结合的形式，简洁明快，站房屋面犹如鲲鹏展翅，在波形雨棚屋面衬托下，给人以搏击浪潮、跃跃向上的感觉，象征着徐州人自强不息的拼搏精神，寓意徐州经济和文化腾飞的美好愿景。徐州东站全景如图 3.4.44 所示。

图 3.4.44 徐州东站全景

徐州东站的设计单位是中铁四院，监理单位是上海华东铁路建设监理有限公司，施工总承包单位是中铁建工集团。

（二）工程特点

站房西侧为下沉式广场，站房施工时广场正进行爆破施工，对站房施工有一定影响，如下部广场进行地下停车场二次爆破会影响站房结构施工。站房南侧有其他施工单位正在施工地下通道和地铁通道，有部分站房工作面无法施工，东侧无柱雨棚与其他施工单位交叉施工，北侧是临建道路，施工中对外协调工作量大。

（三）施工组织

1. 施工区段划分

徐州东站总体划分成站房区段和站台区段（包括站台、无柱雨棚、天桥）两个施工区段，各施工区段独立组织施工，平行流水作业，保证工期目标实现。

2. 工程协调

施工单位积极与徐州市高铁办公室协商，解决了临时办公场地、临时道路和用水用电问题。临时道路设在高速铁路线路西侧，与站房同侧，不与线下单位交叉，相互不影响施工。

徐州东站有地铁通道预留工程，其中有部分无柱雨棚基础铁件需要预埋，为确保工期施工单位积极与线下单位联系解决铁件加工预埋等问题，并商讨一致同意由施工单位提供铁件，由线下单位负责安装，共同检查后进入下道工序。

站房施工与线路工程联系紧密，工程地道的接口处理，站台、线路施工与无柱雨棚施工的交叉，都是制约工程进度与工程质量的重点，因此站房施工单位与线下施工单位充分协调，在施工过程中根据各单位施工情况，共同编制施工计划及方案，确保工程顺利进行。

3. 网架安装

站房土建施工时同步进行钢结构安装的深化设计、加工制作工作，在站房土建结构与钢结构加工制作均完成后进行钢结构安装。

网架采用大、中、小拼装单元法安装，即按照网架轴线间距及网格单元，将网架划分成若干小的条状或块状单元，每个条(块)状单元在地面拼装后，再由履带式起重机吊装到设计位置，总拼成整体。根据网架条块单元划分，吊装总体划分为 1 ~ 7 轴区域、7 ~ 8 轴区域、8 ~ 9 轴区域、9 ~ 10 轴区域、10 ~ 16 轴区域五个区域，如图 3. 4. 45 所示。

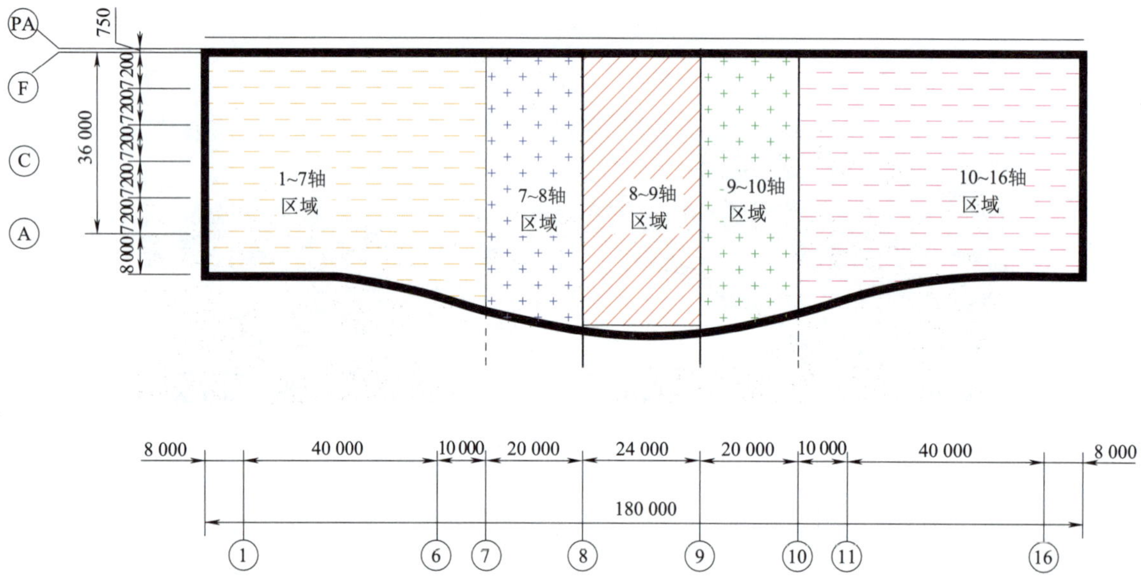


图 3. 4. 45　徐州东站网架吊装分区示意(单位:mm)

按照从跨中向南北两端的顺序进行吊装，首先完成 8 ~ 9 轴区域的网架安装，然后向南北两侧同时进行外部单元的安装直至达到 1 轴、16 轴端支座。每个吊装区域内由中间向两端吊装。

4. 工程实际进度

徐州东站站房工程进度:2009 年 11 月 6 日进行施工现场技术交底，10 日开始钻孔桩试桩施工;灌注桩施工于 2010 年 1 月 20 日结束;桩承台及地下柱梁施工于 2010 年 1 月 30 日结束;钢结构安装于 2010 年 5 月 10 日结束;室内装修于 2010 年 8 月 20 日结束;屋面工程于 2010 年 6 月 9 日结束。

无柱雨棚、天桥站台工程进度:灌注桩施工于 2010 年 1 月 30 日结束;桩承台施工于 2010 年 2 月 10 日结束;天桥、无柱雨棚钢结构安装于 2010 年 5 月 30 日结束;无柱雨棚装修于 2010 年 7 月 30 日结束;徐州东站工程于 2010 年 8 月 31 日完成竣工验收。

## 九、蚌埠南站

### (一)工程概况

蚌埠南站位于安徽省蚌埠市，距既有站 8. 5 km，车站中心里程为 DK844 + 358。站场规模为 5 台 11 线(正线 2 条，到发线 9 条)，为合蚌客运专线预留，设基本站台 1 座，宽 15 m，中间站台 4 座，宽

12 m，长均为 450 m。站房为线侧平式，结合车站进、出站流线模式设进站天桥 1 座，宽 15 m，出站地道 1 座，宽 12 m。

站房主体为两层，两侧局部为三层。一层中央为广厅及基本站台候车区，两侧为售票及旅客服务、车站办公设备用房，广厅内设两组楼、扶梯上二层候车区。车站主体为钢筋混凝土结构，屋面为钢结构。总建筑面积为 11 998 $m^2$。建筑主体高度为 20.57 m，总长 159 m，总宽 33 m。无站台柱雨棚设计总长 421 m，总宽 122.15 m。雨棚钢结构覆盖面积为 51 133 $m^2$。

主体站房采用中轴对称、刚毅方正的建筑形体，象征蚌埠城市不屈不挠、坚定正气的性格。站房主体前挑深远的屋檐，在玻璃幕墙和横向铝遮阳板的衬托下，使车站建筑简洁明快，现代感极强，强力塑造了城市之窗新形象。蚌埠南站正面如图 3.4.46 所示。

图 3.4.46 蚌埠南站正面

蚌埠南站的设计单位是中铁四院，监理单位是上海华东铁路建设监理有限公司，施工总承包单位是中铁建工集团。

（二）工程特点

施工现场南侧 500 m 为市政道路，需与有关部门协商利用。

（三）施工组织

1. 施工区段划分

蚌埠南站总体划分成站房区段和站台区段（包括站台、无柱雨棚）两个施工区段。各施工区段独立组织施工，平行流水作业，保证工期目标实现。

2. 无站台柱雨棚柱桩基础施工

无站台柱雨棚柱桩基础位于线路之间，与线下单位有交叉施工，其桩基础施工与线下单位积极沟通，减少相互干扰，保证桩基础正常施工作业。

无站台柱雨棚柱桩基础施工采用回旋钻，先施工 PC 轴和 PB 轴桩基础。PC 轴为京沪正线，位于三、四站台之间，宽度为 21.5 m。为加快施工进度，使用四台回旋钻作业，分别从一端和中间向另一端推进施工。桩基础施工时，线下单位施工其余线路，施工完毕后交换施工作业面。

由于蚌埠南站线路下方有 CFG 桩，在施工时，需根据 CFG 桩位置图和雨棚柱桩基础图一同确定桩位,如雨棚柱桩位与 CFG 桩桩位冲突时,适当移动桩位,但不得超出承台的范围,如超出承台范围,则由设计单位提出处理措施。雨棚柱承台与桩一同施工,即一个承台的桩全部施工完毕后即开始施工承台,无需等待所有的桩完成后一起施工承台。

3. 工程协调

为保证材料运输及时,不影响施工,施工单位主动与交通管理部门联系,为运输车辆办理特别通行证。

4. 工程实际进度

站房工程进度:灌注桩施工于 2010 年 2 月 7 日结束;桩承台于 2010 年 2 月 21 日结束;主体混凝土结构于 2010 年 2 月 14 日结束;钢结构安装于 2010 年 4 月 10 日结束;广厅装修于 2010 年 6 月30 日结束;屋面工程于 2010 年 5 月 10 日结束。

无柱雨棚、天桥站台工程进度:灌注桩施工于 2010 年 2 月 27 日结束;桩承台施工于 2010 年 3 月 28 日结束;无柱雨棚钢结构安装于 2010 年 5 月 30 日结束;无柱雨棚装修、站台铺装于 2010 年 5 月 31 日结束;蚌埠南站站房工程于 2010 年 8 月 31 日完成竣工验收。

## 十、昆山南站

### (一)工程概况

昆山南站位于江苏省昆山市长江路西侧,是京沪高速铁路和沪宁城际铁路的共用站。站场规模为 4 台 12 线(京沪场 2 台 6 线,沪宁场 2 台 6 线),站台宽 12 m,长 450 m。正线 4 条,到发线 8 条,为桥式站房。

站房由中心站房和站台雨棚组成,中心站房地上两层。一层为进出站厅层,层高 13. 450 m,内设旅客通道、进站大厅、售票厅、候车大厅、出站大厅、贵宾室、办公室及设备用房等;二层为站台层,层高 16. 90 m,屋面为双曲面,最高点标高为 + 40. 565 m。站房建筑面积为 8 997 $m^2$,站台雨棚面积为 36 786 $m^2$。桥下站房采用钢框架(桁架)结构形式,桥上站台雨棚采用单层钢管桁架结构。外立面设计构思由“并蒂莲”演化而成,建筑主体呈现“圆润流畅”的形态,“中间高,两侧低”的造型形成高低起伏的整体形态,优美而富有流动感,犹如莲花一般,舒展流畅,巍为壮观。南北广场形似衬托的莲叶,与莲花状站房相呼应,体现了江南水乡所富有的诗意。并蒂莲,茎杆一枝,花开两朵,与昆山南站“一站汇聚两条高速铁路”之意暗合,极具象征意义。

昆山南站的施工单位是中铁建设集团,设计单位是中南建筑设计院,监理单位是北京中铁诚业监理工程建设有限公司、中铁武汉大桥监理公司联合体。

### (二)工程特点和难点

1. 昆山南站为站房-桥梁合一的结构

桥梁与站房工程施工交叉严重,其中最大的难点是桥梁与房建施工存在大量的平面及立体交叉作业,主要有桥梁桩基、承台、墩身与站房的桩基、承台、地梁等施工交叉;站台梁与站房桥下结构施工交叉;桥面系与站房钢结构雨棚、屋面系统施工交叉;桥下钢结构与地铁通道施工交叉等。自下而上存在四个层次的交叉作业,施工难度大。

2. 雨棚屋面工程施工技术含量高

屋面的造型为并蒂莲,整体工程面积大,屋面在施工过程中需要三维空间设计放样和定位。

3. 工期紧、协调难度大

昆山南站工程是一站两场,沪宁城际铁路场及相关工程需提前在 2010 年 7 月 1 日开通使用,工期紧，协调难度大。

4. 安全防护要求高

沪宁城际铁路场及相关工程开通使用后，京沪高速铁路场及相关工程还在继续施工，既要确保沪宁城际铁路运营安全，又要保证施工安全，在运营的高速铁路线旁施工安全防护要求高。

(三)施工组织

1. 施工安排原则

针对昆山南站施工中与站前各专业交叉多、保证先期完工的沪宁城际铁路场运营安全等实际，京沪高铁公司制定了“系统规划、平面分区、空间分块、时间分段”的组织原则。平面分区是指对有限用地范围划分区域，对站前施工场所、材料堆放场所、机具堆放场所等进行界定；空间分块是指按桥上与桥下空间区分不同施工内容；时间分段是指某工序施工完成后立即退出所在场地，为下一道工序提供施工场地。沪宁城际铁路开通后，采取了物理隔断的方式，用挡板将京沪高速铁路场与沪宁城际铁路场隔开，保障沪宁城际铁路场的运营安全。

2. 施工组织措施

由于站房施工工期十分紧张，工程施工组织中，突现了站前工程(桥梁、轨道工程)和站后工程(站房工程)相互交叉、密切配合的施工组织要求。交叉最为突出的施工阶段是在桩基、桥墩及桥梁架设的施工阶段。因此，统筹协调和有效组织各项工程施工是昆山南站施工组织的重点，为此，制定“以站前工程(线下桥梁、轨道工程)施工为主线，站房工程施工紧密结合站前工程施工，见缝插针，有效推进”的联合施工组织思路，如图 3.4.47 所示(红色为站房施工单位工作，绿色为线路、桥梁施工单位工作)。两家施工单位平行作业，交叉施工，相互之间紧密配合。

针对屋面桁架跨度大、高度高、重量大(达 65 t)的特点，对施工方案进行专题研究，制定详细的吊装和空中拼接方案，并经专家论证后展开施工，确保安装质量和安全。

通过联合施工组织的实施，京沪高铁公司克服了施工中遇到的难题，于 2009 年 4 月 20 日开工，沪宁城际铁路场于 2010 年 7 月 1 日开通，京沪高速铁路场于 2011 年 6 月 30 日开通。

# 第六节　四电工程及信息化工程

## 一、四电工程

(一)工程概况

1. 工程范围

正线范围：北京南站(含)至上海虹桥站高速正线 1 318 km 的通信、信号、牵引供电、电力供电系统工程(简称四电工程)。北京南站单独立项提前开工，昆山南站与沪宁城际铁路共用其牵引变电所、电力配电所，昆山南站至上海虹桥站 10 kV 电力贯通线工程、通信 GSM-R 基站工程与沪宁城际铁路共用，先期建设，为沪宁城际铁路开通服务。

枢纽及联络线范围：天津西站与京津城际铁路联络线、天津西站高速场及津沪联络线的四电工程；济南客站及京济、济沪联络线四电工程；徐州东站至徐州站联络线四电工程及相关既有站四电改造工程；南京枢纽大胜关长江大桥南京南站及相关工程的四电工程；上海虹桥高速场四电工程；合蚌客运专线引入蚌埠南站四电工程。

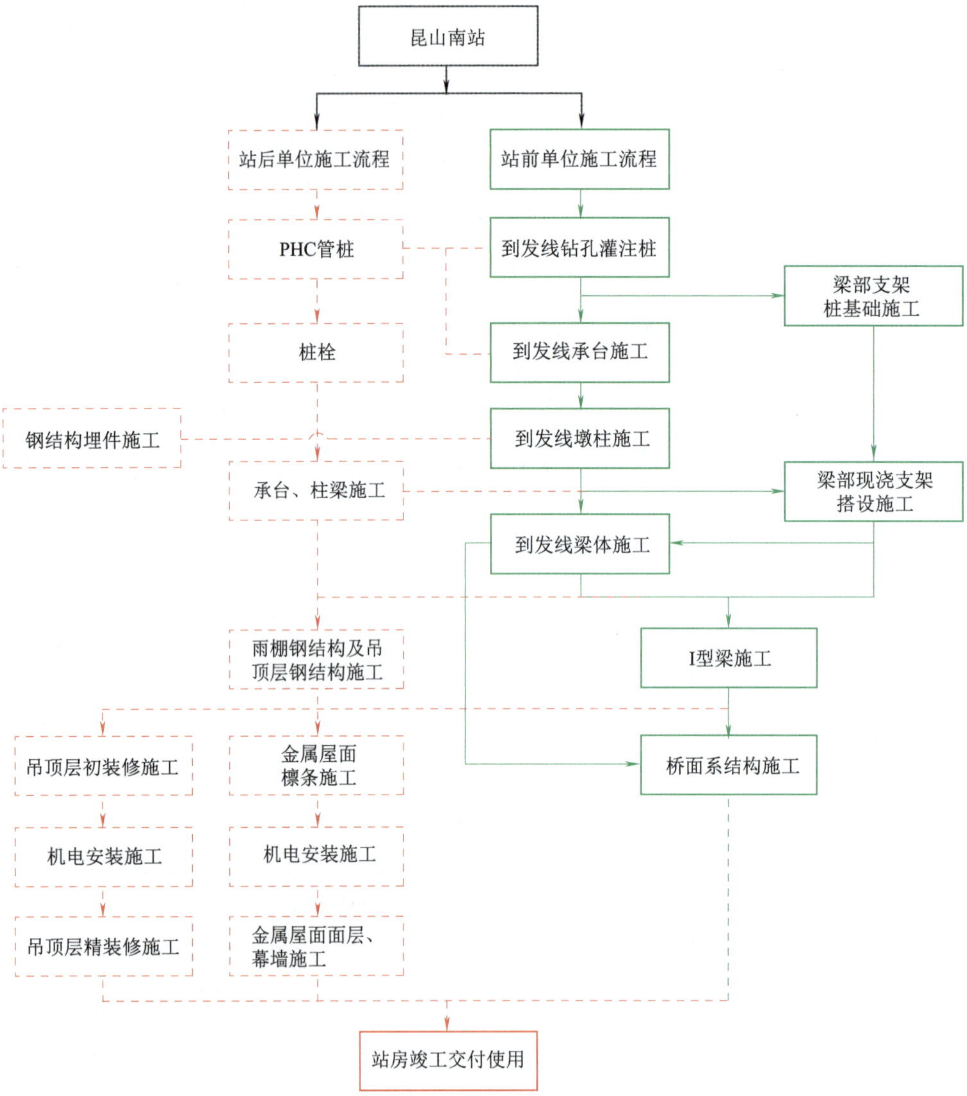


图 3.4.47　联合施工组织部署

2. 四电工程量及实物工作量

通信工程主要包括光缆 4 863 km，传输设备（MSTP）724 套，路由器 53 套，无线基站 443 座，直放站 93 座，无线铁塔 481 座，调度所调度交换机 6 套，车站调度交换机 24 套，视频监控区域节点 3 套，接入点 24 套等。

信号工程主要包括 24 个车站、76 个区间中继站、7 个线路所、3 个动车所（济南动车所、虹桥动车所及南京南动车所）及联锁、列控、监测和 CTC 设备安装调试，其中计算机联锁 24 站，列控中心 112 套，区间自动闭塞 2 892 区段，站内轨道电路 1 284 区段，联锁道岔 705 组，无线闭塞中心 21 套，调度中心 1 处。

电力供电实物工作量包括 10 kV 电缆敷设（单芯）9 535.5 条公里，箱式变（配）电站 584 处，10 kV 配电所 26 座，10/0.4kV 变电所 97 座，外部电源 52 路。

牵引供电包括牵引变电所 27 座，分区所 26 座，开闭所 1 座，AT 所 49 座。实物工作量为支柱 67 522根，腕臂安装 67 777 组，附加线 7 391 条公里，承力索架设 4 066 条公里，接触线架设 4 066 条公里，吊弦安装 508 520 根，设备安装 2 210 台套。

## （二）工程特点和难点

1. 通信专业

通信工程为本线列车控制、旅客服务、电力及电牵 SCADA 等业务应用提供网络服务，并为运输提供高质量的语音、数据及图像通信业务，要求具备高可靠性、高安全性、可维护性及可扩展性。各项通信子系统实现跨越北京、济南和上海三个铁路局组网，技术复杂，难度较高。GSM-R 设计实现多条 CTCS-3 线路并线及汇接，属于国内外领先水平。通信传输首次实现双光缆、双节点高可靠性的设计，解决全线信息大通道的单节点故障隐患。综合视频监控系统在国内客运专线建设中首次采用线路视频监视，经济有效地实现全线综合视频监控。针对 SCADA 组网的特点，采用通信 MSTP 传输内置的以太网功能进行组网，实现了双路由环回保护的可靠通信。

通信专业子系统多，设备采购周期长。工程实施时需站前、站后工程衔接配合各工序，采取平行与流水作业相结合的方法进行施工。功能调试需统一指挥，各子系统、各专业相互密切配合，协调统一。

2. 信号专业

京沪高速铁路采用 CTCS-3 级列控，包括列控中心（TCC）、无线闭塞中心（RBC）、临时限速服务器（TSRS）、ZPW-2000 型轨道电路、地面电子单元（LEU）与应答器等，以及计算机联锁（CBI）、列车调度指挥（CTC）和信号集中监测（CSM）等地面相关设备和车载 ATP 子系统。京沪高速铁路系统集成旨在形成完整的 CTCS-3 级技术平台，作为我国铁路统一的技术平台。信号工程除满足持续运行速度 350 km/h动车组运行外，还适应最低运行速度 200 km/h 跨线动车组的运行。通过在时速 300 km 和 200 km 跨线列车上装备 CTCS-3 级或 CTCS-2 级车载设备，可以实现动车组在高速铁路的跨线运行。该工程子系统多，技术难度大，试验研究任务重，集成要求高。期间，研究和攻克了列控车载关键技术、车地信息双向传输技术、列控 GSM-R 接口监测技术、列控互联互通技术，满足了北京南枢纽、天津枢纽、济南枢纽、南京枢纽和虹桥枢纽的运营要求，科学、完善地进行列控工程数据编制与设计，并严格控制和组织列控仿真与调试、集成调试和列控联调联试，确保系统安全和可靠运营。通过 400 km/h 高速动态检测试验，积累了大量的科学试验数据。CTCS-3 级列控系统最终满足了京沪高速铁路线路距离长、运行速度高、行车密度大、沿途枢纽多的特点要求。

沿线机房采用铁路通信信号箱式机房，具有工厂化作业、保障工期和设备质量等诸多优点，但由于箱式机房单体模块重、体积大，运输到现场是一项艰巨的任务。

3. 电力供电专业

电力供电专业由变配电所、外部电源线路、10 kV 电力贯通线路和箱式变电站构成供电网络。电力专业施工特点是接口多、工期紧、外部电源工期和费用控制难度大。

（1）电力专业施工接口多。10 kV 电缆贯通线路与土建线路接口包括电缆槽、锯齿孔、电缆上下桥、电缆井、电缆过轨和综合接地；变配电所与房建接口包括设备基础底座槽钢、电缆通道的沟槽管洞等；外部电源施工与地方接口主要是供电方案审批和供电线路；电力专业为通信、信号、信息系统、接触网电动隔离开关操作、动车检修设备、综合维修设备、道岔融雪设备、空调、通风、电（扶）梯、给排水和照明（警务工区、岗亭）等几乎全部站后专业提供电源，电力用户具有多点、多用户的特点。

（2）通信和信号专业系统调试需要正式电源，电力专业必须提前两个月建成并供电，电力专业工期比四电工程其余专业缩短两个月，属于进度管理关键项。

（3）外部电源需要经过用电申请、受理、现场勘查、供电方案批复、地方电力供电单位组织线路施工、验收、送电等程序，参与的地方单位多，受外部环境影响大，是施工的关键因素。

4. 牵引供电专业

(1)南京南变电所是全路规模最大的220 kV户内型变电所,为京沪高速铁路南京南牵引变电所、沪汉蓉通道南京南牵引变电所和南京枢纽电力变电所三所合建,共设10台变压器,共用外部电源,具有接线形式复杂、控制保护难度大的特点。虹桥变电所是全路第一座220 kV全室内牵引电力合建变电所,全所共设6台变压器。220 kV采用GIS组合电器,室内布置方案无先例可循,安装、试验特征明显,难度大,枢纽牵引供电安装方式是变电专业控制重点。

(2)轮轨关系和弓网关系是高速铁路不可分割的两大主要关系,为保证接触网工程与轨道工程基准相同,接触网全程引入精测网,统一坐标系,精确测量,贯穿接触网工程始终。高速动车组要求接触线最大允许波浪弯(最大空气间隙)为0.1 mm。为保证更高速度下良好弓网关系,接触线平直度内控标准要求小于0.05 mm。为保证动车组高速运行良好的弓网关系,要求接触线高度变化极小,小于1/1 000,即相邻定位点接触线高度差小于20 mm,相邻吊弦高度差小于10 mm。

(三)组织实施

1. 系统集成组织模式

四电工程采用系统集成模式,中铁电气化局和通号公司组成联合体。2010年2月1日,由中铁电气化局、通号公司组成的四电系统集成项目部正式成立。集成项目部整合人力资源(管理资源、设计资源、施工资源)、设备及机械装备资源、软件资源(管理软件、管理方法、设计软件、施工工艺、标准规范等),达到“精干、高效”,最优化的组织机构配置。项目全寿命周期管理,由传统项目的“181”发展到系统集成项目四阶段“3331”管理模式。所谓“181”是指项目周期分三阶段,第一阶段施工准备,占项目全周期10%;第二阶段正式施工,占项目全周期80%;第三阶段竣工验收,占项目全周期10%。“3331”是指项目周期分四阶段,第一阶段施工准备,占项目全周期30%;第二阶段正式施工,占项目全周期30%;第三阶段四电集成试验和配合联调联试,占项目全周期30%;第四阶段竣工验收,占项目全周期10%。项目前期抓土建工程预留接口,中期抓通信、信号、电力和变电设备进场、接触网专业轨道占用作业,后期抓四电工程内部调试,最终保证联调联试。

2. 施工原则与布局

根据整体施工进度安排,通信、信号、电力和牵引供电专业施工特点,四个专业均采用平行作业方式,即整体施工组织安排按照“大平行、小流水”的程序化方式进行施工。四个专业同时进场,同时开始施工作业,每个专业按照50 km或100 km长度设置一个作业队,1 318 km全线铺开同时平行施工,专业作业队管段内部采用专业化流水作业,以保证施工质量。

四电系统集成项目经理部由电气化、通信信号两个项目分部组成,下设八个工区项目部,其中电气化项目分部下设第一至第四工区项目部,通信信号项目分部管辖第五至第八工区项目部,如图3.4.48所示。通信信号专业专设南京南项目分部以保证南京南及沪汉蓉引入工程顺利实施。

3. 进度控制措施

(1)四电设备招标采购

四电设备招标采购根据设备生产周期长短在四个月内分批实施完成。为控制设备质量采取驻厂监造以保证质量。根据四电房屋施工进度,确定四电设备到达现场时间表。设备按期全部进场,为后续电缆敷设和接续创造有利条件。

(2)通信信号工程

为保证通信专业先于信号和牵引供电专业开通,根据总体工期安排,在交叉施工多、站前限制因素多的情况下,按照“突出关键线路、控制节点工期”的原则,采取“穿插施工、平行作业”的方式。

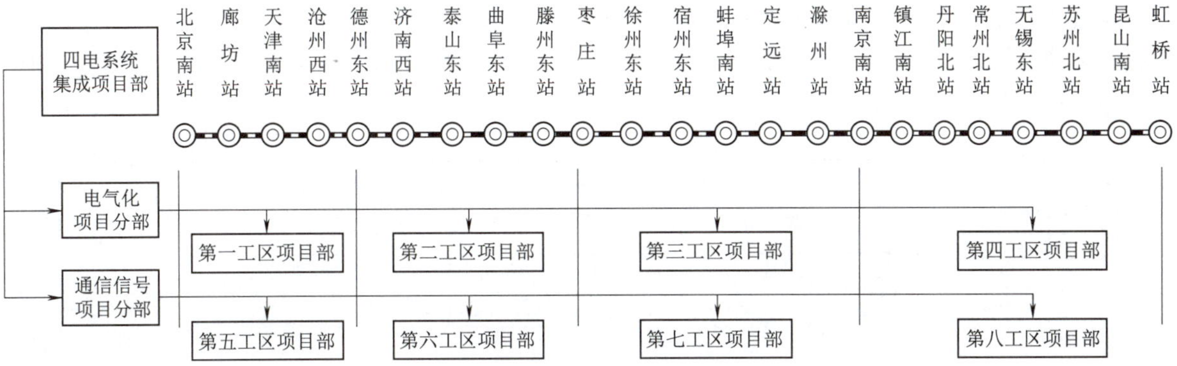


图 3.4.48　四电工程的施工布局

首先进行光、电缆线路和专用移动通信无线线路建筑工程，同时进行沟槽管线预埋配合。为加快光电缆敷设进度，在尚未铺轨的施工区段采用机械牵引方法敷设。同时为减少交叉施工作业对成品或半成品的损伤，积极做好成品防护措施。

考虑到 GSM-R 通信铁塔数量大，建设周期长，在条件具备时及早安排施工；全线共设置 42 个通信铁塔施工队伍，对具备进场条件的站点，同时进行铁塔基础部分的施工，在铁塔基础保养期后进行铁塔架设，包括相关附属设备的安装，为天馈系统安装做好准备。在室内设备安装工作开始后，首先进行首站定标工作，确定施工工艺和施工方法，并形成作业指导书，对全线施工人员进行技术交底，然后按确定的工艺方法分组逐站进行全线的设备安装工作，安装工作完成 2/3 后，组织进行设备单机调试工作，单机调试结束后进行系统调试。

经过精心准备，提前施工，先期开通通信光缆线路、传输系统、GSM-R，为信号列控提供了光纤通道，为 CTCS-3 级列控系统提供了安全数据传输通道，为电力调度(SCADA)提供了可靠传输通道。

此外，针对道岔施工调试的特点，将传统由信号专业为主实施改为由站前专业为主实施、信号专业配合，理顺站前站后施工作业的关系，提高效率。

(3)接触网专业

接触网作业归结为两道工序，第一道工序是立杆及装配，即不占用轨道作业的工序，如支柱安装、各种底座肩架安装、拉线安装、附加线架设、腕臂安装及承力索架设等；第二道工序是接触线架设及调整，即占用轨道作业的工序，如接触线架设、接触悬挂调整(定位安装、吊弦安装)、隔离开关、避雷器、分段绝缘器安装、设备上网引线等。根据作业队布置原则，1 318 km 正线设置了 27 个作业队，每个作业队选择轨道板完工早的区段开始，一般顺着铺轨和架线方向施工，以不与轨道板进度线交叉为原则，根据架线及调整进度斜率线倒逼立杆及装配线的斜率，27 个作业队平行作业。立杆及装配进度斜率如图 3.4.49 虚线所示。

接触线架设及调整工序在轨道铺架后开工，配置 9 辆恒张力架线车，从徐州铺轨基地开始，向南北两个方向进行接触线架设，同样采取平行作业方式。接触网立杆尽量少占用轨道，接触网架线必须占用轨道时，在施工组织管理中坚持“N60 + 30”的原则。占用轨道作业主要有两个阶段，N60 为第一阶段，是在铺轨完成后 60 天之内完成接触网线条的架设和设备安装，该阶段是考验管理组织能力；第二阶段是 30 天，主要完成接触网的非接触检测、精调精整，这个阶段则考验技术能力。

为保证接触网占用轨道作业时间，需要提高轨道占用时间和占轨时的工作效率，创新组织建设期轨道调度体系，聘请专业调度人员负责组织，轨道、土建和电气化专业参加，以保证铺轨进度为原则，兼顾轨道作业和接触网施工，在空间上合理分配轨道占用时间，提高轨道使用率。在铺轨作业期间内，铺轨单位是轨道占用主体，并拥有行车优先权。采用交叉作业方式，即铺轨作业面占用一条线路，另一条线进行接触网施工，这样可以争取到1～2个月的交叉占轨作业时间，用于接触网支柱安装、物料运输和接触线架设，从而提高工作效率。施工中采用“整锚段推进”、“左右线分开”、“分站区成形”的作业方法，提高接触网作业效率。

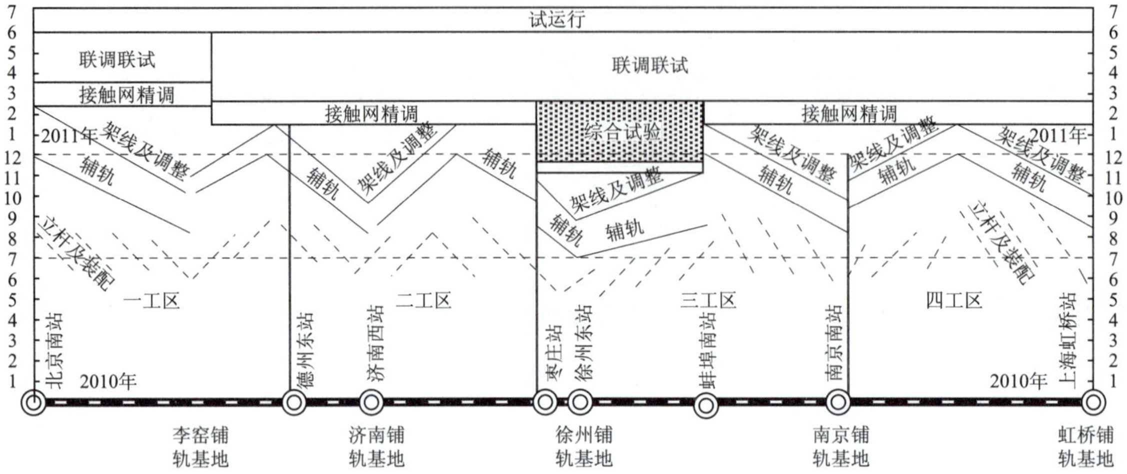


图3.4.49　接触网工程的施工组织示意

(4)四电工程内部调试

通信和信号工程调试需要正式电源，因此，电力专业工期比其余专业提前两个月；通信传输通道是信号CTCS-3和电力调度(SCADA)调试的前提条件，通信专业工期比信号和牵引供电专业提前一个月。四电工程的各项调试在各专业的专职实验室完成。接触网采用先进的非接触检测设备监测，连续波形图诊断指导接触网精调。

(5)四电工程接口管理

四电工程接口主要分为内部接口和外部接口，内部接口主要是四电工程合同范围内的通信、信号、信息、牵引供电和电力供电之间的接口，如图3.4.50所示；外部接口是指四电工程合同范围外与其他专业工程间的接口，主要包括动车组、站场、线路、路基、桥梁、隧道、轨道、车站、综合接地、综调、外电源等，如图3.4.51所示。

为了加强对四电工程接口工作的管理指导，京沪高铁公司搜集中铁电气化勘测设计研究院有限公司(中铁电化院)、北京全路通信信号研究设计院有限公司(通号院)、铁三院、中铁四院的设计资料，四电工程设计单位对土建单位提交的接口预留资料，参阅铁道部颁布的桥梁通用图、综合接地通用图，结合处理接口问题的经验，组织编制了《新建京沪高速铁路土建工程四电接口施工验收细则》。为便于土建施工单位执行，按照不同线路类型，路基、桥梁、隧道分别单独成章编制，每章节内包含全部接口的项目和技术标准；另外综合接地具有整体系统性，单独成章。《新建京沪高速铁路土建工程四电接口施工验收细则》完成初稿并经过京沪高铁公司审查并修改后，于2009年7月上旬以白皮书形式，印发给各指挥部、监理及各土建单位、梁场等。

京沪高铁公司组织和选派经验丰富的技术人员提前进驻土建工程进行接口检查，与指挥部、施工单位及监理一起，对站前施工单位完成的电缆槽、电缆上下桥锯齿孔、路基段过轨管、接地端子等进行检查，并对检查结果建立台账和实行销号制度；摸清每一处设备的位置以及周边的地形环境，工程的难点、控制点等。由于采取了以上措施，箱梁锯齿孔引下合格率达到99%，车站过轨钢管预埋合格率达到100%。此外，公跨铁钢管预埋、路基段接地、梁面接地等接口合格率均达到95%以上，四电工程接口总体合格率达到99.7%，保证了四电工程顺利展开。

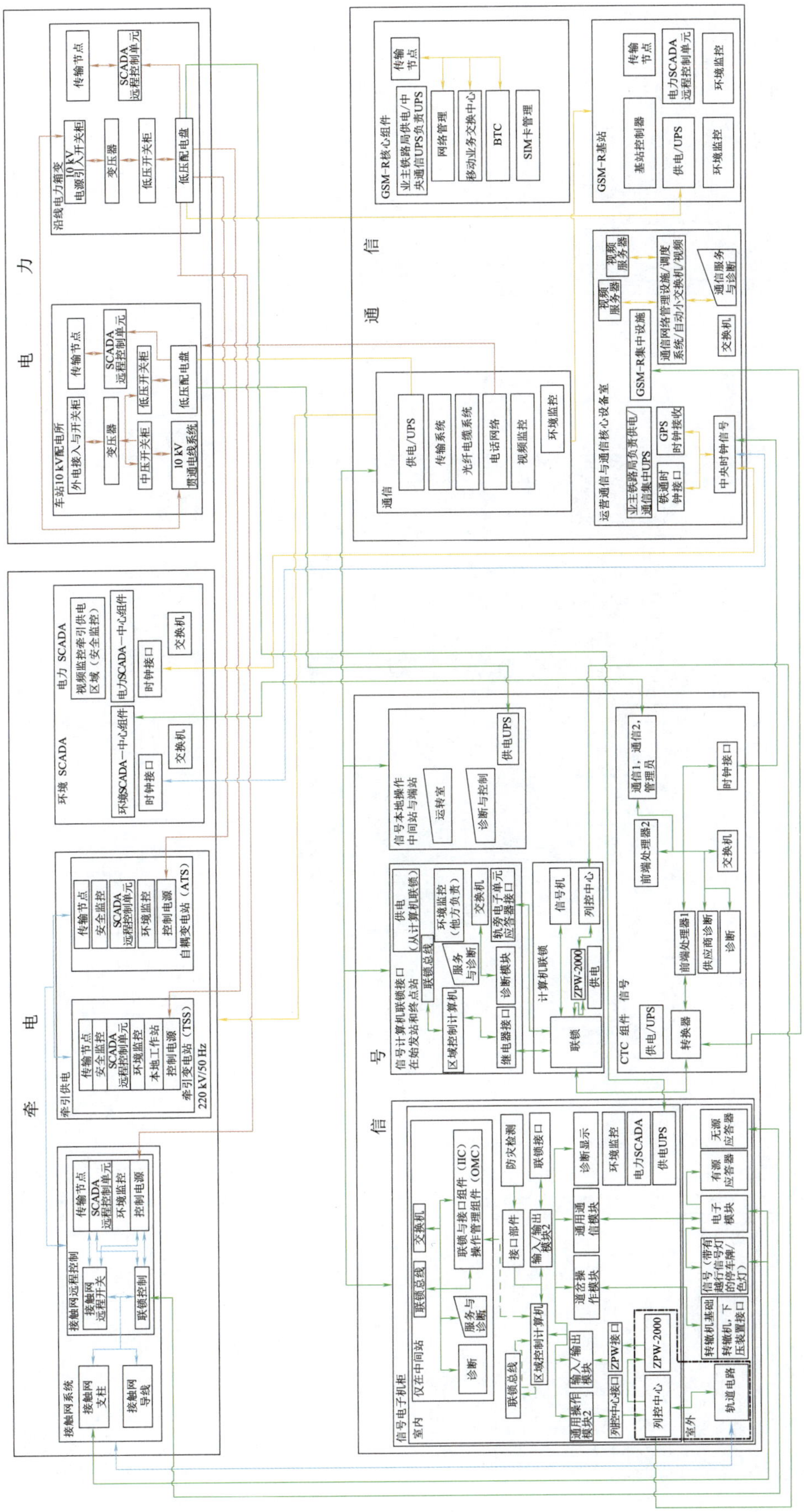


图 3.4.50 四电工程内部接口总图

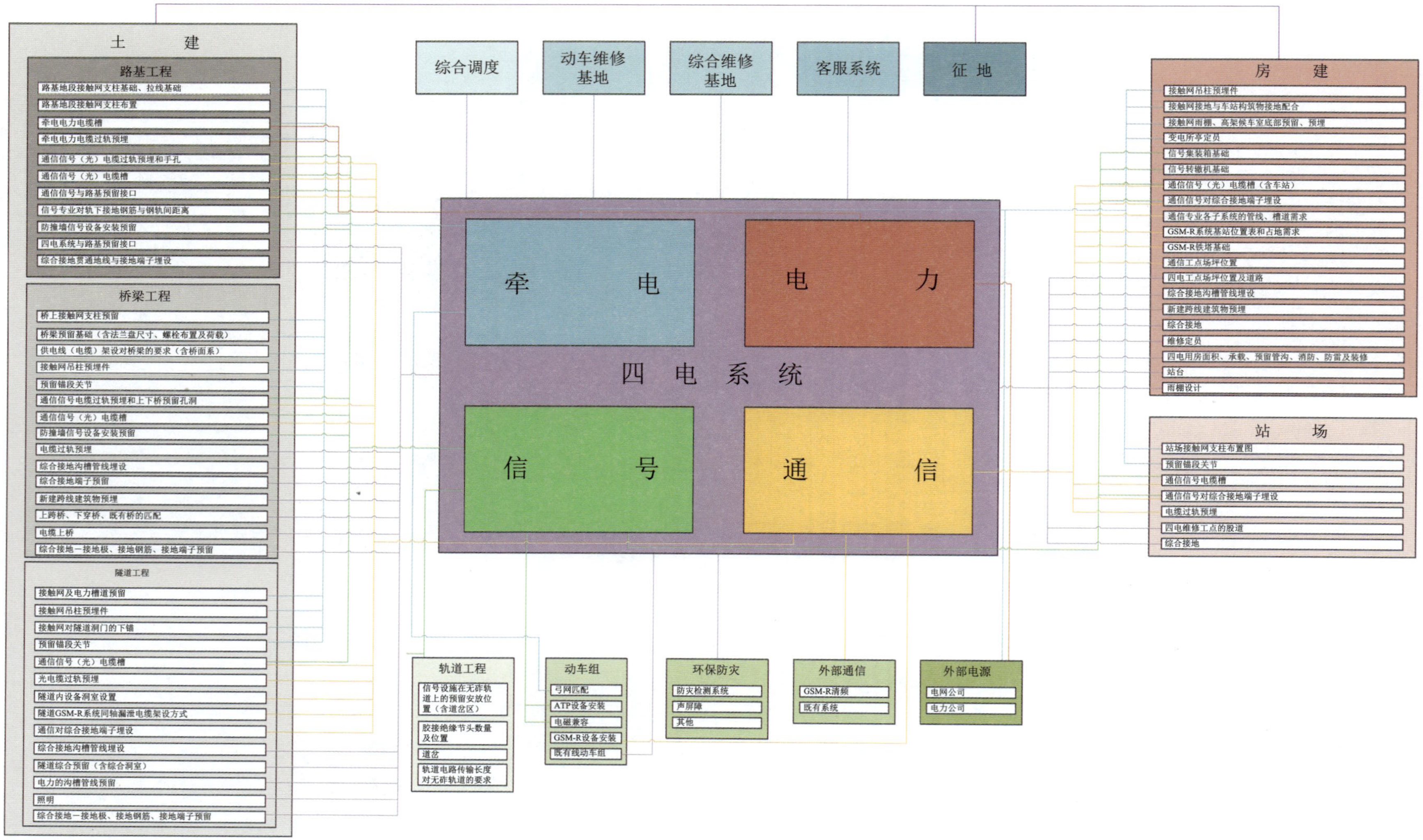

图 3.4.51　四电工程外部接口总图

四电系统集成项目经理部还建立与其他相关专业结合部接口施工计划，明确与所有相关系统的接口形式和施工调试方案。在整个施工过程中，及时澄清与落实自身及相关接口方面处理的情况，并支持京沪高铁公司识别和处理四电工程合同外的有关接口。京沪高铁公司每月与四电系统集成项目经理部对接协调接口关系，识别需求，明确问题，推进四电工程接口各方的施工和安装调试。

(6)整体式铁路通信信号箱式机房工厂化生产

京沪高速铁路采取整体式铁路通信信号箱式机房技术和产品，可以做到集中在工厂进行模块化建造、室内装修、室内设备安装、设备调试；在主要信号设备厂家建设整体铁路箱式机房安装基地，缩小设备材料运输范围，提高集成安装质量，减少现场设备故障率，全线统一安装标准。工厂安装调试后，整体机房以模块状态运输至现场指定位置，通过吊装平移等手段安装到现场机房基础上，现场仅进行外网的接入和全线联调即可投入使用。与传统通信信号砖混房屋方式相比，箱式机房具有建设工期短、占地面积小、现场施工方便、设备集成度高等优点，节省了大量的现场施工量和劳动强度，提高了工程质量，缩短了工程周期。同时在工厂建立模拟实验条件，实现联合调试、减少专业接口配合。

(7)设置接触网标准化预配中心

经过专家反复论证，确定物流预配中心建设规范。按照每个工区设置一处接触网预配中心标准，全线建立标准配置的静海、泰安、蚌埠、昆山四个物流预配中心。每个预配中心场房面积为1 500 $m^2$，露天仓库面积为2 500 $m^2$，1套腕臂预配流水线，6～8套吊弦预制平台，每天可预配400组腕臂和40个锚段吊弦。每个预配中心统一采购配置腕臂、吊弦预配作业平台，红外线水准仪、拉力测试仪、电动扭力扳手等精准仪器设备，做到"测量精确化、计算微机化、预配工厂化、安装标准化"。推行腕臂组装和吊弦制作的工厂化流水预配，实现"高空作业地面化、野外作业室内化、紧固作业力矩化"的施工新方式，最大限度地控制了由于员工行为偏差而造成的质量隐患，使接触网静态几何尺寸满足设计要求。通过专业化测量、集中计算、平行检验、集中预配、专业化安装，使腕臂装置误差控制在±3 mm，吊弦长度误差控制在±1.5 mm。物流预配中心的建设与组织，大大提高了接触网的施工组织效率，保证了质量和工期要求。

(8)实行首段定标，样板引路，带动全面创优

正式施工前，结合线路实际制定通信、信号施工技术标准，按验收标准要求做好首段定标，总结技术参数、工艺标准。通过样板首段定标，推广经验，严格按设计图纸和规程、规范进行施工，达到以点带面，实现全面创优。

实行样板引路，做到开工必优，一次成优，坚持优质样板工程的高起点、高标准，充分发挥优质样板工程的带头和示范作用，提高全线整体质量水平，形成从一般的单位样板工程向不同施工工区之间的联合创优方向发展，使创建优质样板工程活动取得明显成效。

4. 工程实际进度

2009年12月1日，签订四电系统集成合同；2010年3月25日，率先建成并开通全路首座220 kV牵引电力合建全屋内布置虹桥变电所；2010年4月28日，组立京沪高速铁路接触网第一杆；2010年8月1日，完成箱式中继站工厂化装配首件定标；2010年8月20日，完成首座GSM-R通信铁塔(DK841+055)组立安装；2010年11月15日，京沪高速铁路先导段具备联调联试条件；2010年12月9日，南京南枢纽沪汉蓉通道相关工程接触网送电；2011年1月25日，电气化接触网工程全线架设贯通；2011年2月15日，德州至上海虹桥通信信号具备联调联试条件；2011年2月20日，德州东至上海虹桥段电气化工程一次送电成功；2011年3月15日，北京至德州通信信号工程具备联调联试条件；2011年3月18日，北京南至德州东电气化工程一次送电成功；2011年4月7日，北京南至上海虹桥段

首次进行全线拉通试验。

## 二、信息化工程

### (一)防灾安全监控工程

1. 工程概况

防灾安全监控工程由风监测、雨监测、异物监测以及地震监测四个方面组成。结合调度指挥权限的划分以及综合维修机构的设置,在北京调度所、济南调度所、上海调度所分别设置防灾调度设备;在天津西站、济南西站、蚌埠南站、南京南站防灾机房分别设置防灾监控数据处理设备。此外,还设置了249处监控单元,167处风监测点,48处雨监测点,26处异物监测点,31处地震监测点,6处工务段设备,3处工务处设备,4处调度所终端设备。

2. 工程特点

防灾安全监控工程是我国一次建成的长度最长、监测点最多、监测内容最全、涉及铁路局最广的高速铁路防灾安全监控工程,具有一定的工程难点。

(1)系统设置多处监控数据处理设备,多个铁路局调度所,全线统筹处理监控数据和调度所之间的关系是一大关键点。

(2)现场监测点数量众多,综合考虑现场监测点和监控单位的关系、监控单位和监控数据处理设备之间的接入关系,合理规划传输网络,是实现传输效率和节约投资相统一的前提。

(3)工程点多、线长,施工接口多、各专业工程量差异较大,且站后工程不同程度受线下工程施工制约,施工组织管理与协调难度大。

3. 施工组织

(1)施工原则

防灾安全监控工程设备多,尽早进行设备、器材的订货,调试及培训;为保证工期,各工序采取平行与流水作业相结合的方法进行施工,在条件具备时及早安排施工。

(2)施工组织布局

根据工程具体特点,中铁电气化局与今创公司联合体成立了防灾安全监控系统集成项目部,在沿线的天津、泰安、蚌埠、苏州组建了四个分项目部,配备充足的先进机械设备,每天对各分项目部存在的现场问题进行及时沟通与解决,确保该工程施工工期的实现。其中,天津分项目部负责北京南(不含)K0至济南西(不含)K407管辖范围内的防灾监控工程施工及设备的安装调试;泰安分项目部负责济南西K407至枣庄(不含)K620管辖范围内的防灾监控工程施工及设备的安装调试;蚌埠分项目部负责枣庄(含)K620至南京南(含)K1020范围内的防灾监控工程施工及设备的安装调试;苏州分项目部负责南京南(不含)K1020至上海虹桥(含)K1300范围内的防灾监控工程施工及设备的安装调试。

(3)施工队伍安排

防灾安全监控工程实施过程中四个项目部均设有公跨铁双电网传感器安装队,风、雨传感器安装队,强震仪传感器安装队,监控单元安装及配线队,监控终端安装作业组,数据处理设备安装作业组。

①全线分三个公跨铁双电网传感器安装队,负责施工所在区段的公跨铁双电网传感器设备的安装。平均每天完成一处公跨铁监测点安装。

②全线分四个风、雨传感器安装队,负责所在区段的风、雨室外及其室内设备安装、配线等工作

(包括电源箱的安装)。平均每天完成五处风、雨监测点安装。

③全线分六个强震仪传感器安装队,负责所在区段的强震仪基础固定、安装、强震仪的电缆敷设及其配线等工作。

④全线分四个监控单元安装及配线队,负责所在区段的监控单元安装及其配线等工作。平均每天完成两处的监控单位安装。

⑤全线分四个监控终端、数据处理设备安装组,负责所在区的监控终端、数据处理设备安装及其配线等工作。

(4)工程推进措施

根据工程情况,项目部制定供货计划表,实现所有设备按照供货计划表到达现场。根据各分项的特点及要求,项目部编制设备安装、加电调试、系统联调的作业指导书和操作程序,制定高于施工规范的内控标准,对施工人员进行详细地技术交底。

在施工中,避免返工和损坏;遵循"先地下,后地上"、"先深后浅"的施工顺序;为避免打洞挖槽,预埋管件与基础工程配合施工;为减少贵重设备失窃的概率,外场设备采取先基础件安装后设备安装的措施。

(5)工程质量验收办法

在我国还未出台高速铁路防灾安全监控工程质量验收办法的情况下,为明确京沪高速铁路防灾安全监控工程质量验收的标准,京沪高铁公司组织中铁电气化局防灾项目部编写了《京沪高速铁路防灾安全监控系统工程质量验收办法》,并于 2011 年 4 月 22 日组织召开验收办法审查会,铁道部运输局,北京、济南、上海铁路局,铁三院,中铁四院,中铁电气化局防灾项目部及四电监理项目部共同参加会议,提出修改意见。修改确定的《京沪高速铁路防灾安全监控系统工程质量验收办法》对电缆线路、设备安装与配线、系统试验及单位工程综合质量评定的办法做了要求。

4. 工程实际进度

2011 年 1 月底,开展防灾安全监控工程的系统集成招标工作,2 月 20 日与中标单位(中铁电气化局/今创公司联合体)签订合同。2011 年 2 月 21 日,完成全线风、雨、异物监测点基本情况的现场勘测工作;2 月 22 日,组织召开技术交底会及施工组织方案评审会;3 月 22 日,组织召开第一次防灾推进会,就风速的限速方案及控制范围和自投自复电源箱的实施方案进行讨论,并确定由设计院出管界划分范围;4 月 12 日,组织召开第二次防灾推进会,就上海铁路局管段沪宁线合设基站、中继站机房存在配合单位多的问题进行讨论,最终确定配合单位;4 月 25 日~5 月5 日,各铁路局组织完成线上设备静态验收工作;4 月 28 日,组织召开联调联试启动会;4 月下旬,风速仪、雨量计安装到位;5 月 3 日,异物传感器及其轨旁控制箱全部安装到位;5 月 8 日,全线 10 处工务终端安装到位;5 月 22 日,3 处调度终端、4 处监控数据处理设备安装到位;5 月 25 日,完成北京铁路局和济南铁路局管段范围防灾安全监控工程的联调联试工作;6 月 1 日,完成上海铁路局管段范围防灾安全监控工程的联调联试工作;6 月 10日,完成监控单元安装和调试工作。

## (二)其他信息化工程

1. 客运营销网络

京沪高速铁路的客运营销包括票务、互联网售票、市场营销和旅客服务信息等。

(1)票务工程

票务工程核心采用全路客票发售和预订系统 TRS5. 2 版本(客票系统)。根据管理范围,廊坊、天津西、天津南、沧州西、德州东等5个车站的票务工程经天津电子所接入北京铁路局地区客票中心；济南西、泰安、曲阜东、腾州东、枣庄等5个车站的票务业务接入济南铁路局地区客票中心；徐州东、宿州东、蚌埠南、定远、滁州、南京南、镇江西、丹阳北、常州北、无锡东、苏州北、上海虹桥等12个车站的票务业务经徐州、蚌埠和南京客票联合站接入上海铁路局地区客票中心。

票务工程主要完成售票、退票、预约预订、检票、收入管理、车站计划管理、车站业务管理监控、系统管理监控、统计分析、综合查询、接口服务等功能。票务工程的设备配置遵守以下原则：

大站：车站不设置售票处理平台，根据铁路局对票务的管理模式不同，车站终端设备通过网络直接接入铁路局客票中心或通过联合站接入铁路局客票中心。检票处理平台：车站设置检票数据库/应用服务器、SAN存储设备以及负载均衡器。相关设备执行《关于明确京沪高速铁路开通互联网售票相关系统和网络技术要求的通知》（铁运函〔2011〕223号）的相关要求。网络设备包括核心层交换机和接入层交换机，核心层交换机配置2台，接入层交换机数量根据票务系统终端设备数量及分布情况进行配置。终端设备包括自动售票机、窗口售票设备、自动检票机、补票机，数量依据高峰小时旅客发送量、车站规模及平面布局（如售票厅数量、高架候车室对应站台入口数量、车站出站厅数量等）进行设置。

中小站：车站不设置售票处理平台，根据铁路局对票务的管理模式不同，车站终端设备通过通信网络直接接入铁路局客票中心或通过联合站接入铁路局客票中心。检票处理平台：车站设置应急检票服务器，配置标准执行《关于明确京沪高速铁路开通互联网售票相关系统和网络技术要求的通知》（铁运函〔2011〕223号）的相关要求。网络设备配置原则与大站相同，仅数量依据规模不同而有所差异。终端设备配置原则与大站相同，仅数量依据规模不同而有所差异。

票务工程建设经历了如下主要变化：

①自动售票机与人工售票方式之间所占比例的调整

在可行性研究和初步设计阶段，京沪高速铁路沿线各站配置的自动售票机数量较低，除北京南站外，全线22座车站配置人工售票窗口658个，自动售票机208台，维持人工为主的传统售票服务格局。2010年7月沪宁客运专线开通，在总结已开通客运专线车站旅客服务设施配置和市场运用效果，充分听取车站客运服务员工的意见后，2010年8~9月，铁道部运输局客专技术部、鉴定中心会同京沪高铁公司，先后在苏州、北京和济南组织召开了现场观摩和设计联络会，北京、济南、上海铁路局客运处、车站客运管理部门、设计院及施工单位参加了会议。与会人员根据上海虹桥、苏州等客运专线新建站组织旅客自助购票的经验，讨论了高速铁路车站应采用的新型服务方式，按照提供便捷服务、方便旅客、利于管理、提高效率、精简人员的原则，结合各站客流预测，对售票能力进行了预排和检算，提出了减少人工窗口、增设自动售票机的建议。

2010年10月9日，铁道部运输局在北京组织召开了京沪高速铁路客运服务信息系统建设协调会，根据已开通客运专线售票设备运用现状及京沪高速铁路车站人员配备情况，明确各站售票设备配置的数量及站内布局，调整了旅客服务系统设备配置与安装方案。全线23座车站（新增定远站）售票布局更改为404个人工售票窗口，自动售票机386台。到2011年6月，人工售票窗口优化为377个，自动售票机优化为404台，其中，具备现金售票、银联卡刷卡售票、身份证取票功能的自动售票机301台，具备银联卡刷卡售票、身份证取票功能的自动售票机103台；同时设置公安制证窗口28个。

②银联卡自动售票设备的配置

传统自动售票机仅配置现金售票，由于自动售票机中纸币识别和找零设备模块主要从国外进口，不仅价格昂贵，维护和修缮费用亦不菲。根据全路既有线银联卡售票及自动售票机试运用及推广工作的开展，2011 年 3 月，在铁道部运输局组织下，京沪高铁公司与北京、济南、上海铁路局客运管理部门协商，在原有建设资金不变的前提下，对各站配备的自动售票机数量进行了再次调整，除配备包含现金、银联卡购票两种功能的自动售票机之外，选取部分自动售票机仅配置银联卡购票功能，使自动售票机总数量提升 4.6%。京沪高铁公司以《关于报送京沪高速铁路售票系统和南京南站售检票终端 I 类变更设计初审意见的函》报铁道部审核，经铁道部工程设计鉴定中心最终批复，全线 23 座车站人工窗口调整为 405 个（377 个人工售票窗口，28 个公安制证口），自动售票机 404 台（其中仅含银联卡售票的自动售票机 103 台，占全线自动售票机总量的 25.5%）。

(2)开办互联网售票系统

2011 年 3 月 28 日，铁道部组织召开会议，研究部署推进京沪高速铁路开办互联网售票业务、研发新一代客票和全路动车组列车实施车票实名制三项工作。

互联网售票政策出台后，自动检票需要支持旅客持二代居民身份证和银行卡刷卡进站。互联网、电话订票和窗口售票的取票请求加大了客票的并发处理压力，京沪高铁公司调整优化方案，北京铁路局按日均售票请求量 105 万配置售票相关设备，济南铁路局按日均售票请求量 45 万配置售票相关设备，上海铁路局按日均售票请求量 160 万配置售票相关设备。

互联网售票依托铁路客户服务中心、铁路客票管理以及铁路电子支付平台，通过 12306 网站，用户可以完成注册、登录、查询、购票、支付、变更等业务功能。

(3)市场营销网络

市场营销网络按铁道部和铁路局两级构建，市场营销由北京、济南、上海三个铁路局级分担。铁道部级营销将客票基础数据和京沪高速铁路相关铁路局（上海、北京、济南）的运能、存根数据进行抽取、转换和加载进入数据仓库以供分析，同时将相关铁路局的担当、返程和通过的列车历史数据回传至相关路局。

市场营销网络的结构上，铁路局级客运营销辅助决策服务器设置数据库服务器、应用服务器、报表服务器，全部部署于铁路局中心机房，所需分析的数据来源于铁路局客票管理，并建立独立的数据仓库，保证日常分析工作不影响售票业务。市场营销分为铁路局、直属站段和车站三级用户，均可以用浏览器方式使用。铁路局级客运营销辅助决策设备提供分析评价、调查预测、运营策划、数据管理和系统管理等 5 个子系统。

在设备配置方面，京沪高速铁路市场营销在北京、上海铁路局分别部署铁路局级客运营销辅助决策设备，各局配备 2 台小型机作为客运营销辅助决策设备数据库服务器，组成双机热备，用于存储本路局售票存根、至少 10 天压缩席位库及业务主题表记录，使用智能存储或盘柜作为存储设备保存至少 5 年的原始数据和主题历史数据。

(4)旅客服务信息网络

旅客服务信息网络首次采用铁路局集中方案，在铁路局统一设置集成管理平台，统一指挥和管控各站的广播、引导、监控业务，在各车站设置应急管理平台，主要包括应急处理服务器及旅客服务终端控制器，根据业务需要在大型车站设置车站级集成管理平台。

旅客服务信息网络在保留单站集中管理、大站代管小站的基础上，增加以局为单位的集中管理模式，并具备多线集中管理的扩展能力。在网络结构上，旅客服务信息网络以客运专线 IP 数据网为基础，采用双冗余网络方案，当出现单点故障时，快速切换至正常链路，不对网络运行产生影响。网络采用集中部署的方案，在铁路局通过设置高端冗余服务器保证系统的稳定、可靠运行，并具备未来的网络扩展能力。在车站通过设置应急管理平台以满足应急情况下的业务连续性，采用数据同步机制，实现铁路局集成管理平台和各站应急管理平台的实时信息同步。

在北京、济南、上海铁路局所在地设置旅客服务网络集成管理平台，分别实现对本线局管范围内车站客运引导揭示、广播、客运视频监控和检票等客运业务的综合管控。北京南、虹桥和昆山南站旅客服务网络适当调整，具备接入铁路局集成管理平台的条件。

新建天津西、济南西和南京南站作为客运综合枢纽站，设置综控室，具备对本站客运业务综合管理功能，集成管理平台配置适当简化。其余各新建车站不再独立设置综控室，取消电视墙。车站仅设置旅服应急管理平台和操作台，实现应急情况下对本站客运业务的操作和管理。

2. 公安信息网络

京沪高速铁路沿线在天津南站、沧州西站、德州东站、济南西站、泰安站、曲阜东站、枣庄站、徐州东站、宿州东站、蚌埠南站、滁州站、南京南站、镇江西站、丹阳北站、常州北站、无锡东站、苏州北站、昆山南站、虹桥等19个驻站派出所及玉泉营等78个警务区新建公安管理信息设备。

公安管理信息网络应用软件采用全路统一软件，沿线派出所与管辖范围内警务区和上级公安处等之间铺设网络通道，警务区上联至所属车站派出所，车站派出所上联至所属公安处并与铁路公安局连通，各级公安管理信息网络可以与地方派出所的信息网络相连。沿线形成了较为完善的公安网络体系，与所属公安处、公安局视频监控室、指挥中心构成四级监控和三级指挥中心，负责京沪高速铁路的安防监控和调度指挥网络。

每个警务区的公安管理信息设备，以2M带宽环路形式连接至所属派出所。各派出所公安管理信息设备，上联所属公安处的网络通道采用10M带宽通信专网。乘警队信息设备采用10M数字专线接入铁路公安处信息网络。

公安管理信息网络主要完成所辖范围内的警务核查、警务办公，完成信息的采集、交换、传输、存储、发布，网络信息平台的建设应考虑网络的高速性、安全性、可靠性、灵活性。

3. 给排水自控工程

(1)工程概况

北京、济南、上海三个铁路局的北京供电段、天津供电段、济南供电段、徐州供电段、合肥给水公司、南京给水公司和上海给水公司七个运营站段分别管理京沪高速铁路沿线各站的给排水设备。既要考虑给排水运营需求，也要结合各站段的管理结构；既要关注各站给排水工艺局部特点，也要兼顾全线各站的空间距离。要满足水质、水量、水压的给排水运营工艺要求，满足给排水无人值守、自动运行的控制要求，满足京沪高铁公司、铁路局、运营站段的纵向运营管理要求，满足给排水运用、检修、计量、节能的横向运营管理要求。

采用三级管理，即运管单位(供电段或给水公司)的调度中心、车站监控中心及现场监控设备。运管单位调度中心以及各车站监控中心通过与生产办公网络通道连接，利用沿线通信光缆交换运营监控管理数据，车站监控中心与现场监控设备采用工业以太网交换运营监控管理数据。

(2)工程特点

①监控内容复杂

给排水中包括开关量、模拟量、累积量等多种物理量与逻辑量，如压力、液位、供水量(市政供水量)、扬水量(二次加压扬水量)、用水量(各重要用户用水量)、污水排放量、耗电量、余氯、扬水设备状态与控制、消毒设备状态与控制、千吨米耗电等。施工中用四类标准化设备、两种标准化通信手段严格区分归类全部给排水数据、规范测控动作，使复杂的监控数据变得内容清晰、有序。

②专业涉及面广，工序关系复杂

工程不但与给排水专业内的其他设备紧密相关，而且也与站后其他众多专业密切相连，与信息、通信、房建（站场、站房）、电力等均有密切联系，与水泵、阀门、管道、水表、水处理及消毒等设备的安装施工紧密交织在一起，自控工程的监控设备与仪表的安装与上述设备的安装互为前、后工序。

③施工周期长，接口多，协调难度大

在沿线站房建设开工伊始，给排水自控工程亦开始进场，配合管道预埋等工作，期间与水泵、消毒等受控设备的联调，与房建、电力专业配合施工，与信息专业配合布线及网络资源配置等，直至运管单位全部接收，前后持续近两年。

(3)施工组织

由于跨专业、跨区域、跨厂商等多种因素，通信通道调试难度大。京沪高铁公司采取“密集协调、先南后北、先易后难、重点突破、快速复制”的施工策略，把通道调试工作分解为“网络物理接口布设到位”、“IP 地址分配落实”及“数据传输测试成功”三大步骤，完成了通信信道的调试，保证了工程众多远程功能的实现。

由于给水变频设备均由各站房建施工单位分头采购，设备厂家众多，造成电气接口多种多样，难以实现运管单位的要求，为此，在监控设备与变频设备的连接施工中，在铁道部运输局及铁路局主管领导的指导下，京沪高铁公司以“电气接口标准化、保护功能人性化、设备改造表格化”为原则，为各站类型不一的变频设备增加具备标准电气接口的转接设备，在不影响设备功能的前提下，满足运管单位的管理要求。

给排水自控工程在施工中解决上述问题的同时，还实现了技术标准的创新，在全路首次实现监控设备标准化，实现通信手段标准化和系统软件标准化。给排水自控工程的创新是给排水设备及构筑物的自动监控与集中调度管理首次全线集成，各站给排水设备运营动态监控数据与设备运营静态台账数据首次结合在一起，给水站客车上水设备监控首次纳入给排水自控工程中来，各站购水量、扬水量及用水量首次全程自动计量统计，各站污水排放量首次自动计量统计。

# 第七节　先　导　段

## 一、工程概况

为了实现京沪高速铁路“世界一流”的建设目标，进一步提升我国高速铁路技术水平，系统验证 350 km/h 以上运行条件下技术标准体系的先进性、主要技术装备的可靠性和系统安全性，在京沪高速铁路先导段开展 350 km/h 以上综合试验极为必要。为确保试验工作的顺利完成，京沪高铁公司细化施工组织安排，认真抓好先导段的施工工作，保证先导段期到质优交付试验。

枣庄至蚌埠南起讫里程为 K627 + 343.247 ~ K850 + 618.221，位于山东、江苏、安徽三省境内，全长 223.275 km。起点为枣庄站，途经徐州东站、宿州东站，终点为蚌埠南站。

1. 线下工程

先导段特大桥 11 座，总长 193.690 km，占线路全长的 86.75%；大中桥 18 座，总长为 2.17 km，占线路全长的 0.97%；路基总长度为 26.985 km（含涵洞 74 座，计 2 163 横延米），占线路全长的 12.09%；隧道明洞1 座，总长为 0.430 km，占线路全长的 0.19%。

联络线及保养点路基长 3.274 km，联络线及保养点特大桥 3 座计 3.135 km，沿线设全封闭栅栏和相应绿化工程。

2. 轨道工程

正线铺设 CRTSⅡ型板式无砟轨道，无砟轨道板铺设 68 354 块，新铺无砟道岔 98 组（其中板式高速道岔 53 组，长枕埋入式道岔 45 组），站线铺轨 43.085 8 km，新铺有砟道岔 36 组。

3. 四电工程

先导段内共含 64 个通信基站、2 个直放站、14 个信号中继站、4 个车站。信号系统主要工程量中，区间有电缆总量为 980 条公里、应答器 860 个、补偿电容总量 6 980 个、ZPW-2000 型轨道电路设备 457 个区段、信号标志牌 1028 处、横向连接 380 处、中继站设备安装调试 14 个站；站内有电缆总量 495 条公里、应答器 190 个、补偿电容总量 280 个、信号机总量 145 架、ZPW-2000 型轨道电路设备 150 个区段、25 Hz 轨道电路 73 个区段、车站室内设备安装共 4 个车站。

电力工程：箱式电抗器 15 台，箱式变电站 84 台，贯通电缆 1 521 km。干式变压器 34 台，调压器 12 台，分组投切电抗器 12 台，GIS 开关柜 158 面，高压环网柜 56 面，低压柜 107 面，综合自动化系统 15 所。

变电工程：牵引变压器 20 台，220 kV 互感器 60 台，220 kV 避雷器30 台，220 kV 开关断路器 30 台，自耦变压器 32 台，干式变压器 34 台，GIS 开关柜 149 面，中压电缆 33 公里，综合自动化系统 17 所。

接触网工程：支柱 9 425 根，挽臂安装 11 257 组，附加线 1 562 条公里，承力索架设 583 条公里，接触线架设 583 条公里，吊弦安装 72 875 根，设备安装 198 台套（包含隔离开关 102 台、避雷器 52 台、分段绝缘器 44 台套）。

## 二、工程特点和难点

1. 工程特点

除全线共有特点外，路基工程特点是松软土基础、岩溶地质、侵蚀性环境工点多；填料含水量大，凉晒时间长，难以保证施工进展的需要；个别地段受高压电线影响，无法填筑施工。

轨道工程特点是对无砟轨道板预制、铺设等技术引进、吸收、再创新，技术创新工作任务艰巨。

站场工程特点是填方量大，站场构造物多，交叉施工干扰大；站前站后工程接口多，施工协调及质量控制工作量大。

四电工程的特点是四电工程与站前工程并行交叉作业，在站前工程还未完全具备条件的情况下，提前实施安装开通通信线路、传输、GSM-R 系统、调度通信等关键设备，对通信工程实施造成一定困难；信号工程施工制约工期的因素多，设施设备种类繁多，设施配套要求高，受征地拆迁及外部电源影响大，工期风险大；接触网张力选择 31.5 kN、33 kN、36 kN 和 40 kN 四种类型，接触线选择镁铜和高强高导接触线两种。大张力悬挂接触网的承力索终端锚固线夹、接触线终端锚固线夹（两级保护）、弯折型定位器、锚支定位卡子和棘轮装置为国内首次采用。

先导段自北向南跨越陇海、津沪既有铁路，跨越京杭大运河、浍河、淮河等众多通航河流 16 处，跨越京福、徐连等高等级公路 6 处，安全风险较大。

2. 工程难点

（1）由于先导段的设置，此段工程从原计划的 2011 年底完成提前到 2010 年 11 月中旬完成，并开始联调联试。特别是建设后期，各专业施工工序交叉，相互干扰，工期非常紧张。

（2）沿途路基填挖数量大、不良地质路基多，需预压段落多且预压周期长、运架梁对路基完成时间的特殊要求、工后沉降是施工组织的关键。

(3)制存梁场地规划、梁体制架顺序安排,确保预制场能按铺架工期不间断供应梁体、不出现停架待梁是该段施工控制的重点。

(4)徐州东站工程结构复杂,征地拆迁任务繁重,联络线施工与既有线改造施工难度大,站后设备安装调试密集,是全段顺利开通的重点。

(5)铺轨受架梁进度的制约严重,且自身的有效作业时间短,化解相关工序的矛盾是重难点。

## 三、组织实施

### (一)总体施工安排与阶段工作重点

根据先导段工程的特点和难点,京沪高铁公司确定先导段施工以箱梁制架和无砟轨道制铺为主线,分点分段、平行作业、全面推进,把先导段内的梁场、车站、现浇梁区段等划分为18个施工单元,逐单元根据铺轨时间倒排工期,分析制约工期的关键因素,采取措施针对性地组织施工。

各阶段工作重点:上场初期,重点加强征地拆迁工作,确保先架梁段、大跨连续梁等制约工期的重点工程先期开工。2008年上半年以征地为前提,重点组织梁场、拌和站、试验室、便道、电力等临时工程的建设及主体工程开工工作;2008年下半年以协调钢材、砂石料为重点,完成桥梁基础、墩台、路基地基处理、涵洞及梁场等认证进程。2009年全年以制架梁为主线,上半年完成路基本体和预压、桥梁下部工程以及板场建设工作;下半年完成制架梁收尾、桥面系和无砟轨道上道审查、试验以及铺轨基地的建设工作。2010年以无砟轨道及铺轨为重点,上半年完成桥面系、防水层、无砟轨道的全面建设;下半年完成高速道岔施工、长轨铺设精调及静态验收工作。

### (二)组织安排与施工布局

先导段的土建施工由两段组成,三标段负责全长42.629 km范围内土建工程、轨道工程;四标段负责全长180.646 km范围内的土建工程、轨道工程。

三标段共组建4个线下工区项目部,设置1个峄城桥梁预制场。四标段共组建14个线下工区项目部,7个制、架梁项目部,3个板场项目部。无砟轨道现场铺设由各线下工区负责,铺轨基地建在徐州东站保养点,由两个铺轨单位同时从徐州东站向南北双向铺轨。

### (三)施工组织动态优化

在积极执行实施性施工组织设计的基础上,通过日进度报告、周进度例会、月进度小结等形式,掌握现场实际进展情况,研究解决制约工程进展、造成施工进度偏差的主要矛盾和困难,动态优化实施性施工组织设计。

### (四)路基工程施工组织

路基施工的重点是保证架梁通道和预压地段路基填筑。对路基预压时间不够的问题采取分阶段预压或超载预压的方法来解决。对填料不足或取土困难地段,拓宽取土范围和途径。对填料含水量大的取土场填料,采取掺和8%~10%石灰的方式进行填料改良。对拆迁滞后、地质变化较大的地段,积极与设计沟通,确定合理的施工方案,增加机械设备配置。

### (五)桥梁工程施工组织

特殊孔跨连续梁以保证架梁通过为目标,加大资源配置,悬灌梁挂篮、支架现浇连续梁的支架和模板原则上不考虑周转,资源按每工点一对一配置,以确保架梁工期的需要。

箱梁预制架设总体安排:由于滕州南梁场受城区拆迁和跨光明路100 m连续梁施工的影响,其原架梁通过枣庄站的方案不能满足先导段施工的需要,为此调整梁场原计划的制运架范围,扩大峄城梁场的生产能力，使其满足先导段箱梁的需要，增加制梁台座和存梁台座，并且按照双层存梁设计存梁台座，确保每天三孔梁的生产指标，使其满足先导段两个方向同时架梁的需求。峄城梁场由原计划的"一提一运一架"改为"两提三运两架"，确保先导段2009年底完成全部制架梁的总体目标。

（六）轨道工程施工组织

先导段轨道工程施工组织的突出问题是轨道板的生产供应。枣庄、徐州、宿州、固镇板场优先生产先导段范围内的轨道板，提高打磨效率，每个板场成品板打磨达到2 300块/月以上。由徐州板场供应范围内（DK630 +901 ~ DK635 +068.55、DK640 +864.88 ~ DK651 +019.74）约4 400块轨道板调整到由枣庄板场供应。2010年6月中旬以后由徐州板场返还枣庄板场其他供应范围内4 400块轨道板，6月底以后枣庄板场缺口2 600块轨道板由徐州、宿州轨道板场提供。板场与设计单位配合，确保打磨数据不出差错。

铺板任务由线下工程施工工区负责，共成立32个铺板作业队（其中三标段6个，四标段26个），配备相应铺板设备。

长轨铺设由四标段徐州铺轨基地负责，从三、四标结合部进入三标段。

精调作业由施工单位和养护维修单位共同完成，其中数据采集、分析由施工单位负责，现场调整由施工单位牵头，济南、上海铁路局工务部门参加相应区段精调作业，采取"发挥整体优势，强强联合"的模式开展精调工作。精调作业共划分为20个工段，配备71套精调小车，全线各土建标段施工单位均派出精调队伍到先导段参与轨道精调，一是锻炼队伍，二是加快先导段轨道精调进度。

（七）四电工程施工组织

1. 通信信号施工组织

先导段通信信号施工以"统筹规划、确保工期、安全快速、优质高效"为原则，牢固树立"京沪工程无小事"、"打好先导段第一仗"的观念，以"抓源头、抓过程、抓细节"为指导，全面推行铁路建设"四个标准化"为重点，精心组织实施，严格执行设计方案，准确掌握技术标准。选定合理的操作规程、施工方法，优化资源配置，做好协调配合，减少施工干扰，确保工程期到必成。在先导段沿线的枣庄、徐州东、蚌埠南分别设置两个通信与信号专业的施工作业队。

在预留预埋工程配合方面，针对站前工期的影响，采取提前进场，与站前单位密切配合，及早提出基础预留、电缆过轨、电缆上桥、隧道预埋滑道、电缆槽道的预留要求，并根据站前单位完工情况，随时检查基础预留，及时发现偏差，提出解决方案。

桥梁架设和铺轨进度是影响四电工程施工的关键制约因素。及时协调桥梁架设和铺轨施工单位的进度，组织通信信号施工单位，紧密结合铺轨进度，合理调整施工工序，在保证安全、质量的前提下有序组织人力资源和机械资源，采取交叉作业方式，对具备施工条件的区段尽早展开施工。

外部电源是通信信号工程开通的主要制约因素，不具备380 kV外部电源，通信信号系统不能按时调试会直接影响后期的联调联试工作。针对该制约因素，通过协调供电施工单位和通信信号施工单位，做好电源引入机房的工作，另一方面协调站前单位或地方临时用电，保证通信、信号系统调试用电的需要。

为确保电气化铁路及电网的运行安全，在正式供电前，需要实现沿线各电力公司对牵引所调度信息直采及互设调度直通电话。考虑到互联设备的一致性，铁路方采购的设备必须和地方电网方的设备类型一致。京沪高铁公司协调后确定由铁路方负责牵引变电所内与国电网络互联设备的安装，地方电网负责光缆引入及相关机房的安装。每个牵引变电所的系统调测由当地地方电网负责提供及实施，铁路方全程配合，最终实现信息直采，为先导段供电提供保障。

为保证先导段的施工质量，京沪高铁公司编写了51套通信、信号专业的作业指导书，用于指导现场安装,为现场施工标准提供学习材料和依据。同时建设信号室外设备安装标准示范基地,为施工人员提供学习平台,消灭正线上安装无用设备的可能。

2. 接触网施工组织

支柱安装和挽臂装配等工序不占用轨道作业时间。因此,接触网作业可分为两道工序,第一道工序是不占用轨道作业的工序,如支柱安装、各种底座肩架安装、拉线安装、附加线架设、挽臂安装及承力索架设等;第二道工序是接触线架设及调整,必须占用轨道作业,如接触线架设、接触悬挂调整(定位安装、吊弦安装)、隔离开关、避雷器、分段绝缘器安装、设备上网引线等。按照 50 km 一个作业队布置,约 223 km 正线设置五个作业队,每个作业队选择轨道板完工早的区段开始,一般顺着铺轨方向施工,以不与轨道板进度线交叉为原则。

接触线架设及调整工序在轨道铺架后开工。配置两辆恒张力架线车,从徐州铺轨基地开始,向南北两个方向推进接触线架设,同样采取平行作业方式。

先导段施工组织形象进度如图 3.4.52 所示。

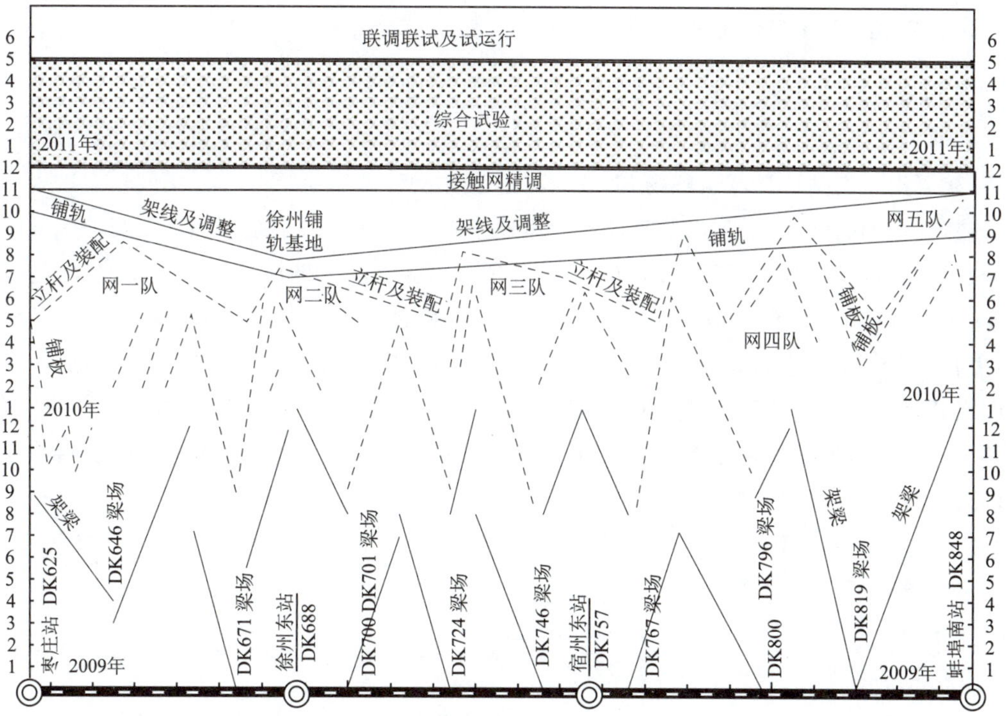


图 3.4.52 先导段施工组织形象进度示意

## 四、工程实际进度

桥梁钻孔桩施工于 2009 年 8 月 16 日完成;桥梁墩台施工于 2009 年 9 月 28 日完成;桥梁箱梁预制于 2009 年 11 月 12 日完成;路基填筑于 2009 年 10 月 30 日完成;桥梁架设于 2010 年 1 月 30 日完成;桥面防水层施工于 2010 年 6 月 19 日完成;无砟轨道底座板施工于 2010 年 7 月 25 日完成;2010 年 3 月 26 日开始轨道板铺设,4 月 29 日通过铁道部工管中心专家首段评估,于 8 月 20 日完成。

2010 年 7 月 19 日开始钢轨铺设,于 9 月 7 日完成;2010 年 4 月 10 日开始四电工程施工,11 月 13 日开始送电试运行。2009 年 9 月 1 日开始中间站房施工。2010 年 11 月底完成四电工程调试,具备了综合试验条件。

2010 年 11 月 15 日，在先导段开展了高速铁路综合试验，系统验证和掌握了时速 350 km 运行条件下固定设施和移动装备的安全性、匹配性和适用性；掌握了新一代高速动车组、牵引供电、基础工程、通信信号系统在时速 380 km 条件下的动力特性和综合性能。2010 年 12 月 3 日，“和谐号”380A 新一代高速列车试行达到 486.1 km/h，揭示了高速铁路系统在时速 420 km 条件下的相关特性和变化规律；实现了高速铁路试验技术的新突破。在 300～420 km/h 试验速度、不同试验工况和场景条件下，京沪高速铁路综合试验取得了大量技术创新成果。

## 第八节　并　行　段

京沪高速铁路在南京枢纽与沪汉蓉铁路并行，在南京至上海间与沪宁城际铁路有两段并行，组织好并行段的施工保证沪宁城际铁路和沪汉蓉铁路提前开通是建设组织的重点之一。

### 一、南京枢纽内与沪汉蓉并行段

1. 工程概况

沪汉蓉通道在南京枢纽内工程自亭子山二号隧道出口新插入 1 号、2 号道岔起，经江浦站、大胜关长江大桥，接入南京南站沪汉蓉宁杭场 21 道、22 道，利用沪汉蓉宁杭场与宁安场间单线进入宁安场东咽喉区，连接到仙西联络线（沪宁城际铁路南京南联络线），经紫金山东站至仙林站与沪宁城际铁路相连。亭子山线路所（HDK1179 +323.132）至南京南站（HDK1219 +730.038）为新建沪汉蓉铁路，下行线全长 40.412 km，上行线全长 40.407 km；南京南（L1XDK0 +000）至仙林（L1XDK22 +497.75）为仙林联络线，上行 22.541 km，下行 22.591 km。从亭子山隧道至南京南站宁杭场，沪汉蓉通道与京沪高速铁路走向大致平行。长江北侧防洪大堤外，两线相距较远。自北侧长江防洪大堤起至南京南站间，沪汉蓉铁路与京沪高速铁路线路除大胜关长江大桥六线并行段桥梁共墩外，其他地段桥梁并行墩台分设；路基相连；穿越岱山和韩府山时隧道基本平行分设。其主要工程有南京大胜关长江大桥及南北引桥、岱山隧道群、石干特大桥、大定坊特大桥、韩府山隧道群、京沪高速铁路与沪汉蓉铁路并行 160 m 路基试验段和秦淮新河特大桥等。

2. 工程特点

（1）并行路段长

京沪高速铁路沪汉蓉通道并行段达 20 多公里。在南京枢纽内，京沪高速铁路和沪汉蓉通道的标段划分、施工组织必须两线一并安排。

（2）岱山和韩府山隧道群施工难度大

京沪高速铁路与沪汉蓉通道并行段穿过岱山，又与宁安城际铁路，动车走行线并行穿越韩府山。隧道群洞身埋浅且偏压、岩层破碎、节理发育，多为Ⅴ级围岩，各线隧道间距近，施工干扰严重，保安全、保进度难度大。

（3）开通时间不同给站后施工带来影响

为缓解运输压力，发挥南京大胜关长江大桥和合宁客运专线作用，铁道部决定 2010 年 12 月 31 日先期开通南京枢纽沪汉蓉通道。尽管线下土建工程已经完工，但南京南站房建设正处于紧张阶段。沪汉蓉开通后邻线工程全部变为临既有线施工，对南京南站站房工程、京沪高速铁路的站后工程带来干扰影响。

3. 施工组织

(1)施工安排原则

为满足沪汉蓉通道于2010年12月31日开通运营的安全需要,并行段京沪高速铁路需同期建成。京沪高铁公司根据开通计划编制了《提前开通沪汉蓉铁路及相关工程专项施工组织设计》,并组织施工单位对该并行段的施工进度和施工部署作了周密的安排和调整,保证沪汉蓉通道的顺利开通。

(2)施工组织措施

①对于并行段工程划分为一个标段。两线桥梁、路基同步施工。对长江防洪大堤北侧平行而不干扰段工程单独划分标段,按工期要求编制施工组织。

②南京南站内工程以保证沪汉蓉通道正线开通为主线安排工作。在沪汉蓉开通后,在两侧站台安装遮挡板,保证施工和行车安全。

4. 工程实际进度

本项目工程中,大胜关长江大桥是控制工期的工程,提前组织了施工。2006年3月23日大胜关长江大桥钢围堰下水,开始试桩工作。2006年7月24日铁道部批准正式开工。2007年11月26日大桥下部工程全部完成,开始钢梁架设,2009年9月顺利合龙。保证了沪汉蓉通道提前铺轨要求。

路基工程:并行段沪汉蓉通道于2008年6月开始清表施工,2010年8月31日完成路基及附属全部工作。

桥梁工程:并行段桥梁施工从2008年6月开始,2010年6月30日完成全部桥梁工程及附属施工。

轨道工程:沪汉蓉通道铺轨时间从2010年7月1日开始,2010年8月31全段铺通。

四电工程:沪汉蓉通道四电工程2010年5月8日全面开工,2010年10月30日竣工。

2010年12月31日沪汉蓉通道正式开通运营。

## 二、与沪宁城际铁路并行江苏段

1. 工程概况

京沪高速铁路与沪宁城际铁路在江苏省句容市下蜀镇至镇江市丹徒区范围内并行,外侧最小线间距为10.5 m。并行段京沪高速铁路施工起讫里程为DK1065+500~DK1074+800,并行段沪宁城际铁路施工起讫里程为DK43+500~DK52+800,并行段长度为9.3 km。并行段桥梁设计为分离式,两线结构物布置基本一致;路基基底设计为整体式或分离式,地基加固处理采用CFG桩,路基顶部设计为分离式。

并行段京沪高速铁路,正线桥梁长4 206 m,其中特大桥2座(2 342 m)、大桥4座(1 749 m)、中桥2座(114.4 m),架梁127孔;该段桥梁的形式为简支梁和刚构桥。涵洞10座,其中框架涵8座,倒虹吸2座。正线路基长5 094 m,挖土方556 986 $m^3$,填筑A、B组填料176 023 $m^3$,填筑改良土74 746 $m^3$,基床表层级配碎石34 288 $m^3$,过渡段级配碎石56 581 $m^3$,地基处理CFG桩298 726延米。

并行段沪宁城际铁路,正线桥梁长4 186 m,其中特大桥2座(2 329.33 m)、大桥4座(1 739.87 m)、中桥2座(116.8 m),架梁127孔。涵洞10座,其中框架涵8座,倒虹吸2座。正线路基长5 114 m,挖土方405 523 $m^3$,填筑A、B组填料165 822 $m^3$,填筑改良土70 773 $m^3$,基床表层级配碎石33 732 $m^3$,过渡段级配碎石52 584 $m^3$,地基处理CFG桩323 401延米。

2. 工程特点

(1)工 期 短

沪宁城际铁路全线2008年7月1日开工,2010年7月1日开通。按照铁道部要求,路基工程京沪高速铁路与沪宁城际铁路四线路基同步施工,同期完成。要求沪宁城际铁路开通前京沪高速铁路左线完成轨道板的铺设、接触网支柱的安装和护栏的安装。路基的有效施工工期短,为满足铺架工期要求,劳力、设备等资源投入大。

(2)技术标准高、施工过程控制严格

京沪高速铁路设计为无砟轨道,设计时速350 km,路基、桥梁施工控制沉降要求高;沪宁城际铁路原设计为有砟轨道,2008年9月10日改为无砟轨道。同时路基工程中增设桩筏结构解决路基预压期不足的问题。

(3)施工干扰大

该段京沪高速铁路与沪宁城际铁路并行施工,两线桥梁工程相对独立,桥涵构筑物基本对应,施工中需加强协调,减小施工干扰。

(4)安全防护要求高

多次跨越既有公路及下穿既有船山矿铁路专用线,施工安全防护要求高。

(5)协调工作量大

工程涉及面多,影响范围大,协调工作量大。除了征地拆迁难度大以及铁路两侧各种管线迁移保护问题外,还需协调好与沪宁城际铁路建设管理单位、上海铁路局等相关部门的关系。

此外,并行段路基地基处理、基床底层和基床以下路堤填筑质量,以及路基附属工程量大、工期紧,是并行段工程的重点。

3. 施工组织

(1)施工安排原则

为满足沪宁城际铁路于2010年7月1日正式运营的安全需要,并行段京沪高速铁路需同期建成,即2010年7月1日前京沪高速铁路完成靠沪宁城际铁路侧接触网立柱、栏杆安装和轨道板的铺设。根据工期要求与工程实际,京沪高铁公司组织施工单位对该并行段的施工进度和施工部署作周密的安排,以重难点工程施工为工期控制的关键,以施工便道修筑及配合征地拆迁、取得施工许可为先决条件,以箱梁架设工期要求作为主线展开线下工程施工。并行段路基四线同时开工,以保证架梁为控制工序,各工点平行作业展开施工。由于并行段两线间距小,线下工程施工优先安排沪宁城际铁路施工,保证并行段京沪高速铁路与沪宁城际铁路的架梁时间不冲突,解决架梁时架桥机超限的问题。

(2)资源配置

①组织优秀的施工队伍,集中精良的机械设备,对机械设备实行统一管理和统一调度。

②施工现场平面布置及设施方面,在线路的右侧设置施工便道,施工及生活区均采用网电供应,并配备一定数量的发电机以备急需。

③并行段路基工点有9处,分散且工期要求紧,为此,施工单位投入6个路基作业队,负责路堑的挖方、路堤的填筑和基底清淤;投入16个CFG桩作业组,负责地基的处理。

(3)施工组织措施

①对跨既有线施工编制专项施工方案,报请相关部门审核,并严格按照审核过的方案直接对工程进行管理和技术指导,对所有参与施工的人员进行安全培训,并作详细地技术交底工作,保证该工程

优质高效地按期完成。

②对于并行段路基工程，每段路基以构筑物为界分区段顺次展开施工，各区段平行组织作业，对部分能够满足工期要求的工序采取区段间流水作业；在设计有CFG桩的地段集中桩基设备突击施工，以缩短施工工期；每个路基段内首先安排涵洞地基处理施工；台后及涵洞两侧过渡段的施工，与路基填筑同步进行；对不能达到预压期的路基（京沪高速铁路路基工程预压期为6个月，沪宁城际铁路无砟轨道路基工程预压期为90天）采用超载预压的方案。

③对于并行段桥梁工程，每一座独立的桥梁钻孔桩安排各墩平行作业，承台和墩柱流水作业。加强与公路、航道部门协调，减少相互干扰，优化施工方案，配齐配足相关技术工人和设备。

④对于四电工程，综合接地贯通地线与路基填筑同步施工；接触网立柱基础待路基基床表层级配碎石填筑完成后钻孔浇筑施工，拉线基础待主体施工完成后施工。

4. 工程实际进度

路基工程：并行段沪宁城际铁路于2009年1月31日完成基床表层级配碎石填筑；京沪高速铁路在2009年2月26日完成基床底层填筑。

桥梁工程：墩台施工期为2008年7月1日~2009年1月31日；沪宁城际铁路的架梁时间为2009年3月15日~5月25日；京沪高速铁路的架梁时间为2009年10月27日~2010年1月30日。

轨道工程：沪宁城际铁路的铺轨时间为2009年12月2日~7日，京沪高速铁路的无砟轨道铺设时间为2010年5月30日~9月5日，铺轨时间为2010年11月2日~6日。

四电工程：沪宁城际铁路站后四电配套为2010年2月，2010年4月开始系统调试。

2010年7月1日并行段沪宁城际铁路开通运营。

## 三、与沪宁城际铁路并行上海段

1. 工程概况

京沪高速铁路土建六标段在江苏昆山（DK1253+480）到终点上海虹桥（DK1305+700）间与沪宁城际铁路Ⅶ标段走向平行，总长约51 km，其中桥梁长度49.826 km，路基长度1.325 km，相邻线路间距为20 m左右的并行段长约37.520 km，线间距小于20 m的并行段有五段5.46 km，正线两线间中心间距最小为16 m。并行段中的昆山南站（DK1259+320）是沪宁城际铁路和京沪高速铁路共站的一站两场式高架站，沪宁场、京沪场各6股道，京沪高速铁路与沪宁城际铁路相邻股道的中心距仅6.5 m，车站总建筑面积为71 143 $m^2$，站房钢结构的工程量约为6 000t。

2. 工程特点

（1）工 期 短

沪宁城际铁路2008年7月1日开工，2010年7月1日开通。按照要求，京沪高速铁路与沪宁城际铁路并行的施工相互干扰段必须同步施工、同期完成，其他并行段沪宁城际铁路开通前京沪高速铁路邻近沪宁城际铁路侧线路需完成轨道板铺设、接触网支柱安装、护栏安装。昆山南高架站12股道现浇梁及钢结构雨棚吊装焊接必须同步完成，保证沪宁城际场与全线同步开通，办理客运业务。

（2）技术标准高，施工过程控制严格

京沪高速铁路设计为无砟轨道，设计时速为350 km，路基、桥梁施工控制沉降要求高；沪宁城际铁路实际按与京沪高速铁路同等标准施工。

（3）施工干扰大

该段京沪高速铁路与沪宁城际铁路并行，共用施工便道和小型临时设施。虽然两线桥梁工程相对独立，桥涵构筑物基本对应，但两线架桥作业互相干扰，由于沪宁城际铁路与京沪高速铁路沪宁段开工有先后，施工组织不同步，施工工序有交叉干扰。

特别是昆山南高架站，高架桥梁墩台与雨棚钢结构基础同步施工，钢结构吊装焊接和现浇站台梁作业面重叠交叉、互相干扰，接触网支柱安装与桥梁附属结构安装互相干扰，站房内部装修、四电、客服等各专业的作业范围、场地、空间互相干扰。

(4)安全防护要求高

昆山境内公路、河道、水系复杂，工程多次跨越既有公路、河道，以及上跨既有京沪铁路，施工安全防护要求高。昆山南站各专业施工同步展开，钢结构吊装施工和现浇梁施工交叉重叠，安全防护控制严。

3. 施工组织

(1)施工安排原则

为满足沪宁城际铁路于2010年7月1日正式运营的需要，并行段京沪高速铁路需在2010年7月1日前完成邻近沪宁城际铁路侧接触网立柱、栏杆安装和轨道板的铺设。根据工期要求与工程具体情况，京沪高铁公司组织施工单位对该并行段的施工组织和施工部署作了周密的安排，以重难点工程、昆山南高架站站场和钢结构施工为工期控制的关键点，以箱梁架设工期要求作为主线展开线下工程施工。线上工程以沪宁城际铁路开通试运营之前完成靠近沪宁城际铁路侧接触网立柱、桥梁栏杆的安装、轨道板铺设为控制工程，组织施工。

(2)资源配置

①组织优秀的施工队伍，集中精良的机械设备，首先满足并行段需要。

②统一施工现场平面布置及设施安排。在线路的右侧设置施工便道及生活区，并配备一定数量的发电机以备急需。

③并行段距离长、工点分散。为此，土建施工单位在该段设立12个作业工区，2个梁场，配备了2台架桥机同步作业，同时重点组织昆山南站的现浇梁和站场施工。房建施工单位编制了联合施工组织，配备50台汽车吊、10台履带吊、27台塔吊等大量的机械，空间分层、平面分区、时间分段，采取平行作业、穿插吊装焊接等工序进行雨棚钢结构吊装焊接施工。

(3)施工组织措施

①对跨既有线施工编制专项施工方案，并严格进行管理和技术指导，对所有参与施工人员进行安全培训，并做详细地技术交底工作。

②对并行段桥梁工程，墩台钻孔桩安排各墩平行作业，承台和墩柱流水作业。优化施工方案，配齐配足相关技术工人和设备。

③对四电工程，综合接地贯通地线与路基填筑同步施工，接触网立柱基础待路基基床表层级配碎石填筑完成后钻孔浇筑施工，拉线基础待主体施工完成后施工。

④昆山南高架站工程，墩高约10 m，在两线相邻股道高架桥施工时，要求现场统一协调，加强管理，尤其进入墩身施工工序后，加强现场管理，注意高空作业安全。高架站施工专业接口多，工序繁杂，各专业通力合作，严格按联合施工组织施工，保证各专业各工序有序推进。

4. 工程实际进度

桥梁工程：京沪高速铁路桥梁工程于2008年3月1日开工，桥梁下部工程2009年8月全部完成。梁场建设和箱梁生产是桥梁施工的重点，2008年3月开始梁场建设，10月完成取证并开始批量制梁，2010年4月完成制梁。2008年12月1日开始架梁，2010年5月16日完成架梁。

轨道工程:沪宁城际铁路的铺轨时间为2009年12月2日~2010年2月7日,京沪高速铁路的铺轨时间为2010年10月15日~12月15日。

四电工程:虹桥、昆山南牵引变电所开工时间为2009年11月,2010年3月底完成。沪宁城际铁路接触网开工时间为2009年12月,2010年3月底完成,4月开始送电系统调试。京沪高速铁路接触网开工时间为2010年7月,2011年2月完成。

昆山南站房建工程:2009年5月进场,10月开始钢结构施工,11月开始房建施工,期间客服、信息系统等同步实施,2010年3月底基本完成,2010年4月沪宁场开始联调联试。

2010年7月1日沪宁城际铁路开通运营,京沪高速铁路邻近沪宁城际铁路侧的线路完成轨道板铺设、接触网支柱和护栏安装。昆山南站沪宁城际场同步开通。

# 第五章 联调联试和运行试验

联调联试及试运行是高速铁路建设的重要组成部分和开通运营前的必要环节。联调联试是高速铁路初步验收的重要阶段和内容，是对线上线下工程的检验检测，也是对动静设备之间协调配合各项接口关系的检查检测，是对高速铁路运输组织的演练，是开通即达初期运营速度的保证。

为规范高速铁路联调联试和运行试验工作，铁道部制定了《铁路客运专线项目竣工验收暂行办法》（铁建设〔2007〕183号）、《关于铁路客运专线开通运营有关工作的指导意见》（铁运〔2008〕197号）、《高速铁路工程动态验收指导意见》（铁建设〔2010〕214号）、《高速铁路联调联试及运行试验指导意见》（铁集成〔2010〕166号）等文件，对相关工作内容、方法、程序、组织及实施等做了明确要求。

京沪高速铁路工程的联调联试和运行试验工作除京沪高速铁路正线工程外，还包括沪汉蓉铁路亭子山至南京南、南京南至沪宁城际铁路仙林站联络线联调联试及检测试验。在高速正线工程中，枣庄至蚌埠南段（先导段）的综合试验，已提前于全线其他地段开展了联调联试工作。

## 第一节 大纲编制和必备的工程条件

1. 联调联试及运行试验大纲编制

2010年12月，铁科院会同京沪高铁公司、北京铁路局、济南铁路局和上海铁路局共同编制完成《京沪高速铁路联调联试及运行试验大纲》。2010年12月29日，铁道部组织完成了《京沪高速铁路联调联试及运行试验大纲》审查。2011年1月24日，铁道部下发《关于京沪高速铁路联调联试及运行试验大纲的批复》（铁集成函〔2011〕70号），原则上同意按照大纲在京沪高速铁路开展达速、接口参数优化及精调精整等试验工作。试验工作在铁道部的领导下，指导、协调京沪高速铁路联调联试及运行试验工作。

2. 联调联试的前提条件

联调联试应具备两个大的条件，一是所有工程应完成基础工程、站后专业及站房等系统的静态验收工作，并经过整改，静态验收报告经铁道部专家组评审通过；二是做好了动态检测的全面准备工作。同时，结合京沪高速铁路特点，联调联试前对以下20个工程条件进行了检查确认：

（1）轨道精调完成两遍，静态检验合格，并经过时速160 km动检，按时速300～350 km标准，无Ⅲ级以上超限，尽量克服Ⅱ级轨道不平顺（方向、高低、水平、三角坑、轨距），联调联试期间克服Ⅱ级超限。

（2）道岔工电联调完成，正常运转。

（3）各站到发线具备投运条件。

（4）各联络线整道完成，上下线通过速度不低于80 km/h。

（5）防护栅栏全部安装完成，要求无缺口。

（6）防护栏杆、应急通道全部安装完成。

（7）线路及站场内沟槽盖板安装完成。

(8)线路标志、电分相等标志牌安装到位。

(9)声、风屏障工程安装紧固完成,通过验收。

(10)济南、南京南动车所具备动车临时检修条件,具备Ⅱ级检修能力。

(11)站房雨棚、天桥、地道设备、站台面铺装装饰施工完成,站房内有关行车、设备的房间全部按设计施工到位。

(12)通信设备安装完成,GSM-R 清频并开通。

(13)CTC 列控系统投入使用,G 网优化具备条件。

(14)接触网精调三遍并完成缺陷克服,外电接入,带电运转正常。

(15)信联闭完成,道岔不再加锁。道岔侧向调整和融雪装置完成。

(16)SCADA、综合视频、道岔渡线及列车进路的轨道不良(轨面喷涂)已完成(由四电工程集成单位施工)。

(17)行调和电调的调度电话已开通;北京调度所具备使用条件。

(18)防灾系统基本完成,至少是风、雨监测与异物侵限安装电缆入槽,设备接入,具备调试条件;地震监测另定。

(19)线路与站场清洁干净,限界检查确认,尤其是站场的站容整修到位。

(20)竣工文件和资料基本完成并大部分移交。

# 第二节 主要内容

联调联试的主要内容包括轨道、接触网、供变电、通信、信号、运营调度、客运服务、防灾安全监控、综合视频监控的联调联试和综合接地、电磁兼容、振动噪声、路基状况、路基及过渡段动力性能、桥梁动力性能、隧道内气动效应、列车空气动力学性能测试等。

(1)轨道联调联试是根据轨道状态检测和车辆动力学响应、轨道结构动力性能、道岔动力性能测试结果,对轨道进行调整与精调,满足列车运行的安全性、平稳性要求。

(2)接触网联调联试是根据接触网几何参数、接触网平顺性、弓网受流性能、接触网性能、自动过分相测试数据,指导接触网的调试与精调,使接触网达到设计目标及满足运营要求。

(3)供变电系统联调联试主要考核列车按设计要求的各种运行条件下供变电系统性能;评价供变电系统的安全性、稳定性和可靠性。根据测试结果,指导供变电系统调整和优化,使供变电系统达到设计目标,满足运行要求。

(4)通信系统联调联试是通过对通信系统的性能、功能、接口等内容进行测试、验证及调试,考核GSM-R 数字移动通信系统在列车高速运行动态条件下的场强覆盖、网络服务质量、业务承载可靠性等;验证通信系统为客运服务、信号等提供通信服务的质量和可靠性等。

(5)信号系统联调联试是验证高速铁路信号系统的功能、安全性、可用性。根据测试结果,进行系统调试,指导软件升级,为系统结构完善与优化、系统验收与开通,制定运营组织方案和规章制度、指导系统维护管理提供依据。信号系统联调联试主要进行信号设备状态检测、CTCS-3 级列控功能测试、CTCS-2 级列控功能测试、车站联锁相关功能测试、CTC 系统测试等。

(6)运营调度联调联试主要考核运营调度的功能和性能是否满足高速铁路调度指挥的要求;评估运营调度在列车各种运行条件下的调度管理与指挥控制能力;测试运营调度与信号、客运服务等之间的信息接口功能。根据测试结果,指导运营调度功能、性能和内外部接口关系调试。

(7)客运服务联调联试是通过对客运服务业务功能、售检票和旅客服务业务流程、内外部接口、通信网络性能进行测试和调整,验证客运服务是否满足设计和运营要求。

(8)防灾安全监控联调联试主要通过对防灾安全监控设备的测试,验证设备是否达到相关技术条件要求,考核信息是否准确及时,确认功能是否满足设计要求。根据测试结果,对防灾安全监控进行优化调整,使其达到设计要求。

(9)综合视频监控联调联试通过对综合视频监控的应用功能、联动功能、图像质量及接口关系的调试,评估综合视频监控设备对高速铁路沿线及站/段重要设备的图像监控能力,验证综合视频监控能否为铁路各业务部门及铁路相关信息系统提供高质量的视频信息。

(10)综合接地测试是通过对高速铁路正常运行和故障条件下轨道电位、牵引回流等内容的测试,对综合接地的技术性能与技术指标等进行验证、分析与评价,为系统优化提供依据。

(11)电磁兼容测试是通过对列车高速运行条件下外部电磁辐射的测量,验证高速铁路无线电干扰是否满足相关标准要求;通过对信号电缆电磁感应分量测量,分析判断其受影响程度,为优化设计和施工提供依据。

(12)振动噪声测试是通过测试试验列车以不同速度通过典型桥梁、路堤区段时,环境噪声、振动影响状况,评价环境噪声、振动是否满足相关标准要求;测试试验列车以不同速度通过典型减振降噪设施区段时,环境噪声、振动影响状况,评价典型降噪、减振措施效果;为环境管理及降噪、减振设施的优化设计提供依据。

(13)路基状况测试是通过车载探地雷达测试道床厚度和基床填筑结构状况、含水情况、路基面变形,分析其不均匀性及异常状况,了解高速铁路路基的沉降变形特征及分布,为轨道结构的调整和维修管理提供基础资料。

(14)路基及过渡段动力性能测试是通过对路基及过渡段的受力、变形和振动状况测试,评价路基的动力性能和参数是否满足相关标准要求,不同结构物间过渡段的变形和振动变化是否均匀,评价路基及过渡段的工程适用性,为高速铁路的运营管理提供基础数据。

(15)桥梁动力性能测试是通过桥梁自振特性和试验列车以各种速度通过典型桥梁时的动力响应,判断桥梁结构在动载作用下的工作状态(包括长大桥梁等跨布置引起的竖向周期性不平顺效应),验证桥梁是否具有合理的竖向和横向刚度,分析、评价试验列车通过桥梁时的安全性和桥梁的动力性能。

(16)隧道内气动效应测试是通过测试隧道内瞬变压力、隧道洞口微气压波和隧道内列车风,验证列车在隧道内运行及交会时的空气动力效应是否满足相关标准要求。

(17)列车空气动力学性能测试是通过测试列车通过隧道及列车交会时列车表面和车厢内部空气压力变化,评价列车在交会和隧道内运行过程中的空气动力效应是否对列车高速交会和通过隧道时的安全性、舒适性产生影响,为验证线间距和隧道设计参数的合理性及确定隧道内最高会车速度提供依据。

## 第三节　联调联试和运行试验组织

### 一、组织机构

为保证联调联试及运行试验的顺利进行,铁道部成立联调联试领导小组,指导、协调京沪高速铁路联调联试及运行试验工作。全线联调联试划分为四段(北京南至德州东、德州东至枣庄、枣庄至蚌埠南、蚌埠南至上海虹桥），各段均成立现场指挥组，组长单位分别由北京、济南、上海铁路局担任，负责联调联试的组织实施、行车和试验安全；副组长单位由京沪高铁公司和铁科院担任，京沪高铁公司负责技术咨询、指导，协调设计、施工、集成商、咨询、监理等单位配合联调联试，组织后勤保障，负责现场安全管理，铁科院负责具体联调联试及运行试验测试工作。其中，枣庄至蚌埠南段（先导段）的联调联试由上海铁路局组织，济南铁路局配合。全线贯通后由北京铁路局负责组织全线的拉通试验工作。

现场指挥组下设运输组织组、试验测试组、设备保障组、安全保卫组和后勤保障组等五个组，由相关单位人员组成。

## 二、责任与分工

1. 北京、济南、上海铁路局

北京、济南、上海铁路局牵头负责联调联试及运行试验的组织实施；参加试验大纲的编制，按铁道部批准的联调联试及运行试验大纲编制实施方案和列车运行计划，制定行车组织、设备使用和维修、施工要点审批、安全管理等规章、制度、办法和措施，以及设备故障和事故情况下的应急处理预案和办法、应急救援方案等；在试验前牵头确认试验条件，全面负责行车组织、施工要点审批以及试验期间的安全防护措施核查与保卫工作；全面负责试验机车和车辆的整备维修，确保上线运行的试验机车和车辆始终处于良好状态；配合测试单位开展试验工作，牵头组织完成相关行车设备的整治精调，对施工单位和系统集成商进行的设备调试、问题整改和系统优化统筹安排和指导；协调解决联调联试及运行试验中相关问题。

2. 京沪高铁公司

京沪高铁公司负责组织设计单位提供相关技术资料；参加编制联调联试及运行试验大纲、实施方案、试验报告；负责完成剩余工程的施工组织；在铁路局牵头组织下，安排施工单位或集成商配合试验工作，对线桥设备和四电工程、客运服务工程及防灾安全监控等进行整治、调整和优化，达到相关标准的要求；负责施工现场安全检查，在试验期间组织相关人员配合进行安全防护检查；组织后勤服务保障工作。

公司内部按照建设管理段落，明确各指挥部的联调联试工作任务。其中，北京南至德州东段以天津指挥部为主，济南指挥部、天津西站指挥部配合工作；德州东至枣庄段以济南指挥部为主，济南西站指挥部配合开展工作；枣庄至蚌埠南段以蚌埠指挥部为主，济南指挥部配合开展工作；蚌埠南至上海虹桥段以苏州指挥部为主，南京指挥部、蚌埠指挥部、南京南站指挥部、上海虹桥站指挥部配合开展工作。

3. 铁 科 院

铁科院负责联调联试及运行试验大纲的编制，参加联调联试实施方案、列车运行计划和行车安全制度等的编制；按铁道部批准的联调联试及运行试验大纲，负责组织并完成全部测试工作；在试验过程中，负责对检测设备的工作状态和运行安全进行检查，确保运用状态良好和设备安全，根据检测情况提出行车要求，保证试验安全；根据检测结果提出整改和优化方案，指导问题整改和系统优化；进行相关试验数据的整理分析、编写试验报告。

4. 设计、施工单位和设备供应商

铁三院、中铁四院、中铁大桥勘测设计院集团有限公司、中铁电化院、通号院等设计单位负责提供相关技术资料，配合完成联调联试及运行试验工作。四电系统集成商负责四电工程设备状态调整，配合联调联试及试运行工作。中铁电气化局提供短路试验所需的接触网作业车、短路器、遥控器、短路线和备品等，负责短路试验实施。客运服务、防灾安全监控等系统承包商负责相关设备的安装和调整，配合联调联试工作。

## 第四节　联调联试及结果

联调联试及动态检测分为四个阶段进行。

### 一、现场准备阶段

2010 年 11 月 9 日～15 日、2011 年 2 月 17 日～20 日分别完成了枣庄至蚌埠南段（先导段）、蚌埠南至上海虹桥段沿线地面测点布置、设备调试工作，采用 160 km/h 检测列车对枣庄至上海虹桥段内的轨道、接触网和地面信号设备状态进行检测，同时确认具备列车上线技术条件。

2011 年 2 月 15 日～24 日，完成德州东（不含）至枣庄段 9 个专业 25 个地面测点的设备安装、调试工作，完成济南西站 18 号道岔转换阻力和夹异物试验、接触网静态弹性测试及接触网静态几何参数检测。采用检测列车对轨道、接触网和地面信号设备状态进行检测，确认具备列车上线技术条件。

2011 年 3 月 15 日～19 日，完成北京南至德州东段 10 个专业 26 个地面测点的设备安装、调试工作，完成天津南站 2 号岔位 18 号道岔的转换阻力和夹异物试验等。采用 160 km/h 检测列车对轨道、接触网和地面信号设备状态进行检测，确认具备列车上线技术条件。

### 二、逐级提速联调联试阶段

枣庄至蚌埠南段（先导段）逐级提速联调联试于 2010 年 11 月 15 日～2011 年 1 月 9 日进行，采用 CRH2-061C、CRH2-068C、CRH2-150C、CRH380A-6041L、CRH380B-6401L 等综合检测列车。蚌埠南至上海虹桥段逐级提速联调联试于 2011 年 2 月 21 日～3 月 20 日进行，主要采用 CRH2-061C、CRH2-068C、CRH380B-6401L综合检测列车。枣庄（不含）至上海虹桥段的联调联试于 2010 年 11 月 9 日开始准备，到 2011 年 5 月 10 日结束，共开行检测列车 220 余列次，检测里程约为 51 700 km；开行试验列车 1 150 余列次，运行里程约为150 000 km。

德州东至枣庄段在 2011 年 2 月 25 日～3 月 18 日进行逐级提速联调联试，主要采用 CRH2-150C 和 CRH380A-6041L 综合检测列车在德州东至泰山西正线进行了逐级提速试验。德州东（不含）至枣庄段联调联试于 2011 年 2 月 15 日开始地面测试准备，2011 年 5 月 5 日联调联试结束，列车共上线 42 天，开行检测列车 195 列，试验列车 564 列，检测里程为 103 380 km。

北京南至德州东段逐级提速于 2011 年 3 月 20 日～4 月 5 日进行，主要采用 CRH2-061C、CRH2-150C和 CRH380A-6041L 综合检测列车。北京南至德州东段联调联试从 2011 年 3 月 15 日开始地面测试准备，到 2011 年 5 月 10 日全线拉通试验结束，共开行检测列车 72 列，检测里程为21 584 km，试验列车496 列，运行里程为 90 775 km，总计运行里程为 112 359 km。

### 三、信号系统联调联试阶段

枣庄至蚌埠南（先导段）信号系统联调联试于 2011 年 1 月 18 日～3 月 18 日进行，采用的试验列车包括 CRH2-068C、CRH2-150C、CRH380B-6401L、CRH380B-6202L、CRH380A-6005、CRH3-070C、CRH3-074C、CRH380A-001 等。2011 年 1 月 18 日～19 日进行 RBC 高速切换测试、级间转换、临时限

速、应答器链接和线路参数测试等;2011 年 2 月 23 日~27 日进行行车许可测试、级间转换测试、移动授权缩短测试、人工进路解锁、调车和引导接发车等。2011 年 2 月 28 日~3 月 1 日进行了 CTCS-3 级列控后备模式功能测试。2011 年 4 月 1 日~2 日,信号系统进行了正线行车许可、ITC 测试。2011 年 3 月 27 日~31 日、4 月 3 日~5 日进行了 CTCS-3 级列控功能测试和 CTCS-3 级列控后备模式功能测试。2011 年3 月18 日对上下行线进行了 CTCS-3 级/CTCS-2 级列控互联互通测试。

蚌埠南至上海虹桥段于 2011 年 3 月 21 日~4 月 11 日进行了信号系统联调联试,采用的试验列车包括 $CRH_2$-068C、$CRH_2$-082C、CRH380B-6412L、CRH380B-6413L、CRH380B-6414L、CRH380A-6005 等。2011 年3 月21 日~24 日以及4 月 3 日分别进行南京南至上海虹桥以及蚌埠南至南京南间CTCS-3 级列控后备模式功能测试;2011 年 3 月 24 日、25 日以及 4 月 4 日分别对南京南至上海虹桥以及蚌埠南至南京南间进行了 ITC 测试;2011 年 3 月 26 日~4 月 3 日以及 4 月 5 日~11 日分别对南京南至上海虹桥以及蚌埠南至南京南进行了信号系统联调联试,包括 CTCS-3 级列控功能、CTCS-3 级列控后备模式功能测试、车站联锁功能测试、CTC 功能测试。2011 年 4 月 30 日~5 月 10 日,进行了南京南宁杭场—秦淮河线路所—镇江、南京南—南京南动车所、上海虹桥高速场信号系统联调联试。

德州东至枣庄段于 2011 年 3 月 19 日~21 日采用装备 CTCS-3 级列控的 $CRH_2$-068C、$CRH_2$-150C 和 CRH380B-6201L 综合检测列车对德州东至中继 38(K641 +700)区段的信号系统进行 CTCS-2 级功能试验;2011 年 3 月 23 日~26 日信号系统进行了 ITC 测试;2011 年 3 月 27 日~4 月 3 日采用装备 CTCS-3 级列控的 $CRH_2$-068C、$CRH_2$-150C 和 CRH380B-6201L 综合检测列车对德州东至中继 38(K641 +700)区段的信号系统进行联调联试,联调联试内容包括 CTCS-3 级列控功能、CTCS-3 级列控后备模式功能测试、车站联锁功能测试、CTC 功能测试。2011 年 4 月 21 日~28 日进行了 CTCS-3 级/CTCS-2 级列控互联互通测试和信号系统复测。信号系统联调联试期间,3 月 21 日进行了接触网静态几何参数复测;3 月 22 日在泰山牵引变电所—青杨 AT 分区所间进行了接触网短路试验;4 月 24 日在金牛山隧道进行了 $CRH_5$ 型和 CRH380BL 列车交会试验,交会速度分别为 250/250 km/h、250/300 km/h 和 250/350 km/h,每个速度级各交会三次;4 月 26 日对下行线 K572 ~ K614、上行线 K441 ~ K541 进行了接触网静态几何参数复测。4 月29 日采用 $CRH_2$-150C 综合检测列车对京沪高速铁路德州东(不含)至枣庄段进行了复测,速度为 350 km/h。

北京南至德州东段于 2011 年 4 月 6 日~8 日在廊坊(不含)至德州东区段信号系统进行了 ITC 测试,2011 年 4 月 29 日和 30 日在北京南至德州东区段信号系统进行了 ITC 测试,同时结合信号系统联调联试进行了 ITC 补测。2011 年 4 月 25 日~28 日完成北京调度所 CTC 管辖范围内合台及静态测试。2011 年 5 月 5 日和 6 日进行京沪高速铁路全线 CTC 合台,分别在上海和北京 CTC 中心进行 CTC 功能验证、现场表示等静态测试。2011 年 4 月 10 日~5 月 16 日,完成 CTCS-3 级列控动态检测。

## 四、全线拉通试验阶段

2011 年 5 月 7 日~10 日采用 $CRH_2$-150C、CRH380A-001、CRH380B-6045L、$CRH_2$-068C 和0 号综合检测列车进行了全线拉通试验,最高运行速度分别为 300 km/h、350 km/h、300 km/h、250 km/h 和250 km/h。

联调联试与动态检测结果表明:

轨道、路基、桥梁、接触网等满足动车组 350 km/h 速度运行的安全性、平稳性要求。牵引供电系统性能符合相关标准要求。

GSM-R 场强覆盖、调度通信、调度命令、列车无线车次号、通信系统可靠性等满足要求；全部基站工作条件下，GSM-R 服务质量总体满足要求，通信系统能满足运营需求。

CTCS-3 级列控功能、CTCS-3 级列控后备模式、车站联锁功能正常，跨线 CTCS-2 级列控兼容性（200C 车载设备）、跨线 CTCS-3 级列控兼容性（300S 车载设备）、CTC 功能总体正常。信号系统可以满足运营需求。

综合接地和电磁环境的各项测试指标符合相关标准要求。在有声屏障措施条件下，运营初期（100 对/日）动车组以 350 km/h 的速度运行时的铁路边界噪声满足相关标准要求。环境振动及声屏障降噪效果、声屏障结构动力性能满足相关标准及设计要求。

客运服务在常规模式、集中管控模式下功能正常，车站局域网性能指标和广域网性能指标符合相关标准要求。防灾安全监控设备已测功能基本满足设计要求。综合视频监控系统车站接入节点基本功能和性能符合相关技术规范和设计要求。

在综合试验中，枣庄至蚌埠南段创下了 486.1 km/h 的世界铁路运营试验最高速度，这既是京沪高速铁路建设取得的一个重大成果，也是中国高速铁路技术创新取得的又一重大成果。

## 第五节 运行试验

运行试验是在联调联试结束后，为正式运营做各项技术准备的重要阶段，通过测试区间运行时分，全程运行时分，起停车附加时分，追踪列车间隔时分，中间站到通、通发间隔时分等参数，为全线满图运行的列车运行图铺画提供可靠的时间标尺，为全线运营提供参数依据。通过故障模拟和应急救援演练测试，按照标准流程定性评价运营部门处理故障及解决突发事故的能力。

运行试验测试包括运行图参数测试、故障模拟和应急演练。2011 年 5 月 11 日～22 日完成了运行图参数测试，共测试 23 个车站的 13 项任务，测试北京南站、济南西站、南京南站和上海虹桥站（天津西站不具备运行试验条件）4 个始发终到站、19 个中间站的数据；测试 134 个车次，动车组总走行里程为 134 142 km，获取数据 2 454 个。5 月 30 日分别测试了由北京铁路局主持的动车组火灾扑救模拟演练、内燃机车区间救援模拟演练等 7 个场景，以及由上海铁路局主持的无法通过列控设置临时限速、进站信号故障引导接车等 17 个场景，共计 24 个场景，记录 163 个作业流程及时间，为完善相关技术管理办法和制定应急救援预案提供依据。

### 一、运行图参数测试

1. 北京铁路局的运行图参数测试

搭载基本图完成全程运行时分、区间运行时分、起停车附加时分等测试项目，并采用 CRH2-150C 综合检测列车配合完成追踪间隔测试，中间站列车到通、通发、发通间隔时间测试，测试分三个阶段进行。

（1）第一阶段：2011 年 5 月 11 日～13 日

采用 CRH380A-6044L（11 日）、CRH2-150C（12、13 日）综合检测列车在北京南至德州东间进行两次往返，车次分别为 55001/2/3/4。55001 次与 G1 次进行下行方向沧州站列车到通、通发测试；55002 次与 G102 次进行上行方向沧州西至北京南 3 分钟追踪间隔时分测试；55003 次与 G135 次进行下行方向北京南至沧州西 3 分钟追踪间隔时分测试；55004 次与 G14 次进行上行方向天津西站列车到通、通发测试。

(2)第二阶段:2011 年 5 月 14 日~15 日

采用 CRH$_2$-150C 综合检测列车在北京南至济南西间进行两次往返,车次分别为 55001/2/3/4。其中,55001 次与 G115 次进行下行方向北京南至济南西 3 分钟追踪测试;55002 次与 G112 次进行上行方向济南西至北京南 3 分钟追踪间隔测试;55003 次与 G149 次进行下行方向廊坊站发通测试,55004 次与 G148 次上行方向沧州西站发通测试。

(3)第三阶段:2011 年 5 月 16 日~18 日

搭载图定列车 G1-G148、G33-G154、G13-G152、G115-G20,补充测试全程及区间运行时分、起停车附加时分测试、列车在站技术作业时间测试、列车出入段时间测试。

2. 上海铁路局的运行图参数测试

搭载基本图完成全程运行时分、区间运行时分、起停车附加时分等测试项目,并采用 CRH$_2$-068C、CRH380-001 综合检测列车进行追踪间隔时间测试,中间站列车到通、通发、发通间隔时间测试,进路交叉情况下列车到发、发到时间测试,测试分三个阶段进行。

(1)第一阶段:2011 年 5 月 11 日~13 日

采用 CRH380A-001、CRH$_2$-068C 综合检测列车在上海虹桥至南京南间进行测试。试验列车在上海虹桥至南京南之间运行三次单程,南京南至苏州北一次单程,苏州北至常州北一次单程,常州北至上海虹桥一次单程。G55132 与 G55162 在上海虹桥至南京南间进行上行方向 3 分钟追踪列车间隔时分测试;G55131 与 G55161 在南京南至上海虹桥间进行下行方向 3 分钟追踪列车间隔时分测试;G55134 与 G55164 进行上行方向苏州北站、镇江西站列车到通、通发测试;G55133 与 G55163 进行下行方向常州北站发通测试;G55136 与 G55163 进行苏州北站先发后到测试;G55166 与 G55135 进行常州北站先到后发测试。

(2)第二阶段:2011 年 5 月 14 日

采用 CRH380A-6001、CRH$_2$-068C 综合检测列车在上海虹桥至徐州东间进行测试。试验列车在上海虹桥至徐州东之间运行一次往返,徐州东至南京南运行一次往返。G55102 与 G55202 在上海虹桥至徐州东间进行上行方向 3 分钟追踪列车间隔时分测试;G55101 与 G55201 在徐州东至南京南进行下行方向 3 分钟追踪列车间隔时分测试;G55104 与 G55204 在南京南至徐州东间进行上行方向 3 分钟追踪列车间隔时分测试;G55103 与 G55203 在徐州东至上海虹桥间进行下行方向 3 分钟追踪列车间隔时分测试。

(3)第三阶段:2011 年 5 月 15 日~18 日

搭载图定列车 G112-G147、G2-G17、G14-G151,补充完成全程及区间运行时分、起停车附加时分、列车在站技术作业时间、列车出入段时间等测试内容。

## 二、故障模拟和应急演练测试

2011 年 5 月 30 日,北京铁路局组织完成了动车组火灾扑救模拟演练、动车组空调故障应急演练、行车固定设备故障抢修模拟演练、内燃机车区间救援动车组模拟演练、大风防灾报警模拟演练、动车组列控车载设备级间转换演练、动车组运行中不能通话或不能接收进路预告等七个场景的故障模拟和应急演练测试。上海铁路局组织完成了动车组 ATP 故障、有源应答器丢失、动车组 CIR 故障、动车组在接触网分相无电区停车、动车组发生火灾后的旅客疏散以及内燃机车救援和动车组开门运行、无法通过列控系统设置临时限速、动车组变更为侧线通过、人工准备进路和出站信号机故障发车、进站信号故障引导接车、出站信号开放后取消发车进路、动车组返回后方站、出动热备动车组重联救援和旅客车站换乘、跨局线路断轨故障处置、电务设备故障处置、接触网断线故障处置、通信联络和图像传输、动车组受电弓故障上车顶检查处置等17个场景的故障模拟和应急演练测试。

故障模拟实际显示相关人员处理故障迅速有序,列车调度员下达命令及时准确,司机、乘务人员、随车机械师处理程序标准规范。通过故障模拟演练,相关人员熟悉了典型故障下的处理流程,积累了处理故障的经验,加强了团队协作能力。同时在演练中检验了设备功能,达到了故障模拟的试验目的。

从旅客救援应急演练过程来看,整个演练过程紧张有序,救援分工明确,各单位配合默契,操作程序规范。通过应急救援演练,检验了各相关单位应急响应能力、应急保障能力以及协同作战能力,检验了救援方案处理流程的可操作性,强化了应急救援的规范性,积累了突发事故、事件应急救援经验。

# 第六章　竣工验收

## 第一节　项目开通运营前的各项验收工作

### 一、静态验收

根据铁道部《铁路客运专线竣工验收暂行办法》(铁建设〔2007〕183号)和《客运专线铁路工程静态验收指导意见》(铁建设〔2009〕183号)、《京沪高速铁路建设和验收工作会议纪要》(铁建设函〔2010〕1716号)要求,静态验收在铁道部有关部门的指导下,由北京铁路局、济南铁路局、上海铁路局会同京沪高铁公司组成分段验收组组织进行。

单位工程按设计文件和合同约定全部完成,并经工程施工单位自验合格,京沪高铁公司组织检查确认达到子系统(专业)验收条件后,由相关铁路局和京沪高铁公司共同组成静态验收领导小组,组织开展静态验收。

1. 北京南至德州东段工程静态验收

2011年1月,北京南至德州段成立了由北京铁路局局长和京沪高铁公司总经理任组长,铁路局分管副局长、总工程师,京沪高铁公司总工程师、天津指挥部指挥长任副组长,天津指挥部、济南指挥部,各设计、施工、咨询、监理单位和北京铁路局各处室有关人员为组员的静态验收领导小组。验收领导小组内设验收协调办公室,负责静态验收总体协调工作,并负责编制静态验收报告;成立工务、电务、机务、信息、房建五个专业验收组,分别负责各专业静态验收工作,编制专业静态验收报告;成立综合组,负责综合静态验收工作。

各专业验收组于2011年1月6日起分别对该段工程进行静态专业和静态综合验收,并组织开展复验,2011年3月10日完成各项工程静态验收工作。

静态验收认为,北京南至德州东段工程各专业及综合均满足设计要求和验收标准,工程总体质量合格,具备联调联试和动态验收条件。

2011年3月17日、18日,北京南至德州东段静态验收报告通过了铁道部组织的专家组审查,确认该段具备联调联试和动态验收条件。

2. 德州东至枣庄段工程静态验收

2010年12月1日,德州东(不含)至枣庄段成立了由济南铁路局局长任组长,济南指挥部指挥长、副指挥长,铁路局分管副局长、总工程师任副组长,济南指挥部、铁路局各处室、铁道部工程安全质量监督总站济南监督站以及设计(咨询)、施工、监理等单位负责人为组员的验收工作领导小组,下设静态验收工作办公室具体负责静态验收日常工作,并成立工务、电务、机务、车辆、房建土地环保专业、信息专业和综合验收组。

2010年12月1日~2011年1月31日,各专业验收组组织完成了德州东至枣庄段工程静态验收,对验收发现的问题进行梳理、分类,形成问题库并制定整改措施,明确责任单位、责任人和完成时限。2011年2月1日~7日,各专业验收组对德州东至枣庄段部分未完工程进行补充静态验收。2011年

2 月13 日~15 日各专业验收组根据现场整改情况，分别组织完成复验。

静态验收认为，德州东至枣庄段工程满足设计文件要求和相关验收标准规定，工程总体质量合格，具备联调联试和动态验收条件。

3. 枣庄至蚌埠南段工程静态验收

2010 年 11 月 1 日，枣庄至徐州段成立济南铁路局常务副局长、济南指挥部指挥长任组长，铁路局副总工程师、济南指挥部常务副指挥长任副组长，铁路局有关处室、济南指挥部和设计、施工、监理、咨询单位有关人员为组员的静态验收领导小组，下设工务、电务、电力、牵引供电、房建和综合运输六个专业组。徐州至蚌埠南段成立了上海铁路局局长任组长，上海铁路局分管副局长、济南指挥部指挥长任副组长，铁路局有关处室、蚌埠指挥部、铁道部工程质量安全监督总站上海监督站和设计、施工、监理、咨询等单位有关人员为组员的静态验收领导小组，下设工务、电务、电力电化、房建土地、环保、综合运输六个专业组。

各专业组现场静态验收工作于 2010 年 11 月开始，根据验收计划安排，组织建设、设计、施工、监理和设备管理单位相关人员对全线的各项工程进行逐个检查评定，对检查中发现的问题进行梳理，形成问题库并制定整改措施，明确责任单位、责任人和完成时限，至 2010 年 12 月底基本完成了除房建专业外的各项专业验收工作。

静态验收认为，轨道、路基、桥涵、隧道、精密工程控制测量、通信、信号、电力、牵引供电及相关房建工程质量符合设计文件和验收标准要求，总体质量合格。

4. 蚌埠南至上海虹桥段工程静态验收

2011 年 1 月 11 日，开始组织对蚌埠南至上海虹桥段进行静态验收，成立以上海铁路局局长任组长，铁路局分管副局长、蚌埠指挥部、南京指挥部、苏州指挥部指挥长任副组长，铁路局各处室、京沪高铁公司各有关指挥部，铁道部工程质量安全监督总站上海监督站、各设计（咨询）、施工、监理单位有关人员任组员的验收工作领导小组，成立工务、电务、电力电化、房建土地给排水、环保、综合运输等六个验收工作组。

各专业工作组现场静态验收工作于 2011 年 1 月开始，根据验收计划安排，组织建设、设计、施工、监理和设备管理单位相关人员对全线的各项工程进行逐个检查评定，对检查中发现的问题进行梳理，形成问题库并制定整改措施，明确责任单位、责任人和完成时限，至 2011 年 2 月中旬基本完成各项专业验收工作。

静态验收认为，轨道、路基、桥涵、隧道、精密工程控制测量、通信、信号、电力、牵引供电及相关房建工程质量符合设计文件和验收标准要求，总体质量合格。

## 二、动态验收

静态验收完成后，铁道部运输局、铁科院、京沪高铁公司、北京铁路局、济南铁路局和上海铁路局共同编制完成《京沪高速铁路联调联试及运行试验大纲》，2011 年 1 月 24 日，铁道部以铁集成函〔2011〕70 号文件批复试验大纲后，各铁路局开始组织工程动态验收工作。

1. 北京南至德州东段工程动态验收

在铁道部的领导下，北京铁路局、京沪高铁公司、铁科院共同组成动态验收领导小组，于 2011 年 3 月15 日起对北京南至德州东段进行了动态检测和运行试验，结合动态检测和运行试验，完成该段的动态验收工作。动态验收工作组成立现场指挥组，下设工务线路组、牵引供电组、通信信号组、机车车辆组、行车指挥组、客运信息组、建设协调组、安全保卫组、后勤服务组、综合协调组共十个专业组及北京、天津站两个站区安全包保组。

通过采用检测列车、试验列车和相关检测设备在规定试验速度下对全线各系统进行综合测试的动态检测，以及通过列车运行图参数测试、按图行车试验、故障模拟和应急救援演练的运行试验，完成京沪高速铁路北京南至德州东段轨道（含轨道几何状态、动车组动力学响应、轨道结构、道岔）、路基（含路基状况、路基及过渡段动力性能）、桥梁、牵引供电、接触网、通信、信号、综合接地、电磁环境、振动噪声、客运服务、防灾安全监控、综合视频监控等13项内容的动态检测和动态验收。动态检测按现场准备、逐级提速联调联试、信号系统联调联试及全线拉通试验等四个阶段展开。从2011年3月15日~5月16日，北京铁路局管段动态检测完成，并进行运行试验。

动态验收期间，依据工程进展，完成天津西站改造工程、防灾监控（不含地震）、信息客服、房建等静态、动态验收工作。

2. 德州东至枣庄段工程动态验收

2011年2月15日~24日，济南铁路局、京沪高铁公司和铁科院共同组织完成了济南铁路局管段的动态检测试验工作。

3. 枣庄至上海虹桥段工程动态验收

2010年11月13日~2011年5月10日，在铁道部指导下，上海铁路局和京沪高铁公司、铁科院共同组织完成了上海铁路局管段的动态检测试验工作。

2011年5月7日~10日进行了全线拉通试验，最高运行速度分别为300 km/h、350 km/h、250 km/h和250 km/h。

动态验收认为，轨道、路基、桥梁、隧道、接触网等满足动车组350 km/h速度运行的安全性、平稳性要求，其中济南黄河特大桥、南京大胜关长江大桥满足动车组300 km/h速度运行的安全性、平稳性要求。GSM-R、CTCS-3、牵引传电系统、客运服务系统、防灾安全监控系统、综合视频监控系统等均符合相关标准要求。

结合铁科院《京沪高速铁路北京局管段动态检测报告》、《京沪高速铁路济南局管段动态检测报告》、《京沪高速铁路上海局管段动态检测报告》、《京沪高速铁路工程运行试验检测阶段报告》，2011年5月下旬，北京铁路局、济南铁路局、上海铁路局分别会同京沪高铁公司向铁道部报送了《京沪高速铁路北京南至德州东段动态验收报告》、《京沪高速铁路济南局管段动态验收报告》、《京沪高速铁路上海局管段动态验收报告》。

2011年5月25日~26日，铁道部专家组分别完成了工务、电务和系统集成专业静态、动态验收报告专家组评审工作，认为工程总体质量合格，能够满足动车组350 km/h及以下速度正常运行要求，同意通过静态、动态验收，具备初步验收条件。

## 三、初步验收

2011年5月25日~26日，铁道部邀请国内30多位院士和专家组成专家组，对京沪高速铁路工程进行检查评估，专家组检查评估意见认为京沪高速铁路具备投入运营的条件。

2011年5月27日，铁道部工程质量安全监督总站直属监督站报送了《京沪高速铁路建设工程质量安全监督报告》，认为总体质量符合设计及验收标准要求，已具备初步验收条件。

初步验收是在全线动态验收工作完成、京沪高铁公司向铁道部建设管理司报送《初步验收申请表》后启动。

铁道部成立了以卢春房副部长任主任委员，铁道部原副部长、京沪高速铁路建设领导小组办公室副主任蔡庆华、铁道部总工程师何华武、总规划师郑健、安全总监耿志修、副总工程师安国栋任副主任委员，各专业专家组组长、铁道部有关司局和中心、铁科院、有关设计单位、有关铁路局和京沪高铁公司的负责人为成员的初步验收委员会。2011年5月30日~31日，初步验收委员会组织对京沪高速铁路工程进行了初步验收，认为京沪高速铁路工程建设执行了国家和铁道部有关政策、规程、规范和强制性标准，已按批准的设计标准建成；劳动卫生、安全、消防等设施符合设计和验收标准；环境保护、水土保持工程按环评报告书和水保方案及批复意见同步建成；建筑抗震设防要求得到落实；建设用地完成组卷报批工作，具备土地证办理条件；竣工文件编制完成。根据铁道部工程质量安全监督总站直属监督站《京沪高速铁路建设工程质量安全监督报告》、铁科院动态检测报告和运行试验阶段报告、静态和动态验收报告及铁道部专家组评审意见、京沪高速铁路工程专家组检查评估意见，初步验收委员会一致认为，京沪高速铁路工程满足设计标准，工程质量合格，安全措施到位，符合运营条件，同意通过初步验收。

### 四、安全评估

安全评估由铁道部负责组织，安监司牵头，计划司、科技司、劳卫司、建设司、公安局、运输局（营运部、调度部、装备部、基础部）、信息办等有关部门组成安全评估组，并根据需要分成了车务、客运、货运、机务（含供电）、工务、电务、车辆、信息、规章制度、劳动安全、治安消防、安全管理、综合等专业小组进行评估。

安全评估程序包括提出安全评估申请、编制安全评估方案、现场实地安全评估检查、形成安全评估报告等四个阶段。

（1）提出安全评估申请。完成京沪高速铁路初步验收，具备安全评估条件时，由京沪高铁公司分段分别向北京、济南和上海铁路局提出进行安全预评估的申请。铁路局进行安全预评估，预评估合格后，向铁道部提出安全评估申请，同时提报《安全预评估报告》和《初步验收报告》、《初步验收中影响运营安全问题解决情况的报告》、《运营各项准备工作完成报告》等有关基础资料。

（2）编制安全评估方案。铁道部接到北京、济南和上海铁路局的安全评估申请报告后，经过审核批准，由安监司牵头组织编制安全评估方案，各评估小组根据安全评估方案和评估主要内容，编制本小组评估细化方案。

（3）现场实地安全评估检查。各评估小组依照法律法规和有关标准，按照安全评估方案和确定的评估内容，对照《安全评估检查细化表》，对京沪高速铁路进行了现场检查，逐项评估评定。

（4）形成安全评估报告。各评估小组形成安全评估分报告，提出评估意见；由综合组汇总提出评估结论和意见，形成安全评估报告，并将其作为京沪高速铁路开通运营的依据之一上报铁道部。

2011年6月1日~12日，铁道部组织对京沪高速铁路进行了安全评估，认为工程质量符合设计要求，安全设施齐全，安全规章制度和措施到位，一致同意通过安全评估。

京沪高速铁路于2011年6月30日，在北京南站举行了国务院主要领导和分管领导、建设领导小组成员单位参加的全线开通运营仪式。

## 第二节　国家验收前的各项工作

### 一、克缺整改和工程补强的处理和组织

针对静态验收、动态验收、初步验收、安全评估和国务院安全大检查中提出的问题，京沪高铁公

司建立了问题库，逐条对照、分类梳理、逐项解决。一是对属于铁道部和铁路局协调解决的问题，向铁道部专题汇报反映，通过专题会的协调部署，均得到较好解决。二是对属于公司各部门、各指挥部整改解决的问题，制定相关措施，落实责任到人；公司安全质量部每周组织相关单位对接，公司领导每半月组织一次全面检查。三是组织技术攻关，提出解决方案予以实施。四是突出重点抓好消防验收、防灾设施验收、立交桥移交、上跨下穿等疑难问题的解决，在国家验收前将剩余问题整改销号。

## 二、专项验收组织和推进

2011 年 5 月，京沪高铁公司按规定向环保部报送了京沪高速铁路环保设施试运行申请。经环保部组织沿线七省市环保行政主管部门现场核查后，于 2011 年 6 月以环验函〔2011〕87 号文予以批准。2012 年 6 月 8 日，京沪高速铁路工程通过了环保部组织的环境保护竣工验收。验收组认为：京沪高速铁路执行了环境影响评价和“三同时”管理制度（防治污染措施必须与主体工程同时设计、同时施工、同时投产使用），基本落实了环评及批复文件提出的主要生态保护和污染防治措施，建立了完善的环境管理体系，创新性地开展了环境监控监理模式。

2011 年 6 月 23 日，京沪高速铁路水土保持设施通过了水利部组织的水土保持专项验收。验收组认为：建设单位重视水土保持工作，按照水土保持“三同时”制度要求，依法编报了水土保持方案。工程建设期间，强化标准化管理，组织开展了水土保持植被恢复专项设计和水土保持监理、监测工作，优化了施工工艺，最大限度减少扰动，较好地控制和减少了工程建设中的水土流失。

2012 年 12 月 26 日~29 日，根据铁道部办公厅《关于申请验收京沪高速铁路建设项目档案的函》，国家档案局依据《重大建设项目档案验收办法》，组织有关专家成立验收组，对新建京沪高速铁路建设项目档案进行了验收。验收组认为：新建京沪高速铁路建设项目档案收集比较齐全，案卷整理基本满足查找需求，所形成项目档案的完整、准确、系统情况能够反映项目建设的实际，总体满足项目生产运行管理的需要，符合国家重大建设项目档案管理的要求。同意通过验收。

2012 年，北京、济南、上海公安消防部门组织了对京沪高速铁路站房、保养点、动车所等工程的消防验收。

北京、河北、天津、山东、安徽、江苏、上海等省市完成了建设项目用地报批审查和土地使用权登记发证工作。

## 三、清理概算和竣工决算

1. 清理概算

为落实京沪高速铁路建设领导小组第四次会议精神，京沪高铁公司于 2011 年 2 月 7 日起启动京沪高速铁路工程和南京大胜关长江大桥南京南站及相关工程的概算清理工作。京沪高铁公司组建投资清理领导小组，由公司总经理任组长，设计、咨询和审价单位也各自组建清理概算工作领导小组。其中，中铁一院及中铁咨询负责施工图审查，天职国际负责征地拆迁和工程造价审价。京沪高铁公司将概算清理工作进行分解，包括初步设计（含鉴修）批复文件清理、施工图清理、征地拆迁费用清理、其他费用清理、施工图预算编制、变更设计清理、专项问题清理、各类招标降造费清理、基本预备费清理、各类合同履行情况清理、清理概算文件编制以及咨询与审价等 12 项工作，并确定责任单位。各责任单位逐项梳理负责的工作内容，明确分工，责任到人，按时提交各项相关资料，按期完成各阶段的工作。

2012 年 1 月 20 日，京沪高铁公司上报了《关于上报京沪高速铁路工程、南京大胜关长江大桥南京南站相关工程清理概算文件初审意见的函》(京沪高速计〔2012〕16 号)及相关附件资料。

2012 年 3 月中旬，铁道部组织了第一次为期 15 天的集中审查，京沪高铁公司各部门和指挥部组织各设计院按照审查意见进行修改，5 月初向铁道部报送了清理概算修改文件。从 2012 年 5 月~11 月底，铁道部鉴定中心组织了第二次集中审查并陆续分批分内容审查了清理概算文件，京沪高铁公司各部门和指挥部一起继续组织完善了清理概算资料。

2012 年 11 月 13 日，京沪高铁公司向公司董事会报告并经审议通过了京沪、南京项目清理概算情况。2012 年 11 月 17 日，铁道部以《关于新建京沪高速铁路工程清理概算的批复》(铁鉴函〔2012〕1583 号)文件，批复了京沪高速铁路工程项目清理概算总投资。2012 年 12 月国家发改委组织中国国际工程咨询公司对南京项目重报可研投资调整进行了评审，12 月 4 日铁道部以《关于新建铁路南京枢纽大胜关长江大桥南京南站及相关工程清理概算的批复》(铁鉴函〔2012〕1636 号)文件，批复了新建铁路南京枢纽大胜关长江大桥南京南站及相关工程的清理概算总投资。2013 年 2 月 17 日国家发改委下发《国家发展改革委办公厅关于调整南京枢纽大胜关长江大桥南京南站及相关工程部分建设内容及投资的批复》(发改办基础〔2013〕419 号)。

2. 竣工决算

竣工决算是国家验收的必备条件，是确保公司资产完整、资产边界清晰的重要基础，是公司转入运营期、实施资产安全运转和保值增值的需要。做好竣工决算是在国家验收工程建设项目前的一项重点工作。为此，京沪高铁公司落实责任、指定专人、明确任务，各负其责，安排好工作计划，掌握竣工决算进度，协调解决问题，按要求目标推进竣工决算工作。

计划财务部作为竣工决算牵头部门，明确工作任务和要求，检查和督导工作，经常到现场指导推进工作，协调研究相关问题。结合公司资产管理信息化，统筹考虑，做好数据收集整理基础工作，避免重复工作。对竣工决算工作中提出的问题，认真研究，及时提出解决措施，推进工作顺利进行，把决算工作作为资产管理的基础做好做细。

工程管理部安排专人负责竣工图纸的核查工作，组织指挥部、监理单位对竣工图纸进行全面核查，结合竣工资料移交、资产盘点和核对，对不符合要求的明确处理意见，保证竣工图纸与资产实物的准确对应。

物资设备部负责组织设计院按照施工图设计提供建设项目全部设备采购清单，组织相关单位和指挥部认真核查，保证设备清单与资产实物一致；督促做好京沪高铁公司委托铁路局和公安局采购的设备和备品备件清点核量及填报初验表，以及机械动力设备的移交工作。

各指挥部加大工作协调力度，与天职国际合署办公，加强沟通和协调的力度，有效提高工作效率。督促施工单位组织好填报竣工决算基础资料工作，加快变更设计的清理，督促监理单位核查竣工图纸的准确性。代建指挥部也按照京沪高铁公司统一要求，组织竣工决算编制工作。

为有效推进竣工决算工作的开展，京沪高铁公司编制了竣工决算阶段性工作推进计划情况表，规定了每个阶段应该完成的工作任务，并对各指挥部的工作完成情况进行检查。

3. 竣工财务决算的上报

2013 年 2 月 7 日，铁道部以《铁道部关于报送新建京沪高速铁路工程等两个铁路建设项目竣工财务决算额函》(铁财函〔2013〕168 号)(上报稿)，向财政部报送了新建京沪高速铁路工程、新建南京枢纽大胜关长江大桥南京南站及相关工程的竣工财务决算情况表。

# 第三节　国家验收

京沪高速铁路自2011年6月30日开通运营至2012年10月31日，累计开行旅客列车79797列，发送旅客7878.5万人次，日最高开行旅客列车248列、最高发送旅客31.4万人次；工程经受了春运、暑运、节假日等大客流的考验和高温、严寒、台风暴雨等恶劣天气的检验，全线路基、桥梁、隧道、轨道等基础设施状况良好，旅客服务系统日趋完善，设施设备养护维修体系逐步到位，运营安全持续稳定；行车速度按照国家批复的初期运营速度执行，各项指标都达到了设计要求。运输组织安全、有序、高效，实现了国家批复的建设目标；按规定已经完成了环保、水保、消防、档案、土地使用办证等专项验收；清理概算和竣工财务决算已经完成，建设资金分年度已经到位，已按合同与建设各方结算费用。京沪高速铁路已满足了国家验收的条件。2012年11月19日，京沪高铁公司向铁道部报送了京沪高速铁路申请国家验收的请示，请铁道部商国家发改委并报国务院京沪高速铁路建设领导小组，组织开展京沪高速铁路国家验收。

按照原国家计划委员会《建设项目（工程）竣工验收办法》，2013年2月25日，由国家发改委、铁道部、科技部、工信部、公安部、财政部、国土部、环保部、交通部、水利部、海关总署、国家林业局、中国地质局、总后勤部、中国工程院、中国国际工程咨询公司、国家电网公司和北京市、天津市、河北省、山东省、安徽省、江苏省和上海市组成的国家验收委员会，听取了京沪高铁公司关于建设和运营情况的汇报，对工程进行了全面评价。

国家验收委员会认为，京沪高速铁路是国家战略性重大交通工程，线路长、标准高、技术复杂、工程量大、涉及面广，是国家重大创新工程。京沪高速铁路在建设过程中，创新设计理念、建设技术和管理体制，形成我国高速铁路建设的创新模式，完善了我国高速铁路技术标准体系，积累了建设高速铁路的宝贵经验。项目建成后，形成我国高速铁路网贯穿华北、华东的主骨架，对缓解京沪铁路通道运力长期严重紧张局面、促进我国经济社会发展，尤其是东部地区发展具有重要意义。开通运营一年多来，实现了300 km/h的初期运营速度目标，全线路基、桥梁、隧道、轨道等基础设施状态优良，线路保持高平顺性、高稳定性、高可靠性的水平，列控系统达到设计标准，通信、信号、电力、牵引供电系统运转正常，旅客服务系统便捷高效，设施设备养护维修体系日臻完善，动车组运用性能稳定，状态良好，全线运营安全稳定，各项检测指标稳定地保持在相关规定指标的最优水平，实现了预期的建设目标。

（1）依法合规严格建设管理，确保项目建设顺利实施。按照项目法人制组建合资公司，严格按照国家法律法规和国家批复组织公开招标。按照国家规定，依法办理各项建设审查批准手续。严格按照项目建设程序办理规划审批，依法取得建设用地，按照标准实施补偿，拆迁安置得到落实，征地拆迁补偿费用经第三方审计。按照相关规定完成了动态验收、静态验收、安全评估、初步验收以及环保、水保、消防、档案等专项验收。建设过程中，国家有关部门加强监督检查和业务指导，连续3年对建设全过程进行跟踪审计，对项目建设进行稽查等，确保项目建设顺利推进。

（2）工程质量满足设计要求，安全保障设施设备齐全可靠。建设过程中坚持百年大计、质量第一。认真落实京沪高速铁路工程质量创优规划，坚持样板引路，试验先行，强化源头把关，过程控制，精细化管理。强力推进以机械化、工厂化、专业化、信息化为支撑，以管理制度、人员配备、现场管理和过程控制为核心内容的标准化管理。严格规范作业流程和施工工艺，确保了工程建造质量，分部工程验收合格率和单位工程质量检验合格率均达到100%。京沪高速铁路工程质量总体优良，满足列车高速运行的安全性、舒适性和耐久性要求，成为我国铁路建设的精品工程、示范工程。南京大胜关长江大桥被第29届国际桥梁大会授予最高奖项——乔治·理查德森大奖。京沪高速铁路全线全封闭、全立交，配备了治安防范管控设施设备。完善了路基、桥隧等建筑物的结构变形监测系统，建立了防灾安全监控系统和综合视频监控系统，配备了国际先进的综合检测列车，坚持定期检测，对设施设备进行全方位、全天候的动静态监测，实行确认列车开行制度，形成常态检查机制，准确掌握运用状况，确保各系统设备始终保持可控状态。为动车组设置了一流的运用检修基地。

(3)技术创新成果显著，形成中国高速铁路自主技术体系和标准体系。在铁道部的统一组织下，集成国内科研资源，扩大国际交流与合作，充分吸收、借鉴京津城际铁路和其他铁路客运专线的创新成果和经验，着力推进原始创新、集成创新和引进消化吸收再创新等多种创新方式，在高速铁路固定设施、移动装备、系统集成、运营维护等方面较好地实现了系统集成，取得了重大研究和应用成果。组织枣庄至蚌埠南先导段综合试验，对高速铁路固定设施、移动设备进行全面的测试，取得一大批创新性成果。全面掌握工程建造技术，提升成套施工装备与施工工艺水平，形成完整的高速铁路设计、施工、验收技术标准体系。推动运营调度、客运服务、综合检测、维修养护等运输管理技术创新，形成较完善的高速铁路运营管理技术体系。深化联调联试、综合试验、安全评估等关键技术，基本形成较完善的高速铁路安全保障技术体系。科技部和铁道部联合组织开展依托工程的自主研发工作，包括新型高速列车和高速综合检测列车及各项关键技术，在基础理论研究方面取得重大进展，为我国高速铁路创新发展提供了技术支撑。

(4)重视环境保护和节能减排，全面落实各项要求，取得良好效果。环保、水保、节能措施与主体工程"同时设计、同时施工、同时投入使用"。对生态敏感区采取了避绕、桥梁或隧道穿越等专项设计措施，对取(弃)土场采取了防护和绿化等有效的水土保持措施，对地表水采取了专项保护措施。积极应用新技术和新方法保证了环保效果，通过优化施工方案，加强对环境的监测和保护，强化了项目建设中环境保护措施。车站采取了节能措施，设置了排污设备。环保搬迁、声屏障、隔声窗等隔声降噪措施以及电磁防护措施等得到落实。沟渠和受损道路全面修复，河道水系落实系统要求，临时用地进行了恢复，并通过验收。通过优化设计和工程措施，节约了大量土地资源。

(5)优化工程方案，从严控制投资。优化设计方案和优选建筑材料，从源头控制投资。创新合资模式，采取地方负责征地拆迁、投资折价入股模式，充分发挥地方征地拆迁和外部协调优势，将融资与工程建设有机结合，节约土地资源，提高投资效益。积极探索市场化融资方式，引入社会资金和战略合作资金，实现投资主体多元化。规范投资行为，优化筹融资方案，节约财务费用。实行动态施工组织控制，强化资源配置，优化施工方案，确保工期可控，降低工程成本。

(6)加强精神文明建设，为铁路现代化建设培养和造就大批人才。注重加强企业文化和精神文明建设，深入开展"创先争优"、"建功立业"劳动竞赛主题实践活动，形成了"勇攀高峰、追求一流"的京沪高速铁路精神，涌现出一批拼搏奉献、爱岗敬业的模范人物和先进集体。大力加强人才队伍建设，打造出一支坚强有力、敢打能胜的一流建设管理团队，培养造就出一大批技术全面、政治过硬的专业技术和建设管理人才。

(7)项目社会效益显著，符合科学发展要求。京沪高速铁路的建设，大大提高了通道内运输能力和服务质量，为东部地区率先基本实现现代化提供了铁路基础设施保障。作为国家综合交通网的重要组成部分，项目建成后不仅优化了铁路运输结构，还推动了铁路与其他各种交通方式之间的优势互补，提供了质量更高、层次更丰富的客运服务，提高了综合交通运输系统整体效率。京沪高速铁路沿线人口众多、土地资源有限，生态环境治理任务繁重，项目建成后发挥了安全性较好、污染较小等优势，起到了节约利用土地、减少环境污染、促进沿线经济社会协调发展的作用。项目的建设集成了现代铁路各种先进成熟技术，提升了中国铁路现代化水平，带动了机械、电子、信息等相关产业发展，提高了自主创新能力。

鉴于京沪高速铁路各项工程内容达到了设计要求，符合可行性研究报告、开工报告和有关文件批复要求；工程质量合格，符合验收标准；各专项验收合格；建设用地满足运营需求，手续符合国家法律法规，已依法领取土地使用证；建设工程款已清算，项目竣工财务决算已编制完成并上报；初期运营安全平稳有序，验收委员会同意京沪高速铁路工程通过国家验收。

# 第四篇

# 建设管理

CRH

# 第一章　建设目标和要求

保证一项重大工程项目的顺利完成，关键是要有明确的建设目标和科学的组织管理。京沪高铁公司制定了建设总体目标，明确了建设管理要求，并在整个建设过程不断深化和丰富其内涵，保证京沪高速铁路建设高标准、高质量、高效率推进。

## 第一节　总体目标和要求

### 一、总体目标

京沪高速铁路要实现“五个世界一流”，即“世界一流的运行速度，世界一流的工程质量，世界一流的技术装备，世界一流的运输效率，世界一流的运营管理”的目标。确保主体工程质量“零缺陷”，桥隧主要承重结构寿命期为 100 年，无砟轨道使用期为 60 年，竣工工程验收一次合格率为 100%。打造拥有中国自主知识产权的高速铁路技术体系，争创国家科技进步大奖。

### 二、总体要求

坚持以科学发展观为指导，围绕“五个世界一流”目标，坚决做到优质、安全、高效、廉洁，努力把京沪高速铁路建设成为自主创新、精心施工和严格管理的示范工程。

## 第二节　管理要求

### 一、建设“五个工程”

1. 质量精品工程

坚持“百年大计，质量第一”的方针，认真贯彻执行国家和铁道部有关质量管理法规。以世界先进技术和管理经验为支撑，建立健全工程质量责任制，细化分解、全面落实建设、设计、施工、咨询、监理等单位的责任，实现从设计、施工到验收全过程质量控制，形成从分部工程到分项工程贯穿始终的标准化管理、信息化控制、专业化保障的质量管理体系，从而确保主体工程质量“零缺陷”。

2. 技术创新工程

坚持以我为主、自主创新，立足高起点、高标准，瞄准世界先进水平，通过原始创新、集成创新和引进、消化、吸收、再创新，形成具有中国自主知识产权的高速铁路技术体系。具体而言，就是线、桥、隧、涵工程以原始创新为主，形成独立的技术标准和自主知识产权；通信、信号、牵引供电以系统集成创新为主，形成我国客运专线的技术规范和要求；高速动车组则按照“引进先进技术，联合设计生产，打造中国品牌”的要求，通过引进消化吸收再创新，实现具有世界先进水平的高速动车组国产化，建立自己的标准体系。

3. 资源节约工程

建设工程在合理控制投资、节约用地和节能设计方面认真贯彻资源节约的原则。不断优化线路方案,本着"宜桥则桥、宜路则路"的原则,提高桥梁比例,优化用地边界,减少耕地占用;动态调整施工组织,科学组织,合理调配,加快建设进程,节约建设成本;深化设计,严格设计变更管理,工程物资设备坚持招标投标,择优选择,做好投资控制;注重工程节能方案设计,优化线形,枢纽站房利用太阳能和地热等,有效减少牵引能耗和运营成本。

4. 环境友好工程

严格执行国家环保、水保政策,把保护沿线生态环境作为项目建设的重要任务。按照水土保持和环境影响等评估评价要求,制定科学合理的生态环境保护实施方案和措施,做到环保设施与主体工程同时设计、同时施工、同时投产,并大力推进文明施工,对沿线城市区域施工噪声、振动、扬尘、施工固体废弃物和电磁辐射污染加强管理、控制和防治。

5. 社会和谐工程

依靠地方政府,严格按照国家法律和地方法规,维护好被征地拆迁群众的合法利益,依法合规地处理好征地拆迁、大型临时用地和三电及地下管线迁改等涉及沿线广大人民群众利益和企业生产的问题,积极配合地方政府稳定沿线社会治安。同时,加强对施工队伍的管理,确保施工过程中无重大安全事故,确保及时足额发放务工人员工资。

## 二、执行"四个标准化"

京沪高速铁路建设坚持以推行"四个标准化"为手段,促进总体目标的实现。以"创新管理理念,追求卓越品质,推进建设、施工、监理等单位协调联动,设计、咨询等单位共同参与的管理机制,提升建设项目管理水平"为开展标准化管理工作的指导思想。建设之初,京沪高铁公司组织专家,根据铁道部《关于推进建设单位标准化管理工作的指导意见》(铁建设〔2008〕45 号)文件,编写了标准化管理手册,明确了京沪高铁公司和各指挥部的标准化管理内容,带动和推进设计、施工、监理等单位的标准化管理。

1. 管理制度标准化

以建章建制为基础,推行管理制度标准化集中体现在一个"全"字。结合项目建设管理实际制定相关管理流程及管理制度,推动各参建单位结合实际制定管理制度及标准,形成自上而下、上下联动的管理制度标准化整体推进局面。

系统整合和修订了铁路建设项目现有工作流程。结合项目实际情况,制定了京沪高速铁路建设的相关管理流程,主要包括征地拆迁管理流程,环境保护、水土保持管理流程,施工组织设计流程,招标投标管理流程,合同管理流程,开工报告审批流程,验工计价管理流程,变更设计管理流程,质量管理流程,安全管理流程,投资控制管理流程,技术管理流程,财务管理流程,物资管理流程等 14 项业务管理流程。管理流程的制定对建设管理工作起到了良好的规范作用,提高了工作效率,保证了各项管理工作的全面性、系统性和严谨性。

系统整合和修订了铁路建设项目的管理标准,编制了《京沪高速铁路标准化建设管理手册——管理制度标准化》,制定了一系列的建设项目管理制度,包括计划财务管理制度、工程管理制度、安全质量管理制度、物资设备管理制度和综合管理制度,并将管理制度分类汇编成册下发到各参建单位,便于全体参建人员掌握执行,同时加强对制度执行情况的监督和考核。各参建单位在学习各项规定的基础上，开展项目部的制度清理工作，促进了各参建单位全面推进管理制度的标准化进程。

为规范管理，京沪高铁公司编制了《安全生产管理实施细则》、《施工进度管理实施细则》、《工程质量管理细则》、《技术培训管理办法》、《施工图现场核对完善实施细则》等一系列管理实施细则，实行清单式管理。各施工单位结合标段工程特点，编制了《工程创优实施细则》、《施工工序地质核查确认工作细则》、《闪光对焊施工工艺细则》、《CFG 桩施工工艺细则》、《拌和站工序质量控制手册》、《桥梁承台工序质量控制手册》、《桥梁墩台身工序质量控制手册》等规范性文件，指导现场施工；各设计单位结合工作实际，编制了《京沪高速铁路行政和技术管理文件》、《施工现场设计配合管理办法》、《设计变更管理办法》、《施工配合管理办法》等，规范现场设计管理、技术服务的内容和程序；各监理（咨询）单位结合工作特点，编制了《监理手册》、《CFG 桩施工监理作业手册》、《钻孔桩监理作业手册》、《涵洞监理作业手册》、《承台监理作业手册》、《试验监理作业手册》等，细化了监理内容，最终形成了以《京沪高速铁路标准化建设管理手册》为基础，各参建单位管理制度为支撑的标准化管理制度体系。

2. 人员配备标准化

以选拔培训为手段，对人员配置体现了一个"强"字，切实加强人员配备标准化建设，并以此推动设计、施工、监理、咨询等单位的人员配备标准化工作。制定了《京沪高速铁路标准化建设管理手册——人员配备标准化》在全线推行，要求所有参建单位按照国家、行业相关要求，设置组织机构，明确职责分工，细化工作流程，量化工作标准，确保各层面、各环节配备人员的能力、素质满足岗位工作要求；同时，加强培训，强化监督、检查，实现全员持证上岗目标。

首先要求各参建单位按照投标书的承诺，保证现场管理团队达到建设要求。各单位采用了人力资源管理中的"四定"方式，即定组织机构设置、定组织机构职能、定机构岗位职责、定任职人员资质。通过"四定"管理方式的实施，以标准化管理为抓手，促进设计、施工、监理单位现场管理团队执行水平的提高，为保证工程任务完成、目标实现提供人力资源保障。

各参建单位在全面加强人员标准化管理的基础上，广泛开展了创建标准化指挥部、标准化项目部、标准化工区、标准化作业队等活动，把人员配备标准化的要求落实到现场，落实到班组。

3. 过程控制标准化

京沪高铁公司以精细管理为重点，对过程控制体现了一个"严"字。积极吸收其他项目的先进管理经验和成熟施工工艺，不断总结经验，组织设计、施工、监理单位编制高速铁路路基、桥涵、隧道、轨道、测量等专业施工作业指导书，通过征求意见，进一步优化后，固化施工作业标准，形成规范的施工过程标准化文件。

（1）工艺过程控制标准化

工艺过程控制标准化主要针对同类别、同类型的施工作业，形成成熟的工艺工法，通过评比选出符合设计标准的样板，及时推广。京沪高铁公司多次组织现场观摩和经验交流会，总结经验、推广样板，固化标准化施工工艺，形成了包括高性能混凝土、隧道、桥梁桩基、路基、CFG 桩复合地基、预制梁制架、工程质量无损检测、沉降变形评估等 10 个实施细则、18 项质量控制专项规定和指南。组织编制了包括路基、桥梁、涵洞、隧道、轨道、道岔铺设、工程测量、通信、信号、接触网、变电、供电等 12 个专业共 269 项作业指导书，为参建各方的质量管理和现场操作提供了先进的工艺标准和依据。

（2）管理过程控制标准化

以指导性施工组织为基础，组织做好征地拆迁、招标投标、合同管理、投资控制、财务管理、变更设计、技术管理、进度管理、安全管理、质量管理、物资管理等过程管理工作，严格按程序、按标准控制好每个环节，实现建设目标。

勘察设计单位将建设单位确定并纳入勘察设计合同的质量目标、安全目标等过程控制目标贯彻到勘察设计工作中，规范现场设计配合工作流程，实现了设计配合工作程序标准化、规范化。

施工单位认真落实标准化承诺，将建设单位确定的质量目标、安全目标等过程控制目标进行细化，贯彻到每道工序和整个施工过程。落实质量责任制，实现全员质量管理。落实安全管理责任制，做好预防工作，严格执行安全作业程序。推广符合现场实际、作业人员易记好用的应知应会卡片，真正将各种管理要求和措施融入到作业标准中，落实到作业人员的操作中。

监理单位作为建设管理的延伸，在建设中赋予其一定的管理职能，将施工合同的质量目标、安全目标等过程控制目标进一步细化，分解到各个监理工作阶段、监理环节和每个监理人员，按照持续改进和闭环管理的方式进行管理，实现了每项监理工作、每个监理程序的标准化。对施工复测进行监督审查，审核实施性施工组织，监督工艺试验；审核关键施工技术方案和专项施工安全方案，对验工计价工程数量进行审核，组织检验批、分项、分部、单位工程质量检查验收。以质量、安全监理为重点，监督、检查施工单位质量、安全保证体系运行情况，对施工行为进行监控、督导和评价，对工程实体质量实施监控，使施工行为符合规程规范，工程质量符合验收标准。

4. 现场管理标准化

京沪高铁公司以统一规范为抓手，对现场管理体现了一个“细”字。为规范现场管理，率先把铁道部提出的标准化管理思路延伸到项目施工管理过程中，制定了《京沪高速铁路标准化建设管理手册——现场管理标准化》。

各指挥部及施工、监理等参建单位按照国家、行业和京沪高速铁路建设管理规定，以及现场管理标准要求，细化工作流程，从现场管理、安全文明施工两个方面制定工作标准并进行监督和检查，落实现场各项标准化工作。

(1)合理布置场地

为加强劳动安全保障工作，给参建人员提供良好的工作与生活环境，京沪高铁公司及各参建单位狠抓现场管理。严格划分生活办公区、加工区、存放区、作业区，各区的布置按图施工；做好大型临时设施和特种设备的安全技术鉴定及验收，架桥机、提梁机进场做好验收和试拼组装，并在地面做好试验，确保运架梁安全；加强施工用电管理，用电设备实行一机一闸一漏一箱；成立“三防”组织机构，做好防洪、防台风、防汛抢险工作；对现场标志进行统一规定，制定发布了现场安全文明标识手册，内容涵盖图标、颜色、尺寸、作用以及悬挂要求等，该标识手册被引用并形成全路统一的《铁路建设项目安全文明标志》。

(2)保护环境，文明施工

建筑施工对环境的污染主要包括水污染、固体废弃物污染、大气污染和噪声污染等。京沪高铁公司制定了环境保护标准和工作措施，并将环境保护纳入现场标准化的范畴，做到从源头把关，控制环境污染。

各参建单位认真落实《环境影响报告书》、《水土保持方案》及相关批复意见中的各项环保要求，切实做好施工期间生态环境保护工作。例如施工弃土、弃渣等严禁倒入河道和湖区，泥浆沉淀分离后，沉渣运弃至指定地点；废水经处理合格后重复利用或用于降尘和绿化，采取措施防止油类污染物排入水体，阳澄湖水源地范围内施工制定了严格的施工环保、水保组织方案；生活垃圾、施工材料包装袋等废弃物，集中收集，及时处理；选择先进的施工机械，合适的施工方法和作业时间，减小振动和噪声对居民生产生活的影响；施工场地和道路定时洒水，减少扬尘；临时用地考虑永临结合，综合利用，减少占地，做好表层熟土剥离、堆放和防护。

(3)强化检查监督

为确保各参建单位落实现场管理标准化的要求,京沪高铁公司通过建立检查制度,明确检查内容和标准,督促和规范各参建单位人员的现场管理标准化工作的落实,加强对安全质量要点防范措施执行情况的监督检查。建设期间,公司配合铁道部质量监督总站京沪监督站,组织多次监督检查,转发监督通知书8份,收集整改报告和有关证据178件,并派专人进行问题跟踪验证和整改监督落实,有效确保了现场管理有序可控。

## 三、统筹"四化"支撑

在深入推行标准化管理的过程中,探索出工厂化生产是确保质量和安全的可靠保证,机械化作业是提高效率的重要方法,信息化管理是加强管理的有效手段,专业化组织是落实责任制的重要前提。在建设过程中,大力推行生产的工厂化,作业的机械化,管理的信息化,组织的专业化,是保证工程质量、提高工作效率、强化安全生产的有力支撑,是又好又快修建铁路的必然要求。

1. 工厂化生产

无论在编制指导性施工组织,还是在组织施工单位编制实施性施工组织中,把钢筋加工、混凝土、轨道板和箱梁的工厂化生产作为一项主要内容纳入其中,统一布局,合理分工。如对全线制梁场、拌和站、制板场、铺轨基地建设等作了统一的研究和安排,统一建设标准,充分发挥工厂化生产的优势。通过工厂化集中生产,从源头上对生产材料进行把关,集中研究生产改良技术,不仅降低了生产成本,提高了产品的合格率,降低了构件的质量风险,同时也提高了标准构件的预制速度,保证了全线施工组织计划的顺利实施。

2. 机械化作业

现代大型工程必须以机械化施工为支撑,工厂化的生产也必须依靠机械设备的作业才能发挥优势。京沪高铁公司对机械设备使用进行了合理安排,包括设备和施工方法选择、大型施工设备数量及进场计划、承担工作量的分配、特大型设备运输方案的制定、机械化施工的进度计划等。不但要求参建单位兑现投标文件中承诺的各种生产设备的有效投入,为工程进度按期开展提供基础物质保障,而且要求各施工单位充分利用社会资源,通过社会租赁、调配调剂解决所需机械设备。在施工过程中,为加强设备管理,确保机械技术状况良好,各施工单位结合项目实际,制定了机械设备管理办法,严格执行设备操作岗位责任制、持证上岗制、交接班制度、巡回检查制度。这些管理措施的执行保证了机械化施工的顺利推进。

3. 信息化管理

京沪高速铁路工程规模大、技术要求高、质量标准严、参建单位多、管理难度大。京沪高铁公司在推进标准化建设中,首先实施项目管理的信息化,在各级管理层次设置了相应的管理机构,制定了各单位的职责分工。成立信息化办公室,负责项目管理信息系统规划、设计、实施等日常工作的组织和协调;各业务部门督导各参建单位及时、准确、完整地将相关数据输入信息管理系统,并组织项目管理信息系统在本单位中的应用。

2008年5月,京沪高铁公司通过政府采购和委托的方式,完成了数据中心配置和建设单位网络建设,并将2006年10月~2008年4月期间南京大胜关长江大桥工程进度、验工计价、质量与监理数据、各指挥部建设周报资料转移进京沪高速铁路数据中心。信息化管理实现了施工形象进度图及质量检验报告的图表显示,形成了质量验收电子报表,建立了合同管理与电子验工计价模块的关联,建立了无纸化电子公文流转系统,采用了电子签名技术和地理信息系统平台。

为保证系统的顺利运行，公司规定了信息管理人员所需具备的基本条件，并与铁道部信息中心按照专业组织了近40期2300多人次的系统应用和专项数据录入培训。

信息化的管理手段为确保各项管理工作有序有效地进行创造了良好的条件。项目建设中的进度报表，从工程台账填报到桥梁、路基、涵洞、预制梁、轨道板的形象进度图，均实现了信息化管理；为实现质量可追溯，施工单位和监理单位对隐蔽工程同时采用影像记录与书面记录方式，建立了影像记录档案，确保工程质量追溯有据；五标、六标监理项目部还组织了现场工程进度和安全防护图片登录京沪高速铁路地理信息系统的试点，初步形成了对在建工程与公路、既有铁路交叉跨越处的图像监视。

4. 专业化组织

针对项目施工任务重、难点多的特点，京沪高铁公司按照专业化组织的要求，结合工程实际，采取统一指挥、充分授权、动态管理等一系列措施，从一开始就使用专业化的队伍和专业化的技术指导。

在组织建设上，工程招标中对施工专业和设备配置做出了明确规定，优选专业突出、管理过硬的施工企业，根据各参建单位的专业特长，组织工程招投标，发挥其技术优势，做到扬长避短，专业配置合理。

在技术管理上，委托国内多个专业技术机构进行专项技术咨询，开展技术研究。例如，委托铁科院、中冶集团建筑研究总院（中冶院）专业机构进行高性能混凝土、乳化沥青砂浆、钢结构焊接等技术咨询指导。选聘西南交通大学等专业机构对沉降变形观测及评估工作进行全过程咨询指导和评估。同时，与中国建筑材料科学研究总院、中国建筑防水材料工业协会等合作，开展了桥面防水材料等特殊材料的咨询与监造。委托铁科院对钢轨焊接进行技术服务。委托德国博格公司、铁科院对全线无砟轨道进行技术服务等。

此外，京沪高铁公司还聘请外方质量代表，充分发挥外方专家的专业经验优势，进一步规范了现场的专业管理工作。

## 四、落实"六位一体"控制管理目标

在将京沪高速铁路建设成为世界一流的质量精品工程、技术创新工程、资源节约工程、环境友好工程、社会和谐工程的目标指引下，铁道部、京沪高铁公司高度重视环境保护和技术创新等工作，提出了能够反映技术进步、体现环保理念的"六位一体"控制管理目标，如图4.1.1所示。

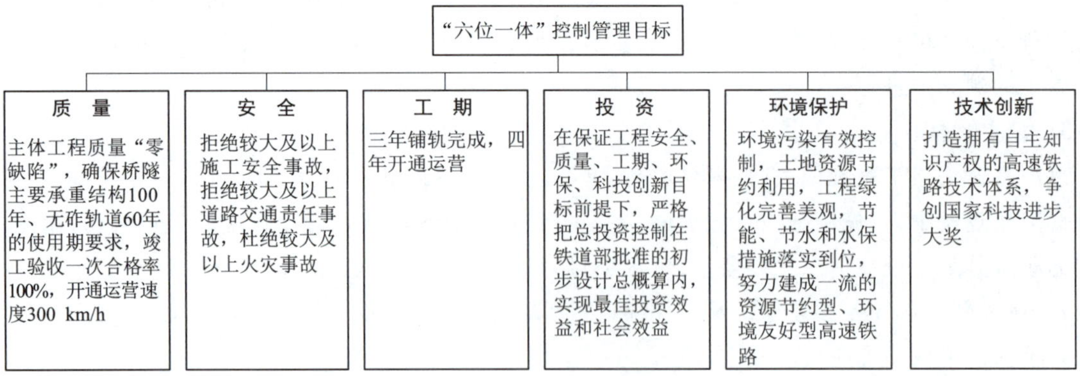


图4.1.1 "六位一体"控制管理目标

"六位一体"控制管理目标按建设项目、施工年度和实施单位进行层层分解和细化量化，形成了"自上而下、层层展开、级级保证、全员参与、全方位落实、全过程控制"的目标控制网络，是京沪高速铁路建设总目标的具体化表现。

# 第二章 设计管理

京沪高速铁路北京至徐州、徐州至上海段的勘察设计工作分别由铁三院、中铁四院承担。中铁电化院和通号院作为专业设计单位负责全线的电气化和通号等工程的设计工作。中铁大桥勘察设计院集团有限公司承担南京大胜关长江大桥、济南黄河特大桥的勘察设计工作。全线总体设计由铁三院负责。

## 第一节 一流标准定位

安全可靠和舒适便捷是京沪高速铁路必须满足的基本要求。京沪高铁公司坚持“系统设计、整体建设、优质高效、一次建成”的建设方针,在基础设施和移动设施设计中采用先进、成熟、经济、适用、可靠的工程结构和技术装备;在大型综合交通枢纽设计中系统考虑车站、广场、地铁以及市政等不同交通运输方式的无缝衔接和旅客的“零换乘”。

(1)高度重视安全性设计。高速铁路运行速度快,安全性要求高,设计单位在勘察、设计阶段要充分考虑高速运营的安全保障,在设计源头上加以研究控制,统筹考虑运行速度、系统性风险、重大质量安全等风险因素,确保建设安全和运营安全。

(2)确保主体工程使用寿命。从设计上要求路基、桥涵及隧道等主体结构的使用年限为100年,无砟轨道寿命为60年。

(3)准确把握高舒适性设计的要求。线路平、纵断面要满足平顺性要求。隧道设计充分考虑空气动力学效应,选择适宜的隧道面积,隧道洞口设置缓冲结构,缓解洞口微气压波冲击。严格控制路基工程沉降变形和过渡段的差异沉降,特别是软土地基的沉降,保证路基的稳定性,为满足安全性和舒适度的要求提供基础条件。

(4)贯彻节能环保的原则。在设计中做好路桥方案比选,宜桥则桥,宜路则路,节约土地;注重与周围环境的协调,与城市规划相配合,注重建筑美学,使高速铁路与环境融为一体,在满足技术要求的同时,体现高速铁路特色,增加可欣赏性;积极采取降噪措施,重视结构的减振降噪设计,以减少对沿线居民的干扰。

## 第二节 建设单位全程管理

设计是项目建设的龙头。在项目的整个设计阶段,始终强调贯彻功能、安全、节约的原则。从设计理念的建立、前期准备到各阶段的设计工作及设计文件的评审、设计的不断优化改进,再到施工过程中设计方的现场配合,都建立了全程跟踪管理制度。

## 一、引入第三方监理,深化地质勘探工作

2003年6月,根据铁道部高速铁路建设领导小组办公室《关于开展京沪高速铁路工程地质勘察监理工作的通知》(高速办函〔2003〕3号)的要求,北京至徐州段、徐州至上海段的定测、补充定测阶段工程地质勘察监理工作分别由中铁二院、中铁一院承担。同时,全线的总监理单位由中铁二院承担。

监理单位通过对勘察单位的勘察计划、技术要求、开工报告、进场人员、仪器设备的审查,实现了地勘工作的事前控制。在勘察过程中采用巡视、抽查、旁站的方式检查、督促各项勘探、测试工作按规范施行,对发现的问题要求现场改正,对具有普遍性的问题以监理工程师通知单等书面形式要求勘察单位进行整改,实现了对勘察工作的过程控制。按照国家政策和有关技术规范要求,对勘察结果(勘察成果)进行认真审核,确保了勘察工作成果的准确性。地质勘探监理工作制度的实施使地质勘探质量得到了有效的保证。

全线共完成检查17 386次,旁站监理4 870次,召开工地例会86次,发出监理工程师通知单49份。

## 二、不断优化和完善设计方案

初步设计阶段,京沪高铁公司组织设计和咨询单位,通过现场调研、实地考察论证不断优化设计工作,持续改进和完善设计方案。通过优化轨道设计,加大设置钢轨伸缩调节器的温度跨度,取消部分地段的钢轨伸缩调节器。优化纵断面6处计18.1 km,平均降低桥梁高度1.8 m。根据与地方公路部门签订的协议,重新核实了道路公交、通航净空,对7处计30.5 km线路纵断面较高地段进行优化,桥梁、路基的高度平均降低2.1 m。取消原规划下穿京沪高速铁路的联络线,优化济南黄河特大桥南引桥纵断面计3.95 km,平均降低桥梁高度4.8 m。通过对部分地段线路纵断面的变坡点、坡率、坡长进行优化,共37处,长151.13 km,高程平均降低1.5 m。全线线路纵断面优化后减少钻孔桩圬工量计$3.33\times10^4\ m^3$,减少墩身圬工量计$7.61\times10^4\ m^3$,节省土石方数量计$58\times10^4\ m^3$,节约用地176亩。

对高填深挖地段进行路桥、路隧方案的比较研究,将DK575~DK579段高填方地段优化为桥梁;将DK465+060、DK673+400路基高边坡地段优化为更为安全的隧道形式。为保证隧道的施工安全,将园郢子隧道DK950+792~+815和DK951+567~+602段双侧壁导坑法优化为三台阶临时仰拱法,并对临时支护做适当的加强;南棚明洞、马鞍明洞及光星村明洞埋深较小,为保证施工安全,控制投资,由暗挖优化为明挖。在李窑、凤阳路基试验段组织开展CFG桩复合地基关键技术研究,并依据成果,对全线路基CFG桩复合地基设计方案进行优化,减少投资上亿元。依据京沪高速铁路综合景观设计科研成果,对全线桥梁下部、路基坡脚和堑顶外侧至用地界内范围的植物防护和绿化方案进行了补充完善等。

## 三、全力推进施工图设计,保证图纸供应

设计图纸供应与现场施工组织的紧密衔接是保证工程顺利进行、落实工期目标的重要前提。

施工图供应一方面受制于设计单位的设计工作计划安排,另一方面也受控于现场部分地段建筑物征地拆迁影响。做到重点地段征地拆迁和地质补勘工作的协调、设计供图与沿线施工组织方案的协调,确保工程建设有序推进,是建设单位在开工初期对施工图纸管理的工作重点。为此,京沪高铁公司成立施工图设计督导组,由各指挥部副指挥长主抓设计协调和图纸供应的督导工作,推行了业主驻设计院制度,各指挥部派专人进驻各设计单位,全力推进施工图的供应。一是将现场施工组织安

排、征地拆迁计划与设计单位的地质补勘工作、施工图设计工作进行对接，明确地质补勘工作计划和施工供图计划；二是根据现场征地拆迁和施工的进展，及时组织研究调整施工图纸阶段供应计划。如从2009年开始，路基施工由路基基床转换为基床表层的施工，区间施工转换为受地道（站房）影响的站区地段施工，高架车站的施工由正线桥梁施工转换为到发线桥梁施工、桥梁梁部开始道岔梁施工等，要求设计工作重点必须提前转换，抓紧完成区间及站区综合管线设计、地道（站房）的施工图设计、道岔梁设计等，站场内土建工程在施工基床表层前，要完成综合管线（包括四电及给排水管线）设计。相应施工图纸供应必须在工序转换前得到落实。

建设单位驻设计院制度的执行，以及设计单位的高度重视和密切配合，确保形成合力，有效推动了施工图纸的供应，为工程建设的顺利进行提供了条件。

## 四、及时组织研究，解决设计有关问题

京沪高铁公司建立了设计工作会议制度和问题销号制度，及时组织研究解决建设中的设计技术问题，对重大设计方案问题报请铁道部组织研究解决。

建立全线设计工作年度会议制度。每年初，京沪高铁公司均组织召开由站前、站后设计单位和咨询单位参加的年度设计工作会议，总结上一年度的设计工作，梳理存在的问题，研究部署本年度的设计工作任务，并提出推进计划。如2009年全线设计工作会议上，集中梳理了各设计单位设计工作进展、剩余工作量、工作安排、咨询单位施工图审核工作情况，以及各指挥部对管段内施工图纸供应问题等，结合工期进度安排计划，对2009年的设计工作进行了明确，对存在的主要问题进行了研究，提出了措施和要求。2010年全线设计工作会议上，对有关技术方案、施工图供应及设计变更等问题进行认真梳理和研究，明确了2010年度的设计工作重点内容，提出了具体工作要求。

推行设计工作专题会议制度。对于全线共性的方案设计问题或专业接口协调问题，如混凝土简支箱梁宽度变化后引起的屏障、接触网立柱设计协调问题；全线正线轨道板类型的调整引起的桥梁桥面系结构的变化以及岔区桥梁设计问题；车站到发线轨道类型的调整优化、全线生活生产设施方案的研究设计等，公司定期或不定期召开设计工作专题会议，及时地予以解决，以满足现场施工需要。如2008年6月28日，在苏州主持召开了有关技术问题协调会，对桥上大号码道岔、轨道结构形式问题进行了专题研究。2008年10月23日，在北京召开设计专题会议，针对全线除黄河、长江特大桥外采用连续板式无砟轨道，专题分析研究现场已制（架）梁高程调整、特殊结构梁图调整、隧道仰拱设计调整、道岔区桥梁设计方案、大跨桥梁铺CRTS Ⅱ型板方案、防水层的设计方案、路基过渡段和端刺设置、曲线超高设置方案等的设计工作，要求各设计、施工、咨询单位、各指挥部协调配合，建立联合设计机制，集中力量解决特殊结构等重难点工程设计，按照会议确定的时间节点完成任务，保证现场施工需要。2008年11月4日和5日，分别在武汉和天津组织召开徐沪段和京徐段设计工作推进会议，对2008年10月23日北京设计专题会议的落实情况进行了专项检查，对制约现场施工的有关设计问题进一步做了梳理和讨论，明确了设计工作推进计划。2009年3月24日，在武汉组织召开徐沪段设计工作会议，会议对制约现场施工的设计供图问题进行了梳理和讨论，提出了设计工作推进计划。2009年4月2日，在天津组织召开全线设计工作专题会议，对涉及全线的重大变更设计、跨河跨路、路产迁改设计配合、施工图纸供应以及技术方案设计进行了研究，提出了要求。2009年6月23日，在天津组织召开设计工作会议，会议仔细梳理了京徐段影响现场施工的图纸供应、变更设计及其他技术方案问题，研究并明确了解决问题的原则和时间节点。2009年10月16日，在北京组织召开全线设计工作专题会议，重点对施工图纸供应及技术方案、施工量以及变更设计等工作进行了研究。

加大协调推进力度，确保设计问题得到及时解决。各指挥部根据管段内存在的实际问题，建立了问题库，积极组织协调设计、施工单位，研究明确解决问题的措施、责任人和完成时间表。建立设计工作周报制度、工作联系单制度及定期对接沟通机制，有效推进各项设计问题的及时解决。

## 五、严格变更设计管理

京沪高速铁路作为铁道部指定的建设管理试点项目，按照《铁路建设项目变更设计管理办法》（铁建设〔2005〕146 号）和《关于认真做好建设管理试点工作的通知》（铁建设函〔2008〕77 号）要求，对变更设计进行严格管理。京沪高铁公司制定了《变更设计管理办法》，成立了变更设计领导小组，总经理任组长，总工程师、总会计师、各指挥部总工程师任副组长，工程管理部、计划财务部、安全质量部、物资设备部负责人为组员，负责变更设计工作的管理。

将Ⅰ类变更设计划分为 $I_1$ 和 $I_2$ 两类。$I_1$ 类是涉及建设项目主要技术标准（铁路等级、正线数目、设计行车速度、线间距、最小曲线半径、限制坡度或最大坡度、牵引种类、机车类型或动车组类型、牵引质量、到发线有效长度、闭塞类型或行车指挥方式与旅客列车运行控制方式、建筑限界）、建设规模（正线铺轨长度、车站股道数量、房屋建筑面积）、建设工期（初步设计批复确定的工期）、重大方案（初步设计批复的线路、站位、重点桥渡、四电集成、站房建筑方案）的Ⅰ类变更设计，按《铁路建设项目变更设计管理办法》规定程序，经京沪高铁公司组织预审后报铁道部审批。$I_2$ 类是不涉及建设项目主要技术标准、建设规模和建设工期重大变化、重大方案的Ⅰ类变更设计，由京沪高铁公司按规定程序自行审查批复，并报铁道部核备。Ⅱ类变更设计由指挥部按程序审批，报京沪高铁公司核备。

加大对变更设计的管理力度，按照"先批准、后变更"的原则，做到变更设计合理、程序到位、出图及时。同时，对变更设计实行严格的分类管理、分级审批制度、会勘会审制度、集体决策制度和变更设计问责制。变更设计的现场会勘阶段，Ⅰ类变更设计由指挥部上报京沪高铁公司组织现场会勘，公司有关部门、指挥部、设计、监理、施工、咨询单位参加；Ⅱ类变更设计由各指挥部组织现场会勘，设计、监理、施工单位参加，并分别形成《变更设计会勘纪要》。变更设计文件审查批复阶段，各有关单位按职责对设计单位提交的变更设计文件进行审查，指挥部、监理单位进行变更方案和数量的现场核对；咨询单位进行变更设计方案审核和优化；京沪高铁公司各部门按职能分工对变更设计方案、变更文件编制原则、费用处理等相应内容进行审查，提出审查意见。Ⅰ类变更设计由京沪高铁公司总工程师组织公司相关部门、指挥部、设计、咨询、监理单位对变更设计进行初审，形成初审意见（$I_1$ 类变更设计）或批复意见（$I_2$ 类变更设计）。Ⅱ类变更设计由指挥部总工程师组织指挥部相关部门、设计、监理单位对变更设计进行审查和批准。

京沪高铁公司负责初审报铁道部审查批复的 $I_1$ 类变更设计 110 项，负责审批的 $I_2$ 类变更设计 160 项（含代建指挥部审批的），公司各指挥部负责审查批复的Ⅱ类变更设计 2 083 项。

## 六、发挥咨询机构作用

借鉴国内外高速铁路设计和建设经验，通过咨询机构的参与，从不同的技术角度对全线设计进行优化、对施工图进行审核，在建设中发挥了作用。

1. 咨询机构设置

根据《铁路建设项目勘察设计咨询暂行办法》（铁建设〔2001〕21 号）、《铁路建设项目施工图审核暂行办法》（铁建设〔2004〕81 号）的相关规定，京沪高铁公司委托中铁二院牵头，与中铁一院、德国沃森公司组成咨询联合体，并会同铁科院、中冶院、中国国际工程咨询公司、西南交通大学等单位对有关技术设计工作进行咨询。

咨询联合体下设中铁一院工程咨询项目部、中铁二院工程咨询项目部，技术专家组、外方质量代表室（负责全线监理管理工作）。其中，中铁一院工程咨询项目部承担北京至徐州段（铁三院设计及中铁电化院和通号院设计部分）的设计优化和施工图审核工作；中铁二院工程咨询项目部承担徐州至上海段（中铁四院设计及中铁电化院和通号院设计部分）的设计优化和施工图审核工作；德国沃森公司主要参与重要技术问题和重点工程咨询，对关键工程（序）进行现场监理或专题质量监理指导，对全线监理工作进行检查、指导；铁科院和中冶院负责对全线的高性能混凝土应用管理技术进行指导和咨询。

咨询联合体设项目经理由中铁二院担任，项目副经理 2 人（中铁二院、中铁一院各 1 人），总咨询工程师 1 人（由中铁二院担任），副总咨询工程师 4 人（中铁二院 2 人、中铁一院 2 人），外方首席质量代表 1 人（德国沃森公司）。

中方咨询机构根据设计审核、单项关键技术咨询工作需要配备足够的咨询人员，保质保量按时完成技术咨询工作。外方机构合理配备相关专业技术人员任质量代表，结合全线站前、站后工程建设的进度及工作需要，保证及时、到位地开展监理检查和管理等相关工作。

2. 咨询工作内容

咨询的主要内容包括单项关键技术咨询、专家专项咨询、施工图的审核以及重大工程设计技术交底、施工方案评审和Ⅰ类变更设计文件审查工作。其中，单项关键技术咨询内容包括设计优化、特殊结构桥梁技术咨询、线路平纵断面轨道动力学审核、高性能混凝土应用管理技术咨询。专家专项咨询内容包括针对建设工程中遇到的特殊技术问题，组织有关专家进行专项研究和论证。施工图审核内容包括依据设计标准、初步设计批复意见和招标文件要求，对设计结构的安全性、稳定性、耐久性以及施工可行性等进行审核，并尽可能对结构进行合理优化。

3. 咨询工作成果

咨询工作分为两个阶段。

2006 年 7 月 ~2007 年 12 月为第一阶段。咨询单位在设计单位的配合下，分线路、地质、路基、桥涵专业对设计单位的设计方案进行全面分析和研究，对局部方案进行了调整和优化，稳定了线路、路基、桥梁及站场设计方案，在完善工程设计方案、确保结构功能和设计质量、减少工程投资方面取得成效。如全线线路纵断面的优化、全线桥梁墩台结构形式优化和跨济南黄河（112 + 3 - 168 + 112）m 刚桁柔性拱桥，跨京开高速（32 + 108 + 32）m 中承式钢箱系杆拱桥，跨济兖公路两孔 96 m 四线简支钢箱梁拱桥，镇江跨越京杭大运河（90 + 180 + 90）m 预应力混凝土连续梁拱桥，跨越西黄左线、京山等五线 5 × 24 m 密布工字形钢横梁与混凝土桥，典型高架车站咽喉区变截面连续梁（无缝道岔梁）的设计咨询等。通过线路平纵断面轨道动力学检算，对沿线各区段线路平纵断面设计参数的合理性进行分析，不满足要求的地段进行优化和完善，确保了线路设计满足行车的安全性和舒适性。

2008 年 1 月 ~2010 年 12 月为第二阶段。咨询单位对设计单位的正式施工图从细部及具体的设计方案、设计图纸、计算理论、施工技术的可行性等方面进行了详细的审查和优化，及时与设计单位进行沟通，并采取电子审图与图纸审图、现场勘察审图与基地审图、重大项目专家会议论证及工程难点专项审图相结合的多种审图方式，先后提出包括设计优化以及纠正差、错、漏等各类咨询意见 15 000 多条，完成了各专业施工图纸的审核，保证了施工图的质量。对全线高性能混凝土配合比设计及施工过程进行咨询和指导，使得高性能混凝土施工强制性工艺、工序和标准得到了切实有效的实施，保证了高性能混凝土的施工质量。同期，还开展了岩溶注浆加固地基处理、全线路基填料改良、岩溶桥梁桩基设计优化与施工、全线精测网的布置与测量、无砟轨道 CPⅢ网测量技术、区域沉降地段高程控制测量技术、桥梁现浇简支箱梁移动模架过孔专项方案及韩庄运河特大桥(60＋100＋60)m连续梁支架方案等专项专家咨询工作,并配合建设单位完成了Ⅰ类变更设计的审查工作,为保证京沪高速铁路快速有效地建设创造了良好的条件。

## 第三节　强化现场施工配合

施工图纸的及时提供、现场核对、方案变更配合等,是保障现场施工顺利开展的前提。在京沪高铁公司的组织下,设计单位采取有效措施,深入开展技术交底和各种形式的设计回访,及时研究解决现场的技术难题,充分听取建设、施工、咨询单位意见,合理开展设计变更,优化设计工作。

### 一、建立现场配合机构

为确保勘察设计工作有序推进,满足工程建设的需要,各有关设计单位根据各自承担的勘察设计任务,组建了相应的设计现场指挥部,指定专人负责,配强现场配合人员。如承担北京至徐州段工程设计任务的铁三院,成立了铁三院集团公司京沪高速铁路勘察设计指挥部,负责该项目勘察设计的现场组织管理和施工配合工作,对勘察设计和施工配合工作的质量、进度负责,下设天津、济南两个现场配合施工指挥部和三个施工配合组。承担徐州至上海段工程设计任务的中铁四院,成立了中铁四院集团公司京沪高速铁路建设指挥部,负责该项目勘察设计的现场组织管理和施工配合工作,下设蚌埠、苏州两个指挥部和南京、苏州、镇江、徐州、蚌埠、定远六个工地设计组。

各设计单位根据人员配备标准化的要求,选调现场配合设计人员,明确成员职责,对现场配合人员的工作时段、工作流程、工作内容和检查落实情况提出了具体要求,并根据实际情况,对现场配合人员的数量、专业进行动态调整。建立快速反应机制,将Ⅱ类变更设计的权限下放至现场配合组,并规定了完成变更设计的时限。

### 二、施工图核对和技术交底

施工图的现场核对和技术交底是设计工作的重要内容。为此,制定了《施工图交接及现场核对完善工作管理办法》,规定施工单位在工点开工前,应对承包标段内工程施工图进行现场核对,完善施工图设计,确保工点设置合理。未经现场核对、完善的工点不得开工。

施工图现场核对工作由施工单位牵头,咨询、监理、设计单位参加;由京沪高铁公司审批开工的工点,公司派员参加现场核对办公;由指挥部或监理单位审批开工的工点,指挥部派员参加现场核对。经现场核对,设计无误的工点才能申请开工;需进一步完善设计方案的工点,纳入变更设计管理,由设计单位按会勘纪要进行变更设计。

对重大技术设计方案或涉及全线共性的设计技术,由京沪高铁公司组织进行全线范围的技术交底。如连续梁设计、CRTSⅡ型板桥梁梁面结构设计、CRTSⅡ型板式无砟轨道设计、声(风)屏障设计等。对于一般的或个性的设计技术,由指挥部或现场监理组织进行技术交底,以确保现场施工能够将设计意图准确无误地予以落实。

### 三、设计人员的现场巡查与回访

施工过程中,各设计院选配业务能力强、有责任心的专业技术人员到现场配合工作,及时解答现场提出的各种技术问题。实施定期巡检制度，由设计单位总工、分管副总工带队，设计总体、专业总工程师和专业负责人参加，深入建设、施工单位开展设计回访（巡查），认真听取建设、施工、监理单位意见，及时处理施工中地质勘察、设计变更工作。

铁三院作为设计总体单位切实履行总体责任，加强站前、站后专业的设计协调和配合工作，对全线共性的设计接口问题，及时、主动地组织协调和研究解决方案。

设计单位各专业的现场配合人员增强服务意识，在做好设计配合工作、确保现场施工顺利进行的同时，积极发挥自身优势，配合建设、施工单位同地方政府协商征地拆迁、道路改移等事宜，参加电力、通信、管道的迁改或防护方案谈判，协助签订各类外部协议。

# 第三章 征地拆迁

京沪高速铁路建设全线征地批复数量为61 715.8亩(含南京项目7 364.2亩),全线征地拆迁资金核备概算为4 566 061万元(含南京市出资南京大胜关长江大桥及南京南站项目606 602万元)。为确保群众的利益,保证征地拆迁工作的顺利进行,根据部省会商合资建设京沪高速铁路的纪要精神,在京沪高速铁路建设领导小组和京沪办的支持下,京沪高铁公司积极创新征地拆迁模式,参建各方积极配合,由地方政府作为征地拆迁主体并承担相关费用,征地拆迁费用由第三方审核、合资各方认可后作为入股资金。

## 第一节 创新征地拆迁模式

京沪高速铁路征地拆迁工作采用了一种全新的模式。由沿线七省市政府根据国家及沿线七省市现行征地拆迁补偿政策组织实施,提供工程建设用地,发生的征地拆迁费用经审计确认后作价计入相关省市的股份。铁道部首先同沿线七省市政府达成共同筹资建设的共识,并分别形成部省(市)《关于铁路建设的会议纪要》。京沪高铁公司在铁道部与各省市签订的《省部纪要》基础上,同沿线七省市政府主管部门签订了《征地拆迁实施协议》作为指导征地拆迁工作的依据。明确征地拆迁由沿线七省市政府负责组织实施,提供建设用地,公司严格按照项目建设程序办理规划审批,依法取得建设用地。此外,经董事会同意由京沪高铁公司委托天职国际审计征地拆迁工作和费用,依法合规地将各省市的征地拆迁费用计价入股。

沿线七省市政府作为征地拆迁实施主体,不仅负责征地拆迁的组织实施,而且按照国家和省市基础交通用地补偿标准实施补偿,维护老百姓利益,妥善解决老百姓的安置问题。沿线七省市政府负责按照《新建京沪高速铁路征地拆迁费用清理实施办法》及其他相关规定,组织征地拆迁补偿费用清理和支持性证据的整理,并对其提供的征地拆迁补偿费用及其支持性证据的真实性、准确性和完整性负责。这种新型征地拆迁组织方式是路地共建铁路并发挥地方政府行政优势的成功实践,是加快铁路建设的重大举措,是在科学发展观指导下建设社会和谐工程的重大创新,对充分调动地方政府加快铁路建设的积极性,协调解决在征地拆迁过程中遇到的问题,建设和谐铁路,营造和谐建设氛围,规范征地拆迁行为,加快征地拆迁进度,确保工程建设顺利进行,有着重要的意义。实践表明,政府作为征地拆拆迁主体,依据行政手段和熟知地方乡村、厂矿企业单位状况的优势,可以发挥重要作用,有利于解决建设过程中的征地拆迁难题。

## 第二节 依法合规推进征地拆迁

### 一、领导小组高度重视

京沪高速铁路建设领导小组和铁道部对依法开展工程征地拆迁、创建和谐建设环境高度重视,各级领导多次做出指示和进行工作部署。2007 年 12 月 10 日,京沪高速铁路建设领导小组第一次会议上,国务院分管领导明确指出:“征地拆迁是制约工程建设的重要因素,首先要明确征地拆迁标准。沿线七省市要切实承担起征地拆迁的主体责任,可以把投资公司推出来,制定周密的方案和计划,加快工作步伐,确保满足施工要求。要做到依法合规,按政策要求进行补偿,按各地的具体情况来确定,维护好老百姓的合法权益,做好和谐、稳定工作。”京沪办积极协调地方关系,宣传建设京沪高速铁路的重大意义,通报征地拆迁进展。京沪高铁公司严格遵守国家的法律、法规,全面落实《省部纪要》及签订的《征地拆迁实施协议》。2008 年 9 月 16 日,京沪高铁公司蔡庆华董事长在百日大干动员大会上的总结讲话中,要求公司既要确保完成征地拆迁任务,又要杜绝因征地拆迁引发群体性事件;要主动组织设计、施工单位配合地方相关部门;贯彻执行《征地拆迁管理办法》,依法合规、有序、快速地完成征地拆迁工作。

## 二、地方政府行使主体责任

1. 地方政府承担主体责任

按照《省部纪要》和《征地拆迁实施协议》,地方政府作为征地拆迁主体是征地拆迁工作的组织者和协调者。全线所有的征地拆迁工作由沿线七省市地方政府负责,完成征地拆迁需要的所有费用都由沿线七省市地方政府出资人代表负责支付。沿线七省市将三电和地下管线迁改工程、大型临时用地和复垦工作的办理又分作两种模式:由河北省、天津市、山东省、南京市出资负责的境内三电和地下管线迁改工程纳入地方总体征地拆迁工作中,大型临时用地和复垦工作由施工单位负责;由北京市、上海市、安徽省、江苏省负责境内大型临时用地和复垦工作,而三电及地下管线迁改工程纳入土建合同总承包由施工单位负责。

2. 明确政策,制定标准

征地拆迁工作是一项政策性强且直接涉及群众切身利益的工作。省部会谈纪要签订后,按国务院要求,各省市明确表示,征地拆迁工作按所在省市基础设施的征地拆迁办法办理;在此基础上对有关问题做进一步的说明,各县市政府都及时颁布了具体的补偿标准,依据设计文件划定征地拆迁范围。

3. 各级政府积极推进征地拆迁工作

一些省市组织召开专题会议,协调解决建设推进中的难题。各省市成立以发改委、建委或交委为主的建设指挥部和协调小组,负责协调和处理与镇、乡、村等相关的征地拆迁事宜。地方政府按照《省部纪要》、《征地拆迁实施协议》以及京沪高铁公司提供的建设用地批复文件、设计图纸,采用招标的方式,或委托专业公司,履行相关手续,进行征地拆迁、树木伐移及三电迁改(部分省市)等工作。政府相关部门和乡镇的工作人员会同参建各方逐段逐户落实征地和拆迁数量,计算补偿数额,并督促电力、水利、管道、交通等部门加快有关拆迁工作的行政审批程序,有力地推进了征地拆迁工作。对征地拆迁中需要申办的所有手续及征地组卷、林地组卷、补偿协议的签订,组织村民代表大会协商。基层的乡镇征地拆迁人员处在第一线,直接与被征迁者沟通,对群众的利益诉求,通过与村民代表座谈协商以及召开工作例会等方式协调解决。

## 三、各部委积极配合

征地拆迁涉及面广,是一项复杂的工作,各部委的支持和密切配合是做好征地拆迁工作的重要条件。2006 年 8 月,国土资源部下发了京沪高速铁路建设用地的预审意见,2007 年 12 月在铁道部上报开工报告时，国土部依据申请批准了第一批开工项目用地（计6600多亩），其后对四电用地、新增警务区、值班岗亭用地，国土部门都及时做了批复。此外，国家林业局、交通部、人力资源与社保部、水利部、环保部、公安部等对沿线征地拆迁治安保卫工作都给予了积极配合。

国务院分管领导在第二次京沪高速铁路建设领导小组会议上，充分肯定了国家有关部门对工程建设的支持和配合。

## 四、参建各方全力推进

1. 京沪高铁公司大力推进

京沪高铁公司为加快征地拆迁工作，确保项目开工建设用地，做好正式用地报批等有关工作，成立了京沪高速铁路征地拆迁协调小组和推进工作领导小组。为依法合规推进征地拆迁工作，还举行多期征地拆迁培训班，组织参建各方学习国家和相关省市的政策规定，为工程建设顺利展开创造条件。

为有序、快速、高效地推进征地拆迁工作，确保建设用地及时到位，根据施工组织设计，公司编制了征地拆迁工作推进计划。督促设计院绘制各段分区域的用地图，与地方政府对接。要求各参建单位一方面积极做好建设及依法用地的宣传工作，一方面会同地方政府做好征地拆迁调查和补偿费用测算工作。公司和各指挥部主动登门督促沿线政府按计划分批次及时提供建设用地。

在征地拆迁过程中，路地双方共同清点核量，以作为确定补偿安置费用的依据。公司根据铁道部有关文件要求，及时起草了征地拆迁费用清理办法，在征求地方意见后开展费用清理工作。为保证清理工作的顺利进行，京沪高铁公司工程管理部到各省市召开会议，对清理办法中相关表格的填写进行系统培训。

2. 指挥部抓好落实

（1）加强一线推进工作

与各省市签订《征地拆迁实施协议》后，各指挥部迅速建立由指挥长负责、分管副指挥长组织实施、分管部门具体经办的工作机构，主动开展工作，建立与地方定期协同办公的工作制度。协商地方政府召开征地拆迁动员大会，进行动员教育和组织部署；协商地方政府制定征地拆迁补偿标准、安置办法，并主动参与相关标准的协商确定；协商地方政府按照管段用地计划制定征地拆迁实施细则，按计划提供建设用地；协商省市国土部门尽快完成正式用地组卷和报批工作。

依照京沪高铁公司《关于做好征地拆迁现场清点核量工作的通知》要求，各指挥部协调、组织地方有关部门和施工单位做好勘测定界和现场征地界址标定工作；切实查清地上物权属、类别、数量，保证征地拆迁原始资料的真实性、准确性和完整性；督促地方政府及时到位征地拆迁资金，及时兑现补偿费用，顺利清除各种地上物。

（2）制定计划，有序推进

各指挥部以满足工程建设需要为前提，结合指导性施工组织设计和正式用地图，编制完成各批次用地时间、用地数量、拆迁数量的分省计划，递交各省市负责征地拆迁工作的责任单位（或部门），协商地方政府按计划提供建设用地，并报工程管理部备案。

为积极稳妥地推进征地拆迁工作，各指挥部根据京沪高铁公司制定的《关于明确征地拆迁范围的通知》，与地方政府密切联系，积极主动地配合地方政府做好征地拆迁工作。妥善处理好各种问题，协调地方政府按计划、分层次地开展现场征地拆迁、清点核量工作，保证征地拆迁工作有序开展，投资可控。

(3)做好临时用地工作

建设期间,临时租用土地数量较大,其中小型临时设施使用土地由施工单位自行解决,大型临时设施和过渡工程使用土地则按责任划分开展工作。与地方签订的实施协议中明确由地方政府承担的,指挥部协调地方政府牵头,由施工单位同地方政府相关部门(单位)及村委会签订三方协议,临时用地及复垦费用由指挥部同地方商谈并由地方承担。《征地拆迁实施协议》中明确地方政府不承担的,指挥部组织,由施工单位向县级国土部门提出申请同地方商谈,并同地方政府相关部门(单位)及村委会签订临时用地协议,临时用地及复垦费用由施工单位承担。指挥部对大型临时用地组织工作负责,施工单位进场后,组织其对大型临时工程数量和位置实地踏勘并交底,并与沿线市(县)或乡(村)进行对接,现场核对优化。

大型临时用地数量以批准的施工单位编制的实施性施工组织设计数量为准,控制在设计数量之内,由指挥部核准,报京沪高铁公司备案。大型临时用地的位置原则以批准的施工单位编制的实施性施工组织设计的位置为准,如确实与现场地形有出入的且不影响施工组织安排的,由指挥部核准,报京沪高铁公司备案。

3. 施工单位积极配合做好征地拆迁的实施工作

京沪高速铁路建设上场快、工期紧、标准高、任务重,征地拆迁工作是按期开工的先决条件,必须首先抓好征地拆迁工作。为此,各施工单位建立了由项目经理部和工区项目部分级管理的责任制度,保证与地方政府沟通渠道的畅通,项目经理部负责征地拆迁协调和市、县层面上的工作联系;工区项目部负责乡镇、村一级的工作联系,以提高办事效率。各项目部注重抓好相关人员的学习、教育,采取集中培训、专题研究等方式提升征地拆迁人员的业务素质和政策水平,配合乡镇工作人员做好划界测量,地面附着物登记造册等具体工作,保证了征地拆迁工作的顺利运行。

由于各方协调配合,征地拆迁工作满足了工程建设需要。2008 年 1 月 31 日前完成 23 个先期开工工点建设用地提供,2008 年 3 月 31 日完成剩余先期用地的供地,2008 年 6 月 30 日前正式用地基本提供到位。

## 第三节　征地拆迁费用清理审计与土地确权登记

为维护被征地拆迁单位和群众的利益,落实股东会对征地拆迁费用进行第三方审计要求,在各省市政府的支持下,京沪高铁公司完成了征地拆迁数量及费用的清理工作,完善了土地确权登记工作。

### 一、规范征地拆迁费用清理工作

京沪高铁公司及时提出了征地拆迁费用清理工作,要求各指挥部积极配合各省市铁路办和出资人代表,依据国家和经省(市)级政府制定或批准的补偿标准,勘测定界成果和经各方共同清点确认的数量表,进行资料整理和费用清理,形成《京沪高速铁路××段征地拆迁费用清理单》、《京沪高速铁路××段征地拆迁费用清理汇总表》、《铁路建设项目征地、拆迁补偿费用汇总表》、《铁路建设项目征地、拆迁补偿费清册》等报表,包括收集勘界报告、补偿标准文件、有关协议等基础资料。

### 二、委托第三方审计

为合理准确地确定地方政府实施征地拆迁过程中实际发生的征地拆迁数量、补偿标准及费用支付情况，确保依法合规、资料完整、依据充分，依据2010年4月股东会决议，京沪高铁公司董事会聘请第三方审计机构对征地拆迁费用清理进行审计。

天职国际2010年对沿线七省市以2009年12月31日为基准日开始实施征地拆迁补偿费用（第一阶段费用）的支持性证据进行了审计确权。通过第一阶段的工作，董事会讨论、统一认识，明确了审计的原则和确权的依据。

1. 审计确权原则

对沿线七省市及铁道部申报的为征地拆迁而发生的补偿费用及其支持性证据的“三性”（真实性、准确性、完整性）进行审计。根据审计依据和“三性”要求，天职国际对每一申报事项均逐一审计。

2. 审计确权依据

（1）征地补偿审计依据主要有沿线七省市建设征地补偿安置办法、国土局关于征地公示公告程序的通告、国土资源和房屋管理局关于加强土地补偿款监督管理的通知、征地拆迁地上物认定补偿的指导意见等。

（2）拆迁补偿审计依据主要有各省市集体土地房屋拆迁管理办法、集体土地房屋拆迁补偿及补助费标准、京沪高速铁路工程非住宅房屋拆迁实施方案、京沪高速铁路工程住宅房屋拆迁实施方案等。

（3）征地拆迁实施依据主要有新建京沪高速铁路各省市征地拆迁实施协议、京沪高速铁路征地拆迁资金拨付工作协议。

（4）清点核量实施依据主要有京沪高铁公司2008年1月9日发布的《关于做好征地拆迁现场清点核量工作的通知》、2009年7月17日发布的《关于完善征地拆迁清点核量资料手续及开展费用清理（验工计价）工作的通知》的相关规定。

费用审核过程中，天职国际在确定何种费用属于合情合理的支出以及费用是否可以计价入股方面，与各省市可能出现分歧。京沪高铁公司积极从中协调，本着先易后难的原则，对有不同意见的部分允许补充证据，组织再次审查，共同促进征地拆迁工作的顺利完成。

## 三、落实土地确权登记工作

京沪高速铁路的建设用地在地方政府的主导下，满足了工程建设的需要，通过清点核量，第三方审计维护了各股东单位权益。在此基础上，办理土地权属证明（土地证）是公司保证资产完整的重要内容。

1. 提前开展准备工作

为使确权取证工作有据可依，京沪高铁公司提前开展取证所必须提交的竣工用地平面图和竣工文件资料的准备工作。2011年3月23日，通知铁三院、中铁四院启动《竣工用地平面图》和《铁路线路安全保护区平面图》绘制工作；4月7日，印发了《新建京沪高速铁路建设用地竣工文件编制实施办法》；4月11日，通知全线施工单位《填报京沪高速铁路竣工用地平面图绘制相关数据》；4月28日，组织各参建单位召开了京沪高速铁路建设用地竣工文件编制暨有关工作推进会，同时邀请北京、济南、上海铁路局土地管理部门、京沪办协调组、铁道部土地局领导到会指导工作。

2. 建立土地确权登记流程

为落实建设用地确权登记工作要求，规范京沪高速铁路建设用地登记取证行为，京沪高铁公司建立了《京沪高速铁路建设用地确权登记取证工作流程》，见表4.3.1。

表 4.3.1 京沪高速铁路建设用地确权登记取证工作流程

| 步骤 | 工作内容 | 基本要求 | 负责单位 | 配合单位 |
| --- | --- | --- | --- | --- |
| 1 | 召开建设用地登记办证工作动员部署会议，对相关人员进行培训 | 对建设用地登记办证工作进行了部署，提出登记办证指导性意见，学习《土地登记办法》，就相关规定进行了解释和说明 | 京沪高铁公司 | |
| 2 | (1)委托有资质的专业技术单位进行地籍调查<br>(2)委托有资质的土地登记代理人开展建设用地登记办证工作 | (1)签订委托协议，约定完成地籍调查表填制、宗地图绘制及确定宗地界址坐标工作时间、标准、责任、义务<br>(2)签订委托协议，约定完成建设用地登记办证工作时间、标准、责任、义务 | 京沪高铁公司及以征地拆迁费用作价入股的股东 | 各指挥部和地方政府有关部门 |
| 3 | 准备土地登记申请材料：<br>(1)土地登记申请书<br>(2)申请人身份证明材料<br>(3)土地权属来源证明<br>(4)地籍调查表、宗地图及宗地界址坐标<br>(5)完税或者减免税凭证<br>(6)其他材料 | 按当地县级政府土地登记机关要求进行填制、绘制、收集、整理：<br>(1)填制土地登记申请书<br>(2)填制申请人身份证明材料<br>(3)收集土地权属来源证明<br>(4)绘制地籍调查表、宗地图及宗地界址坐标<br>(5)收集完税或者减免税凭证<br>(6)收集其他材料 | 京沪高铁公司或以征地拆迁费用作价入股的股东 | 各指挥部和受托的地籍调查单位、受托的土地登记代理人 |
| 4 | 申请初始登记，向县级政府国土资源管理部门指定的地点申请划拨国有建设用地使用权初始登记 | 依据《土地登记办法》的规定和当地县级政府国土资源管理部门的要求提交土地登记申请材料，接受询问、引领土地登记人员至现场查看；按照要求补充和更正相关材料，申请材料达到齐全、符合法定形式 | 各指挥部和受托的地籍调查单位、受托的土地登记代理人 | 各相关施工、监理、设计单位 |
| 5 | 地籍调查(权属调查和地籍测量)。县级政府土地登记机关对登记申请书初步审查后，组织进行实地权属调查和地籍测量 | 根据县级政府土地登记机关《指界通知书》按时到指定地点与相邻宗地使用者共同现场指界，并在地籍调查表上签字盖章。对有争议的界址，现场及时解决处理，现场不能处理的，应与股东联系提出处理意见，及时解决 | 各指挥部和受托的地籍调查单位、受托的土地登记代理人 | 各相关施工、监理、设计单位 |
| 6 | 审核公告(公告期一般为 15 天)。地籍调查结束后登记机关认为土地权属合法、界址清楚、面积准确，发布公告，接受社会公众监督 | 各指挥部和受托的地籍调查单位、受托的土地登记代理人组织力量进行跟踪，了解工作进展情况，及时处理相关利益人提出的异议，将问题解决在初始阶段 | 各指挥部和受托的地籍调查单位、受托的土地登记代理人 | 各相关施工、监理、设计单位 |
| 7 | 批准登记核发证书。公告期满，无异议，由登记机关报经县级以上政府批准，进行注册登记，核发《国有土地使用证》 | 各指挥部和受托的地籍调查单位、受托的土地登记代理人组织力量进行跟踪，了解工作进展情况，及时领取《国有土地使用证》，送京沪高铁公司 | 各指挥部和受托的地籍调查单位、受托的土地登记代理人 | 各相关施工、监理、设计单位 |
| 8 | 召开建设用地登记办证工作总结表彰会议，对有功人员予以奖励表彰 | | 京沪高铁公司 | |

3. 全力推进土地确权登记工作

为做好国家验收准备，全力推进土地登记办证及相关工作，京沪高铁公司召开了“京沪高铁土地办证培训及相关工作部署会”，各指挥部、代建指挥部及参建施工、监理单位约 200 人参加了会议，同时邀请了沿线七省市主管部门或出资人到会。

2012 年 2 月 16 日，京沪高铁公司采取“以会代训”形式，召开了“土地办证培训及相关工作部署会”，邀请了国土资源部地籍司登记处、铁道部土地管理局权属处对《土地登记办法》进行详细讲解。

公司领导对土地办证及相关工作做了全面部署,确保了土地登记办证工作目标的实现。按照会议要求,各指挥部、代建指挥部组织管段内施工、监理单位召开协调会,传达会议精神,分别成立土地办证组织机构,加强领导,责任到人,按管辖区段分县区包保推进土地办证工作。

4. 建立激励机制

围绕土地确权登记工作的推进目标,根据登记工作进度和阶段性成效,建立并及时启动激励机制,对工作部署早、行动落实快、成绩突出的地方和参建单位进行通报表彰,并启用专项资金予以挂钩奖励,有力推进了土地确权登记取证工作。2012 年 4 月 10 日,公司发布了《关于土地登记办证奖励措施的通知》,提出为加快推进土地登记办证工作,做好国家验收准备,决定对该年 6 月前取得国有土地使用权证的相关人员进行奖励。到 2012 年 4 月底,全线取得国有土地使用权证 185 个,土地登记面积为 11 941 亩,占已批复建设用地 61 715. 8 亩的 19. 35%。对表现突出的单位和人员及时通报表扬和奖励,同时公司和各指挥部加大工作力度,协助各省市铁路办公室完善申报资料,全面推进办证工作。到 2013 年 2 月 30 日国家验收时,京沪高速铁路全线共取证 466 个,土地登记面积为55 946. 5亩,占全线征地批复数量 61 715. 8 亩的 90. 65%。

# 第四章　质 量 管 理

京沪高速铁路建设是百年大计，要建成具备一流水平的伟大工程，一流的质量是根基。开工伊始，京沪高铁公司围绕建设世界一流高速铁路的目标，拟定了质量创优规划，提出了“源头把关，过程控制，精细化管理”的要求和“试验先行，首件认可，样板引路”的方法措施。公司根据不同阶段工程建设的特点，突出工作重点，强化质量管理，确保全线质量始终有序可控。

2008 年京沪高速铁路全线开工，队伍进场。以大型临时工程和线下基础施工为主，京沪高铁公司以规范试验室和混凝土拌和站的建设与验收、制梁场的规范化和标准化建设、严格原材料检测、强化桩基无损检测、路基示范段的推广等为重点，规范质量管理行为。2009 年工程建设由基础施工向制架梁、轨道板预制与铺设等工程转移，京沪高铁公司以过渡段路基、箱梁预制及出场验收、精测网复测与沉降变形观测及评估、现浇梁线形控制、CRTS Ⅱ 型轨道板生产质量控制等工作为重点，进一步明确质量管理要求。2010 年工程建设从线下全面转移到线上无砟轨道工程和站后工程施工，京沪高铁公司以站前单位工程质量验收、无砟轨道施工、中间站房和四电工程质量监控等工作为重点制定新的措施，确保全线质量有序可控。2011 年是京沪高速铁路开通之年，其主要工作是部分剩余工程，如风（声）屏障、防护栅栏安装等和竣工验收，京沪高铁公司以工程静态和动态验收、联调联试、竣工资料组卷归档等工作为重点，确保竣工验收顺利进行，保证京沪高速铁路顺利开通。

## 第一节　质量管理目标

京沪高速铁路建设项目的质量管理目标分为总体建设目标和具体质量控制目标。总体建设目标是全线整体质量达到世界铁路一流标准，经得起运营的考验和历史的检验。具体质量控制目标是杜绝设计、施工质量大事故及以上等级事故；主体工程质量零缺陷，桥梁、隧道、混凝土等主体结构使用寿命不低于 100 年，无砟轨道使用寿命不低于 60 年，单位工程一次验收合格率为 100%；基础设施达到设计速度目标值要求，一次开通成功；竣工文件做到真实可靠，规范齐全，实现一次交接合格。

“安全、优质、高效建设，一次成优”是京沪高铁公司创优规划制定的指导思想。京沪高速铁路的创优目标是全线勘察设计质量达到国家优秀勘察设计金奖标准，全线综合工程质量达到中国建设工程鲁班奖标准，全线综合工程技术水平达到中国土木工程詹天佑大奖标准，全线技术创新水平和创新能力达到国家技术创新奖标准，全线 44 项重点单项工程为重点创优项目，达到单独申报条件。

## 第二节　组织与人员保障

### 一、质量管理组织

为实现建设世界一流高速铁路的质量目标，建立了公司、指挥部和设计、咨询、监理、施工单位相结合的质量保障组织体系，分级设立质量管理机构，明确机构职能和人员岗位职责。在工作中，细化工作流程，确保各层面、各环节人员职责落实，各机构管理工作界面分明，不出现空档和断层。

京沪高铁公司成立了以总经理为组长的质量管理领导小组，安全质量部负责全线质量管理日常工作；各建设指挥部负责管段内的质量管理工作，相应设立了安全质量部。勘察设计单位成立现场指挥部，并设立若干个施工配合组，做好施工配合工作。咨询单位负责全线工程咨询工作，咨询项目经理部下设技术咨询室、设计审核室、外方质量代表室和项目管理室等部门，总咨询师负责对全线设计进行审核和技术咨询；外方质量代表主要对重要技术问题和重点工程进行咨询，并负责对全线监理工作进行监督和指导。监理单位是建设单位在现场监督检查管理职能的延伸，对工程现场负监督管理责任；监理单位配足配强现场监理人员，设置中心试验室和工地试验室，确保管内工程始终处于全天候的监督管理中。施工单位建立健全内部质量管理组织机构和工作制度，按 ISO 9000 标准进行质量管理，对施工质量实行全过程控制，并对工程施工质量负全责。

为加强对工程质量创优工作的领导，确保工程质量创优，京沪高铁公司成立建设项目创优领导小组，由总经理任组长，总工程师和各现场指挥部指挥长任副组长，设计、施工、监理单位及京沪高铁公司、现场指挥部有关部门人员为成员，负责全线和各自管段工程创优工作的具体实施。创优领导小组下设办公室，办公室设在公司安全质量部。创优领导小组负责指导、监督、检查全线的创优工作。天津、济南、蚌埠、南京和苏州五个建设指挥部，天津西、济南西、南京南和上海虹桥四个委托代建指挥部及设计、施工、监理单位均成立相应的组织机构，负责创优工作的具体实施。

各方明确责任，创优领导小组、指挥部、咨询单位、监理单位、勘察设计单位、施工单位和专业检测单位的质量创优目标职责如图 4.4.1 所示。

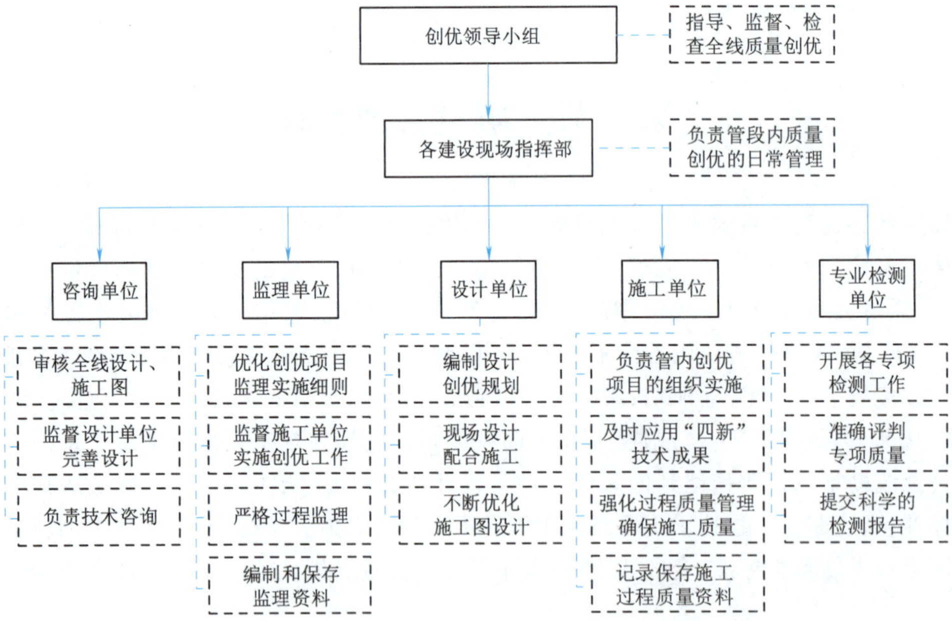


图 4.4.1　创优目标职责分解

京沪高铁公司和各指挥部高度重视现场质量检查和指导，定期开展检查活动，督促各参建单位规范现场质量管理和操作行为，落实质量安全监督部门提出的整改意见。

技术咨询单位负责全线设计审核工作，及时提出优化建议；监督设计单位完善设计，确保施工图设计无缺陷；对重难点工程进行技术咨询和质量把关，确保关键技术的应用和实施效果。

监理单位不但负责全线工程质量监理，而且负责全线创优工作的实施监督。严格过程监理，监督施工单位严格执行创优规划和实施细则，把好施工质量检查验收关；负责有关监理资料的编制、归档和提交工作。

勘察设计单位负责编制设计创优规划，做好现场设计配合工作，及时解决现场存在的问题，根据咨询审核意见、施工现场出现的问题以及业主的要求，不断优化施工图设计，确保工程设计质量。

施工单位在项目部领导中确定一名质量负责人和一名技术负责人（总工程师），专门负责工程的质量和技术工作，强化创优工作实施和检查。编制专门的创优项目实施细则，报监理审核和现场指挥部批准后实施。强化过程质量管理，提高自控能力，确保每道工序规范、单位工程合格、内实外美。同时，负责施工过程质量记录、技术文档、影像资料的编制、收集与归档，确保工程质保资料齐全、影像资料清晰、申报材料规范。

专业检测单位采取分段循环检查流程，实行分组定人管理。及时开展桩基、隧道衬砌厚度、路基沉降等专业检测工作，准确评判工程质量，提交科学的检测报告。

## 二、人员保障

1. 抓好人员培训

按照铁道部批准的公司人员配备要求，京沪高铁公司从路内外选拔或借调了近百名具有较丰富建设管理经验、专业齐全、结构合理的高素质建设管理人才，85%以上具有高级职称，配备到各部门和现场指挥部，使人员配备满足建设管理的需要。此外，还开展了各类培训活动，切实提高全体参建人员的素质。

（1）抓好公司管理团队的自身培训，创建学习型团队。建设筹备期间，组织相关人员到京津城际铁路、遂渝铁路、武广客运专线等施工现场考察学习，认真总结经验教训，为建设管理积累经验。举办了11期建设管理培训班，邀请高等院校、科研院所、铁道部有关部门和单位的专家授课，公司与各指挥部全员参加，公司董事长和总经理带头听课，提高对高速铁路的认识，增强建设管理人员的综合素质，确保京沪高铁公司在质量管理上的龙头作用。利用周生产例会、研讨会、碰头会、技术交流会等形式进行培训，利用公司办公网络平台交流学习成果和经验；采取“走出去、请进来”的形式，先后组织管理骨干到德国、法国、日本等国家学习考察，开阔视野，学习经验，全面提高了建设管理人员的综合素质。

（2）抓好参建各方管理骨干培训。开工伊始，京沪高铁公司即对各标段施工单位工区长、监理单位监理组长及以上管理骨干进行综合培训。公司会同西南交通大学等单位先后举办桥梁、路基、隧道、试验、桩基检测、精密测量、变形观测与评估、安全管理、监理实务、跨既有线施工、无砟轨道、钢轨焊接、站后工程管理等专业培训班55期，参加培训人员达10 200余人次，清退了139名考核不合格人员，确保参建单位管理骨干素质达标。

（3）抓好专业技术人员培训。举办专业技术人员培训，邀请科研院所、施工、监理等专家授课。分专业累计组织专业培训班50期，培训人员7 350人。对理论和实作考核合格的颁发合格证书，对两次考核不合格的限期离场或更换岗位。

（4）抓好一线作业人员岗位培训，着力提高职工岗位操作技能。坚持“先培训后上岗”、“不合格不上岗”、“特殊岗位持证上岗”，建立了劳务作业人员的管理培训和持证上岗制度。各参建单位充分利用职工夜校培训、岗位比武、“五小”革新等活动，大力开展以“短、平、快”为特点的专业技能培训和适应性培训、应急性培训、提高性培训。指挥部、监理负责监督检查培训记录和考核成绩。建设期间，全线施工和监理单位组织培训达 17.5 万余人次，一线作业人员的岗位操作技能和综合素质得到全面提高，基本满足了建设质量管理的需要。

2. 加强监理管理和考核

京沪高速铁路线长、点多、面广、分散，工地 24 小时施工，过程控制非常重要。京沪高铁公司为保证工程高质量，采取“小业主大监理”模式，发挥监理作用，延伸建设管理。

全线共设 16 个监理标段（不含代建），其中线下土建工程监理共 8 个标段、17 个监理单位（不含代建），站房工程监理 7 个标段、6 个监理单位，四电工程监理 1 个标段、2 个监理单位。委托代建 4 个车站、7 个监理单位。施工期全线监理人数总计 2 367 人。

与监理单位签订监理委托合同，对监理延伸职能的范围进行了约定。对监理机构实行统一管理与考核，对监理机构进行定期或不定期检查和考核，并实施奖罚。各指挥部主要负责管段内监理工作的监督、检查和指导，重点是抽查监理效果和现场施工监理状况。监理单位对工程实施全面监理、全过程监理，主要工作包括“五控制、两管理、一监督、一协调”，即质量、安全、进度、投资、环保控制，合同和信息管理，文明施工监督，各方关系的协调。全线监理单位接受外方质量代表对现场监理工作的核查和管理。

京沪高铁公司十分重视监理工作和其管理延伸作用的发挥，加强对监理的监督与考核。

（1）督促监理单位建立经常化学习制度。一是监理单位内部学习制度，二是根据工程进展适时开展专项学习活动，如验收标准学习、无砟轨道技术标准学习等，公司和指挥部定期检查学习笔记，并作为考核内容之一列入信用评价。

（2）实行监理人员动态管理制度以满足现场施工进程为原则，及时更换不合格人员，及时增加新工序人员。先后有 95 名不称职监理人员被清退出场，有 31 人因不适应严格管理而自动退场，有 18 人因专业能力不足而被调换岗位。

（3）开展监理工作“整顿规范”专项活动。京沪高铁公司于 2008 年 5 月 29 日 ~7 月 16 日会同各指挥部分成六个工作组到各监理标段开展调查、考核工作，采取“一对一、面对面”形式，对每个监理人员进行建设重要性教育、思想沟通、专业考核，按 A、B、C 三类确定每个监理人员的基本评价。其中，A 类为合格监理人员，作为监理骨干力量带动其他人员工作；B 类为基本合格监理人员，需要进一步学习和提高；C 类为不合格监理人员，需要调换岗位或清退。对监理单位变更人员多，部分监理单位执行监理工作程序不力、把关不严、监理行为不规范，部分从业人员资格、业务水平、素质不高，监理人员未从事过铁路工程监理且未经过铁路监理执业培训，监理实施细则内容操作性差，监理日志、监理日记填写不规范，未完全、真实地反映所做的工作，监理人员劳动合同签订等方面问题，提出了具体整改意见。

各监理单位还开展了为期 25 天的规范提高活动。通过修改完善规章制度，细化监理细则和程序；组织培训，熟悉监理业务、高速铁路施工验收标准与规范，掌握业务知识，不断规范监理行为；提高管理水平和现场的监理执行力，达到现场管理可控、监督管理有效的目的。京沪高铁公司修订监理管理办法，完善监理工作的现场管理与过程管理。各指挥部加强了监理单位监理行为的管理，及时通报监理人员不规范行为，确保人员数量、素质与能力满足监理工作需要。

通过培训和“整顿规范”专项活动，各级监理人员的责任意识得到明显提高，服务意识逐步到位，工作更加积极主动，现场监理水平显著提高，管理延伸作用得到较好发挥。

3. 发挥外方质量代表作用

根据咨询合同约定，外方质量代表的主要职责是对关键工程（序）进行现场监理或专题质量监督指导，对全线监理业务工作提出专项培训计划，经京沪高铁公司批准后负责实施；代表公司对全线监理工作每月进行一次巡检，提交巡检专题报告，并对其中存在的主要问题和解决方案提出意见，经公司批准后监督实施；参与重要技术问题和重点工程的咨询。

京沪高速铁路建设项目实行首席质量代表负责制，由德国沃森公司负责外方质量代表工作。在京沪高铁公司的领导下，外方质量代表在济南、南京分别成立了现场工作组，济南工作组负责北京至徐州段的有关工作，南京工作组负责徐州至上海段的有关工作。

为发挥外方质量代表作用，京沪高铁公司制定了《外方质量代表管理及考核办法》，加强对其全程管理，包括上岗前的面试、试用，上岗后的考核和管理等。首席质量代表到岗后由公司对其进行面试，并给予三个月的试用期，试用期满后进行考核，考核通过后才能正式上岗。每年年初，京沪高铁公司、联合体主办方要求外方质量代表提交年度休假计划，服务期间外方质量代表离开服务现场需事先得到公司同意。在每半月一次的工地例会上，公司与外方质量代表就工程情况充分交换意见，并对外方代表提出要求和希望。同时，为保证外方人员与中方交流畅通，明确要求来往文件均以中文为准，配置的翻译人员要确保其翻译水平。

对外方质量代表工作的考核由公司安全质量部负责具体实施，指挥部负责外方质量代表在本管段内工作过程的管理和考核。对外方质量代表的考核每半年一次，采用平时考核和集中考核两种方式，实行扣分制，满分 300 分。平时考评由指挥部组织，每季度一次；集中考核由公司安全质量部组织，分别于 6 月和 12 月下旬实施；平时考核成绩平均分的 50% 与集中考核评分的 50% 之和，作为外方质量代表的当期考核结果。

外方质量代表在积极引导中方监理更新建设理念的同时，根据现场人员的实际情况开展了土力学、路基过渡段施工、沉降观测、ISO 9001 质量管理体系、CPⅢ控制网测设、大体积混凝土施工、隧道施工健康和安全、冬季施工关键控制措施等专业培训，共举办 22 期，培训近 630 人次，有效地促进了监理人员素质的提高。

外方质量代表按照京沪高铁公司的要求每月组织召开一次工作例会，每月至少参加一次中方监理标段的监理项目部工地例会，在必要时派专业质量代表参加监理组工地例会或专题监理例会。为加强施工过程质量控制，外方质量代表按公司要求针对监理行为和施工过程进行专项监督检查，定期对全线施工过程进行巡检。

外方质量代表以工程示范段为重点，以监督监理工作为载体，强化过程质量检查和指导工作。如以路基示范段为重点，有针对性地开展技术培训、现场巡查等工作，有效地提升监理单位的管理水平，规范施工单位的质量行为，促进了工程质量的提高。

## 第三节　质量管理措施

为实现质量管理目标，京沪高铁公司在建设中通过源头把关，严格控制原材料的质量，建立准入制度；坚持试验先行，总结好的工艺；通过首件认可固化工艺流程；通过样板引路组织观摩学习，将质量标准、控制措施在全线推广，强化效果。

### 一、原材料准入制度

1. 原材料质量控制与检验

原材料质量直接关系到工程实体的质量。京沪高铁公司在创优规划中，首先是建立原材料的准入制度，建立全线地材主供渠道，坚持源头把关。对钢材、水泥等主材（原材料）严格进场检查验收。强化原材料检测试验工作，坚持施工单位自检自测、监理单位平行抽检和见证检验、各标段交叉抽检制度。

原材料按照技术质量要求由专人采购和管理，采购人员和施工人员之间对各种原材料认真做好交接记录。

原材料进厂（场）后，对原材料的品种、规格、数量以及质量证明书等进行验收核查，并按规定取样和复验。经检验合格的原材料方可使用；对于检验不合格的原材料，按有关规定清除出厂（场）。

原材料进厂（场）同时建立"原材料管理台账"，包括材料名称、品种、规格、数量、生产单位、供货单位、"质量证明书"编号、"复试检验报告"编号、检验结果以及进货日期等内容。"原材料管理台账"填写正确、真实、齐全。

水泥、矿物掺和料等采用散料仓分别存储。袋装粉状材料在存放期间采用专用库房存放，不得露天堆放，注意防潮。

粗骨料按技术条件要求分级采购、分级运输、分级堆放、分级计量。

对原材料建立符合工厂化生产的堆放地点和明确的标识，标明材料名称、品种、生产厂家、生产日期和进厂（场）日期。原材料堆放时必须有堆放分界标识，以免误用。对骨料堆放场地进行硬化处理，并设置必要的排水设施。

为加大充填层砂浆原材料质量监控力度，确保充填层砂浆原材料质量始终可控，京沪高铁公司安全质量部会同物资设备部于 2010 年 8 月 27 日下发了《关于开展全线充填层砂浆原材料专项交叉抽检的通知》。各监理单位于 8 月 28 日 ~9 月 8 日完成了现场抽样，一标监理抽查土建二标的 368 组样品，土建二标监理抽查土建四标的 428 组样品，土建三标监理抽查土建五标的 175 组样品，土建四标监理抽查土建六标的 363 组样品，土建五标监理抽查南京土建二、三标共 72 组样品，土建六标监理抽查南京土建一标共 22 组样品，南京枢纽监理抽查土建一标的 413 组样品，南京大桥监理抽查土建三标 224 组样品。监理中心试验室积极组织室内人员依据相关规范进行检测，于 9 月 12 日完成了抽检情况报告。通过原材料的交叉检查，不仅检查了原材料质量，同时也检查了监理本身及其试验室的工作能力和协调配合等方面的工作。

建设期间，共检测各类工程原材料 129 万多批次，发现并退回不合格品1 384批次，杜绝了不合格材料进入现场。京沪高铁公司组织全线监理单位开展原材料交叉抽检 6 次，共抽样6 518 组，一次合格率均在 98% 以上，对发现的不合格材料坚决清退出场，确保原材料质量始终处于可控状态。

2. 质量预警

原材料质量预警是原材料管理的重要组成部分，预警的主要功能在于对原材料源头风险进行预防预测，将可能产生的不合格材料事先通知承包商引起注意，并及时在源头进行整改。在南京大胜关长江大桥施工中，就全面推行了原材料质量预警机制和质量记录单制度，规范了原材料质量验收手段，及时发现问题及时预防或纠正，把不合格品杜绝于工程之外。各种原材料建立的预警指标如下：

粗骨料（碎石）包括压碎值指标、针片状颗粒含量指标、含泥量指标、泥块含量指标、关键筛孔累计筛余指标。

细骨料（黄砂）包括细度模数、大于 10 mm 颗粒含量、含泥量、泥块含量、轻物资含量、云母含量、0. 63 mm累计筛余百分率。

水泥包括细度、安定性、初凝时间、终凝时间、3 天抗折强度、3 天抗压强度、28 天抗折强度、28 天抗压强度。

粉煤灰包括细度、烧失量、需水量比。

外加剂包括减水率、含气量、泌水率比、3 天抗压强度比、7 天抗压强度比、28 天抗压强度比。

监理中心试验室利用电子台账内的数据建立混凝土各项主要原材料指标预警图。图 4.4.2 为水泥细度检测示意。

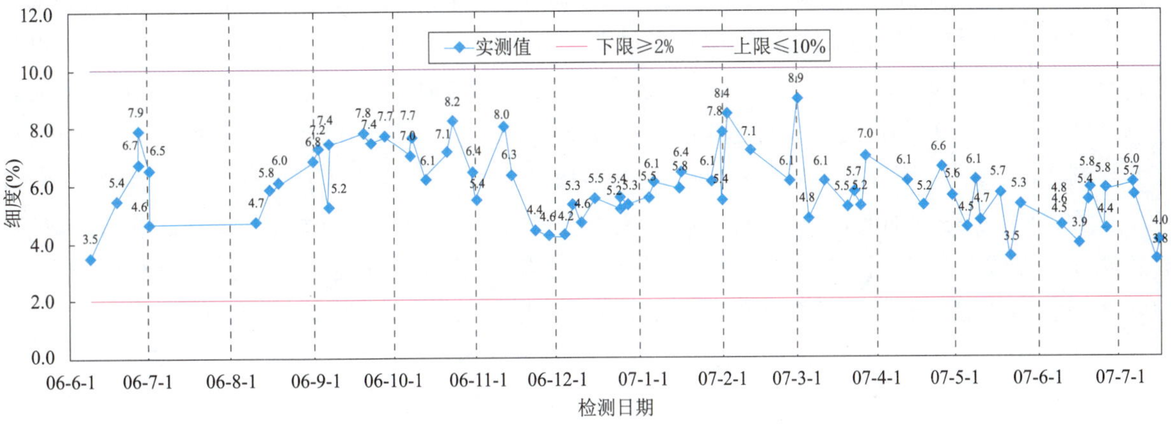


图 4.4.2 水泥细度检测示意

监理试验室根据不同工程，选择合适的指标体系，将预警程度事件分为一般(Ⅳ级)、较重(Ⅲ级)、严重(Ⅱ级)和特别严重(Ⅰ级)四级预警，仿照国际惯例依次用蓝色、黄色、橙色和红色表示。据此，依据检测曲线波动情况判断是否需要发出警报以及发出何种等级的警报。最后，根据预警等级提供相应的可供参考的应急解决方案，建立快速高效的应急处置机制。

例如，监理中心试验室对 15 份碎石样品的平行试验发现，碎石的压碎指标在 8.0%~10.0% 的有 13 份(规范要求不大于 10%)，虽然未出现不合格的样品，但压碎指标明显高于前期。针对这一情况，监理项目部和施工单位研究认为可能是生产商设备老化所致。在及时与厂家沟通和现场考察后，要求生产商对磨损较为严重的碎石机部件和振筛网进行更换，提高了质量的稳定性。

## 二、试验室及拌和站验收

工程试验室与混凝土拌和站是保证工程质量的重要设施。为规范现场试验室与混凝土拌和站建设，京沪高铁公司编制了《京沪高速铁路工程质量管理办法》、《京沪高速铁路工程质量检测与试验实施细则》和《京沪高速铁路现场试验室与混凝土拌和站验收程序指南》，对试验室的组织机构及人员、仪器设备、试验室工作规章制度、质量手册、工作环境等，混凝土拌和站的组织机构及人员、仪器设备、搅拌站工作规章制度、现场管理、混凝土外加剂匀质性试验、混凝土试拌和生产能力等都做了明确规定和要求。其中，施工、监理单位中心试验室由指挥部组织初步验收，京沪高铁公司组织终步验收；现场试验室、拌和站由指挥部组织验收。

全线共组织验收 179 个试验室。其中，施工单位中心试验室 18 个、监理单位中心试验室 7 个，施工单位和监理单位工地试验室 154 个，确保了试验仪器设备、人员配置、检测项目满足工程质量自控和监理平行抽检的要求。组织验收混凝土拌和站 198 座，确保混凝土生产设备和计量系统满足高性能混凝土生产质量要求；对 48 个梁场、16 个轨道板场、7 个 RPC 盖板场，每个小型构件预制厂、级配碎石拌和站均进行严格投产验收，做到成熟一个验收一个、合格一个通过一个，不合格的限期整改达标。保证专业人员和设备的配置满足质量控制要求，对保证工程质量起到了把关作用。

## 三、试验先行

建设中采用的新材料、新技术、新工艺多，坚持试验先行的方式，试验成熟之后再全线推广，为保障质量奠定基础。结合工程进展，组织基础沉降与结构变形控制关键技术、工程材料及结构耐久性、轨道关键技术、减振降噪等 31 项站前工程先行试验研究，取得了显著成果。例如，李窑、凤阳路基段 CFG 桩复合地基处理技术的研究成果；CFG 桩桩基工程用尾砂、灰渣等工业废弃物取代河沙、粉煤灰等试验研究成果，在德州、曲阜等站场和区间路基施工中得到及时推广使用，节约了大量地材；水泥乳化沥青砂浆质量试验研究，通过工艺性灌注及揭板试验，统一了水泥乳化沥青砂浆揭板试验方法、程序和评判标准，满足了无砟轨道质量控制目标；桥梁墩台选型研究，实现了技术性和经济性的统一，节约了投资；桥梁桩基试验研究为全线桩基础设计和优化提供了依据，在沿线桩基设计参数的选取、基桩检测和工程试桩方案的优选中得到推广运用，节省了投资；高性能混凝土指导性配合比试验提供了 1 000多组指导性配合比，应用到全线的高性能混凝土施工中，为工程提供了技术保障。

## 四、首件认可

各参建单位认真贯彻落实铁道部《京沪高速铁路工程质量创优规划》，以 44 项单项创优工程为重点，强力推行首件认可制度。开工之初，集中力量把各类工程中的首件作为重点，第一座涵洞、第一个墩台、第一片梁、第一块预制轨道板的施工，均进行了试验。推行标准化作业，经现场评议，得到各方一致认可后，通过总结形成工艺、工法，再大面积施工，为后续工程提供宝贵的经验和数据，带动全面创优工作。

## 五、样板引路

京沪高铁公司通过树立样板、组织现场会交流经验、引导全线，提高质量管理水平。例如，沧德特大桥 DK308 + 544 ~ DK312 + 342 墩身工程，由二标段二工区施工、监理二标监理三组监理，2008 年 4 月8 日开工，11 月 9 日墩身施工结束。检验批、分项工程合格率 100%。墩身混凝土结构表面密实平整、颜色均匀，无修补现象，内实、外美，质量优良，被评选为优质样板工程。再如，南京大胜关长江大桥主桥边跨钢梁架设工程由中铁大桥局施工、大胜关长江大桥工程咨询监理项目部监理，2007 年 12 月 24 日正式开始钢梁架设，2008 年 12 月 24 日实现南北边跨钢梁合龙，完成钢梁架设阶段性目标，被评选为样板工程。全线共召开预制梁生产、路基填筑、过渡段施工、冬季箱梁预制、特殊结构桥梁、桥面六面坡、聚脲防水层、遮板、轨道板生产与铺设、RPC 盖板预制、道岔铺设、接触网施工、通信信号等各类现场会 50 多次，总结、推广样板经验。例如，2008 年 7 月，组织全线施工单位在四标段大店梁场召开全线建设工作现场会议；8 月在五标段召开了全线路基施工现场观摩会；12 月在一标段广阳梁场召开冬季施工现场观摩会，这些观摩学习在全线起到了示范作用。2009 年，公司先后在四标段淮河特大桥、五标段跨老 312 国道特大桥召开桥面系施工现场会，在四标段固镇板场召开轨道板生产现场会，在三标段曲阜板场召开桥梁遮板生产现场会，在二标段德禹特大桥召开梁面处理及防水层现场会，在三标段曲阜 RPC 板场、五标段的句容 RPC 板场、六标段常熟 RPC 板场召开 RPC 板生产现场会，树立样板，表彰先进。2010 年，京沪高铁公司相关部门与各指挥部、铁三院、中铁四院及博格公司组成无砟轨道首段评估检查组，对全线 14 个无砟轨道先行段进行检查和评估，对设计、施工中存在的问题进行了纠正，并对中铁十八局集团有限公司（中铁十八局）底座板加工方法、中铁一局和中铁二局集团有限公司（中铁二局）辅助拉紧法施工工艺、中铁十六局集团有限公司（中铁十六局）开发的底座板表面拉毛机械设备、中铁一局与中铁十四局集团有限公司(中铁十四局)后浇带混凝土施工控制方法、中铁五局剪力齿槽端头模板制作安装规范及中铁二局对关键工序实施专业班组管理等施工工艺、措施给予肯定并组织推广。同时,全线先后开展了钢筋加工绑扎不规范专项整治、路基填料和碾压不规范专项整治、内业资料填写不规范专项整治、隧道开挖限界超标专项整治及原材料交叉抽检等活动,有力地提高了全线的标准化管理水平。

在建设过程中,公司坚持编报安全质量半月报,不但介绍质量管理的典型、先进工艺工法,而且通报存在的质量问题,警示教育大家。

通过样板引路提高了各施工、监理单位的质量意识和管理水平,为全线工程全面创优打下了基础。

## 六、严格质量追溯,落实质量终身负责制

京沪高铁公司十分注重质量管理过程中的资料管理,要求各参建单位对建设工程档案实行全过程管理,并实行图片影像档案管理和工程技术资料管理制度,真实记录建设工程施工的全过程,保证质量可追溯。

图片影像档案因其形式简单、直观,记录真实、迅速,具有较强的客观性、透明性和不可替代性,其价值是文字资料无法比拟和替代的。因此,明确规定,对反映建设过程的质量检查、隐蔽工程验收以及关键环节、关键工序的施工,都要留存完整声像材料,明确要求做好积累重点工程图片和影像资料的工作。在全线普遍建立以项目工区为单位的工程质量责任档案,对主要桥梁、路基和隧道建立隐蔽工程影像档案。特别是主要桥梁、路基、隧道的重要工序、隐蔽工程施工前认真进行检查、验收,做好记录,对需要留存影像资料的及时拍照,做到资料齐全、完整、真实,为再现工程建设全过程提供了依据。实现问题的可追溯,质量的终身负责。为规范问题销号管理,制定了专门的问题库表格,表格中包含对存在问题的描述,以及提出问题的单位、责任单位及具体负责人;问题的整改情况描述,监理单位验证人与意见,指挥部验证人与意见等。对所有问题都落实到具体责任部门和责任人,问题整改留有影像资料,追踪解决问题,确保整改销号。

在建立图片影像档案过程中,各参建单位严格按照管理办法及相关规定,高标准做好各种资料的收集、整理和归档,专人负责管理资料,做到资料与施工同步完成,保证资料的规范、清晰、真实、完整,符合国家、铁道部和京沪高铁公司有关归档要求。

对于建设工程的其他技术资料,实行公司、指挥部、参建单位三级管理机制,建立各参建单位的技术资料保管体系,实现技术资料管理的标准化,落实质量的可追溯性。

## 七、驻厂监造和第三方无损检测

1. 驻厂监造

京沪高铁公司按照铁道部铁建设〔2006〕217 号文件精神,委托中国铁路物资总公司组织专业力量,甄选出对工程质量、工期、投资影响大的重点物资,实施驻厂监造。

(1)对轨道扣配件、道岔、钢轨、隧道防水板、桥梁支座等铁道部规定的重要物资实施驻场监造,从生产源头把关。对产品从原材料采购到生产工艺、生产流程等方面进行全过程监督。凡是不合格产品不批准出厂,未经监造人员审查(盖监造专用章)的物资,现场不予验收。

(2)对铁道部规定监造物资以外的重要物资和新材料,如钢梁、系杆拱和提篮拱、聚脲、大胜关长江大桥用水泥、声屏障等也实施驻厂监造。钢结构桥梁是重点工程,为把握整体质量,实施桥梁全过

程驻厂监造。

2. 第三方无损质量检测

根据国家、铁道部的有关规定制定了《京沪高速铁路工程质量无损检测实施细则》，并明确桥梁桩基、钢桥、站房钢结构、钢轨焊接质量、声(风)屏障、隧道衬砌、系杆拱及提篮拱桥等结构物均需委托第三方进行检测。对结构无损检测项目实行统一招标，签订委托检测合同，实施专业检测试验工作。其中，桥梁桩基无损检测分8个标段共10个单位中标。钢桥和站房钢结构无损检测单位由中冶院中标，屏障检测分两标段有两个单位中标。组织第三方检测单位对施工单位的自行检测试验项目进行抽检，并对有争议的检测结果组织复检。

在施工过程中，施工单位和监理单位根据工程质量验收标准规定和合同约定，必须对应该自检的项目实施检测，包含独立检测和委外检测两种方式。独立检测是指在本单位的检测试验机构内进行检测；委外检测是指本单位检测试验机构的检测条件有限，对无法完成的检测项目委托其他有相应资质的检测机构进行检测。

隧道衬砌质量由施工单位委托符合资质要求的检测单位进行检测，检测方法、报告格式均按规定执行。监理单位对检测单位资格、检测方法、报告格式等进行审查，并派员进行过程旁站见证和签署意见。对发现的问题，由施工单位制定方案进行整改，并报监理单位审批后方可实施。隧道衬砌工作完工后的10天内完成全部无损检测工作；对发现的问题，在轨道工序施工7天前全部完成整改。对于隧道衬砌未经无损检测或对无损检测发现问题整改不达标的，一律不进入轨道工序施工。

对钢结构焊缝质量检测，各施工单位按验收标准规定的项目、频次做好桥梁钢结构、房建钢结构的焊缝质量无损检测。各监理单位严格做好检测单位资质审查和过程旁站工作，确保钢结构焊缝质量全部达标。京沪高铁公司在2009年委托咨询单位中冶院对钢梁结构焊缝质量进行抽检，取得了良好效果。

京沪高速铁路采用100 m定尺钢轨由焊轨基地焊成500 m长轨条，在现场采用移动闪光焊焊成单元轨并进行锁定焊，正线道岔和站场道岔区焊接采用铝热焊焊接方式，其技术质量标准高、专业性强。因此，京沪高铁公司在2010年委托铁科院金属及化学研究所对全线钢轨焊接进行技术服务，由其提供技术咨询和指导，对监理、施工人员进行专业培训，对钢轨焊接过程进行监控，并参与钢轨焊接工程的验收工作，确保了全线钢轨的焊接质量全部合格达标。

建设过程中，引入第三方检测机构，保证检测方法的正确性、技术设备的先进性、检测数据的真实性以及检测结论的及时准确性，确保了隐蔽工程和重要结构部位的施工质量，为工程建设质量提供了强有力的保证。

3. 无损检测(桩基，钢结构)结果

共检测桥梁基桩289 634根，均一次合格。其中，Ⅰ类桩289 592根，占99.99%；Ⅱ类桩42根，占0.01%。

共检测路基CFG基桩154 668根。其中，一次Ⅰ类桩154 645根，占99.99%；Ⅱ类桩23根，占0.01%。

桥梁钢结构焊缝无损检测9 385.96延米，一次合格9 322.27延米，合格率达99.32%；返工处理63.69延米，复测后均全部达标合格。

站房钢结构焊缝无损检测18 620.1延米，一次合格18 408.43延米，合格率达98.86%；返工处理211.71延米，复测后均全部达标合格。

## 八、沉降观测与评估

1. 沉降观测评估组织体系

为保证路基(含过渡段)、桥梁、涵洞、隧道等线下工程的沉降变形观测质量,评估预测线下工程最终沉降量和工后沉降,合理确定无砟轨道铺设时间,确保铺设质量,京沪高铁公司成立了沉降观测评估领导小组,评估单位、设计单位、施工单位、监理单位等各方均成立了工作小组,形成了沉降观测评估组织体系,如图 4.4.3 所示。

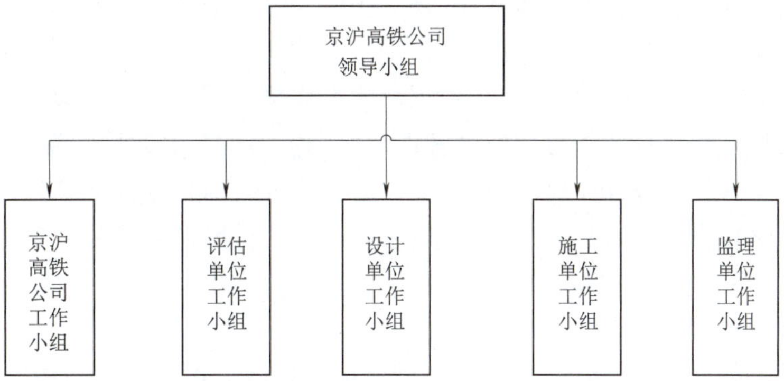


图 4.4.3 沉降观测与评估领导小组

京沪高铁公司委托西南交通大学(北京至徐州段)、中铁二院(徐州至上海段)对全线结构物沉降变形观测进行培训、指导和评估,制定线下工程沉降变形观测与评估实施细则,明确各方任务分工、工作流程、工作内容和相关要求。

京沪高铁公司领导小组由公司总工任组长,公司部门及各指挥部领导任领导小组成员;工作小组由公司安全质量部主任任组长,公司部门及各指挥部技术人员为组员;设计单位工作小组由总体设计负责人任组长,路基、桥梁、隧道、测量设计负责人任副组长,各专业技术人员为组员;施工单位工作小组由标段指挥部负责统一管理,由总工任组长,各工区总工任副组长,工区成立测量队,设专职测量队长;监理单位工作小组由监理单位副总监任组长,监理项目部配备专职测量工程师,负责平行观测,并对施工观测实施监督;评估单位工作小组由评估单位总工任组长,技术专家任总评估师,下设路基、桥梁、隧道、测量四个专业小组和软件数据库维护小组。

线下工程沉降变形观测及评估工作是一项系统工程,京沪高铁公司与参建各方各负其责、密切配合,确保观测数据及评估结果的真实、可靠。

京沪高铁公司负责全线线下工程沉降变形观测及评估的领导和协调工作,对沉降变形观测及评估过程进行监督检查;各指挥部负责各自管段内线下工程沉降变形观测及评估的组织工作,对沉降变形观测及评估过程进行监督检查;组织国内外专家对评估报告进行评审。

施工单位是沉降变形观测的实施责任主体,严格按照有关规范、设计文件及京沪高铁公司要求做好各项工程施工过程的沉降变形观测,对观测数据的真实性负责。负责沉降变形观测网的建立及其保护工作;负责各种监测设备、仪器、管线的购置与埋设及其观测设施的保护工作;配置专业人员,按规定监测项目和频率进行全过程观测和记录,并按规定格式和内容提交观测数据,确保其真实性、可靠性和全面性;参与沉降变形观测及评估实施方案的制定工作,并参与和配合京沪高铁公司或评估单位组织的沉降变形观测评估工作。

监理单位对施工单位沉降变形观测网的建立及其保护、各种监测设备、仪器、管线的购置与埋设进行全面检查,确保观测准备工作符合规范和设计要求。派专业测量人员对施工单位的沉降变形观测全过程进行旁站监理,做好旁站记录并对观测记录进行签认;派专业测量人员进行平行观测,对平行观测数据的真实性负责;参与沉降变形观测及评估实施方案的制定工作;参与和配合京沪高铁公司或评估单位组织的沉降变形观测评估工作。

设计单位对沉降变形观测有关设计资料的准确性负责,并对沉降变形观测过程进行指导;提交线下工程沉降变形观测断面、观测点布置、沉降变形计算报告等设计资料;对沉降变形观测设计要求进行技术交底;参与沉降变形观测及评估实施方案的制定工作;参与施工单位沉降变形观测实施细则制定的指导工作;参与和配合京沪高铁公司或评估单位组织的沉降变形观测评估工作,对观测结果是否符合设计目标和要求提出意见。

评估单位制定了《京沪高速铁路线下工程沉降变形观测及评估实施细则》,负责对施工单位和监理单位的测量人员进行测量工作与数据管理的培训与指导;结合变形观测网复测情况对观测数据进行修正;对线下工程各阶段沉降变形观测及时进行分析、预测,进行动态评估;抽检施工单位测量方法是否满足要求和测量数据是否真实可靠;建立线下工程沉降变形观测和评估数据库;完成评估报告。

2. 沉降变形观测及评估

沉降变形观测及评估分为准备阶段、观测阶段与评估阶段。路基、桥梁施工开始后,施工单位按照细则要求埋设观测标并及时开展观测,监理单位平行观测 10%~20% 的数量,京沪高铁公司每月组织监督检查,检查结果予以通报并纳入施工、监理单位考核;无砟轨道底座板施工前,由京沪高铁公司或指挥部组织评估单位统一对路基、桥梁沉降变形、梁体收缩徐变逐段进行评估,评估合格后方可施工。

(1)组织铁三院(北京至徐州)、中铁四院(徐州至上海)对线下工程沉降与变形观测及评估工作进行设计技术交底。首先交清沉降评估的相关要求,确保全线沉降观测点的设置科学合理,沉降观测方法、频次等符合要求。

(2)组织编制了《京沪高速铁路线下工程沉降变形观测及评估实施细则》,印发给各施工单位、监理单位和评估单位,开展沉降变形观测与评估工作。

(3)加强技术培训。邀请国内沉降观测评估专家对全线各施工、监理单位的沉降观测负责人、技术人员、观测测量人员进行《京沪高速铁路线下工程沉降变形观测及评估实施细则》和《沉降观测数据管理软件使用》等相关内容培训。

(4)强化过程控制。为确保测量数据的真实性、及时性,京沪高铁公司组织编制沉降观测数据管理软件,直接锁定测量的数据和测量日期,既减少人为干扰因素,又确保数据的真实性。为消除人为和仪器误差,把每个测量组的人员、仪器、测量方案进行统一管理,实行"五固定"管理制度,即固定工作基点、固定人员、固定仪器、固定测量环境条件、固定水准路线。

(5)加强现场检查。根据沉降观测管理办法,京沪高铁公司每月组织评估单位、施工单位、监理单位对各标段的沉降变形观测评估工作安排定期和不定期专项检查、交叉检查,重点对测点的布置和保护、观测数据的采集、处理等方面进行全面检查,将确保测量数据的真实性和准确性作为对施工单位的要求和标准,依据检查情况进行全线考核、通报,对检查中发现的问题及时整改。

(6)委托专业评估单位进行沉降评估工作。由评估单位根据施工单位提交的测量数据进行分析评估,避免人为干扰。评估发现的问题由专家评审会研究,并将沉降评估作为指导无砟轨道施工的重要依据。

3. 沉降结果

无砟轨道施工前，全线路基、涵洞、桥梁沉降、桥梁收缩徐变均通过评估，评估单位出具了正式评估报告。根据沉降、徐变观测数据分析，京沪高速铁路线下工程沉降、变形稳定。

### 九、精测网的建立

为满足无砟轨道施工、开通运营后养护维修的需要，公司筹备组充分吸收国内外高速铁路建设经验，在2006年4月组织铁三院、中铁四院开展了精密工程控制测量及线下工程变形监测可行性研究，先后组织国内有关专家对精测网测设方案进行了研究。2006年12月13日，铁道部鉴定中心组织国内有关专家讨论通过了《京沪高速铁路精密工程控制测量及线下工程变形监测技术方案》，并明确了设计单位在精测网建设中的主体责任；2006年12月底，公司筹备组组织铁三院、中铁四院正式开展了京沪高铁精测网测设工作；2007年7月全线一次建成，并通过国内有关专家验收。

施工单位进场后，京沪高铁公司组织全线各参建单位对精测网进行定期复测。考虑到《高速铁路工程测量规范》的发布，并根据现场施工需要，为减少新旧规范过渡对精测网及其工程施工的影响，在精测网复测技术指标的设计上充分考虑了新规范的技术要求、新旧规范的差异，从而实现了精测网在新旧规范之间顺利平稳过渡。

为确保全线各标段精测网的相互衔接贯通一致，京沪高铁公司一方面要求各标段之间以书面形式签署共用桩协议，另一方面要求平面控制网以CP0为起算基准，高程控制网数据处理以基岩水准点为起算基准，统一组织进行复测数据整网平差处理。对复测报告组织专家进行评审。对发现坐标或高程成果差异超限的地段要求设计院进行复测，并重新提交成果。

根据铁道部的有关要求，铁三院、中铁四院接管各自设计范围内的精测网复测维护工作，对精测网每年进行一次全面复测，北京至德州段、丹阳至上海段高程控制网每半年进行一次复测。

在轨道工程施工前，对全线平面控制网和高程控制网的成果进行一次更新。同时，在CPⅢ网建网之前，组织各施工单位对各自管段范围内按统一标准进行CPⅡ网加密和线路水准基点加密，并将其作为CPⅢ建网测量工作的一部分进行管理。为便于使用和保护，桥梁段加密CPⅡ点和加密线路水准基点位于桥梁固定支座上方，路基段均位于征地界之内。

在线下工程通过沉降与梁体徐变评估后，各施工单位负责埋设CPⅢ标志，并组织实施测量，完成相应的数据处理工作。铁三院和中铁四院负责现场各施工单位的培训、指导及CPⅢ网成果的评估。

## 第四节 质量验收

### 一、分项、分部、单位评定结果

京沪高速铁路施工过程中，每项工序完工后，均严格按质量验收标准进行检查验收，实行检验批、分项、分部和单位工程质量四级验收制度，不合格的不得进入下道工序。施工中验收检验批共3 173 725项，一次合格3 173 201项，一次合格率为99.98%，不合格524项，经整改后全部达标；检验分项工程77 731项，一次合格率为100%；检验分部工程7 201项，一次合格率为100%。

全线单位工程划分1 533个。其中，桥梁工程361个，路基工程102个，涵洞工程261个，隧道工程26个，轨道工程75个，中间站房工程59个，四电工程564个，其他工程85个。全线验收的单位工程施工质量符合设计要求和验收标准，满足使用功能和安全性能，质量检验合格率为100%，总体质量指标符合全线创优质量目标要求。

## 二、竣工验收结果

京沪高铁公司会同北京、济南、上海铁路局分别于2010年10月~2011年3月中旬、2011年2月中旬~5月27日组织完成了京沪高速铁路静态、动态验收工作，分别编制了工程静态、动态验收报告。2011年5月27日，铁道部工程质量安全监督总站直属监督站出具了《京沪高速铁路建设工程质量安全监督报告》，认为总体质量符合设计及验收标准要求，具备初步验收条件。2011年5月27日前，铁道部组织完成了工务、电务和系统集成专业静态、动态验收报告专家组评审工作，认为工程质量总体合格，能够满足动车组350 km/h及以下速度正常运行要求，同意通过静、动态验收，具备初步验收条件。2011年5月30日~31日，铁道部组织对京沪高速铁路工程进行初步验收。初步验收委员会一致认为，京沪高速铁路工程满足设计标准，工程质量合格，安全措施到位，符合运营条件，同意通过初步验收。

2013年2月25日，国家验收委员会同意京沪高速铁路工程通过国家验收。

# 第五章　安全管理

京沪高速铁路位于我国东部经济发达地区，地质条件复杂，跨越海河、黄河、淮河、长江四大水系，与既有铁路和公路多次交叉，全线桥梁比例高，高空作业多、大型设备多、运架梁作业重，施工干扰重。施工各环节存在诸多不安全因素，所以京沪高铁公司根据工程特点明确了安全生产的目标要求，并在招标书中强化安全生产的内容，要求建设、设计、施工、监理单位共同做好安全生产工作。

## 第一节　安全管理目标与理念

### 一、总体目标与工作思路

安全生产的总体目标是总体稳定、持续稳定，具体目标是杜绝较大及以上施工安全事故、道路交通责任安全事故、火灾安全事故，减少一般责任安全事故。为确保安全生产目标的实现，京沪高铁公司积极吸取铁路工程建设中积累的成功经验，结合施工生产的特点和实际，在征求设计、施工、监理和地方人民政府等多方建议和意见的基础上，经过集思广益，形成"建立'一套体系'（安全保障体系）、抓住'两个关键'（事前预案、事后应急）、强化'两种手段'（技术支撑和经济考核）、人人爱管安全、人人保安全"的工作思路。

### 二、安全管理理念

京沪高铁公司始终把贯彻落实"安全第一，预防为主，综合治理"的安全生产方针放在各项工作的首位。根据每年的工作安排和工程特点，突出安全管理重点，同时从四个方面入手不断强化和深化安全生产方针的落实力度。严格按照建设程序和规章制度，把安全责任层层分解，基本形成了有施工就有安全措施，有措施就有责任的局面；为使参建人员适应安全生产的需要，强化安全培训和考核，对特殊工种坚持持证上岗作业；强化安全基础建设，要求各施工单位按照规定保证安全投入，安全设施必须满足安全生产的需求；不断完善施工安全应急预案，及时处置安全风险，各参建单位（工点）基本具备快速处理各种突发安全事件的能力。

## 第二节　构建安全保障体系

针对建设项目安全系统内容庞大、责任重大的特点，京沪高铁公司参考 OSHMS 和 HSE 两大国际安全管理体系，结合高速铁路施工建设中安全管理的特点和难点，建立了以思想保障、组织保障、制度保障、投入保障为内容的保障体系，通过强化技术措施和经济手段，实现安全管理目标。

## 一、思想保障

在建设施工过程中，牢固树立“安全第一、预防为主”的思想，要求参建人员强化安全意识，形成“人人懂安全，人人管安全，安全到人人，人人都安全”的氛围。为此，京沪高铁公司要求各参建单位，一是上好安全第一课，无论新、老人员进场先上安全课，懂得干什么、怎么干。二是安全教育不断线，在每个专业节点开工、工作内容调整时都要组织培训班，安排安全培训课程，聘请安全管理专家授课，并对所授内容进行考试，对考试不合格的实施清退。三是组织开展多种形式的安全教育活动，如录制施工安全专题教育片，要求各参建单位作为安全教育的必修内容。公司组织编写了《京沪高铁建设安全管理标准化手册》，下发到施工现场为安全宣传教育提供资料。四是组织安全管理现场观摩会，树立榜样。例如，为推广南京大胜关长江大桥安全管理的经验，多次组织相关单位到大桥建设现场参观学习。五是签订《安全责任书》，强化安全意识。每年年初公司与各参建单位签订《安全责任书》，明确安全教育管理的内容，规范安全教育形式和内容。安全教育管理的加强，推进了施工安全健康发展。

## 二、组织保障

京沪高速铁路建设中层层建立安全管理机构，对安全责任进行层层分解，为安全管理提供组织保障。

1. 安全生产组织

京沪高铁公司成立安全生产委员会，下设办公室，由安全质量部负责具体实施工作。各建设指挥部成立以指挥长为组长，副指挥长和咨询监理、勘察设计、施工单位主要负责人为副组长，由指挥部职能部门和各参建单位相关负责人参加的安全生产领导小组。主要职责是认真贯彻落实国家、铁道部、京沪高铁公司和地方政府有关安全生产法律、法规以及标准规范和要求；建立以安全生产责任制为主体的各项管理制度，检查考核各施工项目部安全生产责任制及各项规章制度的落实情况；定期召开安全生产专题会议，分析项目安全生产形势，总结部署安全生产工作；定期开展安全生产检查活动，研究安全生产奖罚事宜，参与或配合生产事故的调查处理。

各标段项目经理部设立相应的安全生产领导小组，各施工项目部成立相应的安全生产工作小组，分别组织本标段及所属工区的安全生产工作。各工区项目部配备专职安全员，并在安全生产工作小组的领导下具体组织开展安全管理、监督检查工作。

2. 参建各方的主要安全责任

(1)建设单位主导项目管理，对建设项目安全管理负责。设置安全部门，制定项目安全管理办法和制度，选择具备相应资质等级的勘察设计、施工和监理单位进行工程建设。依据《铁路建设工程安全生产管理办法》等相关规定，保证安全生产所必须的资金投入并及时拨付；强化安全重点环节和高风险工点的管理，建立领导安全包保制度，及时发现安全隐患；定期组织开展安全隐患排查治理，确保安全目标的实现。

(2)施工单位是工程项目安全生产的责任主体。京沪高铁公司以文件的形式对施工单位安全生产行为规范以及施工单位主要负责人、项目负责人、安全管理人员和作业人员的安全责任做出了明确的规定和要求。施工单位须具备相应的资质等级并在许可范围内承揽工程，兑现投标承诺，主要负责人依法对本单位的安全生产工作全面负责，项目负责人对建设工程项目的安全生产负全面责任，是项目安全生产的第一责任人。施工单位必须设立安全生产管理机构，配备专职安全生产管理人员，负责对安全生产进行现场监督、检查、管理。施工单位作为投保人为施工现场从事危险作业的人员办理全工期意外伤害保险。

(3)勘察设计单位履行“源头把关、精心设计，过程优化、服务现场”的职能，按照法律、法规和工程建设强制性标准进行勘察设计。对重大、复杂、高风险或采用新结构、新材料、新工艺和特殊结构的工程提出保障施工作业人员安全和预防生产安全事故的措施和建议，做好安全技术交底。

(4)监理单位不但监督工程质量，而且是建设管理的延伸，承担现场管理责任，必须按照法律、法规和工程建设强制性标准实施监理，并对建设工程安全生产承担监督责任。咨询监理单位履行审查施工方案，发现安全事故隐患并强制整改，必要时要求停工并向有关主管部门报告。

(5)供应单位为建设工程提供的设备、材料。出租的机械设备、施工机具及配件须有生产许可证、产品合格证，出具检测合格证明，并按照安全生产的要求配备齐全有效的保险、限位等安全设施和装置。供应单位负责对所提供的设备进行安全维护，同时对工程中由于材料设备质量问题出现的安全事故负责。

(6)咨询单位按咨询合同对勘察、设计、施工提出咨询意见，并对此承担相应的责任。

3. 安全生产责任落实

在安全管理组织机构建立健全的同时，京沪高铁公司要求依照安全管理的具体制度，运用责任分配矩阵(RAM)对安全管理职责进行依次分配，明确领导层、管理层、各部门的安全管理责任。

京沪高铁公司要求各标段依据工程任务对安全工作进行层层分解，保证每个施工生产单元每道工序都能明确安全工作内容、承担安全责任。

除了对安全工作任务进行分解，将安全责任落实到人外，京沪高铁公司要求强化现场管理、推进现场管理标准化的落实。

## 三、制度保障

建立健全《安全生产管理实施细则》等安全管理制度，覆盖所有参建单位。根据工程建设进程，规定了建设单位、施工单位、监理及相关单位安全生产的内容和责任，形成了安全生产管理体系。

施工准备阶段重点是安全生产责任制的建立、安全教育培训的落实等。其中，安全教育培训制度中针对单位主要负责人、专职安全生产管理人员、新从业人员、调岗离岗人员、特种作业人员等有差别的五类人员，规定了不同的培训内容、培训时间、培训方式及再培训的内容，并编制《安全教育记录卡》、《安全教育考核成绩单》等文件，形成覆盖全体成员的教育培训体系。

工程实施阶段重点是落实安全检查制度、安全报告制度、安全应急管理制度、外部劳务安全制度、安全资金使用制度、安全技术方案交底及危险源重点防范制度等。

安全生产检查制度规定了定期检查、经常性检查、专业性检查以及季节性、节假日检查四类安全生产检查的基本形式和内容。定期安全生产检查由各级管理者按不同频率对工地安全生产进行检查，内容包括查思想、查管理、查制度、查隐患、查事故处理。经常性安全检查则由现场专职安全员和值班人员进行日常巡回检查并填写日常巡回检查表，交由项目安全部门收集归档。专业性安全检查主要针对国家规定的特种作业和特种设备进行专门检查，包括特种机械设备、防火防爆防尘防毒等。季节性、节假日安全检查按照季节特征有针对性地重点检查某项工作安全，如夏季防洪防暑、冬季防冻防火等。京沪高铁公司还制作了《安全检查记录表》、《隐患整改通知书》等表单，要求工作人员本着“谁检查，谁签字，谁负责”的原则，认真做好事故隐患排查和跟踪检查工作。

京沪高铁公司推行限期销号、责任到人的整改制度。安全质量部则指定专人负责安全大检查、大反思的落实工作，对检查发现的问题建立专项问题库并督促整改。即每个问题都指定责任人和销号时间，过期未消除安全隐患的，对相关责任人给予处罚。同时，监理检查全过程记录并每周报告问题进展情况；每一处安全隐患确定安全监理人员，对限期未解决的，对监理进行连带考核处罚。

竣工验收阶段涉及“三同时”制度、安全考核制度、安全生产奖励与处罚制度等安全制度。

### 四、投入保障

京沪高速铁路概算明确列入了安全措施费用，在安全投入额度上按照规定施工安全措施费不小于建筑安装费的 1.5%，开工伊始，公司在工程预付款中就优先拨付安全措施费用。公司明确要求各施工单位的安全施工措施费用采取单独编制、专款专用、建立台账的管理形式，使用范围包括必需的安全防护设施设备、职业劳动保护、教育培训等。

## 第三节　安全管理与控制

京沪高铁公司在安全管理上主要采取了安全预案与应急管理、安全专项方案编制与审查、标准化现场安全管理、安全“红线”管理、安全管理信息平台、强化施工安全监督检查和营造安全环境等安全管理与控制措施。

### 一、施工安全预案与应急管理

1. 危险源识别与评估

在安全管理过程中，京沪高铁公司设立了从识别危险源到编制、审核预案再到执行预案的安全预案管理体系，从根本上预防事故的发生。其中，危险源识别是预案编制的基础和前提。

危险源辨识覆盖工程范围内的施工、设备安装的全过程，包括所涉及作业场所内的设备、设施、施工过程、工作环境、人员活动、临时构筑物、辅助设施等。京沪高铁公司要求各参建单位在辨识危险源过程中采用安全检查表、现场观察和座谈会相结合的方法，同时在采用新工艺、新设备时使用预先危险分析法。例如，针对滕州隧道施工风险，编制了风险因素核对表（表 4.5.1）和风险清单（表 4.5.2），用于全面辨识和深入分析滕州隧道施工中可能遇到的危险源。

表 4.5.1　滕州隧道风险因素核对表

| 风险因素 \ 风险事件 | | 塌　方 | 瓦　斯 | 突泥突水 | 岩　爆 | 环　境 |
|---|---|---|---|---|---|---|
| 地　　形 | 埋浅、偏压 | ★ | | | | ★ |
| 地质（地层、构造、地下水） | 软岩性及风化高 | ★ | | | | |
| | 构造（节理发育、缓倾岩层） | ★ | | | | |
| | 地 下 水 | ★ | | ★ | | ★ |
| 不良地质 | 岩　　溶 | | | ★ | | |

表 4.5.2 滕州隧道风险清单

| 序号 | 风险事件 | 风险产生的原因 | 险源类别 | 后果 | 备注 |
|---|---|---|---|---|---|
| 1 | 突水、突泥 | 岩 溶 | 地质因素 | 可能引发重大安全事故 | |
| 2 | 塌 方 | 埋深、岩性、构造、地下水、缓倾岩层 | 地质、地形因素 | 可能引发重大安全事故 | |
| 3 | 环 境 | 塌方导致浅埋段坍塌至地表 | 地质因素与设计因素 | 可能引发环境灾害 | |

在辨识到危险源之后，京沪高铁公司加大对重大危险源的管理控制力度。按照危险源性质和可能造成的危害划分危险等级，指挥部、监理单位、施工单位按照不同的等级实施分层管理与控制，各参建单位分别建立了“重大危险源管理控制办法和台账”。在施工现场设置了显示重大危险源部位、因素、类型、当前状态、安全负责人等内容的“重大危险源动态警示牌”，发挥警示提醒作用。要求施工单位在作业开始前，对作业过程中可能出现的危险源进行提醒，对如何处置和控制进行交底。采取的防范措施使各分项工程施工中的重大危险源得到了有效控制。

2. 预案的编制

针对不同级别的危险源采取不同的对策和措施，对低度危险源(如泥浆池安全防护、承台基坑开挖等)主要通过安全技术交底、召开专题安全会议、组织安全培训等措施应对；而对中、高度危险源(如跨河、跨路、连续梁、提运架梁施工等)，由于其施工复杂性和高度危险性，则制定相应的安全施工预案，有计划、按步骤地进行施工和安全防范，以达到安全管理目的。

京沪高铁公司对编制的各项安全预案进行严格审查，通过后方能实施。预案审查内容包括施工单位编制的施工组织设计、安全保障措施及其他需审核的部分，如安全方案是否符合国家和地方现行的有关法律、法规和工程建设强制性标准的规定；是否具有可操作性或满足施工安全需要，能否指导安全施工、保证施工安全等。预案审查采用分级负责、专人受理、总监批准的审查流程。

3. 构建高效应急组织

应急管理机构一般分为两级设置，即建设单位应急管理领导小组和施工单位应急管理小组(也称为应急救援领导小组)。

京沪高铁公司成立的应急管理领导小组，由指挥长、主管安全的副指挥长、总监理工程师组成。应急管理领导小组主要承担编制应急预案审查、应急事故处理、协调各方支援、决定应急撤离等责任。在应急领导小组领导下，各施工单位成立应急管理小组，一般分为伤员营救组、物资抢运组、抢险组、保卫疏导组、物资供应组及临时医疗组，由施工单位项目经理任组长、主管安全的项目副经理任副组长，成员由各业务部门组成；其责任包括编制施工应急预案、事故现场操作处理、联系业主应急组织及公共救援部门、负责撤退现场指挥等。

为提高应急队伍的专业素质，各参建单位开展了有针对性的应急演练。通过应急演练使全体员工对应急事件获得感性认识的同时学会各种应急方法，提升应对突发事件的能力，最大限度地减少突发事件带来的损失。

## 二、安全专项方案编制与审查

京沪高铁公司贯彻“源头控制，预防为主，方案预控”的原则，将事前预防与事后处理、专项整治与综合管理、管理策划与现场落实等管理工作有机结合，最大限度地做到超前预防和超前控制。

对全线跨河、跨路、跨既有线以及隧道、高边坡开挖等施工项目进行分析统计，建立监控台账，制定安全专项施工方案，严格方案的逐级报批程序，保证施工方案的科学合理。对重点工程的专项施工方案采取逐级评审制，如水中平台、栈桥、钢围堰、移动模架、现浇梁施工等，并对一些高风险项目聘请专家进行设计、检算和评审，增强了专项施工方案的可行性，收到了明显的效果。施工单位项目部编制的施工组织设计及安全专项方案，由监理项目部直接受理，先经过安全监理工程师或其他专业监理工程师初审提出意见，再由总监理工程师审核签字批准实施。施工单位各工区编制的施工组织设计及安全专项方案则由监理组进行初审，经监理组组长签字后报送监理项目部，由总监理工程师最后审核签字批准实施。

例如，负责南京大胜关长江大桥项目的中铁大桥局项目部根据有关法律法规要求，先后制定了《钢梁架设安全专项方案》、《箱梁架设安全专项方案》、《钢梁吊索塔架拆除专项安全方案》、《钢梁中跨合龙专项安全方案》、《钢梁轻轨结构安装专项安全方案》等20项安全专项方案，均按照相关要求组织了专家评审；编制了《生产安全事故应急救援预案》和《防洪防汛应急预案》，上报建设单位评审通过后实施，对船舶碰撞、人员落水、船舶失火、高空坠物等预案科目进行了演练，达到了预期的效果。这些安全专项方案的制定和审查，有效地促进了安全措施的落实，保证了安全生产。

## 三、现场安全标准化管理

京沪高铁公司重视现场安全的标准化管理，编制了《现场安全文明管理标准》、《现场管理工作通用检查标准》和《现场安全文明管理形象图册》，对现场安全文明管理及标识形象、现场安全检查等方面的标准化做出规定。

现场安全文明管理标准包括通用标准和专项标准两类。通用标准包括教育培训、人员佩戴、场地布置、封闭管理、宣传环境、标识标牌、安全标志、安全防护、便道便桥、管线敷设、机电设备、施工用电、火工产品管理、防火防雷、季节施工及危险源管理等一般工程项目的现场安全管理标准。专项标准则特指混凝土拌和站、钢筋加工厂、实验室及路基桥涵等四类需特别关注地点的现场安全管理标准。

为持续强化安全管理，提升现场安全水平，公司对全线新增危险源进行全面评估，登记造册、建立台账，对全线21座隧道、215处跨既有铁路、公路和五级以上航道的桥梁设立“重大危险源动态警示牌”。

场地布置、封闭管理、宣传环境、标识标牌和安全标志等标准主要规定了现场标识的颜色、尺寸、图案、内容以及悬挂位置和方式。如规定在施工现场，对可能引发不安全状态的部位，按照不安全因素的特点，设置禁止标志、警告标志、警示标志、提示标志、安全警戒线等。专项标准中的混凝土拌和站标准还规定了标识悬挂位置等。

安全防护等标准主要规定的是现场防护措施的具体要求。如操作平台安全防护要求操作平台采用直径(48～51)mm×壁厚3.5 mm的钢管以扣件连接，或采用角钢、槽钢等坚固材料制作，台面满铺5 cm厚的木板并绑扎牢固，不得出现翘头板等，并设置明显的安全警示标志。再如，固定作业区防护要求采用铁丝网或网栅防护，间隔支柱采用$\phi$50 mm钢管，立柱高不低于1.5 m，立柱间隔5～8 m设置，埋设牢固。

各施工单位积极开展了标准化工地的创建工作。如南京大胜关长江大桥项目部把创建标准化工地作为项目管理的重要环节来抓，按照“总体策划，注重细节”的工作原则和安全文明标准化工地的有关要求，制定了《文明工地创建标准》，坚持统一策划，统一标准。员工统一服装，挂牌上岗；工程铭牌、安全警示牌、安全操作规程牌和机械标识牌、材料标识牌、宣传标语牌等统一尺寸、统一格式、统一设置；现场要求做到工完料尽场地清，材料机具下垫上盖；建立工厂化混凝土搅拌站，砂石料场设置了防雨棚，四周围墙遮挡，集中设置了排水沟、洗车台，废水通过沉淀池过滤后用于工地洒水抑尘；注重长江水体保护，水中钻孔桩采用泥浆分离器将钻孔废渣排到接渣船上，集中运抵岸上填埋；承台墩身施工完毕，土地平整，绿草成荫，营造出管理有序、安全和谐、环境优美的施工氛围。

京沪高铁公司还组织开展了安全文明标准化工地评比活动，对落实安全文明管理标准的情况进行检查，对安全质量管理到位、文明施工形象突出的工点进行奖励。

## 四、安全“红线”管理

“红线”即法律法规和有关规章制度明确规定必须做到或明令禁止的刚性条款，安全“红线”管理则指通过管理手段促使建设活动依照安全制度执行、保证不撞“红线”。施工单位严格安全考核，实行安全“红线”管理，有效地保证了安全隐患的排查与整改落实。

公司实行红、黄、灰色通知单扣分制和绿色通知单加分制的安全考核措施，根据安全隐患严重程度，对违规单位发出红、黄、灰色通知单，而对安全管理良好的单位发出绿色通知单。在京沪高速铁路建设过程中，共发放绿色通知单883份，黄色通知单579份，灰色通知单433份，红色通知单2份，并对存在安全隐患的工点进行整顿，达到了预期目标。

## 五、搭建安全管理信息技术平台

各施工单位运用先进技术手段建立完善从信息采集、处理到安全反馈、控制的整条安全管理链条，为京沪高速铁路建设的安全管理提供技术保障。

以土建工程三标段为例，该标段的施工单位主要使用了四类信息管理系统，即安全生产管理信息系统、远程视频监控系统、隧道安全监控系统和人员定位预警系统，保证了安全管理透明化、现场可视化，降低了不安全因素，保证安全管理目标的顺利实现。

1. 系统联网实现信息整合

三标段项目部运用安全生产管理信息系统，以国家安全总局企业安全生产绩效评估办法为依据，将职业健康安全管理体系与信息化系统相结合，用于强化项目部的安全管理职能，实现标段—工区—作业队的层级联动。系统既能够实现危险源管控、安全检查等日常活动，又能作为工区年度考评的重要依据，最终使得安全生产管理方式从事后管理转变为事前预防和事中控制。该系统主要有办公系统、组织机构、工作依据、安全管理、统计查询、系统管理、填报索引等七个一级模块组成，共设计了80多张表格来规范各类管理活动，能够动态反映各个层级的安全信息，为各单位上下左右交流沟通提供平台，实现安全信息快速流动和无纸化办公。

该系统的成功开发及应用，使得三标段项目部的安全生产管理工作实现了标准化、实时化和制度化。

2. 视频监督实现远程控制

三标段项目部与中国网通公司合作，在济南至滕州段设置了远程视频监控系统，用于实时监控、远程调度指挥。该视频监控系统可以实时动态地获取被监测点的情况，不仅可以反映安全方面的问题，还可同时反映质量及施工工艺等其他方面的问题。此外，该系统还可以协助管理人员完成重大危险源的监测、评估，以便及时采取相应措施、启动应急预案等。

该监控系统由1个总控中心、14个分控中心及86个远端视频监管点组成。总控中心是整个监控系统中的核心，处于整个网络结构的核心层，主要起到集中视音信息、保持通道畅通的作用，是主要的反应层和管理层。

分控中心则由服务器、交换机、网络视频服务器等通过光纤宽带网络构成。远端视频监管点和报警点处于整个监控网络结构的底层，用于采集满足需求的视音频信号。监管点通过光纤专网与分控中心网络相连，分控中心通过光纤宽带网络将所采集的视音频信号传送到总控中心。系统以总控中心为核心、分控中心为支架、视频监视点为监控节点，组成集中式系统架构模式，从下而上传导信息，从上而下语音控制，实现视频监控、录像存储、远程报警、远程控制、远程维护等功能。

该系统投入使用后，在规范操作人员和安全管理人员行为的同时，提高了安全生产责任心和安全工作积极性，创造了“人人注意安全、时时重视安全、处处搞好安全”的良好局面。

3. 地质预报实现提前示警

隧道施工安全风险大、控制难度高，需要重点防范安全事故。西渴马1号隧道是全线最长的隧道。隧道进出口洞门段和隧道中部山谷均为浅埋段，洞身洞底为鲕状灰岩，弱风化，呈碎石状松散结构，存在一定安全隐患。项目部根据该隧道特点在施工过程中应用了TRT6000地质超前预报系统和隧道围岩沉降自动检测报警系统。

(1)TRT6000地质超前预报系统

TRT6000地质超前预报系统是通过锤击产生地震波，然后接收被断层、破碎带、溶洞等界面反射回来的地震波并通过专门的O-RV3D软件分析处理，形成可显示出异常体的层析扫描三维图像，以此确定隧道前方及周围区域地质构造的位置和特性。在西渴马1号隧道施工中使用TRT6000地质超前预报系统，有效地对掌子面前方100～150 m围岩地质情况进行预报和验证，并形成预报层析反射成像图和预报结论。

通过预报结论，项目管理者能够对掌子面前方围岩进行预测，及时制定应对方案和处理措施。例如，在2009年12月施工过程中，工作人员通过预报结论分析，在进口DK420+724.5～+732.5段发现两个小溶洞，由于提前做好加强支护准备，保证了隧道掘进安全和掘进的正常进行。

(2)隧道围岩沉降自动检测报警系统

围岩量测是新奥法施工的关键技术。在西渴马1号隧道监控量测实施过程中，工作人员利用沉降自动检测超限报警系统，通过计算机自动采集量测数据，超限自动报警，从而使围岩的沉降变形和收敛观测进入不间断自动控制阶段，为安全施工提供数据保障。

西渴马1号隧道应用该系统时，首先将自动记录频率设定为每小时记录，同时按照规范要求设定自动报警限值。每天到现场控制室计算机内查看、提取数据，如果出现报警将立即用传统观测方式进行验证，确认后通知相关部门采取必要施工措施。观测数据正常过程全自动化，基本不需人工干预。应用结果显示，围岩沉降自动检测报警系统由于自身自动化程度高，能够在满足高频次、高精度测量和实时监控的同时减少人工测量工作强度，有力地支持了现场安全管理工作。

4. 人员自动定位及管理

隧道施工安全事故的原因多是施工人员违章作业，工程管理人员不能及时发现和纠正违章行为造成的。因此，及时动态掌握隧道内人员的进出情况，准确掌握隧道内施工人员总数和具体人员，据此推断人员是否到位、监测检验人员工作是否正常、关键工位人员是否脱岗等，是保证人员施工安全的关键。

系统能够实现网络查询，管理人员能够在网络内的任何一台计算机上了解到当前隧道内所有作业人员分布情况，根据各种查询条件查出当前/历史定位数据、结果和违规数据，还可根据需要打印报表。

该系统2009年1月初安装，其中监控计算机2台、无线数据接收器6台、长距离无线标识卡600个。安装时充分考虑隧道施工的应用环境，能在通信异常时保存1 000条数据，保证不遗失数据，同时读卡速度超过200个/s，能够满足施工人员进出需要。

## 六、强化施工安全监督检查，促进安全措施落实到位

在全面推进标准化管理的基础上，加强施工过程中的安全监督和考核，以此推进建设的持久安全。

充分发挥监理单位对施工安全的监督检查作用，促进安全管理措施落实到位。各监理单位把对施工现场安全生产的监督检查和督促整改作为监理工作的重要组成部分。京沪高铁公司总结和推广了南京大胜关长江大桥“四检一考评”的安全监理办法，强化了现场监督检查，促进了安全措施的落实。日常巡检——安全监理工程师对施工现场坚持日常巡检，及时纠正施工现场的不安全状态和不安全因素，并向被检查单位出具安全巡检整治备忘录。盯点检查——在安全监理中，注重落实每个工点(位)旁站监理人员的安全责任，随时指出和消除安全隐患，实时控制每个工点(位)的安全状态。每周检查——由监理工程师召集施工单位主管部门和现场主管施工安全的负责人，进行重点检查，检查后出具以检查时间、人员、问题、奖惩和整改指令为主要内容的周检报告，并要求整改完成后由施工单位向监理单位报告整改结果，监理单位进行复检复查，以此追踪安全管理问题和安全隐患按照标准整改到位。月度检查和考评——在每月一次参建各方参加的现场安全质量、文明环保综合检查考评中，把施工安全作为重点进行专项检查，对施工单位的安全管理制度、措施、台账、安全责任制落实、安全风险源控制等进行全面检查和评估，检查评估结果作为月度综合评比名次和信誉评价的重要依据。各监理单位按照京沪高铁公司的总体要求，推广借鉴南京大胜关长江大桥“四检一考评”的安全监理经验，有力促进了对各施工单位的安全管理和施工现场的安全控制。

# 第六章　进度管理

## 第一节　指导思想和工作方法

京沪高铁公司遵循"统筹规划、科学组织,重点先行、分段展开,均衡生产、有序推进"的指导思想,组织各参建单位合理安排施工进度。在建设过程中,高度重视、优先解决对工程影响大的征地拆迁与三电迁改、图纸供应等外在因素影响,通过进度计划的实施控制以及施工组织的动态管理和优化调整,确保进度节点可控。

### 一、单元化管理

京沪高铁公司基于工作分解结构理论,确定了对京沪高速铁路建设实行单元化管理的工作思路。针对以长大桥梁和无砟轨道为主的工程特点,鉴于制架梁与无砟轨道投入较大、资源较为紧张、架桥机的施工半径为 10 km 等具体情况,通过工程量、工效、时间和投资综合分析比较,以 20 km 左右长桥为一个施工单元,于中间设置一个梁场,投入一套运架设备先后向左右两方向运架,不仅可使桥梁下部工程和特殊结构桥梁分段有序组织施工,发挥大型运架设备的最佳效率,并可充分利用制梁场的规模优势,而且可为无砟轨道的施工尽早提供工作面,有利于在较短时间内完成制架梁和无砟轨道施工,以确保在两年左右的时间内完成架梁和无砟轨道铺设两个关键工序。

### 二、抓节点目标

京沪高铁公司在建设过程中按照关键路线,将重点工程、关键工序和先导段、并行段等工程作为进度管理的核心,抓节点目标的按期实现。全线贯彻"整体控制靠节点进度管理,节点进度控制靠小单元进度管理,施工单元进度控制靠工序进度管理,工序进度控制靠施工过程管理"的进度管理模式,对关键控制区段、特殊结构桥梁等控制性工程中的关键工序形成明确的节点目标,要求各标段按照总体进度目标安排,明确主攻方向和阶段任务,细化节点进度目标。

1. 以桥梁和轨道工程施工组织为主线

制架梁、制铺无砟轨道板是京沪高速铁路施工中持续时间最长、工作任务最重的两项工程,施工组织设计的编制和动态管理以这两项工程为主线。

制架梁方面,依据方案变化、进度要求、特殊结构桥梁的分布、地方的人文地理环境等因素,京沪高铁公司和各参建单位对制架梁施工组织进行了三次调整,改变了部分桥梁的施工方案,合理扩大了梁场生产规模,调整了每个梁场的运架半径,把架梁效率提高到平均每天约两孔。为应对三电迁改、特殊结构等造成的制约,弥补工期损失,采取了增加铺架设备、多次调头等方法,还合理安排了桥面系与轨道工程交叉作业,缩短了桥面系施工占用时长。此外,对预压路基施工、桥梁线下工程、特殊结构现浇梁施工等重要工程的施工组织也进行了相应的调整。通过调整,制定详细的制架梁进度计划。

无砟轨道方面,由于施工初期防水层方案、技术条件确定影响招标工作,导致底座板开工滞后,国产磨床调试周期较长影响了成品板的打磨，因此前期工程进度有一定的滞后。为此，京沪高铁公司采取措施提高工作效率，缩短施工周期。抓好无砟轨道设计供图工作，重点解决底座板施工方案原则的制定、轨道板布板软件数据接口、大号码道岔及道岔板施工图的设计、端刺的设计；抓好轨道板场打磨效率的提高，组织专门队伍开发了新的打磨控制软件，及时解决了板场成品板效率低的问题；抓好无砟轨道施工队伍的组织和培训工作，抓好特殊铺板设备的进场；组织施工方案优化，提高施工效率；成立专门的联合协调小组，协调设备供应和工序安排；抓好无砟轨道施工组织安排，根据梁场架设单元，分先架、后架顺序编制了制铺板施工组织设计，缩短了无砟轨道的施工周期。

2. 重点关注先导段和与沪宁并行段

选取先导段进行运行试验以验证高速铁路技术创新体系，为全线树立样板，指导全线施工，对确保全线建设目标具有重要意义，必须提前建成。经综合比选，京沪高铁公司确定枣庄站至蚌埠南站的220 km 区段为先导段，单独设计，制定了路基工程、制架梁、特殊结构、无砟轨道、安全质保等方面的一系列措施，保证了先导段的提前完工。先导段成功运行试验的数据表明，先导段路基、桥梁、轨道、接触网等满足列车高速运行的要求。

沪宁城际铁路并行段路桥相连，施工单元、施工段落较多，桥梁多次跨越河流、道路，工程量集中、工期要求紧、地质条件差。由于四线并行区段同时施工，结构物相对独立，桥涵基本对应，施工干扰非常大，特别是沪宁城际铁路开通后对轨道板的精调影响较大，影响京沪高速铁路的铺板进度。此外，两线还共用昆山站、上海虹桥动车所等设施，这些设施必须在沪宁城际铁路2010 年7 月1 日开通运营前完成。为避免沪宁城际铁路开通后可能发生的干扰，京沪高铁公司对施工组织计划进行了适当的调整，要求在2010 年7 月沪宁城际铁路正式开通前，京沪高速铁路完成靠沪宁城际铁路一侧接触网立柱、栏杆和轨道板的铺设（双线）。在施工过程中，各参建单位充分考虑各种情况，与沪宁城际铁路密切配合，采取科学有效的施工管理手段和措施，保证了并行段的顺利按期完工。

## 第二节　进度计划实施控制

京沪高铁公司通过系统优化施工组织、逐级落实方案、阶段兑现目标等方式，保证实现既定的进度管理目标。

### 一、逐级落实施工组织

为使各参建单位的实施性施工组织与指导性施工组织设计相吻合，京沪高铁公司制定了严格的施工组织设计变更程序。以各指挥部管段的指导性施工组织调整为例，在完成全线指导性施工组织的调整之后，各指挥部组织编写各管段的施工组织计划，上报公司进行汇总和审查，再由各单位对调整和审查意见进行学习吸收，最后，公司与各单位就各标段实施性施工组织设计进行对接，对重要进度节点、施工方案及施工措施等实施性环节进行了明确，以实现不同层次施工组织设计的统一。

### 二、阶段兑现目标

以施工组织为依据，提前组织图纸供应和设计交底，以落实资源和现场管理为保障，以形象进度和实物数量为手段，兑现节点目标和投资任务。围绕“三年铺轨完成、四年开通运营”的目标，公司细化各阶段的施工重点和目标，对大节点目标、关键控制区段、特殊结构桥梁等均明确了时间要求，使各标段明确主攻方向和阶段任务，并分解任务到工区，落实责任到人，完成计划到日，兑现进度到点。坚持一日一报表，半月一分析的工作制度，适时召开现场会，动态监控，实时处理，向管理要效率。组织各参建单位强力推进，对重点工程进行重点监控，加大资源调配力度，推行桥梁钻孔桩、承台基础、墩身施工的流水作业，重点加快CFG桩、钻孔桩、桥梁墩台、制梁等工序的施工进度。加大涵洞开工数量，抓紧土石方过渡段填筑，抓好工序衔接。协调组织梁场认证，促进制梁场按程序、快节奏形成生产能力。组织运架梁设备按时到位，促进架梁稳产、高产和安全生产。部分标段派出专门工作组，及时协调解决现场存在的问题，对影响工期、铺架的关键节点确定完工时间，倒排工期，加快施工进度，满足总体进度要求。组织召开全线百日大干劳动竞赛动员大会，颁布百日大干劳动竞赛实施办法、激励约束考核费使用办法、安全质量日常考核处理暂行办法等实施细则，掀起施工高潮。加强各专业之间、专业内部的接口管理，确保工程整体推进、工序有序衔接。通过以日保周、以周保月、以月保季、以季保年，确保了调整后的施工组织进度目标的实现。

# 第七章 投资管理

## 第一节 投资控制目标

京沪高速铁路投资控制的目标是在确保工程质量、安全生产、建设工期的前提下，把总投资(不包括征地拆迁费用)控制在国家批准的可行性研究报告中的投资估算范围内。考虑征地拆迁困难性等因素，目标是总投资控制在不超过可行性研究报告批复投资估算的10%。

## 第二节 建立投资控制体系

京沪高速铁路采用全过程投资控制模式。京沪高铁公司根据项目特点分阶段设置投资控制目标，将投资管理贯穿于建设全过程，明确投资控制责任，推行绩效管理，建立具有京沪高速铁路特色的投资控制体系。

根据工程特点和投资控制总体要求，牢固树立全过程、全方位控制，主动、事前控制投资的思想，建立“一个目标、两个控制、三级管理、四位一体”投资控制体系，见表4.7.1。

表4.7.1 投资控制体系

| 控制要求 | 内容 |
|---|---|
| 一个目标 | 在保证工程安全、质量、工期目标的前提下，总投资控制在铁道部批准的初步设计总概算内，实现最佳投资效益和社会效益 |
| 两个控制 | 从决策层到执行层全方位、全面、全员投资控制责任 |
| | 从项目开工到竣工验收的全过程投资控制责任 |
| 三级管理 | 明确公司、公司各部门、指挥部各部门的控制目标和责任，实行各负其责、各司其职的三级管理程序和制度 |
| 四位一体 | 以建设单位为主导，建设、设计、监理、施工单位共同完成投资控制任务 |

京沪高铁公司董事会和经营层是受投资者委托，实施项目管理的责任主体，在全方位控制中居于核心位置，对实现投资控制目标负有第一位的责任。公司各部门、各指挥部、各代建指挥部、设计咨询单位、物资代理单位作为公司投资控制具体执行层，在职责范围内或依据合同约定严格管理，负有直接责任。审价机构作为公司引入的第三方，对投资控制负有监督审核责任。勘察设计是工程项目的源头，对投资控制负有关键作用。监理单位对合同履约、计划执行、验工计价、变更设计等活动负有监控、把关责任，是公司实施投资控制的重要助手。施工单位要严格履行承包合同确保质量安全，按期完成任务，同时对本企业的经营活动、成本控制负责。地方政府出资者代表和负责征地拆迁相关部门在政府政策法规下对征地拆迁费用进行管控。

# 第三节　投资管理措施

## 一、发挥设计单位的关键作用

工程设计是工程项目的龙头，设计阶段是工程项目投资形成的关键阶段。设计质量不但影响工程的进度和质量，而且还直接影响投资的变化。

京沪高铁公司在设计的各个阶段都采取了有效的投资控制手段。要求初步设计概算控制在国家批复可研投资以内；施工图检算控制在初步设计批复概算以内；清理总概算在扣除征地拆迁、物价上涨、财务费用等因素后，投资总规模控制在国家可行性研究批复估算投资范围以内。

概算编制是设计阶段的重要任务，准确合理地设计概算及有效的投资控制贯穿于京沪高速铁路设计的全过程，主要体现在概算编制办法及原则的确定、设计方案的经济比选、概算编制过程中的投资控制。

1. 概算编制办法及原则

为合理编制概算，京沪高铁公司组织设计院进行了大量的调研、分析和测算工作，编制了《高速铁路设计概算费用内容及计费标准补充规定》和《京沪高速铁路工程量清单计价办法》。通过专家评审，并经铁道部批准，与之前开工的武广和郑西高速铁路相比，京沪高速铁路工程针对不同项目采用了不同的概算编制办法。其中，南京大胜关长江大桥及南京枢纽相关工程项目采用《高速铁路设计概算费用内容及计费标准补充规定》；京沪高速铁路正线设计概算采用《铁路基本建设工程设计概（预）算编制办法》（铁建设〔2006〕113 号）编制；中间站房包括代建的四大枢纽客站站房采用项目所在地的概算编制办法。京沪高速铁路正线和南京项目均采用《京沪高速铁路工程量清单计价办法》。

2. 设计方案的经济比选与优化

设计标准的采用和设计方案的稳定及优化是设计工作的重要任务和控制投资的基础。京沪高铁公司要求各设计单位做深、做细勘测工作，各专业积极配合、服从大局，推行系统设计和优化，控制工程造价。针对影响投资规模的关键要素进行了大量方案比较，主要包括线路平纵断面优化，城市枢纽引入方案研究，轨道形式选择，桥梁墩台形式、简支梁跨度及施工方法经济性分析比选，路基地基处理措施选择，大型临时设施设置方案等方面。在建筑材料供应方案的选择上，对料源点、运输方式和方案的选择开展了大量的调查比选工作，使供应方案技术可行、经济合理。

3. 概算编制的要求

技术方案、工程措施、工程数量是概算编制的基础，合理的定额、标准是概算编制的依据。

（1）工程数量基本准确

为保证工程数量计算统计准确，设计必须达到规定的阶段深度要求，保证工程范围和工程内容的正确性，设计中坚持执行统一的工程量计量规则标准。通过组织专家审核，最大限度地减少了差错。

（2）合理选用定额，确保编制依法合规

概算编制做到依法合规，依据设计内容、技术条件要求、确定的施工方案，合理选用定额；严格执行概算编制办法规定的各项费用标准。

对铁路现行定额缺项但仍采用的大量新技术、新工艺，如无砟轨道、高性能耐久性混凝土、大吨位箱梁制运架、桥梁防震、桥面系、路基填料要求、声（风）屏障等，与设计院以施工组织设计模型为基础，对劳动力机械等资源进行合理配置，拟定了作业效率指标，编制了近 200 条相应的补充定额。

(3)优化主要技术经济指标

对主要工程措施和费用指标进行了深入分析，与已实施的武广、郑西高速铁路等类似项目进行类比对照，确保主要技术经济指标处于合理范围。

## 二、业主的主导作用

1. 严格合同管理

合同是投资使用的主要依据，也是投资控制的重要途径。京沪高铁公司作为项目的责任主体，突出重点，严格合同管理。

(1)全员增强合同意识，全面实行合同管理，建立健全重大合同集体决策及合同会签制度。凡是涉及双方经济活动的都要签订合同，并严格按照合同约定执行，实行全面的合同管理，重大合同公司领导集体决策。公司成立合同审查委员会，严格执行合同审查制度，审查合同签订依据、对方的资质能力及信誉、费用依据、合同条款的合法与合理性等，未经审查的合同或协议不得签订或办理变更，从源头上控制合同签订。公司每年及时将重大合同签订及履行情况报公司董事会和股东大会审议。

(2)专人负责，加强合同归口管理。公司各部门是合同主办部门，根据其职责具体承办相关合同。合同归口管理部门是计划财务部，在计划财务部专门配备了具备工程技术、工程管理、工程造价等专业知识和丰富工作经验的人员来负责合同管理工作，并聘请法律顾问对合同进行法律咨询。

(3)严格执行部颁标准合同范本。施工总承包合同采取招标方式签订，严格执行铁道部关于施工总承包合同范本，并结合项目建设特点，经部相关部门批准，合理设置了专用条款。

(4)主动做好施工总承包合同的沟通和交流，为履行合同、控制投资夯实基础。公司与中标人对合同文本进行了逐条沟通和交流，尤其加强对合同调整条款的理解，充分体现合同各方主体的平等，为合同的顺利签订实施奠定了基础。合同签订后，组织各部门，会同设计院、指挥部到现场向施工和监理人员对合同文本及合同清单进行充分交底，对合同条款进行逐条解释，现场解答对合同条款的疑问，为参建各方正确理解、严格履行合同奠定了基础。

(5)建立动态管理台账，跟踪检查合同履行情况。台账信息除合同(包括补充合同)文本的全部内容外，还有年度变动情况，包括按年度费用支付金额、累计支付额、剩余未支付合同金额、支付比例、主办部门、承办人员及合同归档记录。根据合同的变更、终止，及时更新合同台账。

京沪高铁公司对所签订合同建立定期或不定期的履约检查监督制度，重点对工程转分包、资金使用、安全费使用、农民工工资发放、合同承诺的兑现等，及时掌握合同履行情况，定期了解当事人的资信和履约能力变动，及时采取措施，保证合同的正确执行。

2. 做好验工计价

京沪高铁公司在验工计价环节实行量价分离原则。验工与计价分部门操作，合格工程数量经现场监理、总监理工程师审核后，报指挥部审核，再经公司工程管理部审批，最后由公司计划财务部根据合同规定和《验工计价管理办法》进行计价。

(1)制定了既符合国家、铁道部有关规定，又有效结合京沪高速铁路特点和实际的《验工计价管理办法》，规范验工计价程序及各方行为，明确必须严格遵循“条件具备、依据充分、计量准确、手续完备”的原则。对所有工程均通过验工计价来确认已完工程数量和计算工程价款。勘察设计、工程咨询、监理等费用通过验工计价来确认已完工作的数量和计价；建设单位管理费在批准的预算内，按有效支付凭证进行归类统计计价。

(2)统一领导、逐级审核。京沪高铁公司实行季度验工计价制，各部门分工负责，计财部归口管理。由下向上逐级审核,层层把关。审核(查)人员签字负责。监理人员负责对施工承包人(或实施单位)报验的已完工程(含永久设备征地拆迁工程)数量和验工计价表及相关的质量证明材料进行现场质量确认和计量,并在相关表格和封面签字盖章;各指挥部负责对经监理签认的验工计价资料进行审核,并在相关表格和封面签字盖章。勘察设计、咨询、监理等的计价工作由公司相关部门按合同约定负责审核,并在相关表格上签字。工程管理部、安全质量部、物资设备部负责对经指挥部签认的验工计价资料的相关内容进行审核确认,并在相关表格上签字;计划财务部负责对验工计价金额进行审核,编制验工计价汇总表,并在相关表格上签字。验工计价由公司领导批准后办理支付手续。

(3)积极推进施工图投资检算工作。由于前期工作推进快,施工图较初步设计还有一定变化,为了做好验工计价工作,公司在项目实施过程中积极督促设计院完成施工图投资检算,及早清理出施工图数量与招标清单的量差,对增加和减少的投资进行梳理和归类,确保验工计价的真实性。

(4)建立例会制度。公司每季度末都组织计划财务部牵头,工程管理部、物资设备部、各指挥部和施工单位参与的验工计价会议(或视频会议),听取意见,解答问题,布置工作,使各单位能正确、及时地组织验工计价工作。

(5)做好特殊情况的验工计价。公司对部批的Ⅰ类变更设计及时清理,严格将设计院提供的变更清单与原合同清单进行对照,逐级审核签认后,按季予以验工计价,保证工程款及时到位。对方案难度高、工序多、施工周期长的单位工程,按子目进行分解,按折合系数进行计价,解决现场资金紧张问题。

(6)做好各类设备的验工计价。对施工合同内的设备(含安装设备和备品),待安装完成并单机调试合格(需联调的设备,应联调运转正常)后,由施工承包人与监理人员在现场逐项核实计量,重点检查设备购置协议、发票,设备及其保护装置有无损伤,运转是否正常,凭采购发票或转账清单填写安装设备数量表和验工计价表,按建筑安装工程验工计价程序,经公司指挥部、物资设备部及计划财务部审核、签认并报公司领导批准。综合维修设备等未进入施工合同的运营维护设备分为公司物资设备部采购和委托铁路局(或中铁电气化局委管公司)采购两个部分,按照谁签合同谁计价的原则,由采购人提交设备数量表、验工计价表及相关资料,经公司物资设备部及计划财务部审核、签认并报京沪高铁公司批准。经公司同意由施工承包人自购的设备(含非标设备),根据施工进度,经公司确认限价后,该部分设备待安装完成并单机调试合格后,按限价价格凭证及委托函、采购发票及出厂合格证填写固定资产验收单、保管记录和安装设备计价表,经监理人员在现场逐项审核签认后报送公司指挥部、物资设备部及计划财务部审核签认报公司领导批准计价。

(7)扎实做好末次验工计价工作。末次验工计价是在清理概算批复后,组织各参建单位对其承包合同范围内全部完成的经验收合格的工作量进行计价确认,公司严格依照《验工计价管理办法》和铁道部规定的相关程序开展工作,确保最终数据的真实可靠。

3. 引入第三方审价机构

2009 年初,京沪高铁公司通过招标选择天职国际协助做好投资管理和计价审核工作。

(1)在投资管理方面,协助甲方审核项目资金总预算和各标段资金使用预算;参与验工计价审核工作;对工程预付款、工程款支付进行审核;协助甲方进行财务结算、决算审核、投资分析、施工单位银行资金监管等;监督检查各参建单位执行国家财经法规和铁道部有关建设管理制度情况;协助甲方做好概算清理工作,为竣工决算编制、办理竣工资产移交提供咨询服务。

(2)在征地拆迁方面,对各地方政府投资公司支付、拟计入各方股份的征地拆迁费用进行审核,形成审核报告。第三方审价机构还对公司各股东单位的资本金进行验资工作,包括对合同期内以货币形式出资的京沪高铁公司股东的出资进行审验，并出具验资报告；对以征地拆迁费用出资的股东的征地拆迁费用进行审验，待征地拆迁费用审核结果完成后，出具验资报告。同时，配合国家审计部门及铁道部审计部门的工作，并就审计提出的问题，协助甲方落实整改。

4. 严格资金管理

(1)预算管理

京沪高速铁路的资本金是各股东的现金出资和地方政府的征地拆迁补偿费用，其余建设资金由公司向金融机构贷款。因此，京沪高铁公司强化预算管理观念，细化资金预算管理，合理安排资金筹措规模，减少资金冗余，按照“全面统筹、分级负责、综合平衡、积极沟通”的原则编制资金预算。公司依据铁道部下达的投资计划，细化施工组织，编制月度投资实施计划和月度甲供材料采购安排，结合年末资金余额、年度预付工程款及料款、每月工程进度款及材料采购、季度结算款，考虑质保金等各方面因素，综合分析编制资金预算，并报请公司董事会、股东大会审议批准。按照批准的资金预算严格执行，按季度、月份实际编制季度、月份滚动资金预算，积极申领资本金、合理筹措债务资金，减少资金冗余，保证工程建设的需要。

(2)资金筹措

京沪高铁公司采取以政府为主导的多元化融资模式，积极吸纳社会资本参与京沪高速铁路的建设，以保证资金投入及时到位，有效缓解国家铁路资金投入压力，确保工程建设有序加快推进。第一次融资股东出资比例见表4.7.2。

表4.7.2　第一次融资股东出资比例

| 序　号 | 股　东　单　位 | 出　资　比　例 |
|---|---|---|
| 1 | 中国铁路建设投资公司 | 56.267% |
| 2 | 平安资产管理有限责任公司 | 13.913% |
| 3 | 全国社会保障基金理事会 | 8.696% |
| 4 | 上海申铁投资有限公司 | 6.564% |
| 5 | 江苏交通控股有限公司 | 3.803% |
| 6 | 北京市基础设施投资有限公司 | 3.334% |
| 7 | 天津铁路建设投资控股(集团)有限公司 | 2.751% |
| 8 | 南京铁路建设投资有限责任公司 | 1.903% |
| 9 | 山东铁路建设投资有限公司 | 1.615% |
| 10 | 河北建投交通投资有限责任公司 | 0.591% |
| 11 | 安徽省投资集团有限责任公司 | 0.563% |
| 合　计 | | 100% |

京沪高速铁路建设期间，股东构成发生了变化。2009年4月，中银集团投资有限公司申请通过受让中国铁路建设投资公司持有的京沪高铁部分股权方式投资京沪高速铁路项目。中银集团投资有限公司在香港注册，属于外资企业在内地投资。经董事会讨论同意中银集团受让中国铁路建设投资公司持有的部分股权，2010年10月11日商务部正式批复同意京沪高铁公司变更为外商投资企业，并于2010年12月17日正式下发《中华人民共和国台港澳侨投资企业批准证书》(商外资资审A字〔2010〕0014号)。通过相关程序，中银集团投资有限公司在北京产权交易所通过交易的方式以60亿元购买中国铁路建设投资公司持有的京沪高速铁路52.17亿股股份，出资比例为4.537%，而中国铁路建设投资公司的出资比例从56.267%相应减少到51.73%。

京沪高速铁路投资额大，经董事会同意优先使用资本金，以降低成本。但项目仍需大量债务融资，公司根据国家货币政策，综合考虑编制债务融资预算方案，并依靠铁道部筹集资金的整体优势，努力降低资金成本，控制资金风险。

京沪高铁公司时刻关注宏观经济变化及对债务资金市场供给的影响。在项目建设过程中，债务融资始终坚持以下基本原则：一是品种多样，拓展债务融资的渠道，采用多种金融产品相结合的形式筹集公司债务资金；二是结构合理，优化公司债务结构，控制资金风险；三是长短结合，合理安排公司未来的还本付息；四是成本节约，优先使用成本较低的债务资金；五是引入竞争，通过与多家银行谈判，降低债务资金成本，获得优质金融服务。统筹安排各种债务融资方式确保了建设过程中的资金需求。

①在 2008 年、2009 年及 2010 年，京沪高速铁路项目的货币股东资本金按建设进度到位及时，京沪高铁公司得以先使用资本金后使用债务性资金，减少了贷款利息。

②充分发挥铁道部筹集债务性资金的整体优势，努力降低建设期财务费用。京沪高铁公司利用铁道部低成本统借统还资金 2 170 658 万元，其中 150 000 万元的利率仅为 2. 6%，1 150 000 万元的利率为基准利率下浮 20%，130 000 万元利率为 4. 5%，低于当时公司从市场筹集资金的利率。

③准确把握时机，签订锁定资金成本的大额长期固定资产贷款合同，大大降低了建设期利息。在铁道部的指导下，于 2009 年末和 2010 年初签订了高达 268 亿元的长期锁定资金成本的固定资产贷款合同，合同利率为签订时期基准利率（当时仅为 5. 94%，而建设期最高时为 7. 05%）下浮 10%，前10 年固定，后 10 年浮动。

④充分利用各商业银行在金融信息、产品、渠道等方面的综合优势，选择国家开发银行、建设银行、工商银行、农业银行、交通银行等规模较大的银行作为合作行。充分考虑建设期和未来运营还贷的各种因素，使用了国家开发银行的政策性贷款、国内商业银行贷款、信托资金、债务保理、委托借款等。

⑤积极主动与银行沟通，针对计息方式和偿还方式做最大争取，减少建设期利息支出。在计息方式上，尽力要求按年付息，降低资金时间成本；在日利率计算上，打破银行的固化方式，由日利率为年利率除以 360 天调整为年利率除以 365 天；在算息上，要求计息满年按年，满月按月，不满月按天计算。在还本安排上要求各行允许京沪高铁公司可以提前还款，不收取费用，为公司资金调度和使用增加了灵活性。

根据国家对京沪高速铁路项目可行性研究报告的批复，建设期贷款利息为 144. 6 亿元，由于公司在债务资金的筹措上得到铁道部的支持，措施得当，加上工期的缩短，建设期贷款利息实际发生 20. 05 亿元，节约了公司财务费用。

（3）使用管理

京沪高铁公司强化资金使用管理，建立预警机制，防范财务风险。严格执行铁道部"三重一大"制度规定，对建设资金支付实施计划财务部主任、总会计师、总经理联签制度，确保资金支付依据充分、依法合规。加强对施工单位资金的支付管理，根据合同约定和工程进展的实际情况，每年初，按照全年施工计划（扣除甲供材料）的 20% 支付年度预付款；每月月初，按照月度投资计划不少于 50%，支付一次月度进度款；每月月末，根据施工单位实际完成情况，考虑一定的扣除比例，补充拨付月度进度款；每季末，根据验工计价结果，扣留质量保证金后，将工程结算款及时拨付施工单位，做到不多拨、不欠拨。严格控制甲供物资资金拨付程序，钢材按照合同约定需支付钢厂预付款的，严格按月度需求计划计算支付，并随时关注需求计划的完成程度，做到实事求是，不超出实际供应而占用资金；其他材料按合同约定，每月根据实际收到材料进行结算后支付资金；对设计、监理、其他费用的拨付，除有合同规定外，一律验工计价后拨款；所有资金支付有充分依据，资金拨付与验工计价匹配。建设管理费实行预算管理，按预算指标控制执行，超预算支出不予报销。严格执行银行结算制度，超过支票结算起点的经济事项一律使用支票支付，公司财务实施集中管理。加强招标费用管理，严格执行铁道部规定，所有标书收入和支出通过"招投标费"科目核算，招标支出实施预算控制。

（4）规范监管

京沪高铁公司按有关规定对施工承包单位的建设资金实施监管，施工承包单位经公司同意在可提供监督服务的银行开设结算账户。资金监管协议由京沪高铁公司、施工承包单位和开户银行协商签订。根据施工、监理合同规定，公司选择中国建设银行作为一、二、三、五、六标段和站房一、二、三、五、六、七标的施工、监理资金监管银行，中国农业银行作为土建四标段和站房四标段施工、监理资金的监管银行。通过京沪高铁公司、施工单位、银行三方充分沟通和协商，签订《京沪高速铁路建设资金监管协议》，规定每月施工、监理单位向各建设指挥部报送资金使用预算，经指挥部审批后交由各银行营业机构按预算实施监管。同时，公司通过网上银行系统对施工、监理单位的资金流向进行监管，发现问题及时纠正，保证了建设资金的有效使用。

5. 规范计划统计管理

计划统计为全面了解工程建设完成情况提供最直接的信息，为防范和化解各种风险发挥预警作用。京沪高铁公司高度重视计划统计工作，严格执行《铁路基本建设计划管理办法》（铁计〔2005〕236号），根据建设实际情况，制定了《计划管理办法》，明确各单位、各部门职责，规范投资计划统计工作。

计划管理方面，公司根据施工组织和工程进度，定时召集设计、施工、监理单位对下一年度的工程内容、投资计划进行分析研究，编制出分标段、按月季度计列的年度计划，并报公司董事会、股东大会审批后，公司据此组织滚动实施管理。

统计方面，为及时准确系统地收集工程进度资料和信息，公司加强与各指挥部和施工现场的沟通，将月报调整为周报，并充分利用信息技术，建立了信息网络，实现主要统计数据由各指挥部、各项目经理部以及监理单位联网直报。在每个季度验工计价后，依据验工计价修正统计报表，做到统计与现场实际进度的吻合，真实充分地反映工程建设的形象进度。

6. 认真推进概算清理

概算清理是确定工程投资的最后阶段，包括施工图投资检算、变更设计、新增工程、价差、政策性费用调整等。

面对设计单位多、交叉施工项目多、建设规模或标准调整优化量大的特点，京沪高铁公司自2011年2月工程基本完成时就组织各设计院，按照国家批复可行性研究报告和铁道部批复初步设计文件、合同以及相关规定，对开工建设历年来实际发生的建设费用逐项进行了认真梳理。

（1）2011年2月依据铁道部有关规定，京沪高铁公司向各参建单位下发了《关于京沪高速铁路工程概算清理工作安排的通知》，组建了以总经理为组长的投资清理领导小组，开始启动概算清理工作。制定了清理概算工作详细推进计划，明确清理概算工作各项分工和目标，要求各有关单位高度重视，建立领导机构，指定专人负责；提前安排，统筹兼顾好各项工作；按照通知要求逐项梳理，明确分工，责任到人，按时提交相关资料。认真做到依据充分、程序合规、手续完备、数据准确，保质保量，按期完成各阶段工作。

（2）京沪高速铁路开通后以集中办公的方式与各代建指挥部一起组织各设计院，对京沪高速铁路和南京大胜关长江大桥南京南站及相关工程项目进行了全面的概算清理。2011年7月4日~7日，京沪高铁公司组织各设计、咨询、监理、施工及各代建单位和参建单位召开了清理概算专题会议，对各施工单位提出的清理概算需解决的问题进行了全面沟通和研究，形成了基本一致的意见，作为清理概算的基础。

2011 年 7 月 11 日，京沪高铁公司组织召开了京沪高速铁路清理概算联合办公动员大会，公司董事长、总经理和副总经理、各代建指挥部和设计院领导参加了会议，会议明确了清理概算各项工作时间安排和具体要求。

2011 年 7 月 11 日 ~8 月 23 日，按照统一安排，各代建指挥部和设计院采取集中办公方式，紧张有序地开展各项工作。公司各部门、各指挥部组织人员，请第三方审价机构天职国际参加，审核施工单位上报的清理概算资料，完成了大部分基础资料的梳理。对各单位反映的问题，公司与设计院进行反复沟通和对接，研究解决的原则和办法，取得了初步成效。

(3)2012 年第四季度对清理概算文件做最后梳理。各有关单位和设计院，按照要求，不断完善清理概算文件，完成了施工图投资检算的编制；基本完成变更设计文件清理并报部审批；基本完成征地拆迁费用清理及政策调整工作；对已发生的其他费用和基本预备费进行了全面梳理并完成汇总表和合同文本的整理；对需要审价单位出具审价报告的内容，协调天职国际进行审核并陆续出具审价报告；对新增加工程和工期优化等需要深入研究的问题，公司都做了协调和研究。清理概算工作进入收尾。

在清理概算的同时，京沪高铁公司组织各设计院和施工单位做好合同清单编制准备，积极推进末次合同调整和验工计价工作。同时，按照竣工图进行现场清点核量，对公司投资形成的资产进行实物盘点，建立设备管理台账，为运营期资产管理奠定基础，为顺利完成末次验工计价创造条件。

7. 编制竣工决算报告

为做好国家验收准备，京沪高铁公司在开通运营后，成立竣工决算报告编制小组（编制小组），着手进行工程竣工财务决算报告编制工作，并聘请天职国际负责具体工作。

(1)现场资产的清理与盘点

自 2012 年 6 月 ~10 月，在各施工单位的配合下，京沪高铁公司展开以现场盘点与施工图核对为内容的资产清理工作，以保证工程量清单所列资产与现场盘点相一致。各指挥部和代建指挥部与施工单位密切合作，现场核对，纠正差异。10 月份形成了盘点报告，并取得了施工单位的签字盖章确认，为竣工决算报表中资产的真实性及完整性打下坚实基础。

(2)做好Ⅱ类变更的清理

在各指挥部及代建指挥部的积极协助下，编制小组及施工单位将Ⅱ类变更进行了全面的梳理，整理出Ⅱ类变更清理台账，并及时调整相应报表中的资产数量和价值，确保资产数量和价值的准确。

(3)填好三张主要报表

编制小组严格按照铁道部《铁路基本建设项目竣工财务决算编制和资产交付办法》（铁财〔2008〕250 号）的要求，指导各施工单位填写“初验记录表”、“新建固定资产验收交接记录表”、“交付使用资产明细表”等。公司根据现场资产清查结果认真审核表中的相关项目，保证数据的准确和规范。

(4)财务及其他费用的清理

编制小组再度梳理所有合同价款的入账、支付情况及甲供设备的数量及型号，各代建指挥部与公司总部的账务情况，以确保账账相符及账实相符，对工程待摊费用也明确了意见。

(5)制定固定资产分级目录

为加强固定资产管理，满足计算机信息技术管理的要求，促进会计信息与财务软件的融合，编制小组遵照《中华人民共和国铁道部铁路运输企业固定资产管理办法》(铁财〔2005〕235号)制定了固定资产分级目录。

(6)编制竣工决算报告

在核对工程量清单的基础上,编制小组先行编制交付使用资产明细表,再根据实际的验工计价数量和金额,在规定的时间内完成了竣工决算的编制上报。

## 三、承包单位的内控主体作用

施工承包单位是企业经营的主体,加强合同管理不但对其自身的经济效益有重要作用,而且对项目的投资控制也有重要影响。为此,京沪高铁公司在合同签订后,积极组织施工单位合同管理人员参与公司组织的培训,加强对合同的理解,提高对问题和风险的认识,强化内控的动力,做好质量安全管理,严把劳务、材料设备采购等各类经济合同关,主动做好投资控制,以保证工程顺利进行,防止经济损失。

各施工承包单位把参与京沪高速铁路建设当作一项载入史册的光荣任务,认真履行合同承诺,组织精兵强将参加建设。

组织方面,设置精干的组织机构,优化管理模式。实行扁平化管理,降低管理费用开支;建立项目成本管理责任制,全员、全方位控制成本;组建专业施工队伍,加强用工管理,提高劳动生产率;加强物资管理,杜绝浪费,降低材料费成本;加强机械设备管理,提高使用效率;协助业主做好征地拆迁工作,减少待工准备。

技术方面,不断优化施工组织,努力提高施工效率。各施工单位一上场,立即组织施工环境、条件调查,编制实施性施工组织设计,组织经济论证,统筹安排生产资源;搞好岗前培训,做好技术交底,提高作业人员素质,层层组织技术交底,正确理解设计文件,避免盲目施工造成损失和浪费;运用成熟施工经验,推广"四新"技术,降低工程成本;做好施工进度控制,合理安排施工顺序,坚持标准化、流水作业,均衡生产,不断提高生产效率;加强现场管理,合理利用资源,节约工程成本,如土石方的合理调配,减少借、弃方工程量,做好隧道弃渣利用等。

经济方面,各施工承包单位积极推行责任成本核算,加强财务管理;制定合理的资金使用计划,配合业主及时做好验工计价工作。

施工承包方内控作用的发挥以及各项措施的落实,有效地提高了劳动生产率。

## 四、监理单位的审查把关作用

京沪高铁公司把监理作为现场管理工作的延伸,充分发挥其做好事前、事中、事后的审查把关,以加强对投资管理的控制作用。

(1)事前把关。加强图纸会审及承包人的施工组织设计审查,防止差错漏碰,进一步优化现场组织;对新材料、新工艺采用的审查,在于提高生产效率;督促各方履行合同承诺,保证工程顺利进行,做好风险预测工作等实现事前控制。

(2)事中管理。按合同规定,及时答复承包人提出的问题;主动做好设计、施工及其他外部协调、配合;对工程变更和设计修改进行技术经济合理性预测论证分析;严格按图纸复核已完工程实物量,进行审核后签发等事中控制。

(3)事后审查。严格审核承包人合同外的费用资料,按照审计的要求,认真核查各项结算资料,保证其完备、准确;积极配合业主,完成项目结算工作等以做好事后控制。

### 五、外部监管的促进作用

京沪高铁公司在建立健全各项内控机制，实现全方位、全过程投资控制的同时，积极配合铁道部审计中心、财政部投资评审中心和国家审计署对京沪高速铁路建设投资进行的外部监控。2008 年10 月 ~12 月，铁道部审计中心对京沪高速铁路建设项目、南京枢纽大胜关长江大桥及南京南站建设项目在 2006 年 1 月项目筹建至 2008 年 9 月间建设资金管理使用情况进行了审计，并于 2009 年 4 月8 日分别印发了《关于京沪高速铁路建设项目建设资金管理使用情况的审计结论和决定》(审计决定〔2009〕9 号)和《关于南京枢纽大胜关长江大桥及南京南站建设项目建设资金管理使用情况的审计结论和决定》(审计决定〔2009〕10 号)。2009 年 4 月 ~6 月财政部投资评审中心对在建项目进行了投资评审。2009 年 ~2011 年连续三年国家审计署派出审计组对建设项目进行了跟踪审计。外部监管力量提前介入，重点在于发现机制和管理制度方面的问题，将原来的事后纠错变为事前、事中监督，促进公司进一步完善制度、规范项目管理，对公司依法合规推进建设、控制投资、提高效益发挥了重要作用，防止了不当行为发生。由于与铁路建设有关的一些法律、法规还不健全，地方或某些行业的收费标准相差较大，京沪高铁公司抓住机遇及时反映，依靠外部监控力量，维护了建设者的正当利益，也有助于实现控制投资的目的。

对国家审计署连续三年全程跟踪审计及财政部评审、铁道部审计，铁道部及京沪高铁公司各级领导高度重视，全力协助配合审计工作。对审计组提出的问题，公司组织各参建单位，本着“眼睛向内，重看问题，轻看成绩”的原则，从主观上找原因、在管理上制定措施，边审边改，举一反三，组织专题会议，认真研究制定整改方案，及时纠正审计中发现的问题，实现了审计问题整改的闭合管理。

## 第四节　投资控制有效

### 一、年度投资

京沪高铁公司认真落实施工组织设计，以国家批复的初步设计总概算为控制目标，加强预算管理，建设期较好地完成了年度计划。京沪高铁公司每年最终的投资完成情况见表 4.7.3。

表 4.7.3　年度投资(单位：万元)

| 项　　目 | 2006 年 | 2007 年 | 2008 年 | 2009 年 | 2010 年 | 2011 年 | 2012 年 | 合　　计 |
|---|---|---|---|---|---|---|---|---|
| 京沪高速铁路 | 0 | 100 000 | 5 060 000 | 5 647 800 | 3 900 000 | 1 430 000 | 1 430 000 | 17 567 800 |
| 南京枢纽大胜关长江大桥南京南站及相关工程 | 125 000 | 100 000 | 460 000 | 759 200 | 432 000 | 238 000 | 355 000 | 2 469 200 |
| 合　　计 | 125 000 | 200 000 | 5 520 000 | 6 407 000 | 4 332 000 | 1 668 000 | 1 785 000 | 20 037 000 |

### 二、项目总投资

经概算清理，编制京沪高速铁路竣工决算报告。

1. 新建京沪高速铁路工程

(1)立项批复

2006 年 3 月 7 日，国家发改委以《国家发展改革委关于新建京沪高速铁路项目建议书的批复》

（发改交运〔2006〕374 号）对本项目建议书进行批复，全线投资预估算为 1 680 亿元（其中，动车组购置费 262 亿元）。

（2）可行性研究投资估算批复

2007 年 9 月，国家发改委以《国家发展改革委关于审批新建京沪高速铁路可行性研究报告的请示的通知》（发改交运〔2007〕2328 号）对本项目可行性研究进行批复，全线总投资估算为 1 982.9 亿元（其中，动车组购置费 392 亿元）。

（3）初步设计概算批复

2007 年 12 月，铁道部以《关于京沪高速铁路初步设计的批复》（铁鉴函〔2007〕1265 号）对本项目初步设计进行批复，批复总投资为 1 982.98 亿元。

（4）清理概算批复

2012 年 11 月，铁道部以《关于新建京沪高速铁路工程清理概算的批复》（铁鉴函〔2012〕1583 号）文件，批复京沪高速铁路工程总概算按 21 665 122 万元（含地方承担的征地拆迁及站房等工程费用 3 366 106 万元）控制。其中，静态投资 17 567 213 万元，建设期贷款利息 162 009 万元，动车组购置费 3 920 000万元，铺底流动资金 15 900 万元。

2. 新建铁路南京枢纽大胜关长江大桥南京南站及相关工程

（1）立项批复投资估算

2005 年 12 月 23 日，国家发改委以《关于新建铁路南京枢纽大胜关长江大桥及南京南站项目建议书的批复》（发改交运〔2005〕2750 号）的文件批复工程总投资 119.4 亿元。其中，静态投资 112.8 亿元，建设期贷款利息 6.5 亿元，铺底流动资金 0.1 亿元。

（2）可行性研究投资估算批复

2006 年 6 月 14 日，国家发改委以《关于南京枢纽大胜关长江大桥及南京南站可行性研究报告的批复》（发改交运〔2006〕1074 号）批复同意新建南京枢纽大胜关长江大桥及南京南站工程总投资 154 亿元。其中，静态投资 145 亿元，项目建设期为 5 年。

（3）初步设计概算批复

包含铁道部铁鉴函〔2006〕472 号、铁鉴函〔2007〕691 号、铁鉴函〔2008〕561 号、铁鉴函〔2008〕1299 号，新建铁路南京枢纽大胜关长江大桥南京南站及相关工程已批复的初步设计概算总额合计为 193.32 亿元，其中静态投资 184.38 亿元，建设期贷款利息 8.9 亿元，铺底流动资金 0.04 亿元。

（4）可行性研究调整投资批复

2013 年 2 月，国家发改委以《国家发展改革委办公室关于调整南京枢纽大胜关长江大桥南京南站及相关工程部分建设内容及投资的批复》（发改办基础〔2013〕419 号）批复该项目总投资为248.72 亿元。

（5）清理概算批复

2012 年 12 月 4 日，铁道部以《关于新建铁路南京枢纽大胜关长江大桥南京南站及相关工程清理概算的批复》（铁鉴函〔2012〕1636 号）文件，批复新建铁路南京枢纽大胜关长江大桥南京南站及相关工程总概算按 248.71 亿元（含南京市承担征地费用 58.38 亿元，工程费用 10.29 亿元）控制。其中，静态投资 245.02 亿元，建设期贷款利息 3.65 亿元，铺底流动资金 0.04 亿元。

3. 北京南站改扩建工程

国家发改委批复投资预估算总额为 56.5 亿元。铁道部批复初步设计概算为 46.16 亿元，批复可行性研究调整投资为 73.2 亿元，批复清理概算总额为 73.2 亿元。

三个项目合计批复清理概算总额为2488.4亿元(含动车组购置费392亿元),较可行性研究批复投资增加183.6亿元。征地拆迁和物价上涨等政策性因素增加282.3亿元。扣除政策性因素,工程投资控制在可行性研究批复投资估算范围内。

4. 财务竣工决算

2013年2月,京沪高速铁路工程全线接受国家组织的工程验收,京沪高铁公司编制完成了工程财务竣工决算(上报稿)。京沪高速铁路全线财务竣工决算(上报稿)为2023.0489亿元(不含动车组购置费)。其中,京沪高速铁路工程1774.4132亿元,包括建筑安装工程投资1122.3350亿元,设备投资160.0150亿元,待摊投资490.4732亿元,铺底流动资金1.5900亿元。南京枢纽工程248.6357亿元,包括建筑安装工程投资165.2114亿元,设备投资10.9416亿元,待摊投资72.4476亿元,铺底流动资金0.0351亿元。北京南站改扩建工程70.4014亿元,包括建筑安装工程投资46.2266亿元,设备投资5.4778亿元,待摊投资18.4036亿元,铺底流动资金0.2934亿元。

# 第八章 环保与水保管理

京沪高速铁路连接我国“京津冀”、“长三角”两大经济圈，所经地区人口稠密，经济、水系和交通路网发达，工程建设面临着土地资源保护、生态敏感区保护、敏感水体保护和噪声振动污染防治等环保问题。为做好京沪高速铁路环境保护工作，公司在铁道部领导下，在环保部和水利部的指导下，将环境保护纳入项目建设“六位一体”控制管理目标之中，严格贯彻“三同时”制度，强化过程控制，切实落实环评及批复意见的各项要求。

## 第一节 目标和组织

### 一、目标和重点

京沪高铁公司在开工前制定了“环境污染控制有效，土地资源节约利用，工程绿化完善美观，节能、节材和水保措施落实到位，努力建成一流的资源节约型、环境友好型高速铁路”的环保节约目标。明确了八个方面的工作重点：高速列车运行噪声与振动的控制；土地节约利用以及临时用地的恢复；路基工程及取、弃土（渣）场的水土流失防治；沿线站车污水处理、跨越南水北调输水干线及黄河、淮河、长江、阳澄湖等敏感水体的保护；线路穿越蚌埠龙子湖、镇江南山风景名胜区和南京牛首祖堂风景区的保护；施工扬尘对城市环境和沿线农作物生长的影响控制；施工固体废物管理；沿线工程绿化等。

### 二、组织和制度

根据工程建设的特点和要求，制定了建设期环境保护与水土保持管理办法，建立了由公司统一组织、各指挥部分段管理、监理单位日常监理、设计单位技术支持、施工单位具体落实、监控单位定期监测的施工期环保管理组织体系（环境监控监理模式）；形成了多层次、全方位、全过程，以及生态保护和污染防治全面涵盖的环境管理与控制机制。京沪高铁公司负责全线环保与水保工作的组织管理，各指挥部负责所辖管段的环保与水保工作；设计单位根据《环境影响报告书》、《水土保持方案》及批复意见，负责落实环保与水保的方案设计；施工单位做好项目建设中环保与水保方案实施措施的落实；监理单位将环保与水保措施的实施纳入工程监理范畴，在监理内部配备专职环保与水保监理人员；环保与水保监控单位对风景名胜区路段、敏感水体路段、重点桥隧等施工现场以及取弃土场、制梁场、轨道板场等临时工程的环保工作进行定期监测，为环保管理提供基础数据，对全线环保与水保效果进行评价。

针对环保和水保工作的特点，编制了施工期环境保护与水土保持措施；制定了不同施工阶段的环保与水保工作制度。实行环保与水保监理月报制度、例会制度、专题会议制度等。针对临时工程的特点，制定了相应的环保与水保监理用表。

### 三、过程控制

京沪高铁公司在京沪高速铁路建设过程中，根据不同阶段的工程特点和环保与水保要求，分三个阶段进行过程控制。

1. 准备阶段

准备阶段的工作重点，一是严格控制建设中的临时用地规模，对全线大型临时设施（包括高噪声振动作业场地）的设置方案进行优化和完善，并制定和完善大型临时用地复垦方案；二是做好环保与水保工作的培训，编制环保与水保培训教材，组织三期管理骨干培训，有效提高参建人员的环保、水保意识和能力；三是制定全线环境保护、水土保持工作方案，包括各标段的环境概况、环境问题、施工期环保与水保工作重点、环保与水保工作管理要求等；四是严把施工环保方案的审查，对主体工程施工组织方案中的环保措施，特别是线路穿越的风景名胜区、敏感水体和噪声敏感点的施工方案进行重点审查，并将工程监理单位的环保与水保监理实施细则作为重点，由公司负责组织逐个审查。

2. 施工阶段

施工阶段的工作重点是监督好施工过程中各项环保措施的落实和相关环保设施建设。狠抓工程施工环保措施的落实，如桥梁、路基、隧道工程施工弃土弃渣处置及水保措施，路基边坡的防护、施工噪声、扬尘控制和垃圾、废污水管理等，由监理单位实施过程监控，并按环保、水保监理月报制度报告措施落实情况；按照主体工程建设标准，完成运营噪声防治的声屏障工程和站（所）废污水处理设施工程。

在推行现场标准化管理中，树立环保、水保典型，先后在全线树立了跨长江、黄河、阳澄湖等敏感水体的桥梁基础施工、路基边坡防护、取弃土场防护、工程绿化、制梁场和轨道板厂生产中的环保样板工点，组织观摩和推广，对提高全线环保、水保工作整体水平起到了显著作用。

对环保、水保现场管理进行定期或不定期的检查，将检查结果纳入对施工单位的年度考评范围。根据现场出现或面临的环保和水保突出问题，先后下发了工作通知书十余份，并要求环保监控单位将存在问题的工点纳入监控中予以跟踪检查。

3. 竣工阶段

竣工阶段的工作重点主要是施工场地的环境恢复、土地复垦以及沿线绿化；各项环保设施的调试；噪声、振动、电磁试运行期间的效果测试及补充措施的实施。

京沪高铁公司在项目的初步验收过程中，严格执行“三同时”原则，在静态和动态验收中，对环保、水保工作作了进一步的检查。

## 第二节　行政监督和检查

在京沪高速铁路建设过程中，环保部、水利部、铁道部以及沿线环保、水保各级行政主管部门都加大了对环保、水保措施落实情况的监督和指导。

2009 年 6 月 9 日 ~ 12 日，铁道部组织对京沪高速铁路环境保护和水土保持工作进行了现场检查。

2010 年 5 月 6 日 ~ 11 日，环保部会同铁道部、京沪办和沿线七省市环保行政主管部门组成检查组，对施工期环保工作进行了现场检查。

2010 年 5 月 22 日，由环保部副部长、铁道部副部长带队，组成联合检查组，对南京南至上海虹桥段环保工作进行了现场检查和调研。

2010 年 10 月 11 日 ~15 日，水利部会同全国人大环资委、国务院法制办、铁道部以及长江、黄河、海河、淮河水利委员会、太湖流域管理局和沿线七省市的水行政主管部门组成检查组，对京沪高速铁路水土保持工作进行了执法检查。

2011 年 3 月 3 日 ~5 日，铁道部组织对京沪高速铁路环保、水保工作进行了现场检查和调研。

2011 年 4 月 7 日 ~14 日，水利部和铁道部联合组成检查组，对沿线防洪影响工程建设情况进行了现场督查。

2010 年 5 月，环保部会同铁道部、京沪办和沿线七省市环保行政主管部门组织的检查对京沪高速铁路环保工作给予了高度评价。评价认为，工程开工以来，总指挥部、京沪高铁公司以及各参建单位按照建设世界一流高速铁路的总体目标要求，把环境保护与工程质量摆到同等重要位置，创新环境保护管理机制，优化环保设计，全员贯彻环保理念，为探索我国高速铁路环保工作积累了宝贵经验，树立了重大工程建设施工期环保工作样板。工程全面落实了环评批复要求，许多方面比环评要求做得更好。

2010 年 10 月，水利部会同全国人大环资委、国务院法制办、铁道部以及长江、黄河、海河、淮河水利委员会、太湖流域管理局和沿线七省市的水行政主管部门组成的执法检查认为，京沪高速铁路开工建设两年多来，总指挥部和各参建单位高标准、严要求，认真落实各项水土保持措施，人为水土流失防治取得显著成效。高度重视水土保持和生态建设工作，用科学发展观和水土保持新理念指导工程建设实践，将水土保持作为工程的重要部分。总指挥部、各指挥部以及参建单位，都具有较强的水土保持意识和高度的水土保持责任感，以建设一流资源节约型、环境友好型高速铁路为目标，将水土保持确定为工程的一个重要组成部分，配备专门人员，研究制定专项管理制度，对各项水土保持措施高标准设计、大力度实施，取得突出效果。严格履行水土保持法律程序，落实水土保持“三同时”制度。建设单位积极编制水土保持方案，并认真履行水土保持方案审批程序；按规定开展水土保持初步设计，并根据工程建设实际开展了专项植被恢复补充设计。创新建管机制，建立机构、制度、责任、监督、奖惩“五位一体”的管理体制，有序推进水土保持工作。建设之初，建设单位确定了总部统一组织、各指挥部分段管理、监理单位日常监理、设计单位技术支持、施工单位具体落实、监控单位定期监控的水土保持组织管理体系，做到各级都有专门机构和专职人员。建设过程中，按照“分工明确、责任到人”的原则，将水土保持任务层层落实到工程建设的各个部门及其负责人，并采取动态监控，做到了及时发现问题，及时解决问题。同时，建设单位注重通过优化设计，尽可能减少占用、扰动和开挖土地，减小对植被和地表的破坏；通过优化施工工艺，防止造成严重的水土流失，取得了明显效果。

2014 年 4 月，水利部授予京沪高速铁路“2014 年度国家水土保持生态文明工程”称号，这是铁路生产建设项目首次获此殊荣。

# 第九章　技术创新管理

20 世纪 90 年代，我国开始对世界高速铁路技术进行跟踪研究，并结合既有线提速、秦沈客运专线、京津城际铁路等工程实践，基本掌握了高速铁路技术，取得许多创新成果。京沪高速铁路技术标准高、建设规模大，建设过程中，在吸收已取得的创新成果基础上，继续推进科技创新，完善了具有我国自主知识产权的高速铁路技术体系和标准体系。

为指导京沪高速铁路科技创新工作，铁道部制定了《京沪高速铁路科技创新规划》。京沪高铁公司按照《京沪高速铁路科技创新规划》要求，全面加强技术创新管理，全力推动技术创新工作，并取得显著成效。

## 第一节　技术创新目标与内容

### 一、创新目标

《京沪高速铁路科技创新规划》明确提出京沪高速铁路科技创新的总体目标：建成世界一流高速铁路，全面掌握高速铁路基础理论、工程建设、高速列车、牵引供电、通信信号、运营调度、旅客服务、检测维修、节能环保等关键技术，完善我国高速铁路建设、高速铁路装备和高速铁路运营管理的技术体系和标准体系，推动我国高速铁路整体技术达到国际领先水平，造就一批高速铁路建设领军人才，创国家科技进步奖。

（1）建立完善的高速铁路工程结构力学、高速列车系统动力学等为主的高速铁路基础理论体系。

（2）全面完善高速铁路工程建设技术，提升成套施工装备与施工工艺水平，形成完善的高速铁路设计、施工、验收技术标准。

（3）全面突破时速 350 km 及以上高速列车关键技术，系统掌握时速 350 km 以上列控、牵引供电等关键技术，形成具有自主知识产权、国际竞争力强的中国高速列车及配套技术。

（4）全面完善高速铁路运营调度、客运服务、综合检测、维修养护等运营管理技术，形成完善的高速铁路运营管理成套技术。

（5）全面深化时速 350 km 及以上高速铁路联调联试、综合试验和安全评估等关键技术，形成完善的高速铁路安全保障技术。

（6）全面完善高速铁路节能环保技术，形成环境友好型、资源节约型的“绿色”高速铁路环保技术。

（7）继续深化高速铁路各专业系统的技术标准研究，完善高速铁路技术标准。

### 二、主要创新内容

（1）在高速铁路基础理论方面，主要包含高速铁路轨道结构动力学理论、路基结构动力学理论、桥梁结构动力学理论、隧道结构动力学理论、轮轨关系理论、流固耦合动力学理论、弓网关系理论、空气动力学理论、电磁兼容技术相关理论等内容的深化研究。

(2)在高速铁路工程建造技术方面,主要包含高速铁路勘测设计技术,无砟轨道工程系统技术,有砟轨道关键技术,路桥工后沉降变形控制及评估技术,桥上无缝道岔及桥梁结构关键技术,路基、桥梁和轨道结构新型工程材料及耐久性技术的深化和优化研究。

(3)在时速 350 km 及以上高速列车及配套系统方面,主要包含新一代高速列车系统集成技术、高速转向架技术、列车空气动力学评估技术、列车牵引传动技术、列车制动技术、列车网络控制技术、列车牵引供电技术的深化研究以及 CTCS-3 级列控系统的构建等。

(4)在高速铁路运营管理方面,主要包含高速列车追踪技术,综合调度集成创新技术,客服、票务的关键技术,综合服务平台、数据平台和线路综合检测维护技术的深化及优化研究。

(5)在高速铁路安全保障方面,主要包含高速铁路系统集成技术、联调联试技术、安全评估技术、安全监控系统的深化和优化研究。

(6)在高速铁路节能环保方面,主要包含高架站结构及减振减噪技术、减振型轨道结构、电磁干扰控制与防治技术、桥梁施工泥浆处理技术、综合景观设计技术、节能环保相关技术及措施的深化研究。

(7)在高速铁路技术标准体系方面,主要包含高速铁路工程建设、高速列车、牵引供电、通信信号、运营调度、旅客服务、检测维修、节能环保等技术标准、规范的完善,高速铁路相关技术管理规章制度的完善等。

## 三、科研立项

为实施科技创新目标,铁道部组织科研院所、高等院校,在项目立项前、可行性研究中、建设过程中系统开展了高速铁路理论、关键技术等试验研究。

国家层面立项,选择重大课题申报国家立项。如 1993 年 4 月,原国家科委、国家计委、国家经贸委、国家体改委、铁道部联合成立了"京沪高速铁路重大技术经济问题前期研究"课题组,围绕工程建设方案、资金筹措与运营机制、国际合作、经济评价等有关决策的重大技术经济问题开展研究。根据铁道部与科技部签署的《中国高速列车自主创新联合行动计划合作协议》,"中国高速铁路关键技术研究及装备研制"等课题列为国家科技支撑计划项目。

铁道部科研立项,重点研究高速铁路共性关键技术和基础理论问题。如"八五"期间,铁道部在《铁路科学技术发展计划》中,共列入高速铁路技术前期研究课题 22 项。其中,1991 年列入 3 项、1992 年列入 10 项、1993 年列入 7 项、1994 年列入 2 项,课题内容涉及机车车辆、线路设计、运输组织和行车控制等。"九五"期间,铁道部组织开展的高速铁路试验工程前期研究项目所属 3 个课题共 18 个专题。针对南京大胜关长江大桥建设的关键技术,铁道部于 2004 年设立 4 项科研项目、2006 年设立 5 项科研项目;2007 年铁道部设立高速铁路 CFG 桩复合地基处理综合技术研究项目;2008 年铁道部设立站前工程科研项目 37 项(其中 12 项列京沪高铁工程概算)、站后工程科研项目 13 项;2009 年及以后铁道部每年根据项目进展和创新需要均设立一批科研计划项目(其中含列京沪高速铁路工程概算的7 项站前工程科研项目)。

企业自主立项,重点研究设计、施工技术难题。由铁道部支持并引导设计、施工、科研院所等单位开展科技创新立项,具体实施由京沪高铁公司负责。

# 第二节　技术创新工作组织

## 一、组织管理体系

京沪高速铁路的科研和创新管理分为开工前、开工后两阶段。在京沪高速铁路开工前，科研立项主要依靠铁道部科技司负责，自 1994 年铁道部京沪高速铁路可研（预）办组建后，承担起科研的日常管理和审查工作。2003 年铁道部重组高速铁路建设领导小组办公室（高速办），并建立了专家组，负责高速铁路有关前期工作协调、科研项目的管理工作。

京沪高铁公司根据设计暂行规定和初步设计的国际咨询，修改完善了《京沪高速铁路设计暂行规定》，总结提出了京沪高速铁路技术标准和技术路线。京沪高速铁路批准开工后，铁道部制定了《京沪高速铁路科技创新规划》，并建立了相应的组织管理机构。

京沪高速铁路科技创新组织管理体系如图 4.9.1 所示。

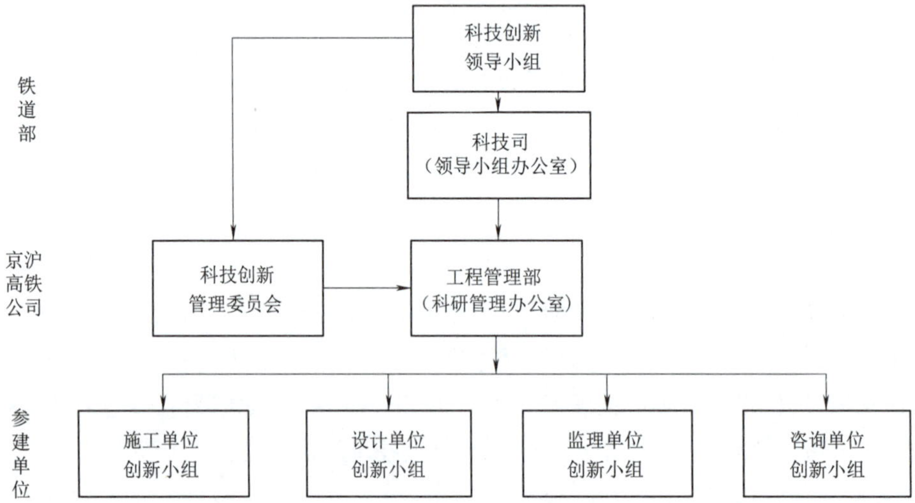


图 4.9.1　科技创新组织管理体系

铁道部成立了由部长、副部长分别任组长、副组长，总工程师、副总工程师及有关部门和单位负责人为成员的铁道部京沪高速铁路技术创新领导小组，负责科技创新工作的统一组织和领导，推动创新工作和成果应用，协调创新活动等重大事项；领导小组办公室设在科技司。成立铁道部京沪高速铁路专家组，负责科技攻关、技术路线、研究方案的咨询和协调工作，明确理论创新工作由科技司牵头组织科研院所和有关院校为主，设计院等单位参加；工程创新工作由建设司、科技司、鉴定中心、工管中心及京沪高铁公司组织设计、施工单位为主，科研院所、高校等参加；运营创新由运输局、科技司牵头组织有关单位进行；装备创新由运输局、科技司牵头组织有关单位进行；节能环保创新由计划司、建设司牵头组织有关单位进行；标准创新由科技司、建设司、运输局牵头组织有关单位进行。

京沪高铁公司成立了科技创新管理委员会，负责领导全线建设过程中试验研究和技术创新工作。委员会主任由公司董事长担任，副主任由公司总经理和总工程师担任。日常工作由科研管理办公室负责，主任由工程管理部副主任兼任，主要是配合铁道部科技主管部门，抓好依托京沪高速铁路工程建设平台所开展的高速铁路各项科研项目的组织实施和成果评审；负责组织和协调各参建企业在工程建设中的技术创新工作;负责创新成果的推广和应用。

参建的施工、设计、监理、咨询单位根据各自承担的工作任务、创新目标,成立相应的组织管理机构,负责具体的科技创新工作。

### 二、技术创新模式

作为大型工程项目,京沪高速铁路科技创新工作的任务重、要求高、组织协调难度大,需要各部门、各单位和各方面的通力协作和密切配合,需要充分发挥国内外科研资源作用,形成合力,齐力攻关,实现技术创新。科技创新具有工程需求为导向、解决关键性技术为重点和政府参与指导三项特征。

以工程需求为导向,要求建设、设计、施工单位等应成为工程技术创新的主体,即"产";解决关键性技术为重点,要求高等院校和科研机构为技术创新提供重要的智力资源,即"学"和"研";由于京沪高速铁路是国家重点工程,影响深远,铁道部作为政府主管部门在技术创新中起着宏观指导、制定政策、整合资源等作用。"政、产、学、研"四个创新体的整合,有利于将科研、人才、资金、市场等社会资源进行优化配置,实现优势互补,互利共赢,共同推动京沪高速铁路的技术创新。

京沪高速铁路在工程技术创新解决关键性技术问题中采用"政、产、学、研"相结合的创新模式,在铁道部指导下,以京沪高铁公司为主体,动员各参建单位,联合各大高校和科研院所展开技术攻关工作。

铁道部作为政府部门,是技术创新中的指引者和推动者,通过制定相关的政策,如《京沪高速铁路科技创新规划》、《京沪高速铁路工程科技创新管理办法》、《京沪高速铁路激励约束考核费使用管理暂行办法》等,引导参建企业的研发方向,促进高校、科研院所和咨询机构的合作,推动技术创新,并促进创新成果及时转化为生产力,推广应用到建设中去。

## 第三节 技术创新工作管理

京沪高铁公司充分发挥建设单位的主体作用,积极组织、协调推进各项技术创新工作。

### 一、结合工程建设,积极组织创新项目立项

如全线桥墩选型研究、桥梁桩基试验研究、深厚软土松软土地段复合地基关键技术试验研究、无砟轨道工程应用技术试验研究(包括端刺形式优化研究)、南京大胜关长江大桥主桥施工关键技术研究、现浇梁张拉龄期试验研究、镇江京杭运河特大桥大跨度无砟桥梁线形控制技术研究、运营管理关键技术深化研究等研究成果都及时应用于工程建设中。

### 二、加强组织管理,保证质量进度

在铁道部科技主管部门的领导下,定期或不定期组织对科研项目进展进行检查,铁道部科技司一年至少组织两次阶段性检查,京沪高铁公司则每季度组织不少于一次的阶段性检查,对项目试验研究与工程施工结合中存在的问题,专题研究对策,确保了科研项目的顺利推进,及时组织或配合铁道部科技主管部门组织技术创新成果的评审。有效的组织和管理,使得依托京沪高速铁路工程开展的铁道部立项的科研项目均按合同要求,保质保量地完成了研究任务,通过了结题验收。

### 三、全力抓好先导段综合试验工作

在铁道部组织的先导段高速铁路综合试验研究工作中，积极优化该段工程的施工组织，确保工期满足先导段综合试验计划要求的同时，参与研究先导段的综合试验方案，细化试验研究项目的测试方案，结合线下工程的现场建设进展，及时组织各科研承担单位开展了与路基、桥梁、隧道、轨道、道岔等动力性能试验、环境影响试验等有关的测试元件埋设工作，为 350 km/h 以上高速铁路技术研究如期、顺利实施奠定了基础。

### 四、抓好科技创新成果的转化与应用

在科研成果评审鉴定的基础上，京沪高铁公司认真组织成果转化、积极抓好推广应用，如软土地基处理、桥梁墩台形式的统一、悬灌梁线形运营期控制、南京大胜关长江大桥新钢种的采用等都及时地在全线工程中得到推广，为工程建设提供了有力支持。

### 五、抓好创新工作的激励

为大力推进各参建单位的技术创新工作，充分调动各参建单位技术创新的积极性，将各施工单位的科技创新工作纳入《京沪高速铁路激励约束考核费使用管理暂行办法》，组织创新成果评选，实施考核和奖励。

2009 年 2 月，京沪高铁公司组织 2008 年度京沪高速铁路技术创新成果评奖工作，评选出 32 项创新成果。其中，“南京大胜关长江大桥关键技术研究”获科技创新特等奖，“京沪高速铁路桥墩选型研究”等 7 项成果获科技创新一等奖，“京沪高速铁路南京大胜关长江大桥边跨钢梁安装控制及合龙技术”等 9 项成果获科技创新二等奖，“高速铁路松软土地基变形特征及治理技术研究”等 13 项成果获科技创新三等奖，“新建南京铁路枢纽南京大胜关长江大桥‘小业主、大咨询’建设管理模式”获管理创新二等奖，“新建南京铁路枢纽南京大胜关长江大桥钢梁施工设计图技术咨询”获管理创新三等奖。

2010 年 6 月，京沪高速铁路公司组织 2009 年度技术创新成果评奖工作，评选出 80 项创新成果。其中，“京沪高速铁路 CFG 桩复合地基综合技术研究”、“京沪高速铁路南京大胜关长江大桥大跨度钢桁拱安装与合龙技术研究”等 6 项成果获技术创新成果特等奖；“京沪高速铁路京杭运河特大桥 86 × 8 m 连续框架施工技术研究”等 12 项成果获技术创新成果一等奖；“京沪高速铁路路基工程综合施工技术研究”等 23 项成果获技术创新成果二等奖；“京沪高速铁路德州东站填料改良试验与填筑质量控制技术研究”等 39 项成果获技术创新成果三等奖。同时，还评选了“2009 年度京沪高速铁路十大技术创新人物奖和十大工艺工法创新人物奖”，并给予了奖励。

## 第四节　技术创新工作成果

京沪高速铁路建设过程中，高速铁路技术体系得到进一步完善，技术标准更加系统，技术创新工作成效显著，形成了一批高质量的技术成果。

京沪高速铁路先后获行业学会（协会）科学技术成果奖 50 余项。其中，“高速铁路大跨度钢桁双主拱桥建造技术”、“京沪高速铁路综合试验研究”、“高速铁路长大桥梁、高架站无缝线路设计理论及应用技术”等成果获中国铁道学会科技进步特等奖；“京沪高速铁路桥上板式道岔及道岔梁结构设

计”、“京沪高速铁路钢性桩复合地基处理综合技术”、“高速铁路隧道气动关键技术研究”、“京沪高速铁路通信、信号、信息化系统设计及集成”等成果获中国铁道学会科技进步一等奖；“时速 350 km 高速铁路无砟轨道大跨度连续梁拱组合桥梁施工关键技术”、“跨多条繁忙电气化铁路干线空间刚架（桥梁）综合施工技术”、“桥梁钻孔桩基础预钻法成孔技术研究”、“CRTS Ⅱ型板式无砟轨道施工布板软件”等成果获中国施工企业管理协会科技成果一等奖；“数字液压滑移、顶（提）升施工成套设备开发及施工关键技术研究与应用”获中国钢结构协会科技一等奖。

“京沪高速铁路”、“南京大胜关长江大桥”、“北京南站改扩建工程”、“天津西站站房工程”、“南京南站”分别获中国土木工程詹天佑奖。

京沪高速铁路先后获发明专利 53 项、实用新型专利 116 项、外观设计专利 5 项、软件著作权 8 项；获国家级工法 9 项、省部级工法 49 项。

“京沪高速铁路总体设计”获铁道部优秀工程设计特等奖。

“京沪高速铁路”荣获国际工程咨询工程师协会“FIDIC 百年优秀工程奖”。

“南京大胜关长江大桥”荣获国际桥梁协会“乔治·理查德森”大奖。

“北京南站改扩建工程——站房”、“南京大胜关长江大桥”、“DK664 + 100 ~ DK950 + 039 综合工程”、“丹昆特大桥阳澄湖桥段工程”分别获中国建筑业协会鲁班奖；“京沪高速铁路南京大胜关长江大桥”、“京沪高速铁路济南黄河特大桥”、“京沪高速铁路土建二标综合工程”、“京沪高速铁路土建三标综合工程”、“京沪高速铁路淮河特大桥”、“京沪高速铁路四电系统集成工程”等 18 项工程获铁道部优质工程一等奖；“京沪高速铁路天津特大桥”、“京沪高速铁路济南西站站房工程”、“京沪高速铁路 DK950 + 039 ~ DK1148 + 522.48 段综合工程”获中国施工企业管理协会国家优质工程奖。

# 第十章 物资保障

加强物资设备管理，做好工程建设的物资保障工作，对确保建设一流工程、加强投资控制、保证工程按期完工具有十分重要的意义。

## 第一节 管理原则和总体思路

京沪高速铁路全线物资采购的工作量大、品种多、标准高，且供应相对集中，再加上“小业主、大咨询”的管理模式，物资管理人员相对较少。在全线全面开工的情况下，京沪高铁公司的物资设备管理以“服务施组，现场第一”为原则，全面统筹，发挥各方面积极作用，保障了工程所需物资的供应。

物资设备管理总体思路是“分类管理，分级负责，专业服务，统筹供应”。要做好三个结合，即传统的管理经验、方法与现代的管理思想、理念相结合，铁路建设物资供应管理的普遍性与京沪高速铁路建设的特殊性相结合，保证物资设备质量与降低采购成本相结合。要实现一个目标，即保证质量、保障供应。

## 第二节 规范管理

### 一、依规依法管理

铁道部对京沪高速铁路建设项目物资设备的采购管理十分重视，制定了一系列的管理办法来规范物资设备的采购管理。公司在建设管理过程中，严格遵守相关的法律、法规和规章制度，具体见表 4.10.1。

表 4.10.1 物资设备采购管理的相关法规

| 年 份 | 相 关 法 规 |
|---|---|
| 2005 | 《工程建设项目货物招标投标办法》(国务院七部委〔2005〕年第 27 号令) |
| 2006 | 《铁路建设项目物资设备管理办法》(铁建设〔2006〕83 号)<br>《铁路基本建设工程设计概(预)算编制办法》(铁建设〔2006〕113 号)<br>《铁路建设项目甲供物资设备采购供应暂行办法》(铁建设〔2006〕217 号) |
| 2007 | 《铁路建设项目甲供物资设备目录》(铁建设〔2007〕199 号)<br>《铁路建设项目铁道部管理的物资采购供应实施细则》(铁建设〔2007〕219 号) |
| 2008 | 《铁路建设项目甲供甲控物资设备目录》(铁建设〔2008〕197 号) |
| 2010 | 《铁路建设项目甲供甲控物资设备目录》(铁建设〔2010〕163 号) |

同时，京沪高铁公司结合实际，细化相关规定，制定了《京沪高速铁路物资设备管理办法》、《京沪

高速铁路物资设备生产(供应)商管理办法》、《京沪高速铁路甲供物资设备采购供应组织实施方案》、《京沪高速铁路砂石矿渣粉管理暂行规定》、《京沪高速铁路物资设备质量管理实施细则》等五个管理办法,并相继出台了有关结算、应急采购、地材管理、质量追溯、供应商评价等一系列管理规定及通知要求。对全线甲供、甲控物资的管理建立了相关制度,并规范了采购供应管理流程,对其中的重要环节和关键接口,明确了相关方的责任。通过规范流程、标准管理,建立健全了全线物资设备管理体系,使各项物资管理工作有法可依、有章可循。建立定人、定岗、定期、定责和定点的检查制度,确保现场所需物资设备质量可控、供应及时。

### 二、分类分级管理

按照铁道部和公司的相关规定,对物资设备的采购、供应、质量与价格控制等,实行"分类管理,分级负责"。

工程项目所需物资设备分甲方供应物资设备、甲方控制物资设备、承建单位自购物资设备三类进行管理。对重要的物资设备都采取甲供或甲控的形式,并根据铁建设函〔2007〕199号文件要求将甲供物资设备分为部管和建管两类。部管甲供物资设备包括桥梁支座、隧道防水板、钢材、水泥、电缆、杆、柱、导线、承力索、轨道结构材料(道岔、厂制轨枕[板]、钢轨扣配件)等九大类;建管甲供物资包括轨道结构材料(水泥沥青砂浆添加料、无砟轨道滑动层材料、钢轨焊接材料),桥梁及桥梁结构材料,隧道止水带,混凝土用物资,电力变电设备,牵引变电设备,接触网设备器材,车辆维修、运营维护设备,信号设备,通信设备等十大类。同时,根据《铁路建设项目物资设备管理办法》(铁建设〔2006〕83号)的规定和本项目对物资设备的要求,将粉煤灰、钢筋焊接网、高强度挤塑板、高强度螺栓、接地端子、精轧螺纹钢、桥梁伸缩缝、桥梁预埋件、涂层钢筋、土工材料、预应力钢筋、张拉锁件等作为甲控物资来管理。

严格落实建设单位、设计单位、监理单位、物资代理公司、施工单位以及第三方质量检测机构的质量管理职责,建立起"六位一体"分级负责的物资管理体系。其中,公司作为建设单位,其物资设备部负责合格生产(供应)商管理、考核,负责组织、指导、检查、监督物资设备质量管理活动;工程管理部负责审核物资设备的技术标准和质量要求;安全质量部参与施工现场物资设备质量的监督检查;各指挥部负责本管段物资设备质量的日常监督检查,并每月向物资设备部报月度物资设备质量情况报告。

设计单位对物资设备技术指标的选用负责。

监理单位对进场物资设备质量检验、试验的真实性、准确性负责。对进场的甲供、甲控物资设备,砂、石、矿渣粉生产(供应)商是否在合格生产(供应)商名录内进行核查;对进场和施工过程中的物资设备质量进行监督和抽查,及时向指挥部上报物资设备质量情况(附不合格物资的检测报告)。

第三方质量检测机构负责指定的物资设备质量检测,对指定的物资设备质量检验、试验的最终结果负责。

物资代理公司对甲供物资设备进场前的质量负责。

施工单位对甲控、自购物资设备的质量负责;对所有进场物资设备因管理不善导致物资设备质量不合格以及使用不合格物资设备造成工程质量责任事故负全责。

## 第三节 专业服务

### 一、专业代理

京沪高铁公司根据铁道部推行"业主管理、专业咨询"管理模式的要求,委托专业物资管理公司

(中国铁路物资总公司)代理物资设备的供应管理工作,2006 年 5 月 17 日签订委托管理协议。开工后,于 2008 年 7 月 24 日,与物资代理公司正式签署了物资代理服务合同。

京沪高铁公司将甲供物资的招标采购、供应组织、原材料质量监控、生产(供应)商管理等工作委托给物资代理公司操作,并通过硬化代理合同内容、加强对物资代理公司考核、将考核结果与绩效挂钩等办法,激励和督促代理公司充分发挥专业机构的服务功能。物资代理公司在全线各指挥部和各重点物资生产(供应)厂家均派驻专业人员,并深入各工程承包单位,协助现场规范物资管理工作,使供应组织和原材料质量等问题及时得到协调解决,充分体现物资设备延伸管理服务的作用。

物资代理公司还负责京沪高速铁路《供应周报》、《质量月报》、《物资信息》和结算资料的编制、复核以及计划编制、下达,合同履行情况监控、基础资料的整理、投标保函的清退等工作。

物资代理公司根据工程进度和工期调整情况,认真研究,优化物资设备采购供应组织方案,特别是对重要物资、紧缺物资,超前研究并做好采购供应组织和储备。负责相关重要物资的驻厂催发,制定必要的应急预案措施。

物资代理公司负责与各相关方面的全方位联系,及时准确掌握现场物资供应情况,统计、分析存在的问题,及时、正确地反映到周报上,把《供应周报》办成体现物资供应保障工作的"晴雨表"。

工程承包单位在每次报送物资需求计划时,明确招标采购物资设备的交货地点(材料厂)。甲供物资设备由物资代理公司组织供应到指定的交货地点,物资代理公司负责组织监理单位、工程承包单位,共同开展验收工作,由供应商同用料单位办理交接。对验收过程中出现的质量、数量问题(未处理前单独标识存放、不准使用),物资代理公司及时通知发货单位派人现场确认、处理。工程承包单位根据验收结果,及时填制收、发凭证。

### 二、专业咨询

除充分发挥监理单位现场监督检查作用外,京沪高铁公司引入了专业咨询机构进行质量监控。为确保高性能混凝土质量,提高混凝土耐久性,公司委托铁科院、中冶院等专业科研机构进行全线混凝土配合比试验,对沿线地材进行了大规模的取样检测,为不同标段的混凝土地材选用提供依据。2008 年 7 月,公司通过招标选择中国建材院水泥研究所为水泥驻厂监造单位,派员驻厂,从生产源头上确保水泥的生产质量。对于滑动层材料,物资设备部与安全质量部、工程管理部一起,联合铁科院、中铁咨询、国家防水协会等有关专家深入生产厂考察,基本摸清了国内行业生产状况以及产品生产过程中容易存在的质量隐患,为招标评标工作提供了有力的依据。

针对建设中桥面喷涂聚脲防水层材料没有国家标准及路内行业标准的情况,国家标准化管理委员会 2009 年第 4 号公告,批准《喷涂聚脲防水涂料》(GB/T 23446—2009)国家标准于 2010 年 1 月 1 日正式实施。京沪高铁公司多次组织中铁咨询、铁科院、国家防水协会专家召开聚脲防水材料的技术研讨会,争取铁道部主管部门的支持,积极参与技术标准的制定与修订,率先颁布了《京沪高速铁路桥梁混凝土桥面喷涂聚脲防水层暂行技术条件》,为确保桥面防水施工前期用料提供了保障。

## 第四节 统筹供应

### 一、规范招标流程

为控制物资设备质量、保障物资设备供应,京沪高铁公司制定了《京沪高速铁路建设甲供物资设备采购供应组织实施方案》,明确了甲供物资的需求计划和招标决策的流程,如图 4.10.1 所示。

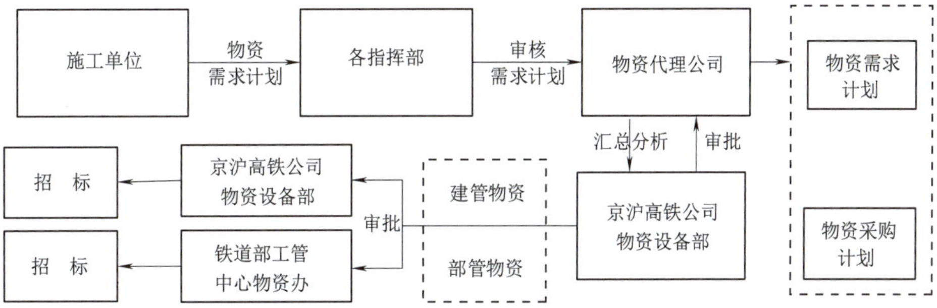


图 4.10.1 甲供物资的需求、招标计划流程

施工单位向各指挥部提报甲供物资的需求计划，审核通过后，由物资代理公司将甲供物资的需求计划汇总上报京沪高铁公司。其中，建管物资的需求和采购计划由公司物资设备部审批，并由公司组织招标；部管物资的需求和采购计划由公司物资设备部审核后报铁道部工管中心物资办公室组织招标。

## 二、服从施工组织超前谋划

根据物资管理人员要学习、研究施工组织的要求，全线物资管理人员积极参与施工组织研究，结合施工组织设计及工程进度，统筹安排、合理平衡资源、部署物资采购供应工作。例如，为全面推进制架梁进度，特别是为确保特殊结构梁节点目标的实现，按期打通架梁通道，紧紧围绕施工组织安排，对全线 30 余座大跨度钢结构桥梁及连续梁用球形支座的进场时间进行逐一梳理；组织物资代理公司和有关施工单位人员深入生产厂家，协调排产计划，并就每一部件的交付时间进行对接。对生产厂家不能满足工期交付要求的，进行了最大限度的优化调剂，有效地保证了特殊结构桥梁施工和架梁的工程进度要求。

再如，物资设备部按照指导性施工组织设计的要求，在桥面系、底座板及轨道结构等正式施工图纸尚未完全到位的情况下，主动与设计单位沟通，请设计院尽可能提供满足招标用的有关资料，先行完成招标，确定生产供应商，为确保工程进度奠定了基础。

## 三、创新采购模式

1. 集成招标

在以往的工程建设中，物资采购都是按物品种类单独进行，由施工单位再集成使用。京沪高铁公司采用集成招标的方式，由牵头生产商对相关的各项原材料负总责。

例如，水泥乳化沥青砂浆是板式无砟轨道的关键组成部分，由水泥、乳化沥青、细骨料混合料、水、铝粉、各种外加剂等原材料在常温下经过掺和制成，其性能好坏直接影响到无砟轨道使用的耐久性及维护工作量。京沪高铁公司在前期市场调查中对沿线乳化沥青厂家和干粉生产厂家进行了排查，采取集成招标的方式，确定联合体的生产供应方案，并要求牵头厂家对供应质量负总责。

滑动层由两布一膜（200 $g/m^2$ 土工布、土工膜、400 $g/m^2$ 土工布）组成。通常，土工布和土工膜并非一家单位生产。京沪高铁公司于 2009 年分两组对沿线滑动层材料进行市场调查，对各联合体拟中标人的设备保障、生产供应、质量控制等能力逐家进行详细的调查。采取集成招标后，不管是土工布生产厂还是土工膜生产厂牵头，都必须满足滑动层总体质量要求。

2. 非标定尺供应

国内生产混凝土用钢筋棒材主要厂家的产品一般以 9 m、12 m 的标准定尺交货。全线 48 个梁场的制梁用钢筋量很大，如果按照常规标准定尺钢筋供货，一方面要增加现场诸如焊接、切割等工作量，增加加工成本，影响工效，同时也存在焊接质量风险，另一方面也会导致边角余料的增加，增加成本。为此，京沪高铁公司根据量大、批次供应的特点，组织钢厂按照梁图规定的钢筋长度，直接进行定尺轧制，既减少了施工现场的焊接、切割等工作量，又提高了材料利用率及工效，节省了投资，保证了工程质量。

2009 年，京沪高铁公司在全线推广制梁用钢筋非标定尺轧制供应的基础上，组织了制板钢筋及底座板钢筋的非标定尺轧制供应。尽管采用非标定尺增加十几种钢筋规格，给供应组织带来了一定难度，但这一举措不但提高了生产工效，而且还大量节省了原材料，有效地促进了投资控制，同时也为确保工程质量奠定了基础。

全线共组织非标定尺钢筋供应量约 30 万 t，按每吨节约成本 200 元（切削费、焊接费、试验费、材料费）计算，该项工作直接经济效益在 6 000 万元以上。

## 四、制定应急预案

京沪高铁公司针对各种可能影响供应保障的因素，制定了应急预案。

项目内调剂。按照就近的原则，在公司统一组织招标的中标厂家（供应商）中调剂解决。

项目外调剂。建管物资项目内无法调剂时，报请公司领导批准后，从部管其他项目组织调剂解决；部管物资报经部物管办同意后组织实施。

零星应急采购。当调剂不能解决供应时，在经公司物资设备管理领导小组批准后，委托物资代理公司组织零星应急采购。

为保证应急预案的落实，公司要求全线供应系统必须做到根据现场反馈的信息，及时果断地启动应急预案。

1. 信息畅通

各指挥部与施工单位保持密切的联系，物资代理公司也在施工现场指挥部派驻人员，及时掌握现场动态。建立了由公司调度—各指挥部调度—参建项目部调度—作业队调度组成的信息畅通、准确及时的调度网。

2. 反应迅速

针对建设期间国内原材料价格上涨过快、固定价合同执行困难的情况，公司果断引入钢材代理商作为应急、零配供应商，实现了以钢厂直供为主、代理商为补充的钢材供应模式，全面缓解了钢材供应压力。根据《供应周报》反映的个别区段物资临时性短缺情况，及时组织项目内资源的调配和调剂，按照相关规定，调整合同内物资的交货地点，满足了现场需求。

3. 工作务实

京沪高铁公司根据现场工程急需，多次组织开展了钢材、钢绞线等物资的竞争性谈判采购，及时充实了供应力量和资源。针对市场建筑用圆钢供应相对紧缺、价格偏高、供应组织困难较大的实际，组织设计院和有关专家对部分钢筋采用螺纹钢替代圆钢的方案进行论证，调整采购供应策略，有力地保证了施工现场的需求和工程建设进度。针对设计优化及变更导致支座、轨道结构材料等铁路专用产品的规格型号发生较大变化的情况，公司一方面积极进行需求计划重新梳理，抓紧时间组织二次招标，另一方面对招标周期及生产时间无法满足现场需要的部分产品，则采取由原中标单位直接应急供应，或择优选择合格供应商提前供应，明确后续结算价格按不超过中标价的方式结算，有效地解决了支座、轨枕、扣件等产品型号变更后的先期用料问题。

公司物资管理贯彻“服务施组，现场第一”的原则，切实加强采购和供应管理工作，组织开展各类物资设备招标采购活动，保障物资供应。通过公司供应钢材 436 万 t、水泥 1 439 万 t、支座 136 978 个、道岔 706 组、扣件 916 万套、轨枕 461 438 根、外加剂 21 万 t、钢绞线 358 万 t、贯通地线 28 424 km、钢轨 2 968 km，为工程建设顺利完成奠定了基础。

# 第五篇

# 党群工作

CRH

# 第一章 党的组织坚强有力

公司党委始终把党的思想建设、组织建设、队伍建设和党风廉政建设贯穿于工程建设全过程，从工程建设一开始就提出“工程优质、干部优秀”的要求。结合工程进展，广泛开展创先争优活动和建功立业劳动竞赛，为高标准、高质量、高效率地推进京沪高速铁路工程建设提供坚强的政治保证和组织保障。

## 第一节 全面加强党的建设

公司党委通过全面加强党的建设，充分发挥党委的政治核心作用、党支部的战斗堡垒作用和共产党员的先锋模范作用，不断提高党组织的凝聚力和战斗力。

### 一、建立健全党的组织

2003 年，铁道部成立京沪高速铁路公司筹备组，2003 年 8 月 12 日，铁道部政治部批准成立京沪高速铁路公司筹备组临时党委。2005 年 12 月，京沪高速铁路公司筹备组与铁道部京沪办组建京沪铁路客运专线公司筹备组，铁道部政治部批准成立中共京沪铁路客运专线公司筹备组总支委员会。2006 年底，公司筹备组党总支经研究决定设综合部、计划财务部、工程管理部、技术质量部、物资设备部、南京项目建设指挥部、京德指挥部、德徐指挥部、徐宁指挥部、沪宁指挥部和专家组临时党支部共 10 个党支部，合计党员 87 名。2007 年 12 月 27 日，京沪高速铁路股份有限公司创立。2008 年 1 月 12 日，铁道部党组批准成立中国共产党京沪高速铁路股份有限公司委员会和中国共产党京沪高速铁路股份有限公司纪律检查委员会。公司党委委员由 11 人组成，蔡庆华同志任书记，李志义同志任副书记；公司纪委由 7 人组成，郎国平同志任纪委书记。公司党委隶属铁道部党组领导，公司党委日常工作委托铁道部直属机关党委领导。2008 年 7 月，经公司党委研究决定并报铁道部直属机关党委批复同意，成立公司机关党总支；根据机构调整及人员变动情况，公司各党支部名称相应调整，设立综合部、工程管理部、计划财务部、安全质量部、物资设备部、天津指挥部、济南指挥部、蚌埠指挥部、南京指挥部、苏州指挥部和专家组党支部等 10 个党支部，党员 90 名。为充分发挥党支部战斗堡垒作用和党员先锋模范作用，公司党委注重建设高素质党支部书记队伍，选拔综合素质好的领导同志兼任党支部书记，确保了支部班子好、党员队伍好、工作机制好、发挥作用好、联系群众好，增强了队伍的创造力、凝聚力和战斗力，为“工程优质、干部优秀”奠定基础。

### 二、突出思想建设

公司党委始终把思想建设的出发点和落脚点放在又好又快建设世界一流京沪高速铁路上，坚持对全体共产党员和全体职工进行光荣感、责任感、使命感和紧迫感教育，号召大家奋发有为、献身京沪，谱写建好京沪高速铁路，为实现中华民族伟大复兴贡献力量的新篇章。

公司党委高度重视加强学习型领导班子、学习型党支部建设。坚持“学有目标、学有安排、学用结合”的原则，结合干部职工思想实际，落实学习内容和学习时间。按照“抓学习、促建设，抓活动、促工作”的要求，在开工准备阶段，以学习“三个代表思想”为重点，促进思想观念转变，努力把前期工作做深、做细、做扎实。着力解决影响和制约京沪高速铁路建设的突出问题，创新和促进京沪高速铁路建设制度机制的建立。京沪高速铁路一开工，以学习实践科学发展观为内容，进一步统一思想认识，把全体参建人员的积极性引导到全面深入推进京沪高速铁路建设上来，把科学发展观贯彻落实到京沪高速铁路建设的各个方面，促进京沪高速铁路建设又好又快的向前发展。通过加强基层学习型党组织和党员队伍建设，在全体党员干部中确立起以围绕建设抓党建，抓好党建促建设的党建工作新思路，在全线广泛开展“争当京沪高速铁路建设功臣”等形式多样的创先争优主题实践活动，激发广大共产党员和参建职工“建功立业在京沪、拼搏奉献在京沪”的积极性和创造性。着力培养全体参建人员“为国争光、为民族争气的豪迈气概；尊重科学、严谨细致的求实精神；苦干实干、务实创新的工作作风；不畏艰险、勇攀高峰的坚强毅力；一身正气、两袖清风的高尚品格”，铸造“京沪高铁精神”。努力建设“技术创新工程、质量精品工程、资源节约工程、环境友好工程、社会和谐工程”，打造世界一流高速铁路。

## 三、完善制度建设

公司党委把建立健全各项规章制度作为加强公司党的建设的重要基础工作来抓。根据党的建设和工程进展特点，认真贯彻党的民主集中制原则，制定了一系列党委工作制度，主要是党委中心组学习制度、党委民主生活会制度、领导班子“三重一大”集体决策制度、党内“三会一课”制度、“先试后聘、动态考核、优胜劣汰”的干部考核管理制度、党风廉政建设责任制度、廉政防控风险机制“十不准”制度、“廉政准则”和“廉洁从业规定”定期专项检查制度，建立健全党内创先争优长效机制。制度的建立和完善，促进了公司党的建设工作的科学化、制度化和规范化。

## 四、狠抓廉政建设

公司党委结合实际，建立了廉政建设“党委统一领导，党政齐抓共管，纪检组织监督，部门各负其责，依靠群众支持和监督”的领导机制和工作制度，为京沪高速铁路廉洁、高效建设提供强有力的保证。

公司党委始终把贯彻落实党风廉政建设责任制摆在重要议事日程，当作头等大事来抓。党委书记作为第一责任人，重点抓好公司领导班子和主要领导干部的带头表率作用，突出抓好廉政风险防控。明确目标要求和对象范围，以抓好制度建设为重点，以岗位防控为基础，以现代信息技术为支撑，以制约和监督权力运行为核心，构建责权清晰、流程规范、风险可控、措施有力、制度管用、预警及时的廉政防控机制，取得了明显成效。

公司党委制定了京沪高速铁路建设廉政规定“十不准”，制定了落实《廉政准则》、《廉洁从业规定》的实施细则，层层签订了廉政建设责任书，明确责任，一级抓一级，层层进行包保。对公司领导班子、处级以上干部和关键岗位、要害部门，如人事管理、劳资管理、资金拨付、物资管理和设备采购、项目审批等部门进行廉政风险防控，建立廉政建设定期分析制度，对可能发生的苗头性问题进行风险预警，做到早发现、早提醒、早纠正。

除制度建设外，公司党委对廉政教育坚持常抓不懈，做到“警钟”长鸣。通过每月的中心组学习，不定期的干部培训、收看廉政案例电教片、违纪违法案例分析，组织参观爱国主义教育基地，表彰优秀党员和优秀党支部,重大节日下发廉政通知进行提醒教育等多种形式,深入开展职业道德教育、法制警示教育和岗位廉政教育。开展“学党章、懂党规、守党纪、强党性”主题教育活动,引导党员干部树立正确的世界观、人生观和价值观,铭记“高压线”不能碰,“底线”不能越,不断提高防腐拒变能力。

突出重点,强化监督。按照标准化管理的要求,明确廉政工作日常监督检查机构和廉政建设岗位职责;建立和完善干部考核机制,自觉接受纪委和审计监督;抓重点环节,对招投标管理、验工计价、工程决算、征地拆迁、物资采购、财务管理、人事劳资管理等关键环节和关键岗位人员加强制度管理和监督管理;以工程建设《廉政协议书》为抓手,硬化廉政建设目标,大力开展阳光工程建设;将党风廉政建设贯穿主题实践活动全过程。

党委的重视、认识的统一、制度的落实和日常的监督管理,使廉政建设有章可循、干部心中有敬畏,防止了重大问题的发生。2009 年度,京沪高速铁路股份有限公司纪律检查委员会被铁道部纪委、监察局授予“全国铁路先进纪检监察集体”。

## 五、开展创先争优活动

公司党委以创建先进党支部和争当优秀共产党员为载体,根据不同阶段的工作任务,深入扎实地开展党内创先争优活动,充分发挥党委的政治核心作用、党支部的战斗堡垒作用、党员的先锋模范作用。动员、引导党支部和全体党员立足本职岗位,创造一流业绩。

2008 年全线开工典礼后,公司党委号召参建单位的全体共产党员和共青团员树立“创先争优在京沪、建功立业在京沪”的坚定信念。2008 年开展了“大干一百天,确保完成 500 亿投资”的主题实践活动;2009 年结合全线进入桥梁架设阶段,开展了“建设世界一流高速铁路,实现六个确保目标(确保施工安全持续稳定、确保完成 600 亿元投资、确保征地拆迁全面完成、确保工程质量全面达标、确保技术创新取得新突破),坚决打胜建设攻坚战”的主题实践活动;2010 年进入轨道和站后工程施工,开展了“实现四个确保,争做自主创新、精心施工和严格管理模范”主题实践活动及创建“四强”党支部和“四优”共产党员的创先争优活动;2011 年开展了“建成世界一流高速铁路,确保六月开通运营,向建党 90 周年献礼”主题实践活动;2012 年为迎接国家验收和保证运营的安全稳定,在全线开展了“为确保国家验收和安全运营保驾护航”创先争优主题实践活动。这些活动丰富、活跃了党的生活,有力地推动了生产任务的完成。

为建立创先争优的长效机制,确保党内活动收到更为明显的效果,并使之常态化,公司党委大力加强党支部书记队伍建设,定期开展党支部书记的岗位培训工作。对每位共产党员根据工作岗位提出各个不同时期的工作目标要求和保证措施,要求党员同志每年结合自己的工作实际作出公开承诺,接受群众监督,年底召开大会,对支部书记和党员承诺进行评议,结果向群众公示。强化了对党组织和党员特别是党员领导干部的约束和监督。

公司党委主要领导在活动中身体力行,一岗双责,班子成员自觉讲党性、重品行、做表率。现场指挥部的党员在春节、“十一”等节假期始终坚持在第一线抓质量、保安全、促进度,推动创先争优活动深入开展。公司各级干部向党员领导看齐,职工群众向党员看齐,一级带一级,全体干部职工心往一处想,劲往一处使,创先争优成为公司全体共产党员的自觉行动。

公司党委组织的创先争优活动,始终把创建一流的工程作为活动主体,有效确保了工程质量全面达标、施工安全和稳定、工程建设进度以及技术创新取得新突破,有效提升了标准化管理水平和队伍素质。

公司党委 2011 年、2012 年连续两年荣获铁道部直属机关“先进党组织”称号,2012 年铁道部直属机关党委授予“创先争优先进党组织”称号,2012 年中共中央组织部授予“全国创先争优先进基层党组织”荣誉称号。

## 第二节 学习实践科学发展观

京沪高速铁路 2008 年开工建设,正值全党上下开展学习实践科学发展观活动,公司党委把该实践活动作为思想解放、促进作风转变、加强党的建设、推进工程建设管理水平、确保建设任务全面完成的良好机遇和强大动力,深入发动、精心部署。通过学习实践活动,进一步更新了思想观念,健全了管理机制,提高了建设管理水平,营造了促进工程建设和谐稳定的内外环境。

### 一、学习调研提高认识

公司党委在组织全体职工充分认识学习实践科学发展观活动重大意义的基础上,紧密联系实际,采用自学等方法,组织专题报告、典型交流、集中研讨等方式,力求学深学透科学发展观的精神实质、丰富内涵。保证人员组织、学习时间、学习内容“三落实”。学习方式灵活多样,集体学习与个人自学相结合;学习时间见缝插针,根据京沪高速铁路建设工期紧的特点和“两不误,双促进”的要求,妥善处理工学矛盾;在办公网上开辟专栏,方便大家互相交流信息、互相学习提高。通过学习更加明确认识到,科学发展观是马克思主义同中国实际和时代特征相结合的产物,是马克思主义关于发展的世界观和方法论的集中体现;科学发展观是中国特色社会主义理论体系最新成果,是指导一切工作的强大思想武器。不但要学习好科学发展观,而且要努力运用指导实际工作。

公司党委分别确定联系点,班子成员按照分管工作和负责区段,组成七个调研小组,公司主要负责人亲自带队,带着课题深入现场展开调研、听取意见、调查摸底、总结提高。通过有针对性的调研活动,了解了一线职工的心声,促进了思想认识的统一,推动了有关问题的整改落实。

### 二、分析查找问题

公司党委根据调研情况以解放思想大讨论、眼睛向内找问题为重点,精心组织“又好又快建设世界一流高速铁路”的专题研讨,突出部门和指挥部特色,采取面上讨论与专题讨论相结合,工作调研与群众座谈相结合,会上讨论与会下交流相结合等方式,从思想观念、体制机制、科技创新、管理制度、工作作风、党的建设等七个方面认真查找落实科学发展观存在的问题和不足,主要集中在建设管理工作不到位、思想认识有差距、发挥党组织政治优势和政治核心作用需要进一步加强等。由于公司组建时间短,职工对生产生活条件的改善也提出了意见和建议。

### 三、解决突出问题

公司党委对大讨论中提出的问题和意见进行了认真的梳理。召开专题民主生活会,逐条分析了群众提出的问题和建议,剖析产生问题根源,检查工作中的不足,共议努力方向,制定了可行的改进措施。从思想认识、创新理念上进一步统一了对“又好又快建设世界一流高速铁路”重大意义和肩负责任的认识。按照工程优质、干部优秀的要求,强化了解决公司党的建设薄弱环节的措施。进一步明确了注重统筹兼顾,建立两手抓、两手都要硬的工作机制,全面落实建设技术创新工程、质量精品工程、资源节约工程、环境友好工程、社会和谐工程的目标要求。在全线大力开展建功立业劳动竞赛活动,动员全体参建人员又好又快地向前推进京沪高速铁路建设。

组织各党支部召开党员组织生活会，并要求领导班子成员过好双重组织生活，结合京沪高速铁路建设中自己所负责的工作，重点就党组织发挥核心作用、党员发挥先锋模范作用进行进一步的对照检查，围绕“带头作用、廉洁自律、思想作风”等开展批评与自我批评，进一步调动了大家的积极性。

此外，公司针对大家提出的生产、生活条件方面的问题进行了认真研究。一方面积极向铁道部及有关部门反映争取支持，一方面创造条件，联系地方逐步解决。这些工作都得到了广大职工的认可。

## 第三节　抓好人才团队建设

公司党委根据京沪高速铁路科技含量高以及新技术、新设备、新材料多的实际，始终把人才的选拔和培养放在重要位置，坚持在实践中锻炼造就一批一流人才。

### 一、确立人才团队培养目标

确保京沪高速铁路达到世界一流水平，根本上要靠政治强、业务精、善管理、高素质的团队。京沪高速铁路建设单位团队人员构成与管理，以实现项目目标为核心，本着精干、高效的原则，自上而下组建思想坚定、敢于担当、专业互补，具有凝聚力、战斗力和执行力的指挥班子。

京沪高速铁路技术标准高、参建单位多、建设工期长、进度要求紧，公司党委明确了培养一批政治素质好、管理经验丰富、埋头苦干、年富力强的优秀建设管理干部的目标。经过京沪高速铁路工程建设实践的锻炼，使他们迅速成长起来，为我国高速铁路建设输送管理骨干；培养若干名科技带头人和专业领军人物。在京沪高速铁路建设实践中，努力造就一批高层次技术专家、专业技术带头人和青年科技拔尖人才；把对京沪高速铁路建设有重大管理和科技贡献的人才推荐到更高层次，作为公司人才工作的重要任务，为我国高速铁路建设和中国高速铁路走出去培养栋梁之才。

### 二、打造一流管理团队

京沪公司高度重视建设管理团队的组建工作，在铁道部党组的支持下，从路内外挑选一批经验丰富的建设管理和技术骨干，配备到公司各部门和现场指挥部。他们85%以上具有高级职称，大部分来自生产一线。公司党委坚持在建设世界一流高速铁路实践中，努力锤炼一流的建设管理团队。

1. 理念为先

开工之初，京沪高铁公司人员来自四面八方，尽管个体素质不错，但能否把这样一支队伍锤炼成为优秀建设管理团队，直接关系京沪高速铁路建设的成败。公司党委牢固树立“三个第一”理念：“人才是事业成功第一要素”理念，从战略高度深刻认识加强团队建设的重要性，把人才队伍建设摆上重要议事日程；“团队建设是第一位的基础工程”理念，正确处理工程建设同团队建设的辩证关系，从思想作风制度上抓好团队建设，打造一支思想过硬、作风过硬、能打硬仗的团队来保证建设目标的实现；“一把手是团队建设第一责任人”理念，主要领导超前谋划，统筹全局，以身作则抓好团队建设。有了人才，就有了建设管理的坚强基础。

2. 精神塑造

公司党委始终把团队精神塑造放在重要位置。以“勇攀高峰、追求一流”的精神，增强管理团队和全体参建人员强烈的创造精神和责任意识，用“建功在京沪，奉献在京沪”的号召力，激发管理团队和全体参建人员的光荣感和积极性,把大家凝结成一个勇挑重担、把实现自身人生价值同建设一流京沪高速铁路紧密结合起来的战斗集体,形成一种团结向上、追求卓越的精神氛围。通过广泛开展“党内创先争优”活动和“争当京沪高速铁路建设功臣”竞赛活动,每年选树一批典型,进一步增强了管理团队的向心力,调动了大家的积极性。

3. 培训提高

公司党委采取“请进来、走出去”等方式,坚持全员、全面、全过程培训,取得了良好效果。

(1)请 进 来

充分利用各方优质培训资源,着力提高人员素质。请高校老师讲解高速铁路专业知识,抽调管理骨干积极参加铁道部人事司和建设司组织的客运专线建设管理骨干培训班,对提高整个团队的管理素质和管理水平发挥了重要作用。平时,采取以会代训的方式,利用周例会、月度生产分析会、现场会、研讨会、技术交流会、碰头会等进行培训,充分发挥公司办公网络平台作用,交流学习成果和体会,实现知识资源共享。

(2)走 出 去

开拓国际视野,用好他山之石。先后组织管理骨干到德国、法国、日本等国家学习考察高速铁路,与国际同行进行专业技术和建设管理经验的切磋与交流。有计划地组织德国 PEC + S 公司、德国沃森公司和德国博格公司专家进行专业授课,有目的地聘请国外专家学者来公司开展技术交流,对保证京沪高速铁路建设达到世界一流水平发挥了重要作用。

(3)做好运输管理人员培训

在工程建设后期,积极联系委托运输铁路局组织专业对口人员参建工程验收和专业培养,熟悉设备,建立制度,确保京沪高速铁路从建设到运营实现顺利过渡和衔接。

4. 实践锻炼

公司党委坚持人尽其才、才尽其用、位得其人、用得其时的原则,有目的、有计划、有步骤地给具备潜质的干部搭梯子、压担子,大胆地放在各指挥部和生产一线锻炼,使其在实践磨砺中提升素质、增长才干,并建立联系制度,定期了解情况,听取他们的意见,促进其健康成长。

5. 考核激励

公司党委按照严把进口、敞开出口、定期考核、奖罚兑现的原则,建立严格的考核激励机制。按照单位推荐、组织考察、面试考核、试用期制的制度,先后选拔了近百名具有丰富建设管理经验的高素质建设管理人才,使整个建设管理团队在人才结构上做到高学历、高职称、高质量。坚持动态管理,每年一次全面考核,对经过考核不能胜任现职的干部返回原单位或另行安排工作。对工作突出的同志,及时推荐到更高岗位或其他管理项目任职。

## 三、组建高水平参建队伍

公司党委充分发挥建设项目主体作用,做好建设的组织、领导、协调、检查与监督工作。要求各参建单位不但要兑现“精兵强将上京沪”的投标承诺,选派高水平参建人员,而且必须建立健全党团、工会组织,充分发挥党的基层组织的战斗堡垒和广大共产党员的先进模范作用。各参建单位重点做好三个方面的工作:一是加强参与京沪高速铁路建设光荣感和责任感教育,树立责任意识;二是强化岗前培训,全面提高参建人员素质。为此各参建单位先后举办建设管理骨干、监理、测量、桥隧、路基、质量检测、安全工程师等技术骨干共 60 多期培训班,培训各类管理骨干人员 2 万余人,参建人员上岗培训率达到 100%,参建人员的安全质量自控能力、责任意识、岗位操作技能和综合素质得到全面提高;

三是抓好架子队建设，全线使用大量劳务工，各单位必须依法合规加强管理。实行“五同”，正式职工和劳务人员“同吃、同住、同劳动、同学习、同管理”，使劳务工的权益得到维护，积极性得以发挥。

京沪高速铁路参建单位多、上场队伍庞大，公司党委充分发挥核心作用，以项目任务为纽带、活动竞赛为载体，组织各参建单位之间的沟通与协调，强化合作意识、整体观念。京沪高铁公司与勘察设计、施工、监理和咨询等单位共同构建素质过硬的多层次、大规模的建设团队，促使各参建单位把最优秀的队伍、最精良的装备，集中到京沪高速铁路的建设中来。

# 第二章　铸造京沪高铁精神

伟大的工程，造就一批伟大的建设者，也必将孕育出体现时代特点的伟大精神。京沪高速铁路一开工，公司党委就明确在建设过程中，按照国务院京沪高速铁路建设领导小组“加快推进技术创新，建造世界一流高速铁路”的要求，不但高标准、高质量、高效率地建成这一宏伟工程，达到“世界一流工程质量，世界一流技术装备”，而且要锻炼出一支思想、作风、技术过硬的队伍，培育出体现时代特征的京沪高铁精神。

通过三年多的工程建设，十多万建设者拼搏奉献、敢于担当、勇于创新、扎实工作，不但提前完成了工程建设任务，向全国人民交出了一份满意的答卷，而且在工程实践中用智慧和汗水的凝结铸造了“勇攀高峰，追求一流”的京沪高铁精神。

## 第一节　京沪高铁精神的内涵和特征

### 一、精神的丰富内涵

京沪高速铁路自20世纪90年代就开始了建设论证、科学试验和勘测设计工作，前后二十多年的时间。无论是勘测设计的人员、埋头于科研试验的技术人员，还是更多不畏艰险、默默奉献奋战在一线的工程建设者，“勇攀高峰，追求一流”的京沪高铁精神是他们在实践中创造、生活、工作的座右铭，是他们一生的追求，更是他们思想作风的升华和总结。

1. 真实展现了全体参建人员敢于担当、奋发进取的精神风貌

京沪高速铁路前期工作，他们顶住压力，敢于直言，为京沪高速铁路早日建设鼓与呼。在整个建设期间，各种矛盾交织，各种困难齐现，始终牢记党和人民的嘱托，咬住青山不放松，坚持高标准、高质量、高效率地推进工程建设。

2. 深刻反映了全体参建人员勇于创新、追求卓越的精神境界

尽管已取得上百项科研成果和秦沈客运专线建设的工程实践，有城际铁路和其他客运专线建设的参考，但相对京沪高速铁路的标准，相比于党和全国人民的期望，京沪高速铁路建设者深感责任更加重大，任务更加艰巨。他们不畏艰险，博采众长，开展基础理论研究和技术创新，勇于开创一条中国高速铁路建设之路，致力于取得一批具有自主知识产权的技术创新成果，建立起中国高速铁路的技术标准和技术体系。他们不满足已掌握的技术水平，敢于试验，追求更好、更高。

3. 高度凝练了全体参建人员脚踏实地、求真务实的精神状态

京沪高速铁路设计标准高，工程规模大，重难点工程多，科技含量高。为确保京沪高速铁路建成“世界一流”高速铁路，一开工京沪高铁公司就制定了建设“技术创新工程、质量精品工程、资源节约工程、环境友好工程、社会和谐工程”的管理目标，坚持“源头把关、过程控制、精细化管理”，实施“试验先行、样板引路、首件认可”的管理程序，以标准化管理为手段，真抓实干，锲而不舍，一步一个脚印地

为建设世界一流工程奠定坚实基础。

4. 充分彰显了全体参建人员不懈奋斗、无私奉献的精神追求

京沪高速铁路招标中就明确提出“精兵强将上京沪”。十多万建设者为建造世界一流的高速铁路,在千里铁道建筑工地上,用辛劳和汗水浇铸了这条新的钢铁大动脉。全国上千家科研院所、大专院校,数以万计的科研人员,为京沪高速铁路的建设做了大量工作,奉献自己的智慧和力量。特别是几代铁路人为建设世界一流京沪高速铁路的艰辛探索,他们不求名利,以参与京沪高速铁路建设工作为荣。这就是所有京沪高速铁路建设者的精神追求。

5. 体现了全体参建人员坚持以人为本、科学发展的思想观点

京沪高铁精神贯彻落实在设计和建设中,体现在充分遵循客观规律上,将速度与安全有效结合,将控制投资和确保质量有效统一,将自主创新与引进消化吸收再创新完美融合,将经济效益与社会效益、生态环境统筹考虑。“勇攀高峰,追求一流”是发展的精神,是尊重科学、遵循规律的精神,是以人为本、尊重人、充分调动人的积极性、创造性的集中体现。

### 二、精神的基本特征

京沪高速铁路是新中国改革开放三十年具有划时代意义的伟大工程,展示了中国的综合国力,展示了中国人的创造能力,展示了中国的科技水平。京沪高速铁路建设过程中形成的“勇攀高峰,追求一流”的京沪高铁精神,既有继承又有创新,既有铁路特色又有时代特征。

1. 对伟大的中华民族英雄气概的传承和弘扬

中华民族五千多年创造了不少人间奇迹,实现了多项发明,有一种不屈不挠、压倒一切、勇往直前的气概。今天的京沪高速铁路正是全体建设者弘扬了这种民族精神、民族气概,再创出的人间奇迹。

2. 对铁路火车头精神的延伸和发展

中国铁路工人阶级自诞生以来,发扬“二七”革命精神,不怕牺牲、敢于担当,为新中国的诞生做出了巨大贡献。在社会主义建设时期,发扬“安全正点,当好先行”的火车头精神,踏实工作、无私奉献,为社会主义发展做出了努力。在改革开放新形势下,在以“改革、奉献、拼搏、争先”的新时期火车头精神引领下,践行“人民铁路为人民”的宗旨,为全面建成小康社会做出了更大贡献。京沪高铁精神正是全体建设者接过老一代铁路人接力棒,对铁路光荣传统、优良作风和火车头精神的继承和发扬。

3. 新的历史时期时代特征的集中反映和体现

新中国成立六十多年来,中国发生了翻天覆地的变化。中国有经济实力依靠自己的力量建造京沪高速铁路,中国有技术能力建造世界一流的高速铁路。京沪高速铁路的修建,使中国铁路走在世界的前列。这不仅是综合国力的体现,改革开放的成果,更是社会主义制度优越性的集中表现。

## 第二节 统筹规划,抓好宣传和精神文明建设

公司党委和各参建单位党组织把学习、宣传京沪高铁精神,大力宣传京沪高速铁路建设者,宣传京沪高速铁路建设成果,推进全线精神文明建设作为重要任务来抓,努力展示建设、设计、施工、监理单位两个文明建设一起抓,相互促进、相得益彰的丰硕成果。

### 一、明确目标 建立机制

2009 年 3 月 20 日,京沪办印发方案,对京沪高速铁路建设期间宣传和精神文明工作的指导思想、

工作目标、具体任务、组织领导、宣传纪律和宣传费用等事项作出了明确规定。

1. 指导思想

按照党中央、国务院关于又好又快建设世界一流高速铁路的总体部署，用“勇攀高峰，追求一流”的京沪高铁精神，统一全体参建干部职工的思想，为建设世界一流高速铁路提供有力的思想保证、精神动力、舆论支持和文化条件。动员各参建单位借助社会媒体和文化艺术的力量，全方位、多层次地打造京沪高速铁路建设的优质精神产品。建立协调机制，畅通信息渠道，形成上下联动、内外呼应的精神文明建设大格局。

2. 主要目标

通过卓有成效的工作，使建设者明确京沪高铁精神的丰富内涵和京沪高速铁路建设的重大意义，深刻理解京沪高速铁路建设理念、目标要求、创新内容等。通过与沿线地方党委、政府和广大人民群众开展路地共建精神文明，营造社会各界和沿线广大人民群众更多了解京沪高速铁路、最大限度地支持工程建设的良好氛围，确保工程高标准、高质量地推进。

(1)成立宣传和精神文明建设工作小组

宣传和精神文明建设工作小组具体负责京沪高铁精神的提炼和建设中宣传文化工作的策划、组织、协调、监督、检查和考评工作；参与京沪高速铁路建设中重要活动的策划和筹备工作；随时掌握社会舆情对京沪高速铁路建设的动态反映，弘扬正能量；借助社会媒体和文化艺术的力量，组织创作反映京沪高速铁路建设的文艺作品。

京沪办、京沪高铁公司分工专人负责，人民铁道报社、铁道影视中心跟踪工程建设的进展和取得的成果，及时宣传报道。全线建立互动的共建精神文明工作机制，形成上下贯通、左右联网、反应快速的工作网络，及时准确地在中央、地方、行业媒体上全面展示京沪高铁精神文明建设成果。

(2)建立工作协调制度

铁道部宣传部及部机关各司局部办指导，京沪高铁公司和参建单位具体做好打造以弘扬京沪高铁精神为核心的文化产品，联系中央新闻单位对京沪高速铁路建设的重大活动和重要事件进行有组织、有步骤地宣传报道。建立港澳台记者和外国记者报道京沪高速铁路的协调制度，铁道部国际合作司负责京沪高速铁路建设境外媒体采访联系工作。与地方省市联手，共同打造精神文明建设精品。

(3)建立交流沟通制度

京沪高铁公司定期召开精神文明建设工作例会，召集公司及参建单位有关同志总结分析每月的精神文明建设工作进展情况。及时汇总相关信息，交流经验做法，查找工作中的不足，并部署安排下一阶段工作重点。

## 二、抓好节点　突出重点

在铁道部宣传部指导下，公司党委根据京沪高速铁路工程进展情况，宣传精神文明建设工作主要分为三个阶段。

1. 工程开工阶段营造氛围

2008 年 4 月 18 日，京沪高速铁路全线举行开工典礼，京沪高铁公司组织了大规模的宣传报道活动。活动中，制定了具体的实施措施，做好有关开工的宣传工作，包括召开京沪高速铁路开工建设新闻发布会、组织中央和地方主流媒体记者赴京沪高速铁路开工庆典现场采访、协调组织路内外媒体开展宣传报道等。

2. 工程建设阶段抓好节点、突出重点

京沪高铁公司及各参建单位抓重要事件、重要节点有针对性地开展工作,重点抓好精神文明成果的总结和宣传,并提炼凝结京沪高铁精神。

(1)抓重点工程节点的宣传报道

在全线首个制梁场建成、第一片梁的取证和架设、南京大胜关长江大桥主桥合龙、济南黄河特大桥合龙、淮河特大桥合龙、全线铺轨开始与铺通等重要工程节点,适时地在中央及地方媒体上进行宣传报道,极大地鼓舞了建设者的士气。

(2)抓重大节日典型宣传

如"五四"青年节,媒体来到建设工地,采访年轻建设者用智慧和汗水谱写的筑路青春之歌,赞美青年建设者的朴实无华和事业心、责任感;"五一"劳动节和新中国成立六十周年前后,突出宣传了建设中涌现出的各类典型集体与先进人物,激励广大建设者为早日建成京沪高速铁路建功立业。

(3)抓日常宣传报道

《人民铁道》报社对京沪高速铁路建设进行了两次系列报道:第一次是"来自京沪高速铁路建设工地一线的报道",共十六篇文章;第二次是"京沪高速铁路建设工地纪行",共十八篇文章。路内外新闻媒体对京沪高速铁路建设的进展及精神文明建设成果进行了重点报道。在京沪高速铁路建设的关键时期,京沪高铁公司领导还接受了香港凤凰卫视的采访,介绍了京沪高速铁路建设情况,回应了社会各界对京沪高速铁路建设的关心。

(4)抓好慰问演出,激发建设者热情

2009 年 5 月 30 日 ~6 月 10 日,中华全国铁路总工会"火车头职工艺术家"心连心艺术团辗转千里,在施工一线举行了"心系铁路建设,情暖参建职工"慰问演出。六场演出场场精彩纷呈,员工情绪饱满,上下互动场面热烈。艺术家们精彩的演出,鼓舞了建设者的士气,振奋了参建员工的精神,激励广大参建人员以高昂的士气和斗志投身于京沪高速铁路建设。

3. 通车运营前后再掀宣传高潮

在京沪高速铁路先导段试验、全线拉通试验中,媒体记者登车,体验中国高速铁路速度和动车组的舒适度。京沪高铁公司领导走进北京电视台新闻直播间,与广大观众面对面,以《千里京沪一日还》为主题畅谈京沪高速铁路的建设,瞻望京沪高速铁路开通后的经济和社会效益。京沪高速铁路开通运营前夕,举行了"京沪高速铁路通车新闻发布会",一方面向中外媒体通报京沪高速铁路通车的消息,另一方面整体介绍京沪高速铁路建设的情况,回答记者的提问。

开通当日,各大媒体出席仪式,随车采访,形成了京沪高速铁路建设中最大宣传阵势。中央电视台在现场直播京沪高速铁路通车庆典,北京电视台、上海东方卫视组织全线现场直播活动,新华社(新华网)对庆典活动进行文字、图片和音频现场报道,主要网站以专题、新闻互动等形式进行了多媒体直播报道。中央新闻单位记者赴庆典会场进行了现场报道。由铁道部国际合作司牵头,在京沪高速铁路通车后,还接待了一批境外媒体记者进行实地采访,广为宣传。

## 三、文化产品　喜结硕果

公司党委和各参建单位党组织运用各种形式,介绍和宣传京沪高速铁路这项伟大工程,展示和讴歌京沪高速铁路的伟大建设者,制作了一批纪录建设者风采、弘扬京沪高铁精神、反映京沪高速铁路建设恢宏气势和创新成果的精神文化产品。

1. 影像图片真实记录

工程一开始,公司和各参建单位都注意对影像、图片资料进行积累。针对重点工程和重点项目,公司会同各参建单位指定专人负责,列出计划,搜集、整理、跟踪项目的进展,按照电视专题片的要求策划脚本、拍摄、编辑,在工程即将完成前做到专题片成稿。如南京大胜关长江大桥、济南黄河特大桥、淮河特大桥、京杭大运河特大桥、阳澄湖环保、西渴马1号隧道、四标的标准化管理、上海虹桥火车站、磨盘张梁场、南京南站、一标的路基及路桥涵过渡段工程、四标的徐州至蚌埠先导试验段等重点工程、重点项目,把"六位一体"控制、精心打造世界一流工程进行了完整记录,客观真实地反映了施工工艺流程、科技创新成果及建设者的风采,形成了一批全景式、全过程的影视资料。

2. 宣传形式多样

公司党委组织专家在工程建设中、开通时分别完成了《漫话京沪高速铁路》、《漫游京沪高速铁路》两本科普读物的编撰、出版工作。《漫话京沪高速铁路》用通俗易懂的语言向读者介绍什么是高速铁路、为什么要修建京沪高速铁路、京沪高速铁路是怎样建设的等科技知识;《漫游京沪高速铁路》进一步介绍宣传了京沪高速铁路车站的风采,提升京沪高速铁路的服务水平,成为广大旅客的"乘车指南"和"旅行手册"。

组织开展京沪高速铁路书法、绘画、摄影沿线采风活动。京沪高铁公司与铁道部文联组织中国摄影家协会和中国书法、美术家协会成员,到京沪高速铁路沿线开展采风活动,以艺术的形式为京沪高速铁路留下了墨宝、绘画和摄影佳作。

参加在平遥古城举行的"国际摄影展"。以"千里京沪一日还"为题材,展示了京沪高速铁路宏大工程的建设场面和科技创新成果、京沪高铁精神激励下的建设者风采以及开通运营后优质服务的崭新形象。

3. 全面讴歌建设者

京沪高铁公司组织各参建单位积极地以文学艺术形式,创作出一批质量高、影响大、有特色的精品力作,展现伟大建设者的功绩和风貌。

创作长诗集。组织铁路具有较高知名度的诗人现场采风创作长诗集——《大地飞虹》,以京沪高速铁路建设为主线,结合沿线不同地域历史、民俗特点,以诗歌长卷的形式大力宣传京沪高速铁路工程,展现伟大的建设者风采及京沪高铁精神。

创作"京沪高铁揽胜图"巨幅中国画长卷。作品北起燕山长城,南至滚滚东海,纵贯京、津、冀、鲁、皖、苏、沪七省市,宏大壮观,艺术地表现当代铁路人的精神风貌及其创造的丰功伟绩。2011年上半年,北京凤凰岭美术馆创作的"京沪高铁揽胜图"巨幅中国画长卷作品在中国国际展览中心(新馆)展出。

完成四本著作的编辑出版工作。《龙腾京沪》(上下册)报告文学集、《情系京沪》诗歌散文集、《记录京沪》新闻报道集是京沪高速铁路重要文化产品。《龙腾京沪》真实记录了京沪高速铁路伟大建设者"建功京沪,奉献京沪"的创业事迹;《情系京沪》热情讴歌了京沪高速铁路这一伟大工程和伟大的建设者;《记录京沪》集中了建设期间各新闻媒体对京沪高速铁路的各种宣传报道,生动地再现了京沪高速铁路建设过程,展现了伟大建设者的奉献和功绩。

# 第三章 工会工作扎实有效

在工程建设中,公司党委充分发挥各级工会组织密切联系职工群众的桥梁纽带作用,支持其开展各项活动。工会组织以"围绕中心,服务大局"为工作方针,切实加强自身建设,依法履行职责,积极推进民主管理,广泛开展建功立业劳动竞赛和合理化建议活动,团结动员广大职工在建设世界一流高速铁路事业中做出新贡献。

## 第一节 维护职工权益 促进和谐稳定

公司的工会组织随着公司党组织的组建而同步成立。工会负责人依法作为职工代表参加公司监事会。为增强履职能力,尽管工会委员多是兼职人员,大家认真学习了《中华人民共和国工会法》、《中国工会章程》、《企业工会工作条例》、《劳动合同法》及《公司法》等法律法规文件,强化责任意识,打牢工作基础。

### 一、积极推进民主管理,充分保证职工的知情权和建议权

建立了《公司党委会暨党政联席会议议事规则》,修订了《总经理办公会议议事规则》。工会负责人参与集体决策,对公司党委工作安排、公司工作计划、有关改革发展的新举措,工会主动参与其中,广泛征求群众意见,充分表达职工诉求,使党委、公司部署成为广大职工的自觉行动。对涉及职工切身利益的热点、难点问题,认真听取群众意见,从实际情况出发,做好工作,有条件地协助行政尽快解决,一时难以解决的及时向职工解释清楚。

### 二、加强民主监督,积极参与干部评议

每年的工作会议上,全体职工不但参加讨论提出意见,而且按照部颁"干部评议"办法参加干部评议工作,行使民主监督权利。

代表职工群众,签订集体劳动合同。积极维护广大职工的合法权益。在学习科学发展观实践教育活动中,针对职工反映的生产生活条件问题,调查研究,摸清具体情况,与公司党政领导积极协商,探讨解决方案,得到了大家的赞许。

### 三、工会真心实意为职工办实事、办好事

公司人员长期在工地,难得聚集在一起,工会因势而动,每年为职工安排身体检查,督促各指挥部为职工安排休假。公司工会还为困难职工提供"三不让"基金,坚持开展"两节"现场慰问活动,适时解决困难职工的燃眉之急。

## 第二节　积极创造条件　丰富职工业余生活

针对建设期间人员流动性大、工作分散、战线长的特点，公司工会从实际出发，因地制宜组织开展形式多样的文化体育活动，丰富职工生活。一是建立公司和各指挥部的职工书屋，订购书籍报纸等，积极推动职工读书活动，开展铁路职工社会主义核心价值观讲座活动，促进职工综合素质的全面发展。同时，坚持开展“六一”儿童节前夕为14岁以下的职工子女赠送图书活动，增加了职工集体荣誉感和向心力。二是组织机关职工春、秋季开展登山和健步行活动，丰富业余生活。三是组建公司业余篮球队和羽毛球队，周末组织活动比赛，调节职工紧张的工作节奏。四是组织现场摄影、书法活动，根据公司职工不少同志喜欢摄影的特点，组织爱好者进行现场采访，到南京大胜关长江大桥拍摄施工各阶段的建设过程，既丰富了职工文化生活，又留存了大桥建设的珍贵影像资料。组织参加铁道部机关公文大赛活动，公司有45篇公文参赛，其中荣获一等奖1篇、二等奖3篇、三等奖8篇、优秀奖33篇，3篇公文荣获首届中央国家机关公文写作技能大赛优秀奖。同时，按照铁道部机关工会的安排，积极组织先进职工的健康疗养；在“5·12”汶川大地震后，积极支援灾区人民、开展献爱心活动，公司各指挥部员工及其家属也积极响应、踊跃捐款，累计捐款32 800元、上缴特殊党费125 400元。

公司工会在既有条件下，努力开辟文娱健身活动场所。各指挥部组织建设“职工之家”活动。公司工会投入27万余元，购置文体器材，配置在住地，随时随地方便职工的活动，调节工作节奏，舒缓紧张工作的压力。

2013年6月，中华全国铁路总工会授予公司工会“全国铁路模范之家”荣誉称号。

## 第三节　围绕中心工作　组织开展劳动竞赛

全线开工不久，铁道部、中华全国铁路总工会下发了《关于印发京沪高速铁路建设建功立业劳动竞赛办法的通知》（铁工发〔2008〕34号）。中共京沪高速铁路股份有限公司党委与总指挥部下发了《关于京沪高速铁路建设建功立业劳动竞赛实施办法》。京沪高铁公司和各参建单位工会认真组织落实《建功立业劳动竞赛办法》和《建功立业劳动竞赛实施办法》的要求，围绕建设世界一流高速铁路目标，广泛开展建功立业劳动竞赛活动，充分调动了广大参建人员的积极性和创造性，促进了京沪高速铁路工程又好又快的建设。

### 一、健全机构　加强领导

为加强对竞赛活动的组织、指导和管理，成立了由党政主要领导同志任组长、工会负责日常工作的京沪高速铁路建设建功立业劳动竞赛领导小组，下设天津、济南、蚌埠、南京和苏州建设指挥部劳动竞赛委员会，负责全线和各管段的竞赛组织工作。各标段施工、监理、设计、咨询等参建单位和代建单位，分别组建本单位的劳动竞赛活动组织机构，指定专人具体组织开展工作。全线形成上下联动的劳动竞赛组织领导体系，确保了竞赛活动健康有序开展。

### 二、明确内容　增强实效

结合京沪高速铁路建设实际，按照《建功立业劳动竞赛实施办法》，凡与京沪高铁公司有直接合同关系的单位均为竞赛活动参赛单位，按施工类、监理类、勘察设计（咨询）类、建设管理类、社会保障类等五个类别分别进行竞赛评比，并根据各类别工作重点明确竞赛内容。前三类主要是施工生产一线单位，竞赛活动具体为质量安全、形象进度、技术创新和现场管理等内容；建设管理类重点突出管理控制、服务现场；社会保障类重点突出地方有关部门、股东单位为施工生产创造良好外部环境和条件方面。各参建单位按照各自竞赛内容，结合不同时期、阶段的重点、难点工作及时丰富活动内涵，做到长赛不断线、短赛攻关键，增强竞赛活动的实效性。

## 三、突出主题　扎实推进

《建功立业劳动竞赛办法》和《建功立业劳动竞赛实施办法》出台后，京沪高速铁路各参建单位积极响应、精心组织，始终以建设世界一流高速铁路为目标，深入动员广泛发动，开展各具特色的劳动竞赛和合理化建议活动，组织技术比武、班组赛、对手赛、工区对口赛等竞赛活动，把参建职工组织到竞赛活动中来，形成了“创先争优在京沪、建功立业在京沪、拼搏奉献在京沪”的热烈氛围。京沪高铁公司还结合各阶段的重点任务，先后选树典型、样板，召开全线制梁场建设和生产、轨道板制造、路基防护工程等30多次现场观摩会和经验交流会，促进劳动竞赛的深入开展。在建设关键阶段还组织开展了2008年年终百日竞赛和2009年“建设世界高速铁路、实现六个确保目标、坚决打胜建设攻坚战”大型主题实践活动，连续两年创造我国铁路单项工程年度完成投资最高纪录，促进了全线建设任务的提前完成。联调联试阶段的“三保一促”（保安全、保质量、保效益、促发展）主题竞赛活动，有力地确保了各项工作顺利推进和京沪高速铁路按期开通运营。

## 四、严格考核　及时表彰

《建功立业劳动竞赛实施办法》明确了竞赛活动的考核办法、表彰奖励的具体意见。公司为客观、公平、公正衡量各参赛单位的竞赛业绩，按类别分大项制定了质量、进度、投资控制、文明施工、水保环保、技术创新等方面的具体考核内容和评分方法。各参建单位进一步细化考核项目，量化考核计分，每日统计，每月小结，每季考评授予流动红旗，有效地激发了“比学赶帮超”的竞赛热情。

按照《建功立业劳动竞赛办法》，坚持每年进行一次全线表彰。由京沪高铁公司和京沪高速铁路建设总指挥部对优胜单位、先进集体、先进个人进行表彰奖励，颁发荣誉证书，分别授予“京沪高速铁路建设建功立业劳动竞赛优胜杯”、“京沪高速铁路建设先进集体”和“京沪高速铁路建设先进个人”荣誉称号，并给予相应的物质奖励。事迹特别突出的先进集体和个人，由公司（总指挥部）劳动竞赛委员会向中华全国铁路总工会申报火车头奖杯和奖章；符合全国“五一劳动奖章”和“五一劳动奖状”条件的，再由中华全国铁路总工会向中华全国总工会申报；符合省部级劳动模范和全国劳动模范条件的，再分别向有关省市或国家有关部委推荐。

京沪高铁公司2009年度、2010年度被铁道部直属机关党委和直属机关工会授予“建功立业劳动竞赛先进集体”称号。

## 五、常抓不懈　成效显著

京沪高铁公司按照《建功立业劳动竞赛办法》和《建功立业劳动竞赛实施办法》的要求，根据施工单位工程进展，突出各单位特点，不断充实丰富竞赛内容，竞赛活动高潮迭起。全线如火如荼的劳动竞赛活动场面，为京沪高速铁路建设增添了一道亮丽的风景线，也充分展示了广大建设者昂扬向上的精神风貌。

建功立业劳动竞赛活动在物质文明和精神文明建设中发挥了重要作用，取得显著成效。

1. 促进工程建设顺利进展

京沪高速铁路全线长 1 318 km，沿线情况复杂，重难点工程多。在中华全国铁路总工会的指导下，劳动竞赛活动，尤其是关键工程、关键时段主题突出的劳动竞赛活动，保证了工程任务的完成，实现了主要节点工期目标要求。

2. 为世界一流目标实现提供保证

中央领导对京沪高速铁路建设提出“建设世界一流高速铁路”的要求，京沪高铁公司明确建设“技术创新工程、质量精品工程、资源节约工程、环境友好工程、社会和谐工程”的管理目标，各参建单位均在劳动竞赛中把这五项工程的要求细化纳入其竞赛内容和考核标准中。劳动竞赛活动激发了广大技术人员创新积极性，加快了我国高速铁路技术体系的完善；确保了工程质量和安全，实现全线安全质量的有序可控；加强了建设投资控制和资源节约，建立起一套完整可控的制度流程；促进了环保、水保工程建设，做到“三同时”，获得各方好评；有效地协调了路地关系，维护当地群众的权益。总之，京沪高速铁路建设工程顺利地通过了初步验收、国家验收，接受了运营实践检验。京沪高速铁路实现了中央领导提出的要求。

3. 涌现了一批先进集体和先进个人

京沪高速铁路从开工建设到开通运营三年多的时间里，先后共有 13 个集体荣获全国“五一劳动奖状”，30 名个人荣获全国“五一劳动奖章”；68 个集体荣获“火车头奖杯”，315 名个人荣获“火车头奖章”；4 813 名个人荣获“京沪高速铁路建设先进个人”称号，428 个集体荣获“京沪高速铁路建设先进集体”称号。他们是京沪高速铁路建设的模范，是京沪高速铁路的骄傲，是新时期工人阶级的先进代表。

(1)京沪高速铁路各参建单位荣获“五一劳动奖状”先进集体

中铁一局京沪高铁土建二标项目部

中铁三局京沪高铁土建五标项目部

中铁十七局京沪高铁土建一标项目部

中国水电集团京沪高铁土建三标项目部

铁科院工程咨询公司新建南京大胜关长江大桥工程咨询监理项目部

中铁四局南京铁路枢纽土建 NJ-3 标项目经理部

中铁十二局京沪高铁土建四标项目经理部

中交路桥建设京沪高铁土建六标段六工区项目部

中铁建设华东分公司京沪高铁站房三标项目部

中铁电气化局京沪高铁四电系统集成电气化项目部

中国通号股份公司京沪高铁四电系统集成通信信号项目部

京沪高速铁路股份有限公司

中铁三院京沪高铁勘察设计指挥部

(2)京沪高速铁路各参建单位荣获“五一劳动奖章”先进个人

邹　杰　中铁二局京沪高铁土建二标二工区

谢大鹏　中铁三局京沪高铁土建五标项目部

王朝义　中铁六局京沪高铁土建二标一工区

文武松　中铁大桥局南京大胜关长江大桥项目部

高治双　中铁十二局京沪高铁土建四标项目部
夏吉军　中铁十四局京沪高铁土建四标十工区
习仲伟　中铁十五局京沪高铁土建四标十一工区
刘瑞军　中铁十六局京沪高铁土建三标八工区五分部
梁　毅　中铁十七局京沪高铁土建一标项目经理部
孙吉东　中铁十九局京沪高铁土建一标项目部
杨　忠　中水集团京沪高铁土建三标项目经理部
王　建　中交集团京沪高铁土建六标项目经理部
王长法　中铁四院京沪高铁建设指挥部
陈东杰　上海虹桥站工程建设指挥部
杨启兵　京沪高速铁路建设总指挥部工程管理部
陈振权　京沪高速铁路建设总指挥部物资设备部
梁晓燕　京沪高速铁路建设总指挥部计划财务部
盛大军　京沪高速铁路建设总指挥部蚌埠指挥部
郑　雨　京沪高铁天津西站建设指挥部
丁　辉　京沪高铁济南高速站工程建设指挥部
郭民龙　中铁一局京沪高铁土建二标项目经理部
田　波　中铁五局京沪高铁土建五标十六工区
陈红兵　中铁十一局南京枢纽土建 NJ-2 标项目经理部
郭品云　中铁十六局京沪高铁土建三标八工区
吴忠良　中铁十八局京沪高铁项目部
李　灏　中交二公局京沪高铁土建六标段八工区第三作业工区
景建民　中铁电气化局京沪高铁四电系统集成电气化项目部
宋晓风　中国通号股份公司京沪高铁四电系统集成通信信号项目部
钟世原　中铁建工集团京沪高铁站房项目部
于上永　中铁二院京沪高铁四电监理项目部

(3)京沪高速铁路各参建单位荣获“火车头”奖杯先进集体

中铁大桥局南京大胜关桥测量中心、新建南京大胜关桥工程咨询监理项目部、中铁一局京沪高铁土建二标十工区、中铁十二局京沪高铁土建四标项目经理部、中国水电集团京沪高铁土建三标邹城制梁场等 68 个先进集体。

(4)京沪高铁建设各参建单位荣获“火车头”奖章先进个人

李昌宁、张善义、刘阳、吴钧、沈天丽等 315 人。

# 后　记

京沪高速铁路2008年1月国务院批准开工（南京大胜关长江大桥及南京枢纽相关工程2006年7月批准开工），经过三年半的建设于2011年6月30日全线开通，至今，又经历三年半的安全运营。七年来，京沪高速铁路以一流的工程质量、一流的运营管理、显著的社会和经济效益，赢得了人们的交口称赞，当之无愧地成为中国高速铁路的代表性工程。

为做好京沪高速铁路的建设总结，在建设过程中，京沪高速铁路建设领导小组办公室做了大量准备工作。2012年4月，铁道部党组书记、部长盛光祖同志主持会议，听取情况介绍，对建设总结工作进行研究部署，明确要求由京沪高速铁路股份有限公司具体负责组织；在书稿编写过程中，又多次听取汇报、提出要求并审阅有关内容；在全书编辑完成之际，盛光祖同志亲自为建设总结撰写了序言。

《京沪高速铁路建设总结》与其工程本身一样，是一个庞大的系统工程。十八年起起伏伏的前期工作，不但是决策的过程，也是京沪高速铁路技术准备的过程；十万余建设者三年半时间，战严寒、斗酷暑，夜以继日，拼搏奉献，安全优质地建成了世界一流的高速铁路，谱写了社会主义现代化建设的新篇章；通过自主创新、集成创新和引进消化吸收再创新形成了具有中国特色的高速铁路技术标准和技术体系；委托运输管理，发挥铁路局人力、技术优势，建立了一套全新的运营管理模式。这些宝贵的物质和精神财富，都需要我们进行认真总结。

京沪高速铁路股份有限公司高度重视建设总结工作。在中国铁路总公司领导下，成立了《京沪高速铁路建设总结》编写组，由原铁道部副部长、京沪高速铁路股份有限公司原董事长蔡庆华任组长，京沪高速铁路股份有限公司领导参加，联合西南交通大学和中国铁道科学研究院，按照中国铁路总公司党组对总结分四卷（决策卷、建设卷、技术卷、运营卷）编写的要求，分工负责，完成了各卷的组稿工作。京沪高速铁路股份有限公司专家组自始至终参与了总结相关资料的搜集、书稿审阅修改工作；蔡庆华同志主持了四卷书稿的讨论修改和审定工作；京沪高速铁路股份有限公司刘学文、陈建东和答治华、王礼尧、高旭同志做了大量的组织协调和联络工作。《京沪高速铁路建设总结》历时三年多时间，终于呈现在大家面前。

《京沪高速铁路建设总结·建设卷》由西南交通大学中国铁路发展研究院组稿，周国华教授负责，唐元宁、林晶晶、贾兆帅、彭新艳等同志参加。京沪高速铁路的各参建单位，无论是设计、施工单位还是监理单位，都为书稿编写工作提供了大量第一手资料。京沪高速铁路股份有限公司专家组和各部门对书稿进行了认真审核。

中国铁路总公司领导和有关同志对《京沪高速铁路建设总结·建设卷》的编写给予了大力支持和指导，在此一并表示感谢！

由于京沪高速铁路工程庞大、技术复杂，前期准备至建成通车历时较长、参建单位较多，尽管编写单位和组稿人员多方搜集、汇总资料，但难免还有遗漏及不准确之处，敬请谅解并提出宝贵意见。

**《京沪高速铁路建设总结》编写组**

国家出版基金资助项目《京沪高速铁路建设总结》
项目负责人：田京芬
项目联系人：傅希刚

## 《京沪高速铁路建设总结》
## 编辑出版小组

**组　　长**　田京芬　钟加栋

**组　　员**　（按姓氏笔画）

丁国平　王风雨　许士杰　吴　军　张苍松
武亚雯　金洪泽　赵　静　洪学英　傅希刚
熊安春